GUIDE
DES AUBERGES
ET HÔTELS
DE CHARME
EN ITALIE

ISBN : 2-86930-848-5
ISSN : 0991-4781

© Rivages, 1995
106, boulevard Saint-Germain - 75006 Paris
10, rue Fortia - 13001 Marseille

GUIDE DES AUBERGES ET HÔTELS DE CHARME EN ITALIE

Guide établi
par Michelle Gastaut et Simonetta Greggio

Collection dirigée par
Michelle Gastaut

Rivages

Cette nouvelle édition 1995 comporte 371 adresses. Nous avons dû, par ailleurs, en supprimer qui ne répondaient plus à nos critères de sélection : charme, qualité de l'accueil et de la restauration, goût de la tradition.
Conformément à ces critères, les hôtels sélectionnées sont de catégories diverses, allant d'un confort simple à un grand confort ; nous nous sommes attachés à ce que la lecture du texte permette toujours de situer facilement la catégorie de l'hôtel. Nous vous demandons d'y être attentifs avant de réserver ; on ne peut en effet avoir le même niveau d'exigence pour une chambre à 50 000 L que pour une chambre à 150 000L et plus surtout en Italie. D'autre part, nous vous signalons que les prix communiqués étaient ceux en vigueur à la fin de 1994 et sont, bien entendu, susceptibles d'être modifiés par les hôteliers en cours d'année. Nous vous recommandons, lors de votre réservation, de vous faire préciser les prix de demi-pension et de pension qui peuvent varier suivant le nombre de personnes et la durée du séjour.

Nous vous proposons par ailleurs une sélection de restaurants regroupés par région. Le choix s'est porté sur des adresses authentiques, pour que vous puissiez ne pas manquer la petite pizzéria de Naples, la trattoria à la mode de Milan ou encore les délicieuses osterie de la campagne toscane. Quelques adresses aussi de boutiques pour ramener l'artisanat ou les spécialités locales.

Mode d'emploi de ce guide :
Nous avons procédé à un classement par régions et à l'intérieur de chaque région, à un regroupement géographique des localités. Le numéro de la page correspond au numéro de l'auberge tel qu'il figure sur la carte routière, dans le sommaire et l'index alphabétique.

TELEPHONE
Pour obtenir votre correspondant en Italie :
19 - 39 + indicatif de la ville *(en enlevant le 0, qui ne sert que pour les communications intérieures)* + numéro demandé.

Si vous êtes séduits par une auberge ou un petit hôtel qui ne figure pas dans notre guide 1995 et dont vous pensez qu'il mériterait d'être sélectionné, veuillez nous le signaler afin que l'auteur de ce guide puisse s'y rendre. Si par ailleurs vous êtes déçu, faites-le-nous savoir aussi.

Votre courrier devra être adressé à : Editions Rivages, Michelle Gastaut, 10 rue Fortia 13001 Marseille.

SOMMAIRE

L O M B A R D I E

P O U I L L E S

S A R D A I G N E

S I C I L E

T O S C A N E

*Les prix indiqués entre parenthèses correspondent aux prix d'une chambre double, parfois en demi-pension. Pour plus de précision, reportez-vous à la page mentionnée mais surtout faites-les vous préciser lors de votre réservation.

L E G E N D E   D E S   C A R T E S

échelle : 1/1.000.000
les cartes 19 et 20, 27 et 28 ont une échelle differente

Autoroute à chaussées séparées avec accès
Autobahn mit Anschlüssen
Motorway with junctions
Autostrada con spartitraffico e stazioni di uscita

Itinéraire pédestre
Wanderweg
Walking tours
Itinerario d'escursione a piedi

1978
Autoroute à chaussées séparées en construction
Autobahn im Bau
Motorway under construction
Autostrada con spartitraffico in costruzione

Bac pour automobiles
Autofähre
Car ferry
Traghetto per automobili

Autoroute à chaussées séparées en projet
Projektierte Autobahn
Motorway projected
Autostrada con spartitraffico in progetto

Ligne maritime
Schiffslinie
Shipping route
Linea di navigazione

Route conçue comme autoroute
Strasse mit autobahnähnlichem Ausbau
Road of motorway standard
Strada con caratteristiche autostradali

Route à péage
Strasse mit Gebühr
Toll road
Strada a pedaggio

1978
Route conçue comme autoroute en construction
Strasse mit autobahnähnlichem Ausbau im Bau
Road of motorway standard under construction
Strada con caratteristiche autostradali in costruzioni

Mois de clôture (routes, bacs, lignes maritimes)
Sperrmonate (Strassen, Fähren, Schiffe)
(XII-V)
Months of closure (roads, ferries, shipping routes)
Mesi di chiusura (strade, traghetti, linee di navigazione)

Route conçue comme autoroute en projet
Projektierte Strasse mit autobahnähnlichem Ausbau
Road of motorway standard projected
Strada con caratteristiche autostradali in progetto

Numérotage des routes
Strassennumerierung
Road numbering
Numerazione delle strade

Route de transit international
Internationale Fernstrasse
International throughroute
Strada di transito internazionale

Distances sur l'autoroute en kilomètres
Autobahndistanzen in Kilometern
Motorway distances in kilometres
Distanze in chilometri sull'autostrada

Route de transit régional
Regionale Fernstrasse
Regional throughroute
Strada di transito regionale

Distances en kilomètres
Distanzen in Kilometern
Distances in kilometres
Distanze in chilometri

Route de communication principale
Hauptverbindungsstrasse
Main connecting road
Strada di comunicazione principale

Chemin de fer, chemin de fer à crémaillère
Eisenbahn, Zahnradbahn
Railway, rack-railway
Ferrovia, ferrovia a cremagliera

Route de communication
Verbindungsstrasse
Connecting road
Strada di comunicazione

Funiculaire, téléphérique, télésiège
Draht- und Luftseilbahn, Sesselbahn
Cable railway, cable way, chair-lift
Funicolare, teleferica, seggiovia

Autres routes
Übrige Strassen
Other roads
Altre strade

Frontière d'État
Landesgrenze
State frontier
Confine di stato

Sentier, chemin muletier
Fussweg, Saumpfad
Footpath, mule-track
Sentiero, strada mulattiera

Frontière régionale
Regionalgrenze
Regional boundary
Confine regionale

21%
Route à forte montée (plus de 15%)
Strasse mit starker Steigung (über 15%)
Road with steep gradient (more than 1 in 7)
Strada con forte salita (oltre il 15%)

Réserve naturelle
Naturschutzgebiet
Nature reserve
Regione protezione della natura

Parcours pittoresque
Malerische Wegstrecke
Scenic road
Percorso pittoresco

Zone interdite
Sperrzone
Restricted area
Zona proibita

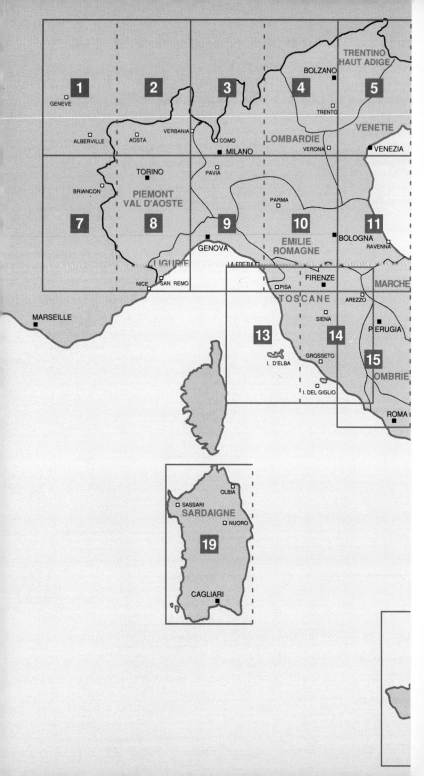

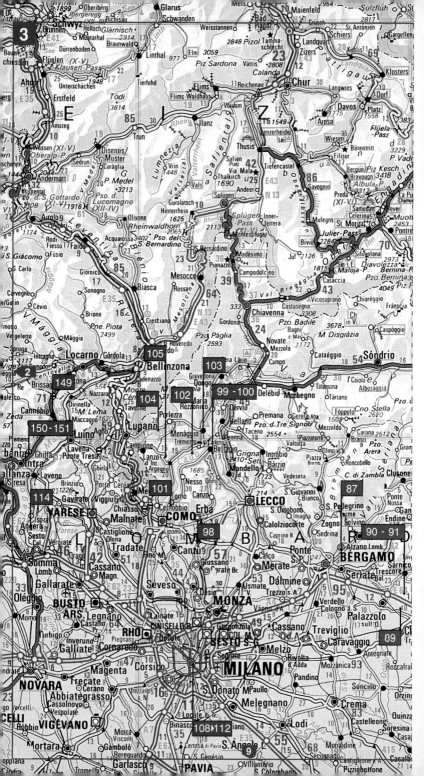

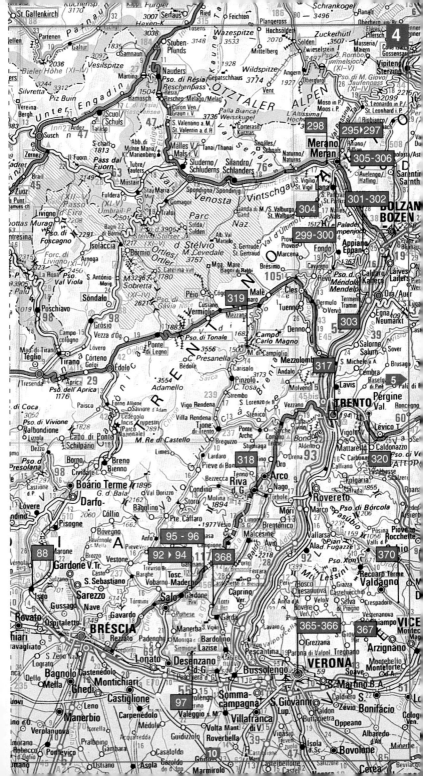

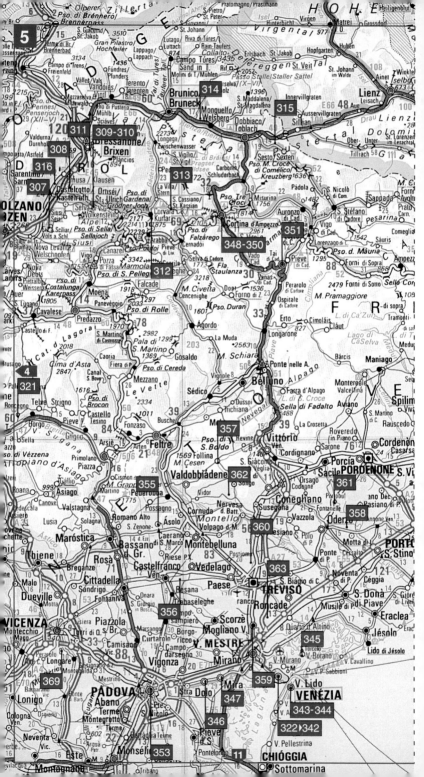

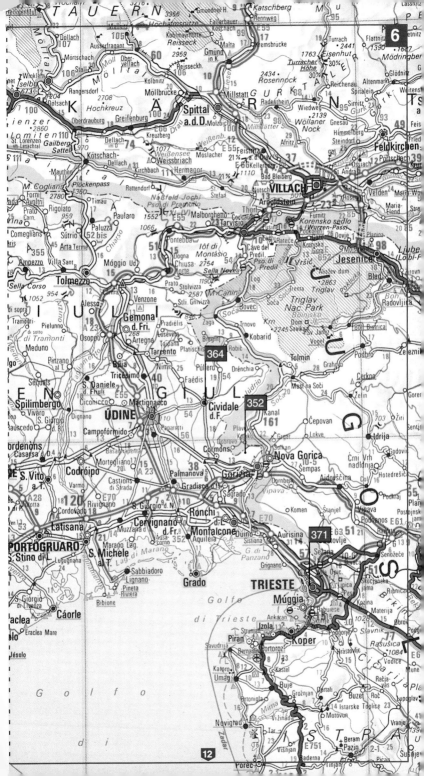

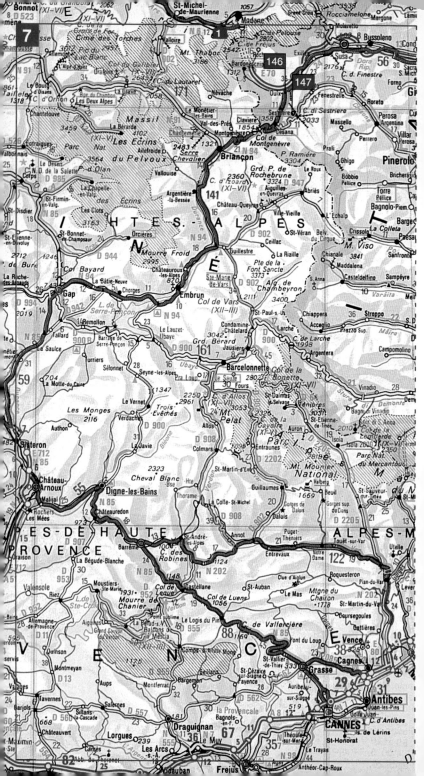

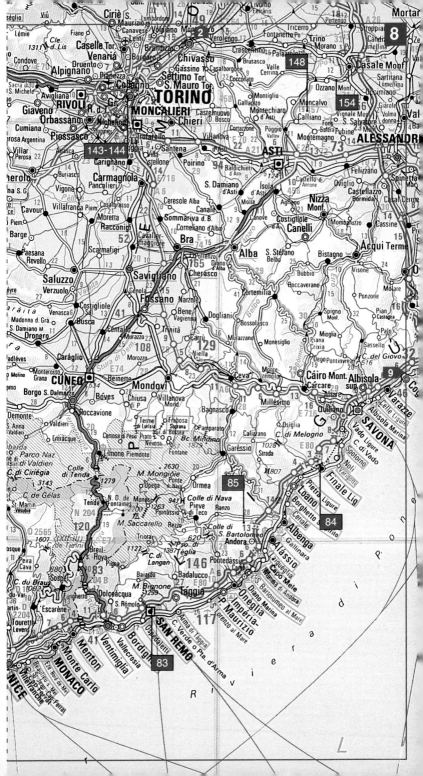

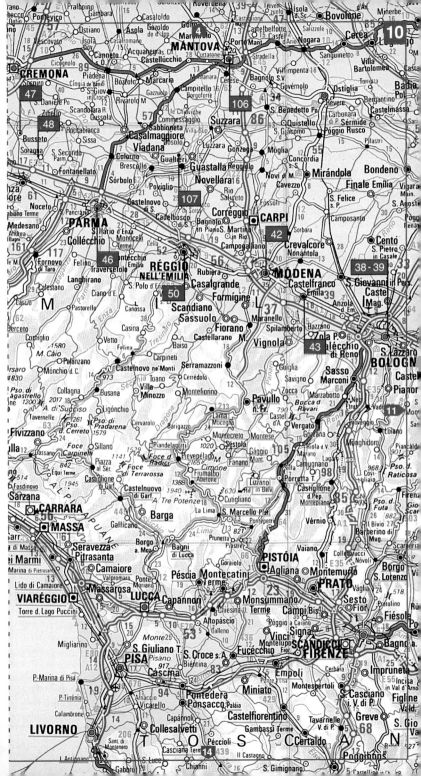

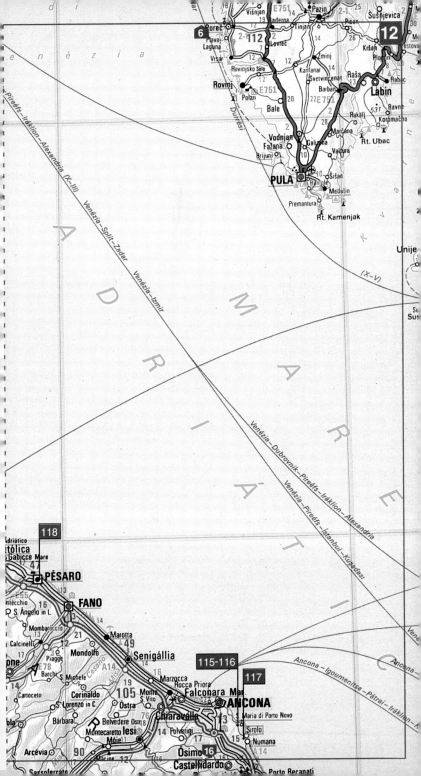

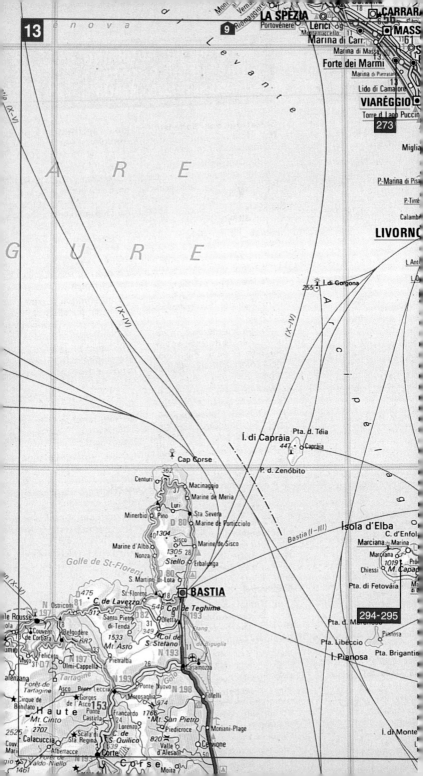

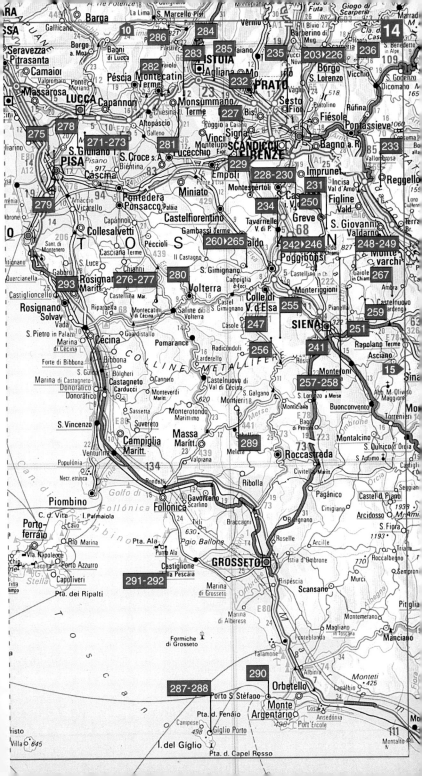

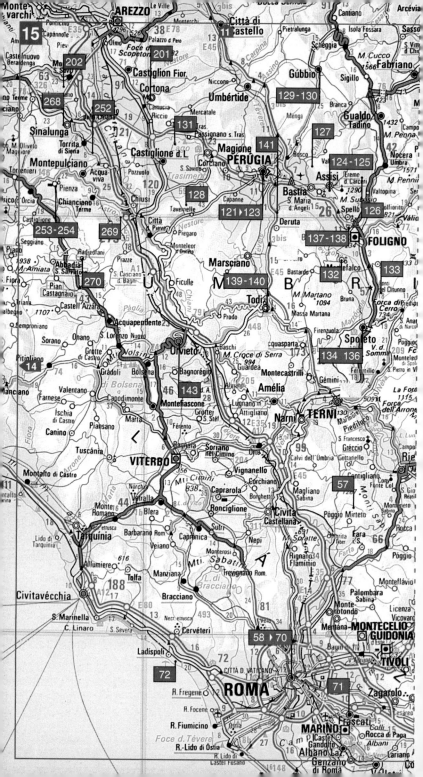

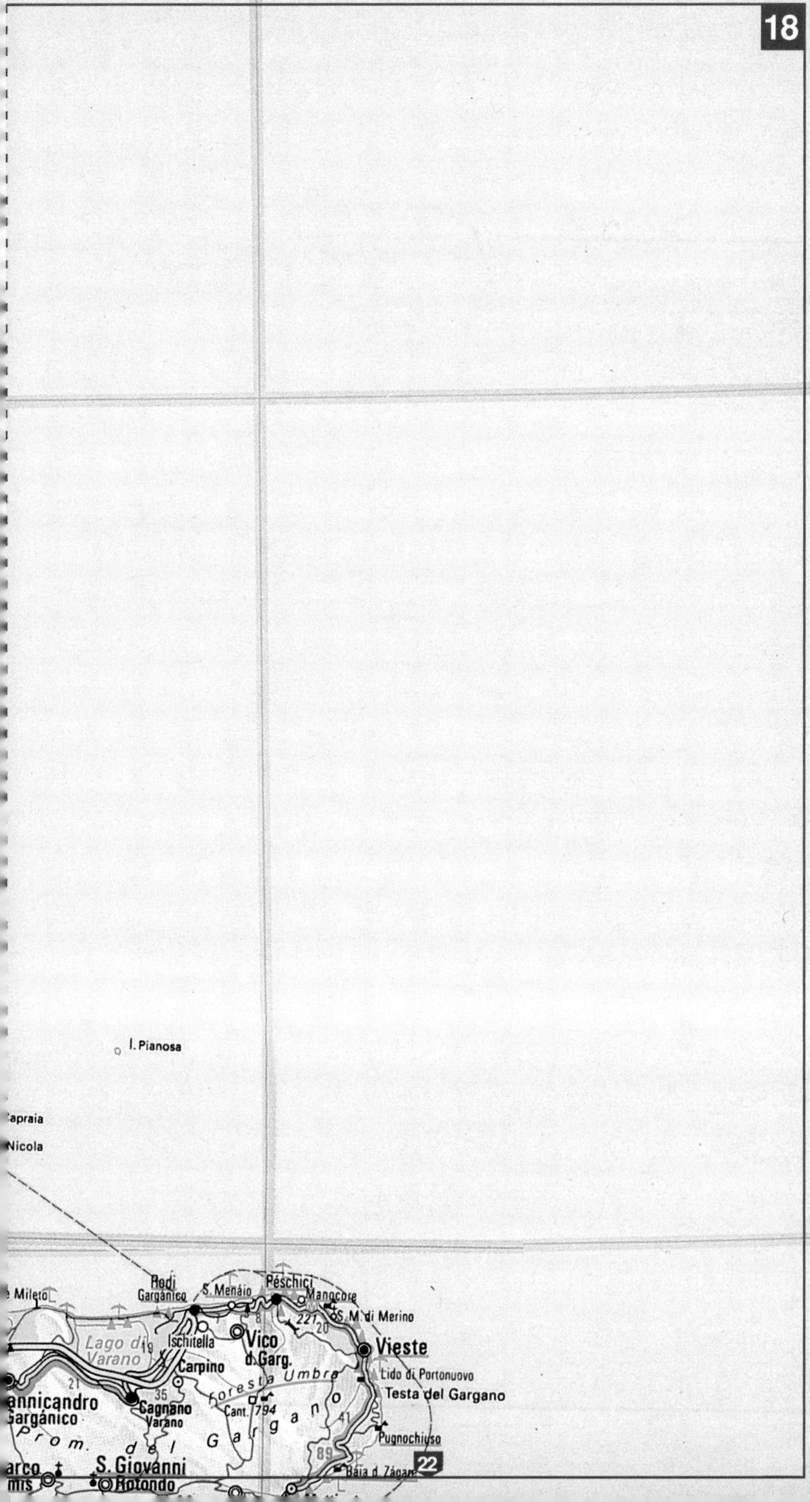

I. Pianosa

?apraia

?Nicola

?e Mileto
Rodi
Garganico
S. Menáio
Peschici
Manacore
?S. M. di Merino
Ischitella
Vico
d.Garg.
221 20
Lago di
Varano
Carpino
Vieste
?annicandro
Sarganico
21
Cagnano
Varano
Foresta Umbre
35
Cant. 794
Lido di Portonuovo
Testa del Gargano
rom.
del
G
a
r
g
a
n
o
41
89
Pugnochiuso
?arco
mis
S. Giovanni
Rotondo
Baia d. Zágare
22

60

Villanova Villággio Tur.
Ostuni Marina
Tre. S. Sabina

14 Carovigno 33

S. Vito d. Norm.

E 55

uni

essáp. S. Michele
Salentino

1617

156

BRÍNDISI

Brindisi – Kérkira – Igoumenitsa – Sámi
Pireéfs – Pátrai – Athína

14 E 90

33 Mesagne

33

8

7

18 16

613

Latiano

23

41 39

S. Pietro
Vern.

Casa l'Abate

A

vila
na Ória

117

Torre
S.Sus.

San Pónac

Cellino
S. Marco

605

23

Squinzano

Érchie 84

S. Pancrázio
Sal.

18

Trepuzzi

L. S. Cataldo

Sava 7

rantine

7ter 18

12

Campi

LECCE

12

Sálice Salent.

Carmia

Mandúria

Véglie

Montefoni

S. Foca

Avetrana

28

174

Léquile

Vérnole

Leverano

S. Cesário di L.

Melendugno

Campomarino

Pto. Cesáreo

Copertino

Galugnano

46

14

101

25

Soleto

43

Martano

Grande

Picc

Nardò

Galàtone

Cutrofiano

Galàbra

32

17

Óranto

S. Maria
al Bagno

12

18

Neviano

30

Máglie

67

C. d'
Otranto

16

Gallípoli

Parábita

Collépasso

Óggiano la Chiesa

Matino

18

Supersano

Nociglia

S. Cesárea
Terme

Casarano

275

Diso

Zinzulusa

Marina di
Mancaversa

Taviano

Rácale

Ruffano

Montesano Salentino

Tricase Porto

Taurisano

20

Tricase

Ugento

9

274

Alessano

Marina S. Giovanni

Presicce

18

Marina di
Nováglie

Gagliano ₫ C.

Léuca

Capo S. M.
di Léuca

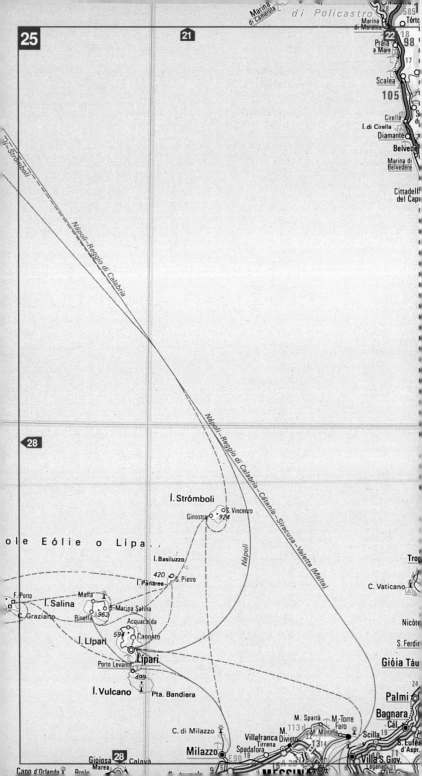

Hotel Barbieri ★★★

87042 Altomonte (Cosenza)
Via San Nicola, 30
Tél. (0981) 94 80 72 - Fax (0981) 94 80 73
M. Barbieri

Ouverture toute l'année **Chambres** 30 climatisées, avec tél. direct, douche, w.c., t.v. **Prix** des chambres : 60 000 L (simple) - 110 000 L (double) - Petit déjeuner compris, servi de 6 h 30 à 10 h - Demi-pension et pension : 90 000 L - 120 000 L (par pers., 3 j. min.) **Cartes de crédit** acceptées **Divers** Chiens admis - Tennis (5 000 L) - Piscine à la casa Barbieri - Parking à l'hôtel **Possibilités alentour** Cathédrale (tombeau de Filippo Sangineto XIVe et "Saint Ladislas" attribué à Simone Martini) à Altomonte - Festival de théâtre en juillet/aout - Excursions dans le massif du mont Pollino à partir de Castrovillari - Villages anciens calabrais (Stilo, Sibari, Paola, Altomonte) **Restaurant** service 12 h 30/15 h - 19 h 30/23 h - Menus : 50/60 000 L - Spécialités : Pasta fatta in casa - Funghi - Salumi tipici.

L a façade un peu ingrate de cet établissement ne doit tromper personne : il s'agit de la meilleure table de Calabre ! On y déguste en effet une excellente cuisine régionale en profitant d'une vue imprenable sur le couvent du XIVe siècle et les ravissantes maisons qui composent la ville d'Altomonte. Les chambres sont spacieuses, agréables et sans prétention (certaines vous feront profiter de cette vue avec un petit balcon). Le petit déjeuner à l'italienne est un délice : vous pourrez, si vous le souhaitez, le prendre au bord du petit lac del Farneto et vous régaler de la ricottina chaude accompagnée de pain à peine grillé et de confitures aux fruits rouges des bois faites à la maison. A savoir que tous ces bons produits sont en vente dans la boutique voisine de l'hôtel. Ambiance familiale et accueil chaleureux.

Itinéraire d'accès : *(carte n° 26) à 50 km au nord de Cosenza par A 3, sortie Altomonte.*

Grand Hotel San Michele ★★★★

87022 Cetraro (Cosenza)
Tél. (0982) 91 012 - Fax (0982) 91 430
Mme Siniscalchi

Fermeture en novembre (vérifier) **Chambres** 73 climatisées avec tél. direct, s.d.b., w.c., t.v. **Prix** des chambres : 100/200 000 L (simple) - 170/300 000 L (double) - 220/350 000 L (suite) - Petit déjeuner : 15 000 L, servi de 7 h 30 à 10 h - Demi-pension et pension : 145/255 000 L, 160/270 000 L (par pers., 3 j. min.) **Cartes de crédit** acceptées **Divers** Chiens admis - Piscine -Tennis - Golf - Plage privée à l'hôtel **Possibilités alentour** Villages anciens calabrais (Stilo, Sibari, Paola, Altomonte) **Restaurant** service 13 h/14 h 30 - 19 h 30/21 h 30 - Menu : 40/60 000 L - Carte - Cuisine régionale.

Cetraro est une petite station balnéaire de la mer tyrrhénienne. Cette ancienne villa privée, dont la construction a été confiée au début du siècle au père de l'actuelle propriétaire, présente le double intérêt d'être un hôtel de grand luxe (piscine, tennis, golf, plage privée, service de qualité) et un endroit au charme et à la personnalité rares en Calabre. La maison, très majestueuse, dont l'intérieur est aménagé avec goût et raffinement, est entourée d'un parc de près de cinquante hectares. Celui-ci abrite une petite église, une ferme qui fournit la plupart des produits utilisés pour la cuisine de l'hôtel, des vignes et quelques petites maisons que l'on peut louer. En été, service de restaurant sur la plage. Une bonne nouvelle : l'hôtel vous offre une remise de 10% si vous arrivez guide en main.

Itinéraire d'accès : (carte n° 26) à 55 km au nord-ouest de Cosenza par A 3, sortie Lagonegro-nord, direction Praia, puis SS 18, direction sud.

Hotel Villa Cheta Elite ★★★★

85041 Acquafredda di Maratea (Potenza)
Tél. (0973) 87 81 34 - Fax (0973) 87 81 34
M. et Mme Aquadro

Ouverture d'avril à octobre **Chambres** 18 avec tél. direct, douche **Prix** des chambres : 135 000 L (double) - Petit déjeuner : 20 000 L, servi de 8 h à 10 h - Demi-pension : 97/154 000 L (par pers.) **Cartes de crédit** acceptées **Divers** Petits chiens admis - Parking à l'hôtel **Possibilités alentour** Maratea - Belvédère et sanctuaire du mont San Biagio - Rivello - S. Lorenzo à Padula - Parc National du mont Pollino - Plage à 200 m - Sortie en bateau **Restaurant** service 13 h/15 h - 20 h/21 h 30 - Menus : 40/45 000 L - Carte - Cuisine italienne et méditerranéenne.

A une dizaine de kilomètres du village de Maratea, qui paisiblement se chauffe au soleil sur les pentes du mont San Biagio, cette grande villa rose et blanche de style Liberty qui surplombe la mer est tenue par un couple charmant qui sait recevoir ses hôtes avec simplicité et attention. La décoration intérieure est en harmonie avec l'architecture kitsch de l'hôtel : meubles début du siècle, dentelles et lustres en verre de Venise coloré. On prend son petit déjeuner sur une terrasse devant l'hôtel et ses repas à l'ombre de grands arbres dans le jardin. Les chambres sont grandes, certaines avec un balcon et une belle vue panoramique sur la mer. Pour se baigner, la plage la plus proche n'est qu'à quelques minutes.

Itinéraire d'accès : (carte n° 22) à 176 km au sud-est de Salerno par A 3, sortie Lagonegro-nord - Maratea, S 585 et Maratea, puis S 18 vers le nord (10 km par le bord de mer).

Locanda delle Donne Monache ★★★★

85046 Maratea (Potenza)
Via Carlo Mazzei, 4
Tél. (0973) 87 74 87 - Fax (0973) 87 76 87

Ouverture d'une semaine avant Pâques à fin octobre **Chambres** 30 et 6 suites climatisées avec tél. direct, s.d.b., w.c., t.v. satellite **Prix** des chambres : 135/200 000 L (simple) - 200/250 000 L (double), 250/400 000L (suite) - Petit déjeuner-buffet compris, servi de 7 h 30 à 11 h 30 - Demi pension : 140/190 000L (par pers. en chambre double) **Cartes de crédit** acceptées **Divers** Chiens non admis -Piscine - Plage et barque privées à l'hôtel **Possibilités alentour** Maratea - Belvédère et sanctuaire du mont San Biagio - Rivello - S. Lorenzo à Padula - Parc National du mont Pollino **Restaurant** service 13 h/14 h30 - 20 h/23 h - Carte - Cuisine régionale et italienne.

Entre mer et montagne, sur les pentes du San Biagio, Maratea blottit ses maisons blanches dans une crique sauvage de la côte tyrrhénienne. L'hôtel occupe dans le village même un ancien couvent. Complètement restructurée, la maison a beaucoup de charme. Si ce n'est la décoration un brin baroque de la réception, on a opté pour la sobriété et l'élégance. Les chambres qui sont toutes d'un bon confort, ont conservé un esprit monacal avec leur lit à baldaquin et leur mobilier sobre et de bon goût. Un jardin un peu secret s'étend devant la maison avec une agréable piscine. Mais mieux vaut profiter de la mer : l'hôtel a une plage privée et met à votre disposition une barque pour mieux admirer le superbe golfe de Policastro. Dans l'arrière-pays la nature est superbe : la Basilicate étant à 90% un pays de montagnes et de collines, on trouve des réserves protégées permettant de grandes randonnées à pied ou à cheval. Pas de restaurant, mais l'hôtel s'est associé avec les meilleures adresses du village ; en revanche un très agréable piano-bar.

Itinéraire d'accès : (carte n° 22) à 176 km au sud-est de Salerno par A 3, sortie Lagonegro-nord/Maratea, S 585 et Maratea.

Hotel Santavenere ★★★★★

Fiumicello di Santa Venere
85040 Maratea (Potenza)
Tél. (0973) 87 69 10 - Télex 812 387
Fax (0973) 87 76 54 - M. Olivieri

Ouverture d'avril à octobre **Chambres** 44 avec tél., s.d.b., w.c., t.v. **Prix** des chambres : 190/252 000 L (simple) - 334/451 000 L (double) - Petit déjeuner : compris, servi de 7 h à 10 h - Demi-pension et pension : 327/360 000 L (par pers.) **Cartes de crédit** acceptées **Divers** Chiens non admis - Piscine - Tennis - Plage privée à l'hôtel **Possibilités alentour** Maratea - Belvédère et sanctuaire du mont San Biagio - Rivello - S. Lorenzo à Padula - Parc National du mont Pollino **Restaurant** service 13 h/14 h 30 - 20 h/21 h 30 - Menu : 111 000 L - Carte - Spécialités : Pesce - Cuisine régionale et internationale.

La grande pelouse verte qui s'étend au pied de l'hôtel et la piscine ronde laissent présager de la douceur d'un séjour au Santavenere. La vue y est exceptionnelle et tout est aménagé pour qu'on puisse en profiter. La plupart des chambres en bénéficient, ainsi que les salons et le restaurant intérieur qui possèdent d'immenses fenêtres. Les plafonds bas et voûtés des salons en enfilade créent un bel élément architectural. Leur décoration dans des couleurs pastel convient bien au climat de détente de cet hôtel de bord de mer. Les terrasses, la plage privée invitent aussi au farniente. Au restaurant on privilégie le poisson. L'accueil est attentionné. Autant de preuves que l'on prend soin dans cette maison de votre bien-être et de votre tranquillité.

Itinéraire d'accès : (carte n° 22) à 166 km au sud-est de Salerno par A 3, sortie Lagonegro-nord - Maratea, puis S 585 et Maratea, puis S 18 (5 km par le bord de la mer).

Grand Hotel Telese ★★★★

82037 Telese Terme (Benevento)
Via Cerreto, 1
Tél. (0824) 94 05 00 - Télex 721 395
Fax (0824) 94 05 04 - M. Montagna

Ouverture toute l'année **Chambres** 110 climtisées avec tél. direct, s.d.b. ou douche, w.c., minibar **Prix** des chambres : 120 000 L (simple) - 205 000 L (double) - 386 000 L (suite) - Petit déjeuner compris, servi de 7 h à 9 h 30 - Demi-pension et pension : 110/140 000 L - 130/150 000 L (par pers., 3 j. min.) **Cartes de crédit** Amex, Visa, Eurocard, MasterCard **Divers** Petits chiens admis - Tennis (8000 L) - Piscine - Parking à l'hôtel **Possibilités alentour** Telesia - Faicchio - Cerreto Sannita - à Benevento : Duomo, théâtre romain, arc de Trajan, Santa Sofia, Musée du Samnium **Restaurant** service 12 h 30/14 h 30 - 19 h 30/21 h 30 - Carte - Spécialités : Risotto con brocoli - Agnello.

Le Grand Hotel Telese a su conserver le charme désuet caractéristique des établissements de ville thermale. Construite à la fin du siècle dernier, cette grande maison, à la façade d'une symétrie majestueuse, se dresse au milieu d'un agréable petit parc. A l'intérieur, vous ne manquerez pas d'être séduit par le grand escalier, les belles pièces du rez-de-chaussée aux plafonds peints et le salon Louis xv du premier. Les chambres sont toutes luxueuses ; le restaurant, dans les caves, jouxte d'une part la salle de billard, d'autre part le salon de jeux d'échecs. Un hôtel parfait en somme, si ce n'est la proximité de l'autoroute, dont le bruit, certains jours de vent, peut venir troubler l'extrême tranquillité de votre séjour.

Itinéraire d'accès : (carte n° 21) à 65 km au nord de Napoli par A 1, sortie Caserta-sud, puis S 265 par Maddaloni jusqu'à Telese.

Hotel Della Baia ★★★★

Baia Domizia - 81030 Cellole (Caserta)
Via dell' Erica
Tél. (0823) 72 13 44 - Fax (0823) 72 15 56
Mme Sello

Ouverture du 13 mai au 24 septembre **Chambres** 56 avec tél. direct, s.d.b. ou douche, w.c.
Prix des chambres : 80/100 000 L (simple) - 120/150 000 L (double) - Petit déjeuner :
15 000 L, servi de 7 h 30 à 9 h 30 - Demi-pension et pension : 120/150 000 L - 130/160 000 L
(par pers.) **Cartes de crédit** acceptées **Divers** Petits chiens admis (sauf au restaurant) -
Tennis (20 000 L) - Plage privée - Parking à l'hôtel **Possibilités alentour** Gaeta - Mausolée
de L.M. Plancus et Sanctuaire de la montagne Spaccata près de Gaeta - Caserta - Napoli -
Pompéi **Restaurant** service 12 h 30/14 h 15 - 19 h 30/21 h - Menus : 50/60 000 L - Carte -
Spécialités : Tonnarelli freddi con crema di trota affumicata - Coquilles Saint-Jacques farcite di
gamberi.

L a pelouse de cette belle maison blanche s'étend jusqu'au bord de la
plage de sable. Les trois sœurs qui tiennent cette auberge font partager
leur passion du raffinement. Raffinement de la décoration et de la cuisine
sur laquelle règne un des grands chefs italiens : Paolo Granzioli. Confort et
luxe discret au service de la clientèle reine. Accueil chaleureux. Ambiance
sereine et originale. Seule ombre au tableau, la proximité d'une résidence
bruyante les mois d'été.

*Itinéraire d'accès : (carte n° 21) à 67 km au nord-ouest de Napoli. Par
A 1 (Roma-Napoli), sortie Cassino, direction Formia et suivre les
indications Napoli jusqu'au feu de Cellole, puis à droite.*

Hotel Miramare ★★★★

80132 Napoli
Via Nazario Sauro, 24
Tél. (081) 764 7589 - Fax (081) 764 0775 - M. Rosolino

Ouverture toute l'année **Chambres** 31 climatisées avec tél. direct, s.d.b. ou douche, w.c, t.v., **Prix** des chambres : 200/250 000 L (simple) - 240/335 000 L (double) - Petit déjeuner compris, servi de 8 h 30 à 10 h 30 - Demi-pension : 165 000 L (par pers., 3 j. min.) **Cartes de crédit** acceptées **Divers** Chiens admis **Possibilités alentour** à Naples : musée archéologique, musée de Capodimonte, Villa Floridiana, chartreuse de San Martino ; Manifestation : L'Estate de Napoli (concerts, opéras, théatre) - Pompéi - Ercolano - Cuma - La solfatara à Pozzuoli - Capri - Ischia - Côte amalfitaine jusqu'à Salerno - Paestum **Restaurant** Fermeture dimanche, août, du 22 décembre au 1er janvier - service 19 h 30/22 h 30 - Menus : 45/60 000 L - Carte - Spécialités : Pesce - Arrosto di vitello al forno.

L a baie de Naples avec en toile de fond le Vésuve noyé dans la brume et la presqu'île de Sorrento, est un des sites les plus célèbres du monde. L'hôtel se trouve en bord de mer, profitant pleinement de ce beau décor de gouache napolitaine, tout près du petit port de Santa Lucia. C'est une ancienne maison de maître du début du siècle qui a été récemment restaurée par son propriétaire, soucieux d'en conserver le style Liberty. On a choisi pour les chambres très confortables un camaïeu de bleus et de gris raffiné ; meubles, luminaires sont d'un moderne élégant avec quelques références au style 1920. L'été le service du restaurant et du petit déjeuner se fait sur la terrasse qui donne sur le golfe. Il faut tout de même savoir que vous êtes dans un des quartiers les plus touristiques, avec mandolines et trattorias ; ce sera donc le tribut à payer pour les chambres avec vue. L'hôtel compte néanmoins des chambres sur l'arrière plus calmes. Accueil prévenant et bon service.

Itinéraire d'accès : (carte n° 21) sur le front de mer, entre Castel dell Ovo, le port de Santa Lucia et le Palazzo Reale.

Villa Brunella ★★★★

Isola di Capri
80073 Capri (Napoli)
Via Tragara, 24
Tél. (081) 837 01 22 - Fax (081) 837 04 30 - M. Ruggiero

Ouverture du 19 mars au 6 novembre **Chambres** 10 et 8 suites climatisées avec tél. direct, s.d.b., w.c, t.v., minibar **Prix** des chambres : 324 000 L (double) - 390 000 L (suite) - Petit déjeuner compris, servi de 8 h 30 à 12 h **Cartes de crédit** Amex, Visa, Eurocard, MasterCard **Divers** Chiens non admis - Piscine à l'hôtel **Possibilités alentour** Chartreuse de San Giacomo - Villa Jovis - Punta Tragara (Faraglioni) - Anacapri - Villa San Michele - Grotta di Matromaria - Grotta Azzura - Villa Malaparte - Monte Solaro - Napoli - Pompéi - Ercolano - Cuma - La solfatara à Pozzuoli - Ischia - Côte amalfitaine jusqu'à Salerno - Paestum **Restaurant** service 12 h 30/15 h 30 - 19 h 30/23 h - Menus : 37/42 000 L - Carte - Spécialités : Ravioli alla caprese - Frutti di mare - Linguine al cartoccio.

Villa Brunella est située près de la route qui mène à la Villa Tiberio. Ses terrasses surplombent la mer, protégées des brises marines par des baies, et permettent de profiter de l'agréable buffet dressé à l'heure du déjeuner. Les chambres spacieuses et confortables ne jouissent pas de la même vue ; celles donnant sur la mer sont plus agréables que celles donnant sur la petite cour. Les suites, dont on a augmenté le nombre, possèdent toutes une terrasse individuelle. A signaler encore que l'hôtel n'a pas d'ascenseur et que les chambres situées en contrebas demandent une bonne pratique des escaliers. Ambiance familiale.

Itinéraire d'accès : (carte n° 21) traversées au départ de Napoli (40 mn à 1 h 10) ou de Sorrento (35 mn) ; à Capri, de la Piazzetta direction la Villa Tiberio par via Camerelle et via Tragara.

Europa Palace Hotel ★★★★

Isola di Capri
80071 Anacapri (Napoli)
Tél. (081) 837 38 00 Fax (081) 837 31 91
M. Cacace

Ouverture d'avril à octobre **Chambres** 93 climatisées avec tél. direct, s.d.b., w.c. minibar, t.v, (4 avec piscine privée) **Prix** des chambres : 180/250 000 L (simple) - 270/460 000 L (double) - 590/770 000 L (avec piscine privée) - Petit déjeuner compris, servi de 7 h à 12 h - Demi-pension : + 50 000 L (par pers.) **Cartes de crédit** acceptées **Divers** Chiens non admis - Piscine à l'hôtel - Bus privé pour Capri **Possibilités alentour** Villa Axel Munthe - Chartreuse de San Giacomo - Villa Jovis - Punta Tragara (Faraglioni) - Villa San Michele - Grotta di Matromaria - Grotta Azzura - Villa Malaparte - Monte Solaro - Napoli - Pompéi - Ercolano - Cuma - La solfatara à Pozzuoli - Ischia - Côte amalfitaine jusqu'à Salerno - Paestum **Restaurant** service à partir de 12 h et de 19 h 30 - Menus : 50/55 000 L - Carte - Spécialités : Tagliolini al limone - Ravioli caprese - Risotto al melone - Spigola del golfo farcita al salmone- Torta di mandorla, torta di limone emandorla.

Cet hôtel moderne offre des équipements extraordinaires et un charme incomparable. Une clientèle privilégiée apprécie le confort luxueux des chambres qui donnent sur la mer ou sur les jardins luxuriants. Comble du luxe : des suites avec piscine privée. Les soirs d'été, on dîne aux chandelles sur les terrasses qui bordent la piscine. Une cuisine excellente propose plusieurs formules dont un excellent barbecue de poissons extrêmement frais. Le restaurant jouit d'une vieille tradition familiale, le pain et les pâtes sont encore faits sur place. Accueil et service irréprochables. Un centre de remise en forme très bien équipé complète la liste des prestations proposées par l'hôtel.

Itinéraire d'accès : (carte n° 21) traversées au départ de Napoli (40 mn à 1 h 10) ou de Sorrento (35 mn) ; à Capri, taxi du port ou bus privé pour l'hôtel.

Hotel Luna ★★★★

Isola di Capri
80073 Capri (Napoli)
Via G. Matteotti, 3
Tél. (081) 837 04 33 - Fax (081) 837 74 59 - M. Vuotto

Ouverture d' avril à octobre **Chambres** 48 climatisées avec tél. direct, s.d.b., w.c., t.v. satellite, minibar, coffre-fort; ascenseur **Prix** des chambres : 165/200 000 L (simple) - 220/430 000 L (double) - Petit déjeuner compris, servi de 7 h 30 à 11 h 30 - Demi-pension : 155/265 000 L (par pers.) **Cartes de crédit** acceptées **Divers** Chiens non admis - Piscine à l'hôtel **Possibilités alentour** Chartreuse de San Giacomo - Villa Jovis - Punta Tragara (Faraglioni) - Anacapri - Villa San Michele - Grotta di Matromaria - Grotta Azzura - Villa Malaparte - Monte Solaro - Napoli - Pompéi - Ercolano - Cuma - La solfatara à Pozzuoli - Ischia - Côte amalfitaine jusqu'à Salerno - Paestum **Restaurant** service 12 h 30/14 h 30 - 19 h 30/21 h 30 - Menu : 50 000 L Carte - Cuisine italienne et napolitaine.

C'est un hôtel confortable qui jouit d'une situation exceptionnelle, véritable "fenêtre sur les Faraglioni", les célèbres rochers de Capri. Les chambres sont grandes, classiques, à la décoration un peu chargée et toutes de bon confort. Vous y apprécierez aussi les terrasses à pic sur la mer, le grand jardin fleuri et, enfin, la très grande piscine à deux pas de la Chartreuse. Parfait pour un séjour tranquille, bien que l'on soit à quelques mètres seulement du centre de Capri. Accueil sympathique et cordial.

Itinéraire d'accès : (carte n° 21) traversées au départ de Napoli (1 h 10) ou de Sorrento (20 à 35 mn) ; à Capri, de la Piazzetta direction Giardini di Augusto par Vittorio Emanuele et via F. Serena.

Hotel Punta Tragara ★★★★

Isola di Capri
80073 Capri (Napoli)
Via Tragara, 57
Tél. (081) 837 08 44 - Fax (081) 837 77 90 - M. Ceglia

Ouverture d'avril à octobre **Chambres** 47 climatisées ,avec tél. direct, s.d.b ou douche, w.c, t.v., minibar; ascenseur **Prix** des chambres : 250/300 000 L (simple) - 280/400 000 L (double) - 380/520 000 L (suite) - Petit déjeuner compris, servi de 7 h à 11 h - Demi-pension et pension : + 60 000 L - + 100 000 L (par pers.) **Cartes de crédit** acceptées **Divers** Chiens non admis - 2 piscines à l'hôtel **Possibilités alentour** Chartreuse de San Giacomo - Villa Jovis - Punta Tragara (Faraglioni) - Anacapri - Villa San Michele - Grotta di Matromaria - Grotta Azzura - Villa Malaparte - Monte Solaro - Napoli - Pompéi - Ercolano - Cuma - La solfatara à Pozzuoli - Ischia - Côte amalfitaine jusqu'à Salerno - Paestum **Restaurant** service 13 h/15 h 30 - 20 h/22 h 30 - Menu : 75 000 L - Carte - Cuisine méditerranéenne.

Insolite de trouver à Capri cet ensemble de maisons ocre imbriquées dans le rocher, en à-pic sur la mer, dont on doit le projet à Le Corbusier. Aujourd'hui, c'est un hôtel de luxe qui compte plus de suites que de chambres. Meubles, tableaux, tapis et tapisseries anciennes décorent somptueusement tout l'hôtel. Les deux restaurants sont très agréables ; on déjeune en plein air à La Bussola où l'on profite d'une vue exceptionnelle. Dans le jardin tropical qui regorge de plantes grasses géantes et de bougainvillées, vous pourrez profiter de deux très belles piscines d'eau de mer dont une chauffée en permanence à 35°. Service et accueil d'un grand hôtel.

Itinéraire d'accès : (carte n° 21) traversées au départ de Napoli (1 h 10) ou de Sorrento (35 mn) ; à Capri, de la Piazzetta, prendre direction Villa Tiberio par la via Camerelle et via Tragara.

Hotel Villa Sarah ★★★

Isola di Capri
80073 Capri (Napoli)
Via Tiberio, 3/A
Tél. (081) 837 06 09/837 78 17 - Fax (081) 837 72 15
M. de Martino Domenico

Ouverture de Pâques à octobre **Chambres** 20 avec tél., s.d.b. ou douche t.v., w.c. **Prix** des chambres : 130 000 L (simple) - 220 000 L (double) - Petit déjeuner compris, servi de 8 h à 10 h **Cartes de crédit** Amex, Visa, Eurocard, MasterCard **Divers** Chiens non admis - Solarium à l'hôtel **Possibilités alentour** Chartreuse de San Giacomo - Villa Jovis - Punta Tragara (Faraglioni) - Grotta di Matromaria - Grotta Azzura - Anacapri - Villa San Michele - Villa Malaparte - Monte Solaro - Napoli - Pompéi - Ercolano - Cuma - La solfatara à Pozzuoli - Ischia - Côte amalfitaine jusqu'à Salerno - Paestum **Pas de restaurant** à l'hôtel (voir notre sélection de restaurants p. 375).

Cette villa, construite par un lord anglais au milieu des vignobles, domine la baie de Capri. La propriétaire, vient de céder la gestion de l'hôtel à son fils. Espérons qu'il conserve l'esprit de maison, qu'il soigne l'accueil et préserve l'ambiance familiale et discrète de cette demeure. Le confort des chambres est inégal mais reste très convenable. Des confitures maison et des jus de fruits du verger sont servis au petit déjeuner que vous prendrez sur la terrasse. Un grand solarium permet de se dorer tranquillement au soleil. Une adresse précieuse dans une station qui pratique des prix souvent exorbitants.

Itinéraire d'accès : (carte n° 21) traversées au départ de Napoli (1 h 10) ou de Sorrento (35 mn) ; à Capri, de la Piazzetta direction la Villa Tiberio par via Camerelle et via Tragara ; à Capri, sur la Piazzetta prendre via Tiberio.

Pensione Quattro Stagioni ★

Isola di Capri
80073 Marina Piccola (Napoli)
Tél. (081) 837 00 41
M. et Mme Cecchini

Ouverture du 15 mars au 31 octobre **Chambres** 12 (6 avec s.d.b. ou douche, 4 avec w.c.)
Prix des chambres en demi-pension : 100/120 000 L (par pers., en chambre double) - Petit
déjeuner : 20 000 L, servi de 8 h à 10 h **Cartes de crédit** Visa, Eurocard, MasterCard **Divers**
Chiens non admis **Possibilités alentour** Plage toute proche - Chartreuse de San Giacomo -
Villa Jovis - Punta Tragara (Faraglioni) - Anacapri - Villa San Michele - Grotta di Matromaria -
Grotta Azzura - Villa Malaparte - Monte Solaro - Napoli - Pompéi - Ercolano - Cuma - La
solfatara à Pozzuoli - Ischia - Côte amalfitaine jusqu'à Salerno - Paestum **Restaurant** service
à partir de 20 h - Menu - Spécialités : Pasta alle zucchine - Pollo caprese.

C'est une des rares auberges de Capri à direction familiale. Sa proximité
avec la plage, le calme et la gentillesse de ses propriétaires sont sans
doute les principales qualités de cette pension, sans oublier le beau jardin
soigneusement entretenu et la terrasse dominant la mer. Le confort est
inégal puisque la moitié des chambres n'ont pas de salle de bains, il vous
faudra donc bien spécifier vos désirs lors de votre réservation. Cuisine
agréable. Bon rapport qualité-prix.

*Itinéraire d'accès : (carte n° 21) traversées au départ de Napoli (1 h 10)
ou de Sorrento (35 mn) ; à Capri, de la Piazzetta direction la Villa Tiberio
par via Camerelle et via Tragara.*

Casa Garibaldi ★

Isola d'Ischia
80070 Sant'Angelo (Napoli)
Via Sant'Angelo, 52
Tél. (081) 99 94 20 - M. Di Iorio

Ouverture de Pâques jusqu'à fin octobre **Chambres** 20 avec douche, w.c. **Prix** des chambres : 45 000 L (simple) - 80 000 L (double) - 100 000 L (studio pour 2 pers.) - Petit déjeuner : 6 000 L, servi de 8 h à 10 h **Cartes de crédit** non acceptées **Divers** Chiens admis - 2 piscines thermales dont une couverte - Sauna à l'hôtel **Possibilités alentour** Tour de l'île (32 km), Castello, Belvédère de Cartaromana, Excursion du mont Epomeo (788 m) à partir de Fontana (1 h), Eglise du Secours et jardin de Poséidon, plage de Citara à Forio, Lacco Ameno, Lido San Montano - Capri - Napoli - Pompéi - Ercolano - Cuma - La solfatara à Pozzuoli - Ischia - Côte amalfitaine jusqu'à Salerno - Paestum **Pas de restaurant** à l'hôtel (voir notre sélection de restaurants p. 375).

Cette maison blanche sans prétention entourée de figuiers domine la plage et Sant'Angelo, petit village de pêcheurs très pittoresque. Les chambres ont été aménagées dans plusieurs petites maisons mitoyennes reliées par des toits en terrasse. Sur la plus haute de ces terrasses se trouve une des piscines d'eau thermale. Malgré sa grande simplicité, la Casa Garibaldi est un de ces endroits où il fait bon vivre. L'accueil y est sympathique, la vue superbe, et les chambres, en dépit de leur sobriété, ont toutes une salle de bains complète. Pas de restaurant mais une grande cuisine où chacun peut, à toute heure, se préparer un repas. Le village de Sant'Angelo n'est accessible qu'à pied. A trois cents mètres du village, garage et porteurs sont disponibles.

Itinéraire d'accès : (carte n° 21) au sud de Napoli par A 3 jusqu'à Castellammare di Stabia, puis S 145 - Traversées tous les jours au départ de Napoli (1 h 10) et de Pozzuoli (40 mn).

La Villarosa ★★★★

Isola d'Ischia
80077 Porto d'Ischia (Napoli)
Via Giacinto Gigante, 5
Tél. (081) 99 13 16 - Fax (081) 99 24 25 - M. Pepe

Ouverture du 22 mars au 30 octobre **Chambres** 37 dont 4 suites avec tél. direct, s.d.b., w.c., 20 avec t.v., minibar ; ascenseur **Prix** des chambres : 100/120 000 L (simple) - 150/180 000 L (double) - Suite +50 000 L - Petit déjeuner : 10 000 L, servi de 7 h à 10 h - Demi-pension et pension : 115/155 000 L - 130/170 000 L (par pers.) **Cartes de crédit** Amex, Visa, Eurocard, MasterCard **Divers** Petits chiens admis - Piscine - Thermes - Hydrothérapie et massages à l'hôtel **Possibilités alentour** Tour de l'île (32 km), Castello, Belvédère de Cartaromana, Excursion du mont Epomeo (788 m) à partir de Fontana (1 h), Eglise du Secours et jardin de Poséidon, plage de Citara à Forio, Lacco Ameno, Lido San Montano - Capri - Napoli - Pompéi - Ercolano - Cuma - La solfatara à Pozzuoli - Côte amalfitaine jusqu'à Salerno - Paestum **Restaurant** réservé aux résidents, service 13 h/14 h -19 h 30/21 h - Menus : 40/60 000 L.

Enfouie au cœur d'un exubérant jardin tropical, la Villarosa est un de ces endroits magiques, dont le charme vous envahit insidieusement et que l'on a un mal fou à quitter. Passez la porte d'entrée et vous serez conquis : pas de luxe ostentatoire ici, mais du goût et du meilleur : celui de la simplicité, de la discrétion, du raffinement dans le détail. Un élégant salon ouvre sur le jardin et la piscine d'eau thermale. Les chambres, dont dix bénéficient d'une terrasse ou d'un balcon fleuri, ont le charme discret des maisons de campagne d'autrefois. Le toit de la Villa est aménagé en salle de restaurant, prolongée d'une merveilleuse terrasse envahie de glycines, où les repas sont servis en été. L'hôtel dispose d'un établissement thermal discrètement installé en sous-sol.

Itinéraire d'accès : (carte n° 21) départ en bateau de Napoli - Molo Beverello (1 h 15 en ferry, 20 mn en hydrofoil, tél. (081) 551 32 36).

La Bagattella Hotel ★★★

Isola d'Ischia
80075 Forio d'Ischia (Napoli)
Spiaggia di San Francesco - Via Tommaso Cigliano
Tél. (081) 98 60 72 - Fax (081) 98 96 37 - Mme Lauro

Ouverture d'avril à octobre **Chambres** 25 et 26 mini-appartements climatisés avec tél. direct, s.d.b., w.c., t.v. **Prix** des chambres en demi-pension et pension : 120/140 000 L - 145/175 000 L (par pers., 3 j. min.) - Petit déjeuner compris, servi de 7 h 30 à 9 h 30 **Cartes de crédit** Visa, Eurocard, MasterCard **Divers** Chiens non admis - Piscine - Hydrothérapie - Parking à l'hôtel **Possibilités alentour** Tour de l'île (32 km), Castello, Belvédère de Cartaromana, Excursion du mont Epomeo (788 m) à partir de Fontana (1 h), Eglise du Secours et jardin de Poséidon, plage de Citara à Forio, Lacco Ameno, Lido San Montano - Capri - Napoli - Pompéi - Ercolano - Cuma - La solfatara à Pozzuoli - Ischia - Côte amalfitaine jusqu'à Salerno - Paestum **Restaurant** réservé aux résidents, service : 13 h/14 h - 19 h/20 h 30 - Menu : 103 000 L - Carte - Spécialités : Pesce.

L a Bagattella se présente comme une étonnante pâtisserie mauresque, nichée dans un jardin aux lauriers-roses et bougainvillées exubérants. Cet hôtel, idéalement situé à cinq minutes à pied d'une belle plage de sable, a été complètement remis à neuf et agrandi d'une aile moderne où l'on a aménagé des chambres et de mini-appartements simples et fonctionnels, ouvrant sur le jardin. Les chambres de la villa mauresque sont en revanche très luxueuses, décorées avec une recherche frisant parfois le clinquant mais jamais déplaisante. Certaines ont un balcon fleuri. Au fond du jardin, protégée par des massifs d'hibiscus et de palmiers, une piscine d'eau thermale, sur laquelle donne la salle de restaurant.

Itinéraire d'accès *: (carte n° 21) départ en bateau de Napoli-Molo Beverello (1 h 15 en ferry, 20 mn en hydrofoil, tél. (081) 551 32 36), à 10 km de Porto d'Ischia (taxis au débarcadère).*

Albergo Terme San Montano ★★★★★

Isola d'Ischia
80076 Lacco Ameno (Napoli)
Tél. (081) 99 40 33 - Fax (081) 98 02 42 - M. Precisano

Ouverture une semaine avant Pâques jusqu'au 20 octobre **Chambres** 65 et 2 suites avec tél. direct, s.d.b., w.c., t.v., minibar **Prix** des chambres : 285 000 L (simple) - 380 000 L (double) - 451 000 L (suite) - Petit déjeuner compris, servi de 7 h à 11 h - Demi-pension et pension : 310 000 L - 340 000 L (par pers., 8 j. min. en août) **Cartes de crédit** acceptées **Divers** Petits chiens admis dans les chambres seulement - Piscine - Tennis - Plage privée - Ski nautique - Sauna - Thermes - Minibus - Parking à l'hôtel **Possibilités alentour** Tour de l'île (32 km), Castello, Belvédère de Cartaromana, Excursion du mont Epomeo (788 m) à partir de Fontana (1 h), Eglise du Secours et jardin de Poséidon, plage de Citara à Forio, Lacco Ameno, Lido San Montano - Capri - Napoli - Pompéi - Ercolano - Cuma - La solfatara à Pozzuoli - Ischia - Côte amalfitaine jusqu'à Salerno - Paestum **Restaurant** service 13 h/15 h - 20 h/22 h - Carte.

Cet hôtel bénéficie du plus bel emplacement de l'île : au sommet d'une colline, il domine la campagne d'un côté, la mer de l'autre, face aux îles de Vivara et Procida, avec en toile de fond, la silhouette un peu floue du Vésuve. Dans ce cadre unique, le San Montano est un hôtel de grand luxe, et l'on oublie vite l'aspect trop moderne du bâtiment, tant l'on est séduit par le luxe et le confort de ses aménagements. Des chambres décorées comme des cabines de bateau, la vue est somptueuse. Certaines ont un balcon, d'autres un jardin privé. Dans le parc étagé au flanc de la colline, deux piscines et un tennis. Si vous préférez la mer, une navette vous descendra à la plage privée. Un hôtel qui gagnerait toutefois à être un peu plus personnalisé. Prix élevés mais amplement justifiés.

Itinéraire d'accès : (carte n° 21) départ en bateau de Napoli -Molo Beverello (1 h 15 en ferry, 20 mn en hydrofoil ; tél. (081) 551 32 36) ; à 6 km de Porto d'Ischia.

1995

Palazzo Belmonte

84072 Santa Maria di Castellabate (Napoli)
Tél. (0974) 96 02 11 - Fax (0974) 96 11 50
Mme Wilkinson

Ouverture de mai à octobre **Suites** 21 avec tél. direct, s.d.b., petite cuisine **Prix** des suites : 280/340 000 L (2 pers.) - 460/620 000 L (3 pers.) - 600/720 000 L (4 pers.) - 860/1 040 000 (6 pers.) - Petit déjeuner compris **Cartes de crédit** non acceptées **Divers** Petits chiens admis - Piscine, plage privée - Parking à l'hôtel **Possibilités alentour** Sorrento - Presqu'île de Sorrento - Napoli - Pompéi - Paestum - Capri - Padula - Fabriques de céramiques de Vietri - Fermes de Battipàglia (fabrication de la mozzarella) **Restaurant** service 12 h 30/14 h 30 - 19 h 30/22 h - Menu - Cuisine italienne et régionale.

Quelques mois par an, le Prince de Belmonte ouvre son palais, construit au XVIIᵉ dans ce petit village de pêcheurs, utilisé par sa famille comme relais de chasse pour recevoir les rois d'Espagne et d'Italie. Le prince et sa famille occupent une aile du château, mais quelques suites ont été amménagées dans une partie de ce beau monument historique. Pas de décoration grandiloquente, mais une ambiance de vacances raffinées avec des couleurs claires, des meubles en bambou. Certaines donnent sur la jolie cour odorante d'un jasmin du Chili, d'autres sur le jardin planté de pins, de magnolias, d'hibiscus et de lauriers-roses, d'autres enfin ont une terrasse sur la mer d'où l'on peut aussi apercevoir par temps clair l'île de Capri. Le jardin potager du palais contribue à l'élaboration des spécialités régionales que vous pourrez goûter au restaurant. Une piscine, une plage privée au bout de la pinède engagent au farniente, mais Naples, Pompéi, la côte amalfitaine sont si proches ! Palazzo Belmonte est le lieu de séjour idéal pour concilier paresse et culture.

Itinéraire d'accès : (carte n° 21) à 90 km au sud de Napoli par A 3 sortie Battipàglia, puis direction Paestum, Agropoli et Castellabate.

Grand Hotel Excelsior Vittoria ★★★★

80067 Sorrento (Napoli)
Piazza Tasso, 34
Tél. (081) 807 10 44 - Fax (081) 877 12 06
M. Fiorentino

Ouverture toute l'année **Chambres** 106 climatisées avec tél. direct, s.d.b. ou douche, w.c., t.v., minibar, coffre-fort **Prix** des chambres : 264 000 L (simple) - 367/450 000 L (double) - 550/992 000 L (suite) - Petit déjeuner compris, servi de 7 h à 10 h - Demi-pension et pension : 285 000 L - 324 000 L (par pers., 3 j. min.) **Cartes de crédit** acceptées **Divers** Chiens admis avec supplément - Piscine - Parking à l'hôtel - Transfert gratuit de l'aéroport de Naples jusqu'à l'hôtel (pour 3 j. min.) **Possibilités alentour** Villa Comunale et belvédère à Sorrento - Presqu'île de Sorrento - Napoli - Pompéi - Paestum - Capri **Restaurant** service 12 h 30/14 h 30 - 19 h 30/22 h - Menu : 63 000 L - Carte - Cuisine italienne et napolitaine.

Surplombant du haut de son éperon rocheux le golfe de Naples, ce palace hôtel est l'un des plus prestigieux de Sorrento. Le jardin où se mêlent avec bonheur fleurs odorantes, rosiers et plantes grimpantes, la terrasse avec la mer à l'infini, le jardin d'hiver débordant de palmiers nains et de fleurs turquoise sont un enchantement. L'intérieur du palais a conservé ses fresques, ses frises de stuc, ses plafonds peints en style Liberty. De beaux meubles anciens ornent les salons et les chambres, toutes spacieuses et confortables. En été le service du restaurant se fait sur la terrasse panoramique et le dimanche vous pourrez participer au buffet dansant. L'hôtel a reçu bon nombre d'hôtes illustres comme Goethe, Wagner ou Verdi, mais la chambre la plus célèbre et la plus demandée reste celle qu'occupa Caruso, qui séjourna ici à la fin de sa vie, séjour immortalisé par une très belle chanson interprétée par Luciano Pavarotti.

Itinéraire d'accès : (carte n° 21) à 48 km au sud de Napoli par A 3 jusqu'à Castellammare di Stabia, puis S 145.

Grand Hotel Cocumella ★★★★★

84067 Sorrento (Salerno)
Via Cocumella, 7
Tél. (081) 878 29 33 - Fax (081) 878 37 12
Mme. Gaia del Papa

Ouverture toute l'année **Chambres** 60, climatisées avec tél. direct, s.d.b., w.c, t.v. satellite, minibar **Prix** des chambres : 200/285 000 L (simple) - 350/400 000 L (double) - 450/600 000 L (suite) - Petit déjeuner-buffet compris, servi de 7 h 30 à 10 h 30 - Demi-pension et pension : 225 000 L - 265 000 L (par pers., 3 j. min.) **Cartes de crédit** acceptées **Divers** Chiens admis sauf au restaurant - Piscine - Sauna (15000 L), centre de remise en forme - Parking (20 000 L) à l'hôtel **Possibilités alentour** à Sorrento : Villa Comunale et belvédère - Presqu'île de Sorrento - Napoli - Pompéi - Paestum - Capri **Restaurant** service 12 h 45/14 h 30 - 19 h 30/22 h 30 - Menu : 45 /80000 L - Carte - Cuisine méditérranéenne et locale.

L a plus grande beauté et le plus grand désarroi cohabitent à Naples. Mais à une cinquantaine de kilomètres, la côte amalfitaine conservent certains lieux qui laissent à la porte le désordre et le bruit pour préserver de vrais petits paradis. A l'Hotel Cocumella, on vit bien. Les heures passent entre le parfum têtu des fleurs, les vapeurs salines, les bains de soleil, les lectures à l'ombre du cloître, l'heure du thé et de l'orange pressée sur les nappes couleur de lin frais, les merveilleux spaghettis dans la fraîche salle à manger. Mais on peut aussi s'adonner à une journée de pleine mer dans le voilier ancien de l'hôtel qui vous escortera jusqu'à Capri et vous ramènera le soir tout ensoleillé. Sachez cependant que l'hôtel organise des concerts et des salons ; renseignez-vous sur leurs dates, si vous craignez qu'ils ne troublent la description idyllique faite ci-dessus.

Itinéraire d'accès : (carte n° 21) à 48 km au sud de Napoli par A 3 jusqu'à Castellammare di Stabia, puis S 145.

Hotel Bellevue Syrene ★★★

80067 Sorrento (Napoli)
Piazza della Vittoria, 5
Tél. (081) 878 10 24 - Fax (081) 878 39 63
M. Russo

Ouverture toute l'année **Chambres** 59 avec climatisation, tél. direct, s.d.b. ou douche, w.c.; ascenseur **Prix** des chambres : 200 000 L (simple) - 200/270/330 000 L (double) - 470 000 L (suite) - Petit déjeuner compris, servi de 7 h à 10 h - Demi-pension : 135/170 000 L (par pers.) **Cartes de crédit** acceptées **Divers** Chiens admis sauf au restaurant - Plage privée - Parking à l'hôtel **Possibilités alentour** Villa Comunale et belvédère à Sorrento - Presqu'île de Sorrento - Napoli - Pompéi - Paestum - Capri **Restaurant** service 19 h 30/20 h 45 - Menu : 70 000 L - Carte - Spécialités : Spaghetti con cozze - Gnocchi.

A l'emplacement d'une ancienne villa romaine où séjournèrent Virgile et Tibère s'élève aujourd'hui une belle bâtisse datant du XVIIIe siècle en à-pic sur la mer. Les pièces de l'hôtel sont d'un intérêt inégal : à la grande salle à manger décorée récemment succèdent une salle de billard et un bar où fresques et mosaïques rappellent un passé chargé d'histoire. Pour accéder à la plage privée, un ascenseur est à la disposition des clients, mais ne manquez pas de faire un tour vers l'escalier et le passage voûté qui sont, comme les colonnes du jardin, des vestiges de l'ancienne villa romaine. Demandez la chambre 4, une des seules avec balcon sur la mer.

Itinéraire d'accès : (carte n° 21) à 48 km au sud de Napoli par A 3 jusqu'à Castellammare di Stabia, puis S 145.

Hotel Capo La Gala ★★★★

80069 Vico Equense (Napoli)
Via Luigi Serio, 7
Tél. (081) 801 57 58 - Fax (081) 879 87 47
Mme Savarese

Ouverture d'avril à octobre **Chambres** 18 avec tél. direct, s.d.b., w.c., t.v., minibar; ascenseur **Prix** des chambres : 155 000 L (simple) - 220 000 L (double) - Petit déjeuner : 20 000 L, servi de 8 h à 10 h 30 - Demi-pension et pension : 170/215 000 L - 220/265 000 L (par pers.) **Cartes de crédit** acceptées **Divers** Petits chiens admis - Piscine - Plage privée -Parking à l'hôtel **Possibilités alentour** Napoli - Pompéi - Ercolano - Cuma - La solfatara à Pozzuoli - Villa Presqu'île de Sorrento - Paestum - Capri **Restaurant** service 13 h/15 h - 20 h/22 h - Menu : 60 000 L - Carte - Spécialités : Pesce - Frutti di mare.

Taillé dans le rocher par le père de l'actuel propriétaire, le Capo La Gala, avec sa succession de terrasses et de petits escaliers, ne se voit pas de la mer tant il se fond dans le paysage. Les chambres, peu nombreuses, sont toutes identiques : face à la mer avec balcon, elles portent des noms de vents. La clientèle y goûte l'atmosphère d'une maison privée où il fait bon se reposer au bord de la piscine d'eau sulfureuse. On y déguste une cuisine à base de poissons et de légumes frais.

Itinéraire d'accès : (carte n° 21) à 39 km au sud de Napoli par A 3 jusqu'à Castellammare di Stabia, puis S 145, direction Sorrento.

Hotel Cappuccini Convento ★★★★

84011 Amalfi (Salerno)
Tél. (089) 87 18 77 - Télex 770 134
Fax (089) 87 18 86
M. Aielli

Ouverture toute l'année **Chambres** 54 avec tél. direct, s.d.b. ou douche, w.c. **Prix** des chambres : 100/120 000 L (simple) - 140/160 000 L (double) - Petit déjeuner : 20 000 L, servi de 7 h 30 à 10 h 30 - Demi-pension et pension : 140/180 000 L - 160/210 000 L (par pers., 3 j. min.) **Cartes de crédit** acceptées **Divers** Chiens admis - Plage privée - Parking à l'hôtel **Possibilités alentour** à Amalfi : duomo et cloître du Paradis - Sorrento - Golfe de Salerno et côte amalfitaine : Positano, Grotta di Smeraldo, Ravello, Salerno - Paestum - Capri - Napoli - Pompéi - Ercolano - Cuma - La solfatara à Pozzuoli - Ischia **Restaurant** service 13 h/14 h 30 - 19 h 30/21 h - Menu - Carte - Spécialités : Soufflé de spaghetti - Poisson - Cuisine régionale.

L'hôtel, un ancien couvent du XIIe siècle accroché à la montagne, domine Amalfi. On y accède par un ascenseur. Vue imprenable sur la mer au-delà des glycines et des bougainvillées. Les cellules des moines ont été aménagées en chambres accueillantes et confortables. Dans la salle à manger au plafond voûté on sert une excellente cuisine à base de poissons et de crustacés. Salons silencieux où l'on peut se reposer après des promenades sur les sentiers escarpés et parfumés des environs. Service parfait, ambiance unique. La direction reçoit régulièrement des réceptions qui ne devraient pas nuire au confort et à la tranquillité des clients.

Itinéraire d'accès : (carte n° 21) à 25 km à l'ouest de Salerno par A 3, sortie Vietri sul Mare, puis S 163 par le bord de mer.

Hotel Belvedere ★★★★

84010 Conca dei Marini (Salerno)
Tél. (089) 83 12 82 - Fax (089) 83 14 39
M. Lucibello

Ouverture d'avril à octobre **Chambres** 36 avec tél. direct, s.d.b., w.c.; ascenseur **Prix** des chambres : 95/125 000 L (simple) - 230/280 000 L (double) - 200/250 000 L (suite) - Petit déjeuner : 15 000 L, servi de 7 h à 10 h - Demi-pension et pension : 135/160 000 L - 160/190 000 L **Cartes de crédit** acceptées **Divers** Chiens admis - Piscine - Accès à la mer - Parking à l'hôtel **Possibilités alentour** à Amalfi : duomo et cloître du Paradis - Sorrento - Golfe de Salerno et côte amalfitaine : Positano, Grotta di Smeraldo, Ravello, Salerno - Paestum - Capri - Napoli - Pompéi - Ercolano - Cuma - La solfatara à Pozzuoli - Ischia **Restaurant** service de 12 h 30/14 h - 19 h 30/21 h - Menu : 45 000 L - Carte - Spécialités : Crespolini - Timballo di maccheroni.

Il ne faut surtout pas se laisser impressionner par la façade classique de ce Belvedere ni par le fait qu'il se trouve sur la route, la construction étant accrochée à la falaise, en surplomb de la mer. Sa situation extraordinaire nous fait découvrir toute la côte amalfitaine et ses vergers escarpés de citronniers. Les chambres modernes et très confortables ont toutes un balcon ou une terrasse sur la mer en contrebas, et un ascenseur intérieur vous mènera jusqu'à la piscine, installée dans les rochers, où l'on a également aménagé un accès à la mer. Le Belvedere est un hôtel d'un professionnalisme parfait, la cuisine y est excellente et le service impeccable et plein de gentillesse. L'accueil, enfin, de son propriétaire et directeur, Monsieur Lucibello, y ajoute cette atmosphère d'hospitalité, tout à la fois réservée et chaleureuse, qui fait les vrais hôtels de charme.

Itinéraire d'accès : (carte n° 21) à 65 km au sud-est de Napoli A 3, sortie Castellammare di Stabia, puis N 336, direction Amalfi.

Hotel San Pietro ★★★★★

84017 Positano (Salerno)
Tél. (089) 87 54 55 - Télex 770 072
Fax (089) 81 14 49 - M. Attanasio

Ouverture d'avril à octobre **Chambres** 60 climatisées avec tél. direct, s.d.b., w.c., t.v., minibar **Prix** des chambres : 450/500 000 L (standard) - 525/595 000 L (médium) - 600/650 000 L (luxe, 3 pers.) - Petit déjeuner compris, servi de 7 h à 11 h 30 - Demi-pension et pension : +80 000 L - +140 000 L (par pers., 3 j. min.) **Cartes de crédit** acceptées **Divers** Chiens non admis - Piscine - Tennis - Plage privée - Ski nautique et windsurf à l'hôtel - Parking **Possibilités alentour** Sorrento - Golf de Salerno et côte amalfitaine : Positano, Grotta di Smeraldo, Ravello, Salerno - Paestum - Capri - Napoli - Pompéi - Ercolano - Cuma - La solfatara à Pozzuoli - Ischia **Restaurant** service 13 h/15 h - 20 h/21 h 30 - Carte - Cuisine napolitaine et italienne.

Vu de la mer, San Pietro ressemble à une sorte de cascade de verdure tombant de terrasse en terrasse du mont Lattari. C'est un modèle d'architecture intégré : s'ouvrant sur une vue divine, l'hôtel est une sorte de folie luxueuse où les bougainvillées et les vignes vierges pénètrent jusque dans les salons. Les chambres, aux salles de bains hollywoodiennes, rivalisent de somptuosité et de confort. Les balcons ont été revêtus de faïence. Taillé dans le rocher, sur quatre-vingt-huit mètres de dénivelée, un ascenseur amène les hôtes au bas de la falaise, à une plage privée. Un snack permet de déjeuner sur place, un joli tennis se trouve dans la crique voisine. Le restaurant de l'hôtel sert une excellente cuisine italienne. Accueil remarquable. Par sécurité, les enfants de moins de douze ans ne sont pas acceptés.

Itinéraire d'accès : (carte n° 21) à 57 km au sud-est de Napoli par A 3, jusqu'à Castellammare di Stabia, puis S 145 jusqu'à Meta et S 163 jusqu'à Positano.

Le Sirenuse ★★★★★

84010 Positano (Salerno)
Via C. Colombo, 30
Tél. (089) 87 50 66 - Fax (089) 81 17 98 - M. Sersale

Ouverture toute l'année **Chambres** 60 climatisées avec tél. direct, s.d.b. et douche, w.c., t.v., minibar **Prix** des chambres : 350/450 000 L (simple) - 380/600 000 L (double) - 610/750 000 L (suite) - Petit déjeuner compris, servi de 7 h à 11 h - Demi-pension et pension : +75 000 L - +125 000 L (par pers., 3 j. min.) **Cartes de crédit** acceptées **Divers** Chiens admis sauf au restaurant et piscine - Piscine chauffée - Parking à l'hôtel **Possibilités alentour** Sorrento - Golf de Salerno et côte amalfitaine : Positano, Grotta di Smeraldo, Ravello, Salerno - Paestum - Capri - Napoli - Pompéi - Ercolano - Cuma - La solfatara à Pozzuoli - Ischia **Restaurant** service 13 h/15 h - 20 h/22 h - Carte - Spécialités : Pasta - Pesce.

Derrière la façade ocre-rouge du Sirenuse se cache l'un des meilleurs hôtels de la côte amalfitaine. Cet ancien palais du XVIIIe siècle, donnant sur la baie de Positano, a été agrandi au fil du temps. L'hôtel offre aujourd'hui une construction irrégulière et charmante où souvent les angles sont prolongés par des terrasses. Il est décoré de très beaux meubles vénitiens et napolitains. Les chambres sont extrêmement confortables. Dans celles de la partie la plus ancienne, certains sols ont gardé leurs céramiques d'origine. Tout autour de la piscine sont disposées des tables où l'on peut dîner ou déjeuner. Un nouveau chef propose une cuisine inventive sans oublier les recettes de la cuisine traditionnelle napolitaine. Personnel aimable et très efficace.

Itinéraire d'accès : (carte n° 21) à 57 km au sud-est de Napoli par A 3, jusqu'à Castellammare di Stabia, puis S 145 jusqu'à Meta et S 163 jusqu'à Positano.

Hotel Poseidon ★★★★

84017 Positano (Salerno)
Via Pasitea, 148
Tél. (089) 81 11 11 - Fax (089) 87 58 33 - Famille Aonzo

Fermeture de novembre à Pâques **Chambres** 48 et 3 suites (dont certaines climatisées) avec tél. direct, s.d.b., w.c., t.v., minibar ; ascenseur **Prix** des chambres : 165/200 000 L (simple) - 210/270 000 L (double) - 335/480 000 L (suite) - Petit déjeuner compris, servi de 8 h à 11 h - Demi-pension : 155/185 000 L (par pers.) **Cartes de crédit** acceptées **Divers** Chiens admis - Piscine - Centre de remise en forme (20/60 000 L) - Parking (25 000 L) à l'hôtel **Possibilités alentour** Sorrento - Golf de Salerno et côte amalfitaine : Positano, Grotta di Smeraldo, Ravello, Salerno - Paestum - Capri - Napoli - Pompéi - Ercolano - Cuma - La solfatara à Pozzuoli - Ischia **Restaurant** service 13 h/14 h 30 - 20 h/22 h - Carte .

Comme le rappelle la famille Aonzo, l'idée de départ était de construire dans les années cinquante une petite villa pour passer les vacances et puis... c'est aujourd'hui un sympathique hôtel qui malgré ses 4 étoiles a su garder une simplicité et une convivialité qui fait que l'on s'y sent vite très bien. Ce climat on le doit aussi à la faible capacité de l'hôtel qui permet un accueil plus attentif. Comme dans tout le village la maison est accrochée, imbriquée même sur la colline qui domine la baie. Situation exceptionnelle dont profitent les chambres et leur terrasse individuelle ; élégantes, spacieuses, et tout le confort de ses étoiles. Même sobriété raffinée dans les salons. La grande terrasse panoramique a été aménagée comme un grand espace à vivre : pendant les mois les plus chauds, on y installe sous les bougainvillées le restaurant, plus loin la piscine et le solarium. Récemment l'hôtel s'est doté d'un "centre de bien-être" qui permet des séjours de remise en forme à condition de ne pas céder aux sorties nocturnes à Positano.

Itinéraire d'accès : (carte n° 21) à 57 km au sud de Napoli par A 3, sortie Castellammare di Stabia, direction Sorrento, Positano.

1995

Hotel Villa Franca ★★★★★

84017 Positano (Salerno)
Viale Pasitea, 8
Tél. (089) 87 56 55 - Fax (089) 87 57 35
M. Russo

Fermeture du 1er novembre au 28 février **Chambres** 28 climatisées avec tél. direct, s.d.b., w.c, t.v., minibar ; ascenseur **Prix** des chambres : 175/195 000 L (simple) - 220/260 000 L (double) - 300/320 000 L (suite) - Petit déjeuner-buffet compris, servi de 7 h 30 à 11 h - Demi-pension : +40 000 L (par pers., 3 j. min.) **Cartes de crédit** acceptées **Divers** Petits chiens admis - Piscine - Parking (20 000 L) à l'hôtel **Possibilités alentour** Sorrento - Golf de Salerno et côte amalfitaine : Positano, Grotta di Smeraldo, Ravello, Salerno - Paestum - Capri - Napoli - Pompéi - Ercolano - Cuma - La solfatara à Pozzuoli - Ischia **Restaurant** service 13 h /14 h 30 - 19 h/22 h - Menu : 60 000 L - Carte - Spécialités : Linguine all'astice - Agnolotti in salsa di spinaci - Gnocchi alla mozzarella - Risotto ai frutti di mare - Scampi gratinati al forno.

Positano ! Un nom qui fait rêver en Italie. Il suffit pourtant d'un moment d'inattention pour que le rêve se transforme en cauchemar : ne jamais traverser Castellamare en sortant de l'autoroute vous évitera en effet la crise de nerfs. Villa Franca, en tout cas, participe à cet idéal de beauté que l'on vient chercher sur la côte amalfitaine. Une villa claire, aux grandes baies vitrées, aux chambres d'un baroque méditérranéen, superbes, aux terrasses grandes ouvertes sur le bleu du ciel et de la mer. Céramiques, décoration et végétation rivalisent en couleurs déclinant toute une gamme de bleu, de vert et d'orangé. On passe ses journées sur les terrasses qui s'étagent jusque vers la piscine, sur le toit : ici, suspendu entre ciel et mer, le bien-être est intense, le souvenir inoubliable.

***Itinéraire d'accès** : (carte n° 21) à 57 km au sud-est de Napoli par A 3, jusqu'à Castellammare di Stabia, puis S 145 jusqu'à Meta et S 163 jusqu'à Positano.*

Hotel Palazzo Murat ★★★★

84017 Positano (Salerno)
Via dei Mulini, 23
Tél. (089) 875 177 - Fax (089) 81 14 19
Famille Attanasio

Ouverture de Pâques au 30 octobre et du 26 décembre au 10 janvier **Chambres** 28 avec climatisation, tél. direct, s.d.b., w.c., t.v., minibar **Prix** des chambres : 150/160 000 L (simple) - 190/240 000 L (double) - Petit déjeuner compris, servi de 8 h à 11 h **Cartes de crédit** acceptées **Divers** Chiens admis **Possibilités alentou** Sorrento - Golf de Salerno et côte amalfitaine : Positano, Grotta di Smeraldo, Ravello, Salerno - Paestum - Capri - Napoli - Pompéi - Ercolano - Cuma - La solfatara à Pozzuoli - Ischia **Pas de restaurant** à l'hôtel (voir notre sélection de restaurants p. 377).

Construit pour être la résidence d'été de Joachim Murat, maréchal de France et roi de Naples, le Palazzo a été transformé il y a quelques années en hôtel. De style baroque, il a conservé l'essentiel de ses structures dont un adorable patio où sont quelquefois donnés des concerts de musique de chambre. Les chambres les plus agréables sont celles situées dans la partie ancienne (dont les prix sont d'ailleurs plus élevés) et plus particulièrement les chambres 5 et 24 qui ont un balcon donnant sur la baie de Positano. L'accès jusqu'à l'hôtel n'est pas possible, mais l'on peut garer sa voiture au parking qui se trouve Piazza dei Mulini, à cinquante mètres de l'hôtel. A noter, la possibilité d'avoir des chambres climatisées.

***Itinéraire d'accès** : (carte n° 21) à 57 km au sud de Napoli par A 3, sortie Castellammare di Stabia, direction Sorrento, Positano ; dans la vieille ville.*

Albergo Casa Albertina

84017 Positano (Salerno)
Via Tavolozza, 3
Tél. (089) 87 51 43 - Télex 720 519
Fax (089) 81 15 40 - M. L. Cinque

Ouverture toute l'année **Chambres** 21 climatisées avec tél. direct, s.d.b. et douche, w.c., minibar; ascenseur **Prix** des chambres en demi-pension (par pers. par j.) : 110/140 000 L (simple) - 120/140 000 L (double) - 140/160 000 L (suite) - Petit déjeuner compris, servi de 7 h 30 à 12 h **Cartes de crédit** acceptées **Divers** Chiens admis - Parking (20/25 000 L) **Possibilités alentou** Sorrento - Golf de Salerno et côte amalfitaine : Positano, Grotta di Smeraldo, Ravello, Salerno - Paestum - Capri - Napoli - Pompéi - Ercolano - Cuma - La solfatara à Pozzuoli - Ischia **Restaurant** service 20 h/21 h 30 - Carte - Spécialités : Risotto alla pescatore - Penne all'impazzata - Zuppa di pesce - Pesce alla griglia.

Après quelques marches d'une ruelle en pente, on découvre l'Albergo Casa Albertina. Cette vieille maison de village est tenue par un fils de pêcheur, ancien employé du Sirenuse parlant couramment le français. A part les ravissantes portes de bois du XVIIe siècle, la quasi-totalité de l'hôtel est décorée dans le style des années soixante. Vaisselle, sièges et bibelots, réalisés spécialement par des artisans, forment un ensemble très typique. La plupart des chambres possèdent un balcon donnant sur la mer, idéal pour prendre son petit déjeuner. L'accueil est particulièrement chaleureux dans cet établissement simple mais plein de charme. A signaler : hôtel non accessible en voiture mais bagagistes pour vous aider.

Itinéraire d'accès : (carte n° 21) à 57 km au sud-est de Napoli par A 3, jusqu'à Castellammare di Stabia, puis S 145 jusqu'à Meta et S 163 jusqu'à Positano.

Grand Hotel Tritone ★★★★

84010 Praiano (Salerno)
Via Campo, 5
Tél. (089) 87 43 33 - Fax (089) 87 43 74
M. Gagliano

Ouverture du 15 avril au 31 octobre **Chambres** 62 dont 49 climatisées avec tél. direct, s.d.b. ou douche, w.c. (15 avec minibar) ; ascenseur **Prix** des chambres : 100/130 000 (simple) - 170/250 000 L (double) - 240/ 320 000 L (suite) - Petit déjeuner : 18 000 L, servi de 7 h à 10 h - Demi-pension et pension : 140/150 000 L - 170/190 000 L (par pers., 3 j. min.) **Cartes de crédit** acceptées **Divers** Chiens admis - Piscines d'eau de mer - Plage privée - Parking à l'hôtel **Possibilités alentour** Golf de Salerno et côte amalfitaine : Positano, Grotta di Smeraldo, Ravello, Salerno - Paestum - Capri - Napoli - Pompéi - Ercolano - Cuma - La solfatara à Pozzuoli - Ischia **Restaurant** service 13 h/14 h 30 - 19 h 30/21 h 30 - Menu : 50 000 L - Carte - Spécialités : Risotto - Pesce.

Avec sa succession de terrasses qui descendent en à-pic jusqu'à la mer, cette grande maison blanche de construction récente bénéficie d'un site magnifique. Des personnalités politiques, du sport et du show-business (Madonna semble avoir été séduite) en ont souvent fait leur lieu de repos. La plage privée, accessible par l'ascenseur, les deux piscines d'eau de mer, le service irréprochable, justifient largement leur choix. Quant aux repas, vous aurez la surprise de les apprécier dans le restaurant aménagé dans une grotte.

Itinéraire d'accès : (carte n° 21) à 36 km à l'ouest de Salerno par A 3, sortie Vietri sul Mare, puis S 163 par le bord de mer ; à 10 km d'Amalfi.

Hotel Caruso Belvedere ★★★★

84010 Ravello (Salerno)
Via San Giovanni del Toro, 52
Tél. (089) 85 71 11 - Fax (089) 85 73 72
Mme Caruso

Ouverture toute l'année **Chambres** 24 avec tél. direct s.d.b. ou douche, w.c. **Prix** des chambres en demi-pension et pension : 230/326 000 L - 320/416 000 L (pour 2 pers.) - Petit déjeuner compris, servi de 7 h à 10h **Cartes de crédit** acceptées **Divers** Chiens admis avec supplément **Possibilités alentour** à Ravello : Villa Rufolo et Villa Cimbrone - Golfe de Salerno et côte amalfitaine : Positano, Grotta dello Smeraldo, Amalfi, Salerno - Paestum - Capri - Napoli - Pompéi - Ercolano - Cuma - La solfatara à Pozzuoli - Ischia **Restaurant** service 12 h 30/14 h 30 - 19 h 30/21 h - Fermeture : 15 jours en février - Menu : 42 000 L - Carte - Spécialités : Crespolini al formaggio - Spaghetti alla contadina - Soufflé al limone e cioccolata.

Face au somptueux golfe de Salerno, ce palais du XIIe siècle a conservé l'élégance des hôtes de marque qu'il a reçus, comme la famille royale d'Italie ou Greta Garbo. Dirigé avec passion par Gino Caruso, cet hôtel reçoit une clientèle essentiellement anglaise et américaine appréciant le confort et la tranquillité du lieu, son accueil charmant et sa cuisine raffinée.

Itinéraire d'accès : (carte n° 21) à 65 km au sud-est de Napoli par A 3, sortie Vietri sul mare, puis direction Costiera amlfitana et Ravello ; ou sortie Angri, direction Valico di Chiunzi et Ravello.

Villa Cimbrone ★★★

84010 Ravello (Salerno)
Santa Chiara, 26
Tél. (089) 85 74 59 - Fax (089) 85 77 77
Famille Vuilleumier

Ouverture d'avril à octobre **Chambres** 19 avec tél. direct, s.d.b. ou douche, w.c. **Prix** des chambres : 200/220 000 L (simple) - 250/270 000 L (double) - 300/330 000 L (suite) - Petit déjeuner compris, servi de 8 h à 10 h 00 **Cartes de crédit** Amex, Visa, Eurocard, MasterCard **Divers** Chiens non admis **Possibilités alentour** à Ravello : Villa Rufolo et Villa Cimbrone - Golfe de Salerno et côte amalfitaine : Positano, Grotta dello Smeraldo, Amalfi, Salerno - Paestum - Capri - Napoli - Pompéi - Ercolano - Cuma - La solfatara à Pozzuoli - Ischia **Pas de restaurant** à l'hôtel (voir notre sélection de restaurants p. 376).

Ce fut, à l'origine, la demeure d'une vieille famille anglaise. Le belvédère, de son parc qui surplombe la mer, offre un magnifique point de vue. Toutes les chambres jouissent d'un superbe panorama. Certaines ont conservé des mosaïques ou des cheminées anciennes, d'autres des fresques en trompe-l'œil. Un cloître du XIIIe siècle complète la beauté du lieu. Des travaux de rénovation ont augmenté le standing de l'hôtel.

Itinéraire d'accès : (carte n° 21) à 65 km au sud-est de Napoli par A 3, sortie Vietri sul mare, puis direction Costiera amlfitana et Ravello ; ou sortie Angri, direction Valico di Chiunzi et Ravello.

Hotel Palumbo - Palazzo Gonfalone ★★★★★

84010 Ravello (Salerno)
Via San Giovanni del Toro, 28
Tél. (089) 85 72 44 - Télex 770 101
Fax (089) 85 81 33 - M. Vuilleumier

Ouverture toute l'année **Chambres** 20 avec climatisation, tél. direct, s.d.b. et douche, w.c, t.v., minibar **Prix** des chambres en demi-pension dans le palazzo : 300/340 000 L - en pension : 350/400 000 L (double) ; dans l'annexe 200/250 000 L, 250/265 000 L (par pers., 3 j. min.) - Petit déjeuner compris, servi de 7 h 30 à 10 h 30 **Cartes de crédit** acceptées **Divers** Petits chiens admis - Garage (20 000 L) à l'hôtel **Possibilités alentour** à Ravello : Villa Rufolo et Villa Cimbrone - Golfe de Salerno et côte amalfitaine : Positano, Grotta dello Smeraldo, Amalfi, Salerno - Paestum - Capri - Napoli - Pompéi - Ercolano - Cuma - La solfatara à Pozzuoli - Ischia **Restaurant** service 12 h 30/14 h 30 - 20 h/21 h 30 - Menu : 80 000 L - Carte - Spécialités : Crespelle Palumbo - Ravioli alla menta - Filetto al Gonfalone.

L'élégance règne en maître dans ce palais du XIIᵉ siècle dont l'architecture d'origine a été respectée. Les propriétaires ont décoré avec soin leur hôtel et aménagé les chambres avec un goût délicat. Le dîner aux chandelles sur la terrasse avec vue sur la baie d'Amalfi, l'excellente cuisine arrosée du vin de la propriété, rendent le séjour inoubliable, malgré l'accueil un peu guindé. Une annexe moderne a été bâtie dans la propriété. Les prix y sont très intéressants alors que l'on bénéficie du confort d'un cinq étoiles ainsi que des jardins et du restaurant du Palumbo.

Itinéraire d'accès : (carte n° 21) à 65 km au sud-est de Napoli par A 3, sortie Vietri sul mare, puis direction Costiera amlfitana et Ravello ; ou sortie Angri, direction Valico di Chiunzi et Ravello.

Hotel Corona d'Oro ★★★★

40126 Bologna
Via Oberdan, 12
Tél. (051) 23 64 56 - Fax (051) 26 26 79
M. Orsi

Ouverture toute l'année **Chambres** 35 climatisées avec tél. direct, douche, w.c., t.v. satellite, minibar **Prix** des chambres : 170/270 000 L (simple) - 260/390 000 L (double) - Petit déjeuner compris, servi de 7 h à 12 h **Cartes de crédit** acceptées **Divers** Chiens admis **Possibilités alentour** à Bologna : la pinacothèque, place et fontaine de Nettuno, églises de S. Petronio, S. Domenico, S. Francesco ; tradition : Foire du livre d'enfants en avril - Madonna di San Luca - San Michele in Bosco - Circuit des collines autour de Bologna (1 h, panneaux indicateurs : giro sulle colline) - Route des châteaux : Bazzano, Monteveglio, S. Maria - Golf à Chiesa Nuova di Monte San Pietro, 18 trous à Bologna **Pas de restaurant** à l'hôtel (voir notre sélection de restaurants p. 377-378).

L e mélange des styles crée une atmosphère agréable et pas du tout guindée dans ce petit hôtel quatre étoiles. Le bâtiment du XIIIᵉ siècle a en effet subi plusieurs transformations. C'est ainsi que l'on peut encore admirer une vierge à l'enfant du XVᵉ et des décors en stuc Liberty 1900. L'hôtel rénové, a encore amélioré ce qui fit jusqu'à présent sa réputation : à savoir le confort, le service et le calme. Il bénéficie en outre d'une excellente situation, dans le centre historique de Bologne.

Itinéraire d'accès : (carte n° 10) par A 14, sortie Bologna-Arcoveggio, direction Stazione Centrale, rentrer dans la ville par la Porta Galliera et via dell'Indipendenza jusqu'à la Metropolitana, puis à gauche vers le Palazzo Ancivescovile et à gauche via Oberdan.

Hotel Commercianti ★★★

40124 Bologna
Via de' Pignattari, 11
Tél. (051) 23 30 52 - Fax (051) 22 47 33
M. Orsi

Ouverture toute l'année **Chambres** 33 climatisées avec tél. direct, douche, w.c., t.v., coffre-fort, minibar **Prix** des chambres : 120/160 000 L (simple) - 175/250 000 L (double) - Petit déjeuner compris, servi de 7 h à 11 h 30 **Cartes de crédit** acceptées **Divers** Petits chiens admis et Parking (20 000 L) à l'hôtel **Possibilités alentour** à Bologna : la pinacothèque, place et fontaine de Nettuno, églises de S. Petronio, S. Domenico, S. Francesco ; tradition : Foire du livre d'enfants en avril - Madonna di San Luca - San Michele in Bosco - Circuit des collines autour de Bologna (1 h, panneaux indicateurs : giro sulle colline) - Route des châteaux : Bazzano, Monteveglio - S. Maria - Golf à Chiesa Nuova di Monte San Pietro, 18 trous à Bologna **Pas de restaurant** à l'hôtel (voir notre sélection de restaurants p. 377-378).

Parmi les avantages de cet hôtel, il faut signaler en premier lieu son emplacement : tout à côté de la cathédrale San Petronio, dans la zone piétonne mais où l'on vous laissera entrer, l'hôtel possédant son garage privé. Cet hôtel, qui a conservé d'anciens éléments d'architecture de ce qui fut au XIIᵉ siècle le siège de la commune, a opté pour une décoration contemporaine et fonctionnelle. Mais celles du troisième étage, ont été récemment rénovées dans un style plus traditionnel, voulant faire revivre un peu l'atmosphère de l'ancien palais. Les plus agréables cependant sont celles créées dans l'ancienne tour d'où l'on a une vue insolite sur les vitraux et les chapiteaux de la cathédrale. Des autres chambres, on voit la Piazza Maggiore.

Itinéraire d'accès : (carte n° 10) par A 14, sortie Bologna-Arcoveggio. De la "Tangenziale", sortie n° 7, direction centre ; via Marconi, via Testoni, puis suivre fléchage pour l'hôtel Commercianti.

Hotel Duchessa Isabella ★★★★★

44100 Ferrara
Via Palestro, 70
Tél. (0532) 20 21 21 - Fax (0532) 20 26 38
Mme Bonzagni - M. Candia

Fermeture en août **Chambres** 21 et 7 suites climatisées avec tél. direct, s.d.b., w.c., t.v., minibar **Prix** des chambres : 200 000 L (simple) - 330/430 000 L (double) - 550 000 L (suite) - Petit déjeuner compris, servi à partir de 7 h - Demi-pension et pension : 200/280 000 L - 280/300 000 L (par pers., 3 j. min.) **Cartes de crédit** Amex, Visa, Eurocard, MasterCard **Divers** Chiens non admis - Parking à l'hôtel **Possibilités alentour** à Ferrara : Duomo, Palazzo Ludovico il Moro, Palazzo dei Diamanti ; manifestations : le Palio en mai - Abbaye de Pomposa (concerts à l'abbaye de Pomposa en juillet/août) - Comacchio - Abbaye de San Bartolo - Cento et Pieve di Cento **Restaurant** service 12 h/14 h 30 - 19 h 30/21 h 30 - Fermeture le lundi - Menus : 40/65 000 L - Carte - Cuisine régionale.

Charme, luxe, splendeur : trois mots qui définissent bien cet hôtel exceptionnel, récemment aménagé dans un palais du XVe siècle, en plein cœur de Ferrare. La ville appartint longtemps à la famille d'Este, et Isabella, fille d'Ercole Ier, fut au XVe siècle, une figure célèbre dans l'Europe entière pour l'éclat et le raffinement de ses fêtes. L'hôtel qui porte son nom ne la trahit pas. Le palais conserve beaucoup de ses splendeurs d'antan, dont de magnifiques salons aux plafonds à caissons peints. Quant aux chambres et suites (la plupart ouvrent sur un jardin peuplé d'oiseaux), elles sont d'un luxe et d'un confort peu courants. Le service, bien sûr, va de pair avec le cadre : discret, efficace. Le restaurant de l'hôtel (service dans le jardin en été), étant une excellente table, et Ferrare, une des plus jolies villes qui soit, l'Hotel Duchessa Isabella est une halte à ne pas manquer.

Itinéraire d'accès : (carte n° 11) à 47 km au nord-est de Bologna par A 13, sortie Ferrara-nord ; dans le centre historique.

1995

Albergo Annunziata ★★★★

44100 Ferrara
Piazza della Reppublica, 45
Tél. (0532) 20 11 11 - Fax (0532) 20 32 33
M. Govoni Corrado

Fermeture du 20 décembre au 2 janvier et du 10 au 20 août **Chambres** 24 climatisées, avec tél. direct, s.d.b. ou douche, w.c., t.v., minibar ; ascenseur **Prix** des chambres : 180 000 L (simple) - 280 000 L (double) - 400 000 L (suite) - Petit déjeuner compris, servi de 7 h à 10 h 30 **Cartes de crédit** acceptées **Divers** Chiens non admis - Parking à l'hôtel **Possibilités alentour** à Ferrara : Duomo, Palazzo Ludovico il Moro, Palazzo dei Diamanti ; manifestations : le Palio en mai - Abbaye de Pomposa (concerts à l'abbaye de Pomposa en juillet/août) - Comacchio - Abbaye de San Bartolo - Cento et Pieve di Cento **Pas de restaurant** à l'hôtel (voir notre sélection de restaurants p. 378-379).

Il se dégage de la piazza du Castello Estense un grand charme, une austérité sereine, un sens du temps et de l'espace, lorsque toutefois les bruyants troupeaux d'écoliers en voyage scolaire l'ont enfin quittée. L'Albergo Annunziata, qui se trouve en face de l'ancien château, est un havre raffiné, un *palazzetto* avec des chambres toutes de vert et gris donnant sur des jardins ou des toits. Et même si la sobriété fonctionnelle du décor est troublée par des vitrages avec inclusions de gouttelettes, ou des rideaux de douche à motifs de papillons, ou encore par un escalier de sécurité rappelant un vieux New York de "Petit déjeuner chez Tiffany", l'Annunziata reste une bonne adresse de ville avec un service charmant.

Itinéraire d'accès : (carte n° 11) à 47 km au nord-est de Bologna par A 13, sortie Ferrara-nord ; dans le centre historique.

Canalgrande Hotel ★★★★

41100 Modena
Corso Canalgrande, 6
Tél. (059) 21 71 60 - Télex 510 480
Fax (059) 22 16 74 - M. Roggi

Ouverture toute l'année **Chambres** 79 climatisées, avec tél. direct, s.d.b.ou douche, w.c., t.v., minibar ; ascenseur **Prix** des chambres : 180 000 L (simple) - 262 000 L (double) - 401 000 L (suite) - Petit déjeuner compris, servi de 7 h à 10 h 30 **Cartes de crédit** acceptées **Divers** Chiens admis - Garage privé (15 000 L), par voiturier (15 000 L) **Possibilités alentour** à Modena : Duomo et musée du Duomo (Metope), Galleria Estense ; Eglises romanes de San Cesario sul Panaro et de Pieve Trebbio près Monteorsello - Abbaye de Nonantola - Golfs 18 et 9 trous, à Colombaro di Formigine **Restaurant** service 12 h 30/13 h 45 - 19 h 30/21 h 45 - Fermeture mardi - Menus : 35/45 000 L - Carte - Spécialités : Paste modenesi - Verdure ai ferri - Dolci casalinghi.

Ancienne villa patricienne, Canalgrande est aujourd'hui un hôtel à l'architecture néo-classique dont on peut encore admirer les parties anciennes à l'entrée. Stucs et *cotto* décorent le hall et les salons situés en enfilade tout autour de l'entrée. De confortables fauteuils contemporains et de belles toiles anciennes donnent à l'ensemble une atmosphère intime. Les chambres et les salles de bains sont confortables. Bien situé en plein centre ville, l'hôtel est doté d'un grand jardin aux arbres séculaires abritant une ravissante fontaine. A noter, La Secchia Rapita, restaurant situé au sous-sol, sous de belles voûtes en brique. Un reproche cependant : l'éclairage y est un peu trop violent.

***Itinéraire d'accès** : (carte n° 10) à 39 km au nord-ouest de Bologna par A 1, sortie Modena-sud, puis S 9 (via Emilia-Est) jusqu'au Corso Canalgrande et à gauche tout près de l'église.*

Villa Gaidello Club

41013 Castelfranco Emilia (Modena)
Via Gaidello, 18
Tél. (059) 92 68 06 - Fax (059) 92 66 20
Mme Bini

Fermeture en août ; le dimanche soir et le lundi **Appartements** 3 avec s.d.b. et douche, w.c., t.v., minibar **Prix** des appartements : 130/250 000 L - Petit déjeuner 8 000 L, servi de 8 h à 10 h **Cartes de crédit** acceptées **Divers** Chiens non admis - Lac dans le parc de l'hôtel - Parking à l'hôtel **Possibilités alentour** Eglise de Castelfranco ("Assomption" de Guido Reni) - Eglises romanes de San Cesario sul Panaro et de Pieve Trebbio près Monteorsello - Abbaye de Nonantola - Modena - Bologna **Restaurant** sur réservation : service à 12 h 30 et 20 h 30 - Menu : 65 000 L - Cuisine régionale.

A u cœur de la campagne d'Emilie, le Gaidello Club constitue une étape très agréable. Cette belle ferme restaurée est plutôt connue comme une demeure de campagne que comme un hôtel : en effet, elle ne comporte que trois appartements, grands et meublés avec goût dans un style campagnard. La cuisine, à base de produits locaux, est excellente, servie dans la véranda climatisée en été. Le petit déjeuner à l'italienne est extrêmement copieux, l'accueil gentil et familial. Un petit lac pour pêcher, un solarium, un calme exceptionnel, c'est le bonheur. Réservation indispensable.

Itinéraire d'accès : (carte n° 10) à 13 km au sud-est de Modena - A 26 km au nord-ouest de Bologna par S 9 (l'hôtel est dans la campagne à 1 km de la ville).

Hotel Al Vecchio Convento ★★★

47010 Portico di Romagna (Forli)
Via Roma, 7
Tél. (0543) 96 70 53 - Fax (0543) 96 71 57
Mme Raggi

Ouverture toute l'année **Chambres** 14 avec tél. direct (9 avec s.d.b., w.c., t.v.) **Prix** des chambres : 70 000 L (simple) - 90 000 L (double) - Petit déjeuner : 10 000 L, servi à toute heure - Demi-pension : 90 000 L (par pers., 3 j. min.) **Cartes de crédit** acceptées **Divers** Chiens non admis - Parking à l'hôtel **Possibilités alentour** Eglise de Polenta - Biblioteca Malatestiana à Cesena - Abbaye Madona del Monte près Cesena - Ravenna **Restaurant** service 12 h 30/14 h - 19 h 30/22 h - Fermeture mercredi sauf en été - Menus : 35/55 000 L - Carte - Spécialités : Funghi tartufi - Cacciagione.

A Portico di Romagna, à la frontière entre la Toscane et l'Emilie-Romagne, dans la rue où s'érige le palais Beatrice Portinari, muse de Dante, un autre palais du XIXᵉ, Al Vecchio Convento, est maintenant ouvert aux voyageurs. L'intérieur du Vecchio Convento est confortable et sa restauration a été faite avec goût. Dans chaque chambre on trouve des meubles anciens tout comme dans les salons et la salle à manger qui donnent sur la campagne. Autres agréments non négligeables : un accueil sympathique, une ambiance chaleureuse et une délicieuse cuisine traditionnelle, sans oublier une confiture faite maison au petit déjeuner. On peut aussi faire des promenades à cheval dans la vallée de l'Aquacheta dont Dante parle dans la Divine Comédie.

Itinéraire d'accès : (carte n° 11) à 97 km au sud-est de Bologna par A 14, sortie Forli - S 67 (direction Firenze).

Hotel Della Porta ★★★

47038 Santarcangelo di Romagna (Forli)
Via Andrea Costa, 85
Tél. (0541) 62 21 52 - Fax (0541) 62 21 68
M. G. Ghiselli

Ouverture toute l'année **Chambres** 22 climatisées dont 2 suites avec tél. direct, s.d.b., w.c., t.v., minibar **Prix** des chambres : 90 000 L (simple) - 120 000 L (double) - 240 000 L (suite) - Petit déjeuner compris, servi de 7 h à 10 h 30 **Cartes de crédit** acceptées **Divers** Chiens admis - Sauna (15 000 L) - Parking à l'hôtel **Possibilités alentour** à Santarcangelo : Musée ethographique, Rocco Malatestiana, Eglise San Michele ; manifestations : Festival del teatro (1ere semaine de juillet), fiera San Martino (du 11 au 14 novembre) - Verruchio - Longiano - Rimini - San Marino - Golf club Amalia, 9 trous **Pas de restaurant** à l'hôtel (voir notre sélection de restaurants p. 380).

Santarcangelo se trouve à quelques kilomètres de Rimini, dans cette région du Montefeltro, à cheval entre la Romagne et les Marches. Berceau des Malatesta, cette région conserve de remarquables monuments Renaissance et le souvenir des amours coupables de Francesca et de Paolo célébrés dans la Divine Comédie de Dante. L'hôtel occupe deux maisons du vieux village. Le salon-réception très vaste, éclairé par un grand puits de lumière, d'esprit contemporain sert aussi d'office d'informations touristiques. Les chambres sont elles plus traditionnelles : spacieuses, avec un coin détente ou travail, toutes sont très confortables. Leur décoration a été soignée mais nos préférées se trouvent dans la *dépendance* : meublées à l'ancienne avec de très poétiques fresques de fleurs ornant les plafonds. Pas de restaurant, mais l'hôtel est associé aux meilleures tables de la ville.

Itinéraire d'accès : (carte n° 11) à 15 km à l'ouest de Rimini ; sur A 14, sortie Rimini-nord, puis direction Santarcangelo.

Palace Hotel Maria Luigia ★★★★

43100 Parma
Viale Mentana, 140
Tél. (0521) 28 10 32 - Fax (0521) 23 11 26
M. Sterpini

Ouverture toute l'année **Chambres** 105 climatisées, avec s.d.b. et douche, w.c., t.v., minibar ; ascenseur **Prix** des chambres 190/220 000 L (simple) - 280/330 000 L (double) - 450/550 000 L (suite) - Petit déjeuner compris, servi de 7 h à 10 h 30 **Cartes de crédit** Amex, Visa, Eurocard, MasterCard **Divers** Petit chien admis - Parking à l'hôtel (20 000 L) **Possibilités alentour** à Parma : le Duomo, théâtre Farnèse, la Camera del Correggio - Certosa di Parma - Théâtre Verdi à Busseto - Maison de Verdi à Roncole - Villa Verdi à Sant'Agata - Mantoue - Sabbioneta **Restaurant** service 12 h/15 h - 19 h/22 h - Menu : 50 000 L - Cuisine régionale.

S'il est des noms évocateurs, Parme et sa chartreuse liée pour toujours à Fabrice del Dongo sont bien de ceux-là. Mais Parme c'est aussi Verdi et Toscanini au Teatro Regio, sans oublier la délicieuse cuisine parmesane. Outre la visite de la ville qui compte entre autre une piazza del Duomo superbe, une pinacothèque riche en œuvres de l'Ecole parmesane de la Renaissance, les environs vous feront découvrir combien est belle cette région d'Emilie-Romagne. Pour votre séjour, l'Hotel Maria Luigia est une belle étape. Situé dans le centre, dans un beau cadre architectural, l'hôtel s'organise autour d'un patio. Pour la décoration, on a utilisé des couleurs tendres donnant beaucoup de raffinement aux chambres par ailleurs très confortables. Le service est attentionné, tout comme l'accueil.

Itinéraire d'accès : (carte n° 10) à 13 km au sud-est de Modena - A 96 km au nord-ouest de Bologna par S 9 (l'hôtel est dans la campagne à 1 km de la ville).

I Due Foscari ★★★

43011 Busseto (Parma)
Piazza Carlo Rossi, 15
Tél. (0524) 92 337 - Fax (0524) 91 625
M. Bergonzi

Ouverture toute l'année **Chambres** 20 climatisées avec tél. direct, s.d.b. ou douche, w.c., t.v. **Prix** des chambres : 70 000 L (simple) - 110 000 L (double) - Petit déjeuner : 15 000 L, servi de 7 h à 10 h **Cartes de crédit** acceptées **Divers** Chiens non admis - Parking à l'hôtel **Possibilités alentour** Théâtre Verdi à Busseto - Maison de Verdi à Roncole - Villa Verdi à Sant'Agata - Eglise de Fidenza - Château de Fontanellato - Abbaye Chiaravelle della Colomba - Golf la Rocca, 9 trous à Sala Barganza **Pas de Restaurant** (voir notre sélection de restaurants p. 380).

Tenu par le fils du grand ténor Carlo Bergonzi, cet hôtel situé dans le village natal de Verdi est un hommage au célèbre compositeur. D'abord son nom "I Due Foscari", la décoration ensuite, où affiches et gravures font référence à l'art lyrique et jusqu'à la taverne qui pourrait être un décor d'opéra. Les chambres sont confortables et décorées simplement. Celles en façade sont plus agréables et plus calmes, la place devenant piétonne les mois d'été. Un conseil enfin : ne pas manquer d'aller prendre un verre le soir sur la place du village. Busseto mérite le détour.

Itinéraire d'accès : (carte n° 10) à 40 km au nord-ouest de Parma par A 1, sortie Fidenza - Salsomaggiore Terme et S 359 jusqu'à Soragna, direction Busseto.

Locanda del Lupo ★★★★

43009 Soragna (Parma)
Via Garibaldi, 64
Tél. (0524) 69 04 44 - Fax (0524) 69 350
M. Dioni

Fermeture du 1er au 25 août **Chambres** 46 climatisées avec tél. direct, s.d.b. ou douche, w.c., t.v. **Prix** des chambres : 120 000 L (simple) - 200 000 L (double) - 270 000 L (suite) - Petit déjeuner compris, servi de 7 h 30 à 10 h 30 - Demi-pension : 145/165 000 L (par pers.) **Cartes de crédit** acceptées **Divers** Chiens admis sauf au restaurant - Parking à l'hôtel **Possibilités alentour** Château de Soragna - Théâtre Verdi à Busseto - Maison de Verdi à Roncole - Villa Verdi à Sant'Agata - Eglise de Fidenza - Château de Fontanellato - Abbaye Chiaravelle della Colomba - Golf la Rocca, 9 trous à Sala Barganza **Restaurant** service 12 h/14 h - 19 h 30/21 h - Menu : 45 000 L - Carte - Spécialités : Salami tipici - Formaggi di Parma - Tortelli di ricotta.

Malgré une grande tradition d'hospitalité, la campagne émilienne compte plus de bonnes tables que d'auberges. C'est la voie qu'avait choisie la Locanda del Lupo, restaurant réputé dans la région et bien noté par la critique gastronomique française, mais qui s'est récemment agrandie et dotée de chambres. Grande sobriété dans la décoration des chambres et des salons, mais qui n'exclut pas le confort et le raffinement. A ne pas manquer le restaurant où l'on prépare brillamment les recettes anciennes retrouvées dans les archives du prince Meli Lupi, seigneur qui jadis occupa ce qui est aujourd'hui la Locanda del Lupo ; bonne cave. Accueil très sympathique.

Itinéraire d'accès : (carte n° 10) à 33 km au nord-ouest de Parma par A 1, sortie Fidenza.

Bisanzio Hotel ★★★★

48100 Ravenna
Via Salara, 30
Tél. (0544) 21 71 11 - Fax (0544) 32 539
Mme Fabbri

Ouverture toute l'année sauf alternativement en décembre ou janvier **Chambres** 38 climatisées avec tél. direct, s.d.b., w.c., t.v. satellite, coffre-fort, minibar ; ascenseur **Prix** des chambres : 113/133 000 L (simple) - 155/195 000 L (double) - Petit déjeuner-buffet compris, servi de 7 h à 10 h **Cartes de crédit** acceptées **Divers** Chiens admis **Possibilités alentour** à Ravenna : mosaïques à la Basilique S. Vitale, Mausolée de Galla Placidia, Baptistère de la cathédrale, Sant' Appollinare Nuovo, Basilique de Sant'Appolinare in Classe (à 5 km, bus n° 4) ; manifestation : Festival de musique d'orgue à San Vitale l'été - Cervia - Milano Marittima à 20 km au sud de Ravenna sur la côte adriatique - Golf Adriatic, 18 trous **Pas de restaurant** à l'hôtel (voir notre sélection de restaurants p. 379).

Qu'on ne se laisse pas injustement impressionner par la façade triste de l'Hotel Bisanzio : à peine passée la porte d'entrée, on se trouve dans un coquet salon-réception confortable et sympathique, donnant sur un petit jardin et décoré de jolis meubles 1925. Quant aux chambres, bien que petites, elles sont plaisantes, meublées avec goût, et leurs salles de bains modernes et bien conçues. Bref, un hôtel qui respire un professionnalisme de bon aloi, sans y perdre de son charme provincial. Idéalement situé dans le centre historique de Ravenne, le Bisanzio se trouve derrière la cathédrale de San Vitale et le mausolée de Galla Placidia dont les mosaïques sont célèbres à juste titre. De là, on peut facilement visiter la vieille ville à pied. Demandez de préférence une chambre sur la cour intérieure plus grandes et plus calmes, la via Salara étant assez passante.

Itinéraire d'accès : (carte n° 11) à 74 km à l'est de Bologna, par A 14, sortie Ravenna (échangeur) - De Rimini, sortie Cervia Cesena.

Hotel Posta ★★★★

42100 Reggio Nell'Emilia
Piazza Cesare Battisti, 4
Tél. (0522) 43 29 44 - Fax (0522) 45 26 02
C. Salomon

Fermeture en août **Chambres** 43 climatisées avec tél. direct, s.d.b. ou douche, w.c., t.v., minibar ; ascenseur **Prix** des chambres : 180 000 L (simple) - 230 000 L (double) - 270 000 L (suite) - Petit déjeuner compris, servi de 7 h à 10 h 30 **Cartes de crédit** acceptées **Divers** Chiens admis - Parking (15 000 L) à l'hôtel **Possibilités alentour** Eglise de San Faustino à Rubiera - Eglise de Novallara - Château de Scandiano - Château de Canossa - Parma - Golf Matilde di Canossa, 18 trous à Reggio **Pas de restaurant** à l'hôtel (voir notre sélection de restaurants p. 380).

Cet ancien palais bénéficie d'une situation idéale au cœur du centre historique, sur la place Cesare Battisti. La façade, plutôt sévère et de style médiéval, masque un aménagement soigné et un décor très rococo, élaboré à partir d'éléments de stuc qui ornaient jadis les murs d'une pâtisserie célèbre fréquentée par les notables de la ville. Les chambres ont été aménagées avec beaucoup d'originalité et pourvues de tout le confort attendu pour cette qualité d'établissement.

Itinéraire d'accès : (carte n° 10) à 27 km au sud-est de Parma par A 1, sortie Reggio Nell'Emilia.

Castello di Balsorano

Balsorano (L'Aquila)
Piazza Piccolomini, 10
Tél. (0863) 95 12 36
M. Coretti et M. Troiani

Ouverture toute l'année **Chambres** 15 avec s.d.b. ou douche, w.c. **Prix** des chambres : 110 000 L (double) - 130 000 L (suite) - Petit déjeuner compris - Demi-pension et pension : 95 000 L, 130 000 L **Cartes de crédit** Amex, Visa, Eurocard, MasterCard **Divers** Petits chiens admis- Parking à l'hôtel **Possibilités alentour** Abbaye de Casamari - Parc national des Abruzzes - Cités médiévales de Ferentino et d'Alatri **Restaurant** service 12 h/14 h 30 - 19 h 30/22 h - Fermeture le lundi sauf pour les résidents - Menu : 50 000 L - Carte - Spécialités : Pesce - Selvagina.

Ce château surmonte la colline de Balsorano et domine la vallée de Sora et le fleuve. La décoration a conservé l'ambiance de cet ancien manoir du Moyen Age. Les chambres sont sobres avec des lits bas et des boiseries sombres. Certaines communiquant entre elles par des passages secrets, ajoutent un peu de mystère au lieu. Les propriétaires du Castello di Balsorano se sont attachés à préserver une atmosphère de calme et de tranquillité dans l'établissement et à offrir à leurs hôtes une bonne cuisine régionale utilisant les produits du terroir.

Itinéraire d'accès : (carte n° 16) à 113 km à l'est de Roma par A 1, sortie Frosinone, puis SS 214 jusqu'à Sora et S 82 jusqu'à Balsorano.

51

Hotel Castello Miramare ★★★★

04023 Formia (Latina)
Via Pagnano
Tél. (0771) 70 01 38 - Fax (0771) 70 01 39
Mme Celletti

Ouverture toute l'année **Chambres** 10 climatisées avec tél. direct, s.d.b. et douche, w.c., t.v., minibar **Prix** des chambres : 90/100 000 L (simple) - 120/140 000 L (double) - Petit déjeuner : 16 000 L, servi de 7 h 30 à 12 h - Demi-pension et pension : 130/160 000 L - 150/180 000 L (par pers., 3 j. min.) **Cartes de crédit** acceptées **Divers** Chiens admis - Parking à l'hôtel **Possibilités alentour** Tombe de Cicéron (2 km sur la voie Appia, vers Rome) - Eglise San Pietro à Minturno - Abbaye de Montecassino - Isola di Ponza (traversée 2 h 20 mn) **Restaurant** service 12 h 30/15 h - 19 h 30/ 21 h 30 - Menu : 65 000 L - Carte - Spécialités : Tonnarelli all'aragosta e funghi - Cocktail di astice alla catalana.

Ce vieux manoir du XIXᵉ siècle, ancienne résidence d'un riche Romain, a conservé une atmosphère élégante. Un magnifique parc domine Formia, port d'embarquement vers les îles de l'archipel : Ponza, Ischia et Capri. Les chambres confortables, avec vue sur le golfe de Gaeta, sont décorées de meubles espagnols. La cuisine sert des plats raffinés comme le risotto aux fruits de mer ou les langoustes. A signaler aussi l'amabilité de l'accueil.

Itinéraire d'accès : (carte n° 20) à 76 km au sud-est de Latina par A 2, sortie Cassino, puis S 630 direction Formia et SS 7.

Grande Albergo Miramare ★★★★

04023 Formia (Latina)
Via Appia L. Napoli, 44
Tél. (0771) 26 71 81 - Fax (0771) 26 71 88
M. Celletti

Ouverture toute l'année **Chambres** 64 avec tél. direct, s.d.b. ou douche, w.c., t.v. ; ascenseur **Prix** des chambres : 90/100 000 L (simple) - 125/145 000 L (double) - Petit déjeuner : 16 000 L, servi de 7 h 30 à 12 h - Demi-pension et pension : 140/150 000 L - 160/180 000 L (par pers., 3 j. min.) **Cartes de crédit** acceptées **Divers** Chiens non admis - Piscine et plage privée - Parking à l'hôtel **Possibilités alentour** Tombe de Cicéron (2 km sur la voie Appia, vers Rome) - Eglise San Pietro à Minturno - Abbaye de Montecassino - Isola di Ponza (traversée 2 h 20 mn) **Restaurant** service 12 h 30/15 h - 19 h 30/ 22 h - Menus : 40/60 000 L - Carte - Spécialités : Pesce.

Au milieu des bougainvillées et des orangers, des pins et des jasmins, la reine d'Italie, Elena de Montenegro, passait ici l'été. Son ancienne résidence, une somptueuse demeure blanche, est maintenant un grand hôtel qui a gardé une ambiance royale. Les chambres avec terrasse privée ont un mobilier XIXe, sobre et luxueux à la fois. Un bain le matin quand l'eau est calme, petit déjeuner sur la terrasse privée de sa chambre, farniente l'après-midi au bord de la piscine, promenade dans le parc, piano-bar le soir sur une terrasse dominant la mer. Les journées passent paisiblement. La cuisine est excellente, à base de produits de la mer : crustacés, poissons grillés, spaghettis aux fruits de mer...

Itinéraire d'accès : (carte n° 20) à 76 km au sud-est de Latina par A 2, sortie Cassino, puis S 630 direction Formia et SS 7.

Hotel Cernia

Isola di Ponza
Chiaia di Luna 04027 Ponza (Latina)
Via Panoramica
Tél. (0771) 804 12/80 99 51 - Fax (0771) 80 99 54 - M. Greca

Ouverture du 1er avril au 15 octobre **Chambres** 60 (40 climatisées) avec tél. direct, s.d.b. ou douche, w.c, t.v., minibar **Prix** des chambres : 140/170 000 L (simple) - 210/300 000 L (double) - Petit déjeuner compris, servi de 8 h 30 à 10 h 30 **Cartes de crédit** acceptées **Divers** Chiens admis - Piscine et tennis à l'hôtel - Service de minibus privé pour le port ou les excursions **Possibilités alentour** Plage de Chiaia di Luna à 5 mn - Pêche sous-marine **Restaurant** service 13 h/14 h 30 - 20 h/21 30 h - Menus : 60/70 000 L - Carte - Spécialités : Pesce - Cuisine régionale et italienne.

Enfoui dans un jardin touffu et parfumé, Le Cernia est situé à cinq minutes de marche de la très belle plage de Chiaia di Luna et près du port où se trouve d'ailleurs le restaurant renommé de l'île : Gennarino a Mare. L'hôtel est vaste et les chambres nombreuses. Certaines d'entre elles bénéficient du double avantage d'une grande terrasse et d'une vue sur la mer. Demandez les chambres 205, 206, 207 et 208. Stores en paille, meubles en rotin, rocking-chair et grands canapés blancs créent dans les salons qui se succèdent en enfilade, une sympathique ambiance de vacances. Et même si la plage n'est pas très loin, on apprécie la piscine de l'hôtel grande et ombragée.

Itinéraire d'accès : (carte n° 20) traversées en bateau à partir de Roma, Napoli, Anzio, San Felice Circeo, Terracina, Formia (1 h 30/2 h 30) - Voitures autorisées en été pour un séjour sur l'île de 15 jours minimum.

Hotel Punta Rossa ★★★★

04017 San Felice Circeo (Latina)
Via delle Batteria
Tél. (0773) 54 80 85 - Fax (0773) 54 80 75
M. et Mme Battaglia

Ouverture toute l'année **Chambres** 36 doubles, 4 suites et 20 mini-appartements climatisés avec tél. direct, s.d.b., w.c., t.v., magnétoscope, minibar **Prix** des chambres : 220/450 000 L (double) - 420/520 000 L (suite) - Petit déjeuner compris, servi de 8 h à 11 h - Demi-pension en saison obligatoire : 255 000 L (par pers.) **Cartes de crédit** acceptées **Divers** Chiens admis - Piscine - Sauna (20 000 L) - Plage privée - Centre de remise en forme et thalassothérapie à l'hôtel **Possibilités alentour** Piazza del Municipio et Duomo de Terracina - Abbaye de Fossanova - Temple dit de Jupiter Anxur - Parc national de Circeo **Restaurant** service 13 h/14 h 30 - 20 h/22 h 30 - Menu : 65 000 L - Spécialités : Pesce - Frutti di mare.

L'Hotel Punta Rossa est installé dans un parc de trois hectares qui descend vers la mer. Dans ce site protégé de la presqu'île San Felice Circeo, c'est un emplacement unique. L'hôtel moderne, sinon récent, dont l'architecture date un peu, est implanté comme un petit village accroché au gré du relief assez accidenté et couvert d'une végétation magnifique. Les chambres, vastes mais simplement aménagées, sont très confortables. Toutes donnent sur la mer et la plupart ont une jolie terrasse fleurie. Astucieusement disséminés dans le parc, des mini-appartements pour quatre et six personnes se louent à la semaine. Outre un centre d'esthétique et de remise en forme, l'hôtel dispose d'une belle piscine d'eau de mer, d'une plage privée et d'un petit port auxquels on accède par des sentiers fleuris serpentant entre les rocailles. Excellent restaurant de poisson dans l'hôtel.

Itinéraire d'accès : (carte n° 20) à 106 km au sud-est de Rome par A 1, sortie N 148, direction Latina puis Terracina.

Parkhotel Fiorelle ★★★

04029 Sperlonga (Latina)
Via Fiorelle, 12
Tél. (0771) 540 92 - Fax (0771) 540 92
M. Di Mille

Ouverture de Pâques au 1er octobre **Chambres** 33 avec tél. direct, s.d.b. ou douche, w.c., coffre-fort **Prix** des chambres : 110/120 000 L (simple) - 130/150 000 L (double) - Petit déjeuner : 10 000 L, servi de 8 h à 9 h 30 - Demi-pension et pension : 75/110 000 L - 85/120 000 L (par pers.) **Cartes de crédit** non acceptées **Divers** Chiens admis - Piscine - Plage privée - Parking à l'hôtel **Possibilités alentour** à Sperlonga Musée national archéologique et grotte de Tibère - Piazza del Municipio et Duomo à Terracina - Abbaye de Fossanova **Restaurant** service 13 h/14 h - 20 h/21 h - Fermeture le jeudi - Menu : 35 000 L - Carte - Spécialités : Cuisine régionale - Pesce.

La clientèle d'habitués qui vient se reposer au Fiorelle chaque année regarde les nouveaux venus avec un œil méfiant. Il ne faut pas troubler l'atmosphère d'extrême tranquillité que les propriétaires du lieu s'attachent avec un soin jaloux à préserver pour leurs hôtes. Soyez sûr qu'aucune personne extérieure à l'hôtel ne pourra profiter du bar, de la piscine ou de la plage privée. Le jardin, objet d'un entretien constant, est fleuri toute l'année et participe largement à l'ambiance douce et agréable de l'hôtel. Les chambres sont d'un bon confort et le salon-bibliothèque met à la disposition des hôtes musiciens son piano pour d'agréables concerts impromptus. La cuisine est en grande partie faite avec les produits du potager. Et, ultime attention, les menus sont communiqués la veille afin que chacun donne son agrément. Un hôtel idéal pour un vrai séjour de détente.

Itinéraire d'accès : (carte n° 20) à 57 km au sud-est de Latina par S 148 jusqu'à Terracina, puis S 213 jusqu'à Sperlonga.

Hotel Borgo Paraelios ★★★★★

Valle Collicchia
02040 Poggio Mirteto Scalo (Rieti)
Tél. (0765) 26 267 - Fax (0765) 26 268
M. Salabe

Fermeture en décembre et janvier **Chambres** 12 et 3 suites (12 climatisées) avec tél. direct, s.d.b. et douche, w.c., t.v., minibar **Prix** des chambres : 300 000 L (simple) - 400 000 L (double) - Petit déjeuner compris, servi de 8 h à 10 h 30 - Demi-pension : 580 000 L (pour 2 pers.) **Cartes de crédit** acceptées **Divers** Chiens admis - 2 Piscines dont une couverte - Tennis - Sauna - Minibus pour gare et aéroport et parking à l'hôtel **Possibilités alentour** Roma - Golf club Colle dei Tetti, 9 trous à l'hôtel **Restaurant** service 13 h/15 h - 20 h 30/22 h - Menu : 90/100 000 L - Carte - Cuisine italienne.

C'est un hôtel étonnant que Borgo Paraelios : peu de chambres mais un bon nombre de salons petits ou grands. Et surtout, perdu dans cette calme campagne romaine, c'est un havre de raffinement, et l'on peut préférer le décor somptueux de cette splendide maison privée au luxe convenu des palaces. Partout des meubles et des peintures de toute beauté, jusque dans les chambres qui se trouvent toutes en rez-de-jardin. On trouve, en outre, une belle salle de billard où vous pourrez tenter vos meilleurs coups sous les regards d'empereurs romains, qui de toute façon resteront de marbre. Un endroit calme, luxueux et voluptueux.

Itinéraire d'accès : (carte n° 15) à 40 km au nord de Roma par A 1, sortie Fiano Romano - S 4 bis jusqu'à Passo Corese, S 313, Poggio Mirteto, direction Cantalupo Terni ; hôtel fléché.

Hotel Lord Byron ★★★★★

00197 Roma
Via G. de Notaris, 5
Tél. (06) 322 04 04 - Télex 611 217
Fax (06) 322 04 05 - M. Ottaviani

Ouverture toute l'année **Chambres** 37 climatisées avec tél. direct, s.d.b., w.c., t.v., minibar, coffre-fort ; ascenseur **Prix** des chambres : 350/540 000 L (double) - 650 000 (suite) - Petit déjeuner compris, servi à partir de 7 h **Cartes de crédit** acceptées **Divers** Petits chiens admis avec supplément - Parking à l'hôtel **Possibilités alentour** sur la route des Castelli Romani : villa et jardins Aldobrandini à Frascati, Tusculum, abbaye de Grottaferrata - Piazza della Repubblica (le Bernin) à Ariccia - Tivoli (bus au départ de la gare) : Villa d'Este (son et lumière en été) et Villa Adriana (6 km avant d'arriver à Tivoli) - Palestrina - Anagni - Golf ad Olgiata, 9 et 18 trous à Rome **Restaurant** service 12 h 30/15 h - 20 h/22 h 30 - Fermeture le dimanche et deux semaines en août - Carte - Cuisine de saison.

Au cœur de Rome, le Lord Byron s'ouvre sur les jardins de la Villa Borghese. Son propriétaire, Amedeo Ottaviani, a su lui donner une atmosphère paisible de maison particulière. Moquette luxueuse, larges fauteuils blancs marqués aux initiales de l'hôtel, plafonds de laque blanche, bouquets somptueux et bien d'autres détails encore montrent une recherche constante de perfection. Le restaurant "Relais Le Jardin" offre l'une des tables les plus prisées des Romains dans un très beau décor. Prenez également le temps de boire un verre au bar, le raffinement de l'endroit et son ambiance le méritent amplement.

Itinéraire d'accès : (carte n° 15) près de la Galleria Nazionale d'Arte Moderna - Au nord des jardins de la Villa Borghese.

Hotel Forum ★★★★

00184 Roma
Via Tor de' Conti, 25
Tél. (06) 679 24 46 - Télex 622 549
Fax (06) 678 64 79 - M. Troiani

Ouverture toute l'année **Chambres** 80 climatisées avec tél. direct, s.d.b. ou douche, w.c., t.v.; ascenseur **Prix** des chambres : 200/ 260 000 L (simple) - 300/385 000 L (double) - 600/800 000 L (suite) - Petit déjeuner compris, servi de 7 h à 10 h 30 **Cartes de crédit** acceptées **Divers** Chiens non admis - Jardin suspendu - Garage privé (25 000 L) à l'hôtel **Possibilités alentour** sur la route des Castelli Romani : villa et jardins Aldobrandini à Frascati, Tusculum, abbaye de Grottaferrata, piazza della Repubblica (le Bernin) à Ariccia - Tivoli (bus au départ de la gare) : Villa d'Este (son et lumière en été) et Villa Adriana (6 km avant d'arriver à Tivoli) - Palestrina - Anagni - Golf ad Olgiata, 9 et 18 trous à Rome **Restaurant** service 12 h 30/15h - 19 h 30/23 h - Fermeture le dimanche - Carte - Spécialités : Pappardelle alla forum - Risottino alle erbette - Pesce.

Lieu de rendez-vous de la politique et de la haute finance, cet ancien palais possède un emplacement unique – à proximité du Colisée et du Forum de Trajan – et un service de grande qualité dont l'efficacité mérite d'être soulignée. Un jardin suspendu permet de dîner l'été en assistant aux somptueux couchers de soleil romains. Les chambres, aux meubles sobres et fonctionnels, offrent tout le confort moderne (télévision, air conditionné). Malgré son luxe désuet, l'hôtel reste confortable.

Itinéraire d'accès : (carte n° 15) derrière le Forum d'Auguste - Piazza Venezia, via dei Fori Imperiali.

Hotel Giulio Cesare ★★★★

00192 Roma
Via degli Scipioni, 287
Tél. (06) 321 07 51 - Télex 613 010
Fax (06) 321 17 36 - M. Pandolfi

Ouverture toute l'année **Chambres** 90 climatisées avec tél. direct, s.d.b., w.c., t.v., minibar ; ascenseur **Prix** des chambres : 280 000 L (simple) - 380 000 L (double) - Petit déjeuner-buffet compris, servi de 7 h à 10 h 30 **Cartes de crédit** acceptées **Divers** Chiens non admis - Parking à l'hôtel **Possibilités alentour** sur la route des Castelli Romani : villa et jardins Aldobrandini à Frascati, Tusculum, abbaye de Grottaferrata, piazza della Repubblica (le Bernin) à Ariccia - Tivoli (bus au départ de la gare) : Villa d'Este (son et lumière en été) et Villa Adriana (6 km avant d'arriver à Tivoli) - Palestrina - Anagni - Golf ad Olgiata, 9 et 18 trous à Rome **Pas de restaurant** à l'hôtel (voir notre sélection de restaurants p. 380/384).

Une atmosphère élégante règne dans cet hôtel qui fut l'ancienne résidence de la comtesse Solari. Le mobilier ancien, les tapis et les tapisseries créent un sentiment de confort et de bien-être qu'on retrouve dans les chambres. Un jardin où est servi, dès que le temps le permet, le petit déjeuner, et où il fait bon se détendre est le "plus" qui fait aussi le charme de cet hôtel.

Itinéraire d'accès : (carte n° 15) près de la Piazza del Popolo.

Hotel d'Inghilterra ★★★★

00187 Roma
Via Bocca di Leone, 14
Tél. (06) 69 981 - Fax (06) 699 222 43 - M. Richard

Ouverture toute l'année **Chambres** 102 climatisées dont 12 suites, avec tél. direct, s.d.b., t.v., minibar ; ascenseur **Prix** des chambres : 310/370 000 L (simple) - 440 000 L (double) - 525/840 000 L (suite) - Petit déjeuner : 22 000 L, servi de 7 h 30 à 10 h 30 **Cartes de crédit** acceptées **Divers** Chiens non admis - Parking par voiturier **Possibilités alentour** Castelli Romani : villa et jardins Aldobrandini à Frascati, Tusculum, abbaye de Grottaferrata, piazza della Repubblica (le Bernin) à Ariccia - Tivoli (bus au départ de la gare) : Villa d'Este (son et lumière en été) et Villa Adriana (6 km avant Tivoli) - Palestrina - Anagni - Golf ad Acquasanta, 18 trous - Golf ad Olgiata, 9 et 18 trous à Rome **Restaurant** service 12 h 30/15 h 30 - 19 h 30/22 h 30 - Menus : 60/80 000 L - Carte - Cuisine italienne inventive.

Anatole France, Franz Liszt et Mendelssohn ont séjourné à l'Hotel d'Inghilterra qui, restauré récemment et avec beaucoup de goût, reçoit encore aujourd'hui des célébrités du monde entier. Situé dans une rue piétonne près de la Piazza di Spagna, l'hôtel s'ouvre sur un superbe hall de marbre blanc et noir, dont les colonnes de stuc sont décorées de palmiers blancs. Meubles anciens et contemporains, tapis d'Orient et ravissantes gouaches napolitaines décorent le salon. Les chambres sont toutes parfaites, mais pour avoir le rare bonheur de prendre son petit déjeuner face aux superbes toits de Rome, il faut demander celles avec terrasse situées au dernier étage. Sachez toutefois que ces chambres sont très difficiles à obtenir. L'accueil est parfait et le service impeccable ; des repas légers peuvent être servis dans les chambres. Un grand hôtel de charme et de classe à la fois.

Itinéraire d'accès : (carte n° 15) près de la Piazza di Spagna.

Hotel Raphaël ★★★★

00186 Roma
Largo Febo, 2
Tél. (06) 68 28 31 - Télex 622 396
Fax (06) 68 78 993 - M. Vannoni

Ouverture toute l'année **Chambres** 60 climatisées avec tél. direct, s.d.b., w.c. (10 avec terrasse) ; ascenseur **Prix** des chambres : 315 000 L (simple) - 450 000 L (double) - 575 000 L (suite) - Petit déjeuner compris, servi de 7 h à 11 h **Cartes de crédit** acceptées **Divers** Chiens non admis **Possibilités alentour** : sur la route des Castelli Romani : villa et jardins Aldobrandini à Frascati, Tusculum, abbaye de Grottaferrata, piazza della Repubblica (le Bernin) à Ariccia - Tivoli (bus au départ de la gare) : Villa d'Este (son et lumière en été) et Villa Adriana (6 km avant d'arriver à Tivoli) - Palestrina - Anagni - Golf ad Olgiata, 9 et 18 trous à Rome **Pas de restaurant** à l'hôtel (voir notre sélection de restaurants p. 380/384).

Ce petit hôtel, couvert de vigne vierge, est situé à deux pas de la Piazza Navona. Les chambres, confortables, les salons décorés de meubles anciens et de bibelots en font un lieu très agréable, recherché par l'intelligentsia italienne. Les chambres sont confortables mais toutes n'ont pas des salles de bains rénovées et certains clients le regrettent. Le Raphaël a gardé néanmoins tout son charme. Plus de restaurantt mais au bar un service snack fonctionne de 12 h à 23 h. De plus, l'hôtel organise en été, sur réservation, pour les hôtes de l'hôtel, des diners servis sur la merveilleuse terrasse panoramique.

Itinéraire d'accès : (carte n° 15) à côté de la Piazza Navona.

Hotel Sole Al Pantheon ★★★★

00186 Roma
Piazza della Rotonda, 63
Tél. (06) 678 04 41 - Fax (06) 699 406 89
M. Giraudini

Ouverture toute l'année **Chambres** 26 climatisées avec tél. direct, s.d.b. ou douche, w.c., t.v., minibar ; ascenseur **Prix** des chambres : 320 000 L (simple) - 450 000 L (double) - 530 000 L (suite) - Petit déjeuner compris, servi de 7 h à 11 h **Cartes de crédit** acceptées **Divers** Chiens non admis - Parking par voiturier (25 000 L) à l'hôtel **Possibilités alentour** sur la route des Castelli Romani : villa et jardins Aldobrandini à Frascati, Tusculum, abbaye de Grottaferrata, piazza della Repubblica (le Bernin) à Ariccia - Tivoli (bus au départ de la gare) : Villa d'Este (son et lumière en été) et Villa Adriana (6 km avant d'arriver à Tivoli) - Palestrina - Anagni - Golf ad Olgiata, 9 et 18 trous à Rome **Pas de restaurant** à l'hôtel (voir notre sélection de restaurants p. 380/384).

Cet hôtel, très agréablement situé sur la Piazza della Rotonda face au Panthéon, a été récemment entièrement rénové tout en respectant le charme d'un ancien palais. Il ne compte que vingt-six chambres, toutes d'un très grand confort. Un soin tout particulier a été apporté dans l'aménagement des salles de bains avec baignoire équipée de jets hydro-masseurs, un vrai plaisir après une journée romaine. Chacune d'elles porte le nom d'un personnage célèbre ayant séjourné dans ses murs, notamment Jean-Paul Sartre, qui fut un habitué des lieux. Outre les adresses de restaurants cités plus loin, ne résistez pas aux petites trattorias de la place, ce qui permet en été de dîner en face du Panthéon.

Itinéraire d'accès : (carte n° 15) en face du Panthéon.

Albergo Cesari ★★★

00186 Roma
Via di Pietra, 89a
Tél. (06) 679 23 86 - Télex 62 33 00
Fax (06) 679 08 82 - Mme Palumbo

Ouverture toute l'année **Chambres** 50 climatisées avec tél. direct, s.d.b. ou douche, t.v., (40 avec w.c.), minibar **Prix** des chambres : 120/145 000 L (simple) - 140/165 000 L (double) - Petit déjeuner : 15 000 L, servi de 7 h à 11 h **Cartes de crédit** acceptées **Divers** Chiens admis - Parking public à proximité **Possibilités alentour** sur la route des Castelli Romani : villa et jardins Aldobrandini à Frascati, Tusculum, abbaye de Grottaferrata, piazza della Repubblica (le Bernin) à Ariccia - Tivoli (bus au départ de la gare) : Villa d'Este (son et lumière en été) et Villa Adriana (6 km avant d'arriver à Tivoli) - Palestrina - Anagni - Golf ad Olgiata, 9 et 18 trous à Rome **Pas de restaurant** à l'hôtel (voir notre sélection de restaurants p. 380/384).

Dans une ruelle de la vieille ville, à peu de distance des places à fontaines ou monuments, se cache ce vieil hôtel romain. Ni grand ni prestigieux il n'en est pas moins "historique". Car c'est là, dans ce qui était alors une modeste auberge, que logea Stendhal. La liste des clients célèbres est du reste assez éloquente. Les chambres y sont sans nul doute désormais plus confortables qu'en ce temps-là, mais la grande et belle chambre de Stendhal a bien été divisée. Elles conservent malgré les améliorations un petit côté vieillot, un "rétro" récent en fait, qui pourra peut-être paraître un peu tristounet, mais cela n'est pas sans charme.

Itinéraire d'accès : (carte n° 15) tout près de la via del Corso.

Hotel Carriage ★★★

00187 Roma
Via delle Carrozze, 36
Tél. (06) 699 01 24 - Télex 626 246
Fax (06) 678 82 79 - M. Del Sole

Ouverture toute l'année **Chambres** 24 climatisées avec tél. direct, s.d.b., w.c., t.v., minibar ; ascenseur **Prix** des chambres : 215 000 L (simple) - 270 000 L (double) - 330 000 L (triple) - 440 000 L (suite) - Petit déjeuner compris, servi de 7 h à 11 h **Cartes de crédit** acceptées **Divers** Chiens non admis - Jardin suspendu à l'hôtel **Possibilités alentour** sur la route des Castelli Romani : villa et jardins Aldobrandini à Frascati, Tusculum, abbaye de Grottaferrata, piazza della Repubblica (le Bernin) à Ariccia - Tivoli (bus au départ de la gare) : Villa d'Este (son et lumière en été) et Villa Adriana (6 km avant d'arriver à Tivoli) - Palestrina - Anagni - Golf ad Olgiata, 9 et 18 trous à Rome **Pas de restaurant** à l'hôtel (voir notre sélection de restaurants p. 380/384).

L e Carriage est un petit hôtel bien situé près de la Piazza di Spagna, au cœur du quartier où sont regroupées les boutiques de luxe de la capitale. Décor raffiné dans le style XVIIIe pour l'entrée, le salon et la salle du petit déjeuner du rez-de-chaussée. Les chambres sont confortables, climatisées, ce qui permet de s'isoler du bruit de la rue. Choisissez, si vous réservez assez tôt, les chambres 501 ou 601 qui donnent sur la terrasse d'où l'on a une belle vue sur les toits de la Ville éternelle ; la 402 et la 305 (chambre pour 1 personne) ont quant à elles un joli balcon sur la via delle carroze. Si vous n'avez pu les obtenir, vous pourrez toujours prendre votre petit déjeuner sur cette terrasse. A noter des suites pouvant accueillir 4 personnes et des prix préférentiels consentis par l'hôtel au mois d'août.

Itinéraire d'accès : (carte n° 15) près de la Piazza di Spagna.

Hotel Gregoriana ★★★

00187 Roma
Via Gregoriana, 18
Tél. (06) 679 42 69 - Fax (06) 678 42 58
M. Panier-Bagat

Ouverture toute l'année **Chambres** 19 climatisées avec tél. direct, s.d.b. ou douche, t.v., minibar ; ascenseur **Prix** des chambres : 180 000 L (simple) - 250 000 L (double) - Petit déjeuner compris, servi de 7 h à 11 h **Cartes de crédit** non acceptées **Divers** Chiens admis avec supplément **Possibilités alentour** sur la route des Castelli Romani : villa et jardins Aldobrandini à Frascati, Tusculum, abbaye de Grottaferrata, piazza della Repubblica (le Bernin) à Ariccia - Tivoli (bus au départ de la gare) : Villa d'Este (son et lumière en été) et Villa Adriana (6 km avant d'arriver à Tivoli) - Palestrina - Anagni - Golf ad Olgiata, 9 et 18 trous à Rome **Pas de restaurant** à l'hôtel (voir notre sélection de restaurants pp. 380/384).

Situé dans une des vieilles rues de Rome, à proximité de la Scalinata di Spagna et des ateliers de mode, l'Hotel Gregoriana, un ancien couvent restauré, offre un rapport qualité-prix remarquable. On a choisi un mobilier art-déco pour la décoration des chambres qui sont par ailleurs d'un bon confort. L'accueil est aimable. Si l'on ajoute à tout cela sa situation dans un des quartiers les plus agréables de Rome, on peut aisément donner au Gregoriana une position de choix dans notre sélection des hôtels de la capitale italienne.

Itinéraire d'accès : (carte n° 15) en haut des escaliers de la Piazza di Spagna.

Hotel Locarno ★★★

00186 Roma
Via della Penna, 22
Tél. (06) 36 10 841 - Fax (06) 32 15 249
Mme Celli

Ouverture toute l'année **Chambres** 38 climatisées avec tél. direct, s.d.b. et douche, w.c., t.v. satellite, minibar, coffre-fort ; ascenseur **Prix** des chambres : 170 000 L (simple) - 230 000 L (double) - 320 000 L (suite) - Petit déjeuner compris, servi de 7 h à 11 h 30 **Cartes de crédit** acceptées **Divers** Chiens non admis - Vélos gratuits à l'hôtel **Possibilités alentour** sur la route des Castelli Romani : villa et jardins Aldobrandini à Frascati, Tusculum, abbaye de Grottaferrata, piazza della Repubblica (le Bernin) à Ariccia - Tivoli (bus au départ de la gare) : Villa d'Este (son et lumière en été) et Villa Adriana (6 km avant d'arriver à Tivoli) - Palestrina - Anagni - Golf ad Olgiata, 9 et 18 trous à Rome **Pas de restaurant** à l'hôtel (voir notre sélection de restaurants pp. 380/384).

A deux pas de la Piazza del Popolo, le Locarno propose de jolies chambres. Nous vous recommandons les chambres dernièrement rénovées, meublées en style ancien avec des salles de bains aux jolies faïences artisanales. En été sur la terrasse-patio du rez-de-chaussée protégée par de grands parasols blancs, on sert le petit déjeuner et un service bar est assuré jusqu'à 22 heures. En hiver on allume un grand feu de cheminée dans le salon. L'accueil toujours charmant, ses prix raisonnables et sa situation en plein cœur de la ville en font un hôtel agréable. A noter encore une belle terrasse où l'on peut accéder en été pour se régaler de la vue sur Rome. Accueil très sympathique.

Itinéraire d'accès : (carte n° 15) à côté de la Piazza del Popolo.

Hotel Piazza di Spagna ★★★

00187 Roma
Via Mario de' Fiori, 61
Tél. (06) 679 30 61 - Fax (06) 679 06 54
M. Giocondi

Ouverture toute l'année **Chambres** 16 climatisées avec tél. direct, s.d.b. ou douche, w.c., t.v., minibar **Prix** des chambres : 170 000 L (simple) - 220 000 L (double) - Petit déjeuner compris, servi de 8 h à 10 h **Cartes de crédit** Visa, Eurocard, MasterCard **Divers** Chiens non admis - Parking public à proximité **Possibilités alentour** sur la route des Castelli Romani : villa et jardins Aldobrandini à Frascati, Tusculum, abbaye de Grottaferrata, piazza della Repubblica (le Bernin) à Ariccia - Tivoli (bus de la gare) : Villa d'Este (son et lumière en été) et Villa Adriana (6 km avant d'arriver à Tivoli) - Palestrina - Anagni - Golf ad Olgiata, à Rome, 9 et 18 trous **Pas de restaurant** à l'hôtel (voir notre sélection de restaurants p. 380/384).

A peu de distance de la Piazza di Spagna et des rues à boutiques, voici une adresse pratique, confortable et plutôt agréable. C'est un hôtel de famille, en ce sens que le propriétaire le tient de son propre père. On y trouve les sols de marbre et de carrelage des maisons romaines ; ils contrastent agréablement avec le bois des meubles, portes et fenêtres qui donnent à l'ensemble un côté yachting assez déroutant mais plutôt chaleureux. Les chambres disposent toutes d'air conditionné, certaines de jacuzzi. Pas de restaurant mais ils sont légion en ville ; accueil courtois et discret, un peu trop peut-être.

Itinéraire d'accès : (carte n° 15) près de la Piazza di Spagna.

Hotel Villa del Parco ★★★

00161 Roma
Via Nomentana, 110
Tél. (06) 442 377 73 - Fax (06) 442 375 72
Famille Bernardini

Ouverture toute l'année **Chambres** 25 climatisées avec tél. direct, s.d.b. ou douche, w.c., t.v., minibar (2 chambres avec accès handicapés) **Prix** des chambres : 135/155 000 L (simple) - 185/205 000 L (double) - 235 000 L (triple) - 300 000 L (suite) - Petit déjeuner compris, servi de 7 h à 10 h 30 **Cartes de crédit** acceptées **Divers** Chiens admis - Parking à l'hôtel **Possibilités alentour** sur la route des Castelli Romani : villa et jardins Aldobrandini à Frascati, Tusculum, abbaye de Grottaferrata, piazza della Repubblica (le Bernin) à Ariccia - Tivoli (bus au départ de la gare) : Villa d'Este (son et lumière en été) et Villa Adriana (6 km avant d'arriver à Tivoli) - Palestrina - Anagni - Golf ad Olgiata, 9 et 18 trous à Rome **Pas de restaurant** à l'hôtel mais service de snack (voir notre sélection de restaurants pp. 416/420).

C'est dans un calme quartier résidentiel, à vingt minutes à pied de la via Veneto, un peu à l'écart du centre historique, que se tient cette maison début de siècle, dont la façade d'une belle couleur rose se fane avec grâce. Un petit jardin et la proximité d'un parc apportent autant d'ombre et de fraîcheur. Une succession de petits salons (dont certains en sous-sol ont tout le charme inattendu d'un "basement" londonien), un petit bar qui tient de l'alcôve et quelques tables sous les arbres, où l'on peut prendre le thé et de légères collations, en feront bien vite votre adresse romaine. Les chambres sont de toutes factures, les moins coûteuses étant parfois les plus charmantes. Les plus belles sont les numéros 7, 12 et 22.

Itinéraire d'accès : (carte n° 15) au nord de Rome, près de la Porta Bologna.

Pensione Scalinata di Spagna ★★★

00187 Roma
Piazza Trinita dei Monti, 17
Tél. (06) 69 94 08 96 - Fax (06) 69 94 05 98
M. Bellia

Ouverture toute l'année **Chambres** 15 climatisées avec tél. direct, s.d.b. ou douche, w.c., t.v., minibar, coffre-fort **Prix** des chambres : 250 000 L (simple) - 300 000 L (double) - 350 000 L (triple) - 500 000 L (suite 4/5 pers.) - Petit déjeuner compris, servi de 7 h 30 à 11 h **Cartes de crédit** acceptées **Divers** Chiens admis **Possibilités alentour** sur la route des Castelli Romani : villa et jardins Aldobrandini à Frascati, Tusculum, abbaye de Grottaferrata, piazza della Repubblica (le Bernin) à Ariccia - Tivoli (bus au départ de la gare) : Villa d'Este (son et lumière en été) et Villa Adriana (6 km avant d'arriver à Tivoli) - Palestrina - Anagni - Golf ad Olgiata, 9 et 18 trous à Rome **Pas de restaurant** à l'hôtel (voir notre sélection de restaurants380/384).

Cette pension unique par son emplacement, à proximité des jardins du Pincio, de la Villa Medici et du prestigieux Hôtel Hassler-Medici, est un des hôtels les plus agréables de Rome. La terrasse, d'où l'on jouit d'une magnifique vue sur la ville, vient compléter le charme délicat de cette demeure élégante et confortable où le propriétaire a su créer une ambiance familiale et agréable.

Itinéraire d'accès : (carte n° 15) en haut des escaliers de la Piazza di Spagna.

Hotel Villa Fiorio ★★★★

00046 Grottaferrata - Frascati (Roma)
Viale Dusmet, 28
Tél. (06) 945 92 76/941 04 50 - Fax (06) 941 34 82

Ouverture toute l'année **Chambres** 17 avec tél. direct, s.d.b. ou douche, w.c., t.v. **Prix** des chambres : 150/180 000 L (double) - 220 000 L (suite) - Petit déjeuner 18 000 L, servi de 7 h 30 à 10 h 30 **Cartes de crédit** acceptées **Divers** Chiens non admis - Piscine - Parking à l'hôtel **Possibilités alentour** Roma - Sur la route des Castelli Romani : villa et jardins Aldobrandini à Frascati, Tusculum, abbaye de Grottaferrata, piazza della Repubblica (le Bernin) à Ariccia - Palestrina - Anagni - Golf ad Olgiata, 9 et 18 trous à Rome **Restaurant** service 13 h/14 h - 20 h/22 h - Menu : 50/70 000 L - Cuisine régionale.

L a Villa Fiorio est une ancienne maison contruite au début du siècle, sur une des collines proche de la Ville éternelle, là où les riches Romains venaient l'été en villégiature, se mettre au frais. Cette région des *Castelli Romani* est aujourd'hui réputée pour ses vignes et son vin blanc. La décoration d'origine des salons qui a conservé ses fresques a du charme. Les chambres spacieuses, meublées d'ancien ont une atmosphère désuète. Calmes elles ont la vue sur le jardin, mais on souhaiterait des salles de bains plus confortables et plus modernes. En été son parc et sa piscine sont très agréables. Proche de Rome, on apprécie cette adresse surtout l'été pour sa fraîcheur, son environnement historique et aussi pour les petites trattorias qui font aussi le charme de cette région.

Itinéraire d'accès : (carte n° 15) à 21 km au sud-est de Roma. Par A2, sortie Roma, S 511 direction Grottaferrata, via Tuscolana per Frascati.

La Posta Vecchia ★★★★

00055 Palo Laziale (Roma)
Tél. (06) 99 49 501 - Fax (06) 99 49 507
M. Mills

Ouverture toute l'année **Chambres** 27 climatisées avec tél. direct, s.d.b., w.c., t.v., minibar **Prix** des chambres : 640 000 L (standard) - 840 000 L (superieur) - 1 340/2 140 000 L (suite) Petit déjeuner compris, servi de 8 h à 10 h 00 **Cartes de crédit** acceptées **Divers** Chiens non admis - Piscine - Parking à l'hôtel **Possibilités alentour** Roma **Restaurant** fermeture mardi -Service 13 à 15 h - 20 h à 22 h - Menu : 120 000 L - Carte - Spécialité : Pesce.

De toutes les belles demeures que nous avons vues, celle-ci est sans doute la plus incroyable. Ancienne villa romaine, surplombant la mer, l'on peut encore voir les fondations en *reticolato* et certaines mosaïques exposées dans un petit musée privé. Ancienne résidence du milliardaire Paul Getty, elle en garde le faste et la magnificence dans les meubles, les tableaux, les tapisseries et la décoration des pièces. Pour rentrer, il faut avoir bien sûr réservé et décliné votre identité si vous voulez passer le seuil de la porte plutôt hostile. L'éden est à ce prix, élevé il est vrai, mais parfaitement justifié.

Itinéraire d'accès : (carte n° 15) à 37 km de Roma.

Villa La Floridiana ★★★★

03012 Anagni (Frosinone)
Via Casilina, km 63,700
Tél. (0775) 76 99 60 - Fax (0775) 76 99 60 - Mme Camerini

Fermeture en août **Chambres** 9 climatisées avec tél. direct, s.d.b. ou douche, w.c.,t.v. ; accès handicapés **Prix** des chambres : 100 000 L (simple) - 130 000 L (double) - 150 000 L (suite) - Petit déjeuner 10 000 L, servi de 7 h à 10 h - Demi pension et pension : 90 000 L - 130 000 L **Cartes de crédit** acceptées **Divers** Chiens admis - Parking à l'hôtel **Possibilités alentour** à Anagni la cathédrale, Palazzo Bonifaccio VIII, Palazzo comunale, Casa Barnekow - Roma - Palestrina - Alatri - Ferentino - Abbaye de Casamari - Parc naturel La Selva di Paliano - Monastères de Subiaco **Restaurant** Fermeture dimanche soir et lundi midi - Service 12 h/15 h - 19 h 30/22 h 30 - Menu : 40 000 L - Cuisine traditionnelle.

A une cinquantaine de kilomètres de Rome, en marge du décor moderne de l'autostrada del sole vers Naples, découvrez Anagni, Alatri, Ferentino, petites villes médiévales, accrochées aux pentes des monts Ernici, qui continuent à vivre dans une atmosphère intemporelle. Anagni, ancienne résidence d'été des empereurs et des papes (elle en a vu naître trois !), conserve une cathédrale romane superbe. Cette visite et cette découverte, nous les devons à l'ouverture récente de la Villa La Floridiana. Ancienne maison de campagne, elle en a gardé le charme : crépi rose et volets verts pour la façade de la maison prolongée par une grande terrasse ombragée. L'intérieur est accueillant, simplement et joliment décoré avec des meubles régionaux, des cotonnades fleuries ou des vichy, créant une atmosphère gaie et conviviale. Les chambres sont spacieuses et confortables. Le service gentil est attentif. L'hôtel vous renseignera sur les heures de visite des monuments historiques de la ville, pas très visités donc des horaires pas très rigoureux.

Itinéraire d'accès : (carte n° 20) à 50 km au sud-est de Roma. Par A2, sortie Anagni.

Villa Vignola ★★★★

Vignola 66054 Vasto (Chieti)
Corso Vannucci, 97
Tél. (0873) 31 00 50 - Fax (0873) 31 00 60
M. Mazzetti

Ouverture toute l'année **Chambres** 5 climatisées avec tél. direct, s.d.b. et douche, w.c., t.v., minibar **Prix** des chambres : 160 000 L (simple) - 280 000 L (double) - Petit déjeuner compris, servi de 7 h 30 à 10 h 30 **Cartes de crédit** acceptées **Divers** Chiens admis avec supplément - Parking à l'hôtel **Possibilités alentour** Vasto à 3 km **Restaurant** service 12 h 30/14 h 30 - 19 h 30/22 h 30 - Menu : 65 000 L - Carte - Spécialités : Pesce.

C'est un hôtel bien confidentiel que la Villa Vignola, un hôtel pour quelques-uns car l'on n'y trouve que cinq chambres et une dizaine de tables. Des terrasses comme des chambres, l'on aperçoit la mer à travers la multitude d'arbres qui poussent là à fort peu de distance de la plage. Tout ici, d'ailleurs, ferait penser à une maison de vacances en bordure de mer. Le salon, le petit nombre de chambres et leur décoration raffinée et intimiste y sont certainement pour beaucoup. Une maison qui vous invite au repos, au séjour.

Itinéraire d'accès : (carte n° 17) à 74 km au sud de Pescara par A 14, sortie Vasto, puis direction Porto di Vasto (à 6 km au nord de Vasto).

Hotel Cenobio dei Dogi ★★★★

15032 Camogli (Genova)
Via Nicolo Cueno, 34
Tél. (0185) 77 00 41 - Fax (0185) 77 27 96 - M. Bungaro

Ouverture toute l'année **Chambres** 89 climatisées avec tél. direct, s.d.b. ou douche, w.c., t.v., minibar ; ascenseur **Prix** des chambres : 160/250 000 L (simple) - 200/400 000 L (double) - 400/520 000 L (suite) - Petit déjeuner compris, servi de 7 h 30 à 10 h 15 - Demi-pension et pension : +60 000 L - +120 000 L (par pers., 3 j. min.) **Cartes de crédit** Amex, Visa, Eurocard, MasterCard **Divers** Chiens admis avec 15 000 L de supplément - Piscine - Solarium - Tennis (20 000 L) - Plage privée - Parking à l'hôtel **Possibilités alentour** Ruta et Portofino Vetta (Monte di Portofino) - Promenades en bateau départ toutes les heures pour l'abbaye San Fruttuoso di Capodimonte, Punta della Chiata, Calla del'Oro - Golf de Rapallo, 18 trous **Restaurant** service 12 h 45/ 14 h 15 - 20 h/21 h 30 - Carte - Spécialités : Pesce.

A l'extrémité du village de Camogli, qui a su conserver son charme typique avec ses maisons pastel peintes en trompe-l'œil et ses terrasses fleuries donnant sur la mer, l'Hotel Cenobio dei Dogi est situé entre les collines et la mer, dans un parc aux arbres centenaires. Ancienne demeure de doges, cet hôtel à l'architecture raffinée et un brin décadente est un des rares endroits préservés de la côte ligure. Mais il faut bien avouer que l'hôtel mise depuis quelques années sur sa réputation passée et qu'hormis les chambres les plus chères, spacieuses, avec une vue magnifique sur les eaux très bleues du golfe, les autres mériteraient une complète rénovation. Le charme souffre aussi des trop nombreux séminaires qui occupent régulièrement l'hôtel. Bonne table mais un peu trop chère aussi. D'autres intérêts sont toutefois réunis pour un séjour agréable : tennis, piscine d'eau de mer chauffée, petite plage privée.

Itinéraire d'accès : (carte n° 9) à 26 km à l'est de Genova par A 12, sortie Recco, puis S 333 jusqu'à Recco, Camogli par le bord de mer.

Albergo da Giovanni

15032 San Fruttuoso - Camogli (Genova)
Casale Portale, 23
Tél. (0185) 77 00 47
Famiglia Bozzo

Ouverture de juin à septembre **Chambres** 7 avec douche à l'étage **Prix** des chambres en pension complète : 100 000 L (par pers.) **Cartes de crédit** non acceptées **Divers** Chiens non admis **Possibilités alentour** Abbaye San Fruttuoso - Camogli - Portofino **Restaurant** service 13 h/14 h 30 - 20 h/21 h 45 - Menu et carte - Spécialités : Pesce.

Une des promenades classiques de Camogli et de Portofino est la sortie en bateau jusqu'à San Fruttuoso. Et là quel coup de cœur ! Dans une toute petite crique entourée par les bois qui descendent jusqu'au bord de la mer, à même la plage, se dresse l'abbaye, le campanile et la tour d'Andréa Doria. L'histoire de ce lieu magique remonte aux Romains, mais la grande église date du XIIIe siècle. Transformée au cours des siècles, maltraitée par la nature, ce n'est que récemment que s'est terminée sa restauration et que le site est définitivement à l'abri des convoitises touristiques. Alors si vous êtes un tout petit peu aventureux, sachez que vous pouvez séjourner à San Fruttuoso. Une des premières familles ayant vécu sur le site a conservé une maison sur la plage et offre 7 chambres. Confort sommaire, service familial, mais un bon restaurant avec la pêche du jour et surtout, la magie d'être dans un lieu unique quand le dernier bateau quitte la crique.

Itinéraire d'accès : (carte n° 9) à 26 km à l'est de Genova par A 12, sortie Recco, puis S 333 jusqu'à Recco puis Camogli par le bord de mer. De Camogli prendre le bateau jusqu'à San Fruttuoso. (Renseignements : 185/77 10 66).

Albergo Splendido ★★★★★

16034 Portofino (Genova)
Viale Baratta, 13
Tél. (0185) 26 95 51 - Fax (0185) 26 96 14 - M. Saccani

Ouverture du 16 mars au 2 janvier **Chambres** 63 climatisées avec tél. direct, s.d.b., w.c., t.v., minibar ; ascenseur **Prix** des chambres en demi-pension : 420/600 000 L (1 pers.) - 900/1 080 000 L (2 pers.) - 1 550 000/1 800 000 L (en suite) - Pension : +89 000 L - Petit déjeuner compris, servi de 7 h 30 à 10 h **Cartes de crédit** acceptées **Divers** Chiens admis sauf au restaurant et à la piscine - Piscine - Tennis (26 750 L) - Sauna - Centre de remise en forme et parking (25 000 L) à l'hôtel - Plage privée à 10 mn à pied **Possibilités alentour** Route en corniche de Portofino à Rapallo (8 km, déconseillée en été) - Promenade du phare, fortezza di San Giorgio à Portofino - Abbaye San Fruttuoso di Capodimonte (en bateau ou 2 h à pied) - Golf de Rapallo, 18 trous **Restaurant** service 13 h/14 h 30 - 20 h/21 h 45 - Carte - Cuisine régionale et italienne.

Sur une colline, l'hôtel bénéficie d'un cadre exceptionnel. Depuis que Portofino existe touristiquement, cette ancienne propriété des marquis Spinola est célèbre. Des hôtes comme le duc de Windsor, Bogart, Liz Taylor ont occupé les chambres luxueuses aux salles de bains en marbre. Les plus confortables sont celles qui ont été le plus récemment rénovées ; les plus anciennes, qui ne manquent pas de charme avec leur balcon dans les arbres, ont des salles de bains moins spacieuses. Outre sa piscine chauffée, les tennis et le restaurant panoramique, l'hôtel met à votre disposition un sauna et un institut de beauté. La plage privée de l'hôtel est à 10 minutes à pied, un service de minibus serait le bienvenu. L'apéritif pris sur la terrasse, orgueil du Splendido, est un grand moment. Dans cet hôtel très luxueux, l'accueil est très stylé.

Itinéraire d'accès : (carte n° 9) à 36 km à l'est de Genova par A 12, sortie Rapallo, S 227 par le bord de mer jusqu'à Portofino.

Hotel Nazionale ★★★★

16038 Portofino (Genova)
Via Roma, 8
Tél. (0185) 26 95 75 - Fax (0185) 26 95 78
M. Briola

Ouverture du 15 mars au 30 novembre **Chambres** 12 avec tél. direct, s.d.b. ou douche, w.c., t.v., minibar **Prix** des chambres : 250 000 L (double) - 350/450 000 L (suite) - Petit déjeuner : 20 000 L, servi de 7 h 30 à 12 h **Cartes de crédit** Visa, Eurocard, MasterCard **Divers** Chiens admis **Possibilités alentour** Route en corniche de Portofino à Rapallo (8 km, déconseillée en été) - Promenade du phare, fortezza di San Giorgio à Portofino - Abbaye San Fruttuoso di Capodimonte (en bateau ou 2 h à pied) - Golf de Rapallo, 18 trous **Pas de restaurant** à l'hôtel (voir notre sélection de restaurants p. 386).

Portofino, dernier haut lieu du yachting italien, très chic, très décor... L'Hotel Nazionale est une grande maison jaune aux volets verts, bien intégrée au site et à l'architecture typique de Portofino. Son emplacement sur le port même permet dans la journée de profiter du spectacle très animé du village, et malheureusement aussi, de l'agitation nocturne de ce Saint-Tropez italien. L'hôtel rénové offre des chambres très confortables, décorées sans beaucoup de goût. Le service n'est pas des plus empressés et les prix sont assez élevés mais l'emplacement est unique.

Itinéraire d'accès *: (carte n° 9) à 36 km à l'est de Genova par A 12, sortie Rapallo, puis S 227 par le bord de mer jusqu'à Portofino. (Parking à l'entrée de Portofino, à 300 m de l'hôtel).*

Imperiale Palace Hotel ★★★★

16038 Santa Margherita Ligure (Genova)
Via Pagana, 19
Tél. (0185) 28 89 91- Fax (0185) 28 42 23
M. Lenci

Ouverture d'avril à novembre **Chambres** 102 climatisées avec tél. direct, s.d.b. ou douche, w.c., t.v., minibar ; ascenseur **Prix** des chambres : 210/285 000 L (simple) - 360/515 000 L (double) - Petit déjeuner compris, servi de 7 h 30 à 10 h 30 - Demi-pension et pension : 270/347 000 L - 360/437 000 L (par pers.) **Cartes de crédit** acceptées **Divers** Chiens admis - Piscine - Parking privé à l'hôtel **Possibilités alentour** Route en corniche de Portofino à Rappallo (8 km, déconseillée en été) - Promenade du phare, fortezza di San Giorgio à Portofino - Abbaye San Fruttuoso di Capodimonte (en bateau ou 2 h à pied) - Golf de Rapallo, 18 trous **Restaurant** service 13 h/14 h 30 - 20 h/22 h 30 - Menu : 90 000 L - Carte - Cuisine italienne.

L'Imperiale Palace Hotel a retrouvé toute sa splendeur. Cet hôtel historique se le devait. Propriété en 1889 d'une riche famille corse, c'est vers 1910 qu'il devint ce grand hôtel. Depuis, son histoire n'a fait que s'enrichir : c'est ici que fut signé en 1922 le Traité de Rapallo entre la Russie et l'Allemagne, c'est ici encore qu'Eva Braun séjourna et le concierge, mémoire de l'hôtel, se souvient encore de tous les séjours plus ou moins agités de certaines stars... Les chambres sont spacieuses, classiques et luxueuses. Celles en façade ont une très belle vue sur la mer. Les salons et les salles à manger sont superbes. En été, grill pour le déjeuner sur la terrasse qui surplombe la plage privée de l'hôtel. Dîners dansants, aux chandelles, sur la grande terrasse. Un vrai palace.

Itinéraire d'accès : (carte n° 9) à 30 km à l'est de Genova par A 12, sortie Rapallo, puis S 227 par le bord de mer.

1995

Grand Hotel dei Castelli ★★★★★

16039 Sestri Levante (La Spezia)
Penisola, 26
Tél. (0185) 48 72 20 - Fax (0185) 44 767 - M. Zanotto

Fermeture d'octobre à avril **Chambres** 30 climatisées avec tél. direct, s.d.b., w.c., t.v., minibar **Prix** des chambres : 180/230 000 L (simple), 255/300 000 L (double), 400/500 000 L (suite) - Petit déjeuner 20000 L, servi de 7 h 30 à 10 h - Demi-pension et pension : 220/250 000 L, 240/280 000 L (par pers., 3 j. min.) **Cartes de crédit** acceptées **Divers** Chiens admis - Plage privée - Parking à l'hôtel **Possibilités alentour** Eglise San Nicolo, musée Rizzi à Sestri Levante ; marché le samedi - Route littorale de Sestri Levante à Monterosso al Mare - Les Cinqueterre - Golf de Rapallo, 18 trous **Restaurant** service 12 h 30/14 h 30 - 20 h 30/23 h - Menu : 60 000 L - Carte - Spécialités : insalata di polpa di granchio con punte di asparagi - Trofiette al pesto leggero con vongole e zucchine - Tagliata di tonno rosso con misticanza di insalatine.

Sur le péninsule séparant la Baia del Silenzio de la Baia delle Favole, trois châteaux : Castello dei Cipressi, Castello dei Lecci et Castello delle Agavi dressent leurs tourelles moyenâgeuses et frôlent le ciel de leurs dentelles grises. Ils sont entourés d'un superbe parc de plus de 160 000 m² qui descend en terrasses et belvédères jusqu'à la mer (à moins que vous ne préfériez rejoindre la plage en ascenseur). L'hôtel occupe un des châteaux. Ce ne sont pas de ces châteaux au décor impressionnant, mais bien accueillants : boiseries dans le hall de réception, colonnes mauresques, mosaïques, superbe véranda donnant sur la mer... La plus grande gentillesse règne à l'intérieur ; cela est vrai pour la jeune fille de l'accueil ou celle du bar ou encore pour ces gouvernantes ou garçons d'étages silencieux que l'on croise dans les couloirs. Le restaurant se trouve dans un des autres châteaux, offrant lui aussi une belle vue sur la mer.

Itinéraire d'accès : (carte n° 9) à 50 km à l'est de Genova par A 12, sortie Sestri Levante.

1995

Grand Hotel Villa Balbi ★★★★

16039 Sestri Levante (La Spezia)
Viale Rimembranza, 1
Tél. (0185) 42 941 - Fax (0185) 48 24 59 - M. Rossignotti

Fermeture d'octobre à mars **Chambres** 92 climatisation sur demande avec tél. direct, s.d.b., w.c., t.v., minibar ; ascenseur **Prix** des chambres : 120/150 000 L (simple), 190/250 000 L (double), 250/300 000 L (suite) - Petit déjeuner 18000 L, servi de 7 h 30 à 10 h 30 - Demi-pension et pension : 155/175 000 L, 175/200 000 L (par pers., 3 j. min.) **Cartes de crédit** acceptées **Divers** Chiens non admis - Piscine chauffée et plage privée - Parking privé (15000 L) **Possibilités alentour** Eglise San Nicolo, musée Rizzi à Sestri Levante ; marché le samedi - Route littorale de Sestri Levante à Monterosso al Mare - Les Cinqueterre - Golf de Rapallo, 18 trous **Restaurant** service 12 h 30/14 h 00 - 19 h 30/21 h - Menu : 65/75 000 L - Carte - Cuisine italienne et régionale.

Villa Balbi semble sortie d'un rêve baroque du dix-septième siècle. La patine rouge de sa façade resplendit parmi les palmiers, et sa grande porte surmontée d'un balcon et d'un fronton à quelque chose de solennel. Il est vrai, que des reines comme Elisabeth Farnèse y ont séjourné, et qu'il a abrité la splendeur des doges (deux Balbi eurent cette charge). L'intérieur frais et sombre baigne dans une lumière aquatique, les fresques miroitent, les marbres brillent. Les chambres sont meublées de pièces anciennes et soigneusement entretenues. Quant au confort, il a suivi les standards du luxe à travers les siècles. C'est ainsi que la piscine d'eau de mer chauffée s'inscrit avec élégance dans le parc et que le jardin envoie ses rayons verts dans les bow-windows du salon meublé de fauteuils profonds. Le service est "palace", discret et efficace. Voici un lieu que l'on choisirait volontiers pour des vacances fortunées.

Itinéraire d'accès : (carte n° 9) à 50 km à l'est de Genova par A 12, sortie Sestri Levante.

Hotel Helvetia ★★★

16039 Sestri Levante (Genova)
Via Cappuccini, 43
Tél. (0185) 41 175 - Fax (0185) 47 216
M. Pernigotti

Ouverture de mars à octobre **Chambres** 28 avec tél. direct, s.d.b. ou douche, w.c., t.v. satellite, minibar ; ascenseur **Prix** des chambres : 120 000 L (simple) - 150 000 L (double) - Petit déjeuner-buffet : 15 000 L, servi de 7 h 30 à 10 h 30 **Cartes de crédit** Visa, Eurocard, MasterCard **Divers** Chiens admis avec 10 000 L de supplément - Plage privée sur la baie du Silence - Vélos gratuits - Parking (10 000 L) à l'hôtel **Possibilités alentour** Parc de l'Hotel dei Castelli (visite payante au coucher du soleil) - Eglise San Nicolo, musée Rizzi à Sestri Levante - Route littorale de Sestri Levante à Monterosso al Mare - Les Cinqueterre - Golf de Rapallo, 18 trous **Pas de restaurant** à l'hôtel (voir notre sélection de restaurants p. 386).

Sur cette côte à l'urbanisation anarchique, Sestri Levante a su conserver ses maisons aux couleurs chaudes, roses, orangées, rouges. L'Hotel Helvetia a une belle terrasse qui donne sur la baie du Silence et une plage privée. Il offre la qualité et le service d'un grand hôtel. Lorenzo Pernigotti, le propriétaire, est passionné par son métier et sait créer une atmosphère familiale et stylée à la fois. Il a mis dans les chambres tout ce qui peut faire qu'on s'y sente chez soi. Un des moments agréables est le petit déjeuner, particulièrement copieux et excellent : buffet avec des fruits frais, jus de fruits, croissants, fromages. Accueil parfait et une petite surprise à votre départ de l'hôtel. Une navette privée relie le garage à l'hôtel.

Itinéraire d'accès : (carte n° 9) à 50 km à l'est de Genova par A 12, sortie Sestri Levante.

Royal Hotel ★★★★★

18038 San Remo (Imperia)
Corso Imperatrice, 80
Tél. (0184) 53 91 - Télex 270 511
Fax (0184) 61 445 - M. Boccardo

Ouverture du 20 décembre au 1er octobre **Chambres** 147 climatisées avec tél. direct, s.d.b., w.c., t.v., minibar ; ascenseur ; accès handicapés **Prix** des chambres : 155/275 000 L (simple) - 280/446 000 L (double) - 500/960 000 L (suite) - Petit déjeuner compris, servi de 7 h 30 à 10 h 30 (jusqu'à 15 h dans les chambres) -Demi-pension et pension : 183/340 000 L - 221/384 000 L (par pers., 3 j. min.) **Cartes de crédit** acceptées **Divers** Chiens admis avec 20 000 L de supplément - Piscine - Tennis (22 000 L) - Mini -golf - Fitness - Parking (11 000 L) à l'hôtel **Possibilités alentour** à San Remo le casino et le grand marché du vendredi très courru des Français - Bussana Vecchia - Taggia (église San Domenico) - Golf de San Remo, 18 trous **Restaurant** service 12 h 30/14 h 15 - 19 h 30/ 22 h - Menu : 85 000 L - Carte - Spécialités : Timballo di maccheroni alla siciliana - Agnello Royal - Branzino al pigato.

Un grand parc rempli de palmiers, d'agaves, de plantes subtropicales, protège ce splendide grand hôtel de l'agitation de San Remo. C'est l'une des dernières oasis de luxe et de calme sur cette partie de la côte ligure. Cage dorée de laquelle on n'a pas envie de s'évader, repaire prestigieux qui a accueilli les familles aristocratiques de la vieille Europe depuis 1872, le Royal Hotel baigne dans une atmosphère de luxe et de raffinement : grands salons à colonnades face à la mer, chambres vastes et luxueuses, salles de bains en marbre rose ou blanc. Le service est celui d'un "Grand Hôtel", les prix aussi.

Itinéraire d'accès : (carte n° 8) à 56 km à l'est de Nice par A 10, sortie San Remo, puis direction centre ville par la via Aurelia (le Corso Imperatrice est à l'ouest de la ville).

Hotel Punta Est ★★★★

17024 Finale Ligure (Savona)
Via Aurelia, 1
Tél. (019) 60 06 11 - Fax (019) 60 06 11
M. Podesta

Ouverture de mai à septembre **Chambres** 40 avec tél. direct, s.d.b. ou douche, w.c. (25 avec t.v., 30 avec minibar) ; ascenseur **Prix** des chambres : 200 000 L (simple) - 300 000 L (double) - 400 000 L (suite) - Petit déjeuner : 20 000 L, servi de 8h à 10 h - Demi-pension et pension : 150/230 000 L - 170/260 000 L (par pers., 3 j. min.) **Cartes de crédit** Amex, Visa, Eurocard, MasterCard **Divers** Chiens non admis - Piscine - Tennis (half court) - Parking - Plage réservée à l'hôtel **Possibilités alentour** Abbaye de Finale Pia - Grottes préhistoriques près de Toirano - Noli - Golf de Garlenda, 18 trous **Restaurant** service 13 h/14 h - 20 h/21 h - Menus : 40/60 000 L - Carte - Spécialité : Branzino al sale.

Perché sur un petit promontoire, l'Hotel Punta Est surplombe la plage. Il comporte deux bâtiments : une ancienne villa fin XVIIIe siècle et un bâtiment moderne, noyés dans un jardin en espaliers planté de grands pins, de palmiers, de bougainvillées, d'hibiscus... Toutes les chambres sont confortablement installées avec vue sur la mer. Une piscine, des emplacements réservés sur la plage en face de l'hôtel permettent de se protéger de la foule des mois d'été. La grande terrasse panoramique avec piano-bar est aussi agréable le soir.

Itinéraire d'accès : (carte n° 8) à 30 km au sud de Savona par A 10, sortie Finale Ligure.

La Meridiana ★★★★

17033 Garlenda (Savona)
Via ai Castelli, 11
Tél. (0182) 58 02 71 - Fax (0182) 58 01 50
M. et Mme Segre

Fermeture en janvier et février **Chambres** 34 avec tél. direct, s.d.b. w.c. t.v. satellite, minibar ; ascenseur **Prix** des chambres : 280/350 000 L (double) - 360/450 000 L (appartement) - Petit déjeuner : 25 000 L - Demi-pension : 225/240 000 L (par pers., 3 j. min.) **Cartes de crédit** acceptées **Divers** Petits chiens admis dans les chambres avec 10 000 L de supplément - Piscine ouverte de juin à septembre - Sauna (20 000 L), vélos, tennis, golf - Parking à l'hôtel **Possibilités alentour** Vestiges romains et baptistère à Albenga - Alassio - Golf de Garlenda, 18 trous **Restaurant** buffet-piscine pour le déjeuner en été - Service 20 h/22 h - Menus : 60/80 000 L - Carte - Cuisine régionale.

Ne vous laissez pas décourager par les abords peu accueillants et par la route qui conduit à La Meridiana. Ce n'est vraiment qu'une fois arrivé que la nature devient plus riante. L'hôtel est situé en bordure du golf, très fréquenté par la clientèle française. Largement ouvert sur la campagne ou sur le jardin et la piscine, l'ambiance est celle d'une luxueuse maison de campagne. Même confort chaleureux dans les chambres. Le restaurant de l'hôtel "Il Rosmarino" est une des bonnes tables de la région. Le dynamique propriétaire, M. Segre, veille particulièrement à ce que sa cuisine raffinée soit préparée avec les meilleurs produits locaux. Une étape idéale pour un week-end de détente, l'hôtel propose en effet un forfait golf et forfait week-end intéressant.

Itinéraire d'accès : (carte n° 8) à 100 km à l'est de Nice par A 10, sortie Albenga, puis S 453 vers l'ouest et direction Garlenda.

Hotel Porto Roca ★★★★

19016 Monterosso Al Mare (La Spezia)
Via Corone, 1
Tél. (0187) 81 75 02 - Fax (0187) 81 76 92
Mme Guerina Arpe

Ouverture d'avril à novembre **Chambres** 43 avec tél. direct, douche et w.c. avec t.v., minibar **Prix** des chambres : 195 000 (simple) - 210/280 000 L (double) - Petit déjeuner compris, servi de 7 h 30 à 10 h - Demi-pension et pension : 130/190 000 L, 160 000 à 220 000 L (par pers., 3 j. min.) **Cartes de crédit** Amex, Visa, Eurocard, MasterCard **Divers** Chiens admis avec 15/20 000 L de supplément - Plage privée en haute saison - Parking au village gardé 24h/24 **Possibilités alentour** Les Cinqueterre entre La Spezia et Levanta : Riomaggiore, Manarola, Corniglia, Vernazza et Monterosso al Mare - Golf Marigola, 9 trous à Lerici **Restaurant** service 12 h 30/13 h 30 - 19 h 30 h à 21 h - Menu : 60/70 000 L - Carte - Spécialités : Sfogliatelle Porto Roca - Straccetti "paradiso - Branzino al sale - Crostate di frutta fresca.

Monterosso est un village qui rivalise de charme avec ses voisins des "Cinqueterre". Il est aussi le seul à abriter un hôtel de la catégorie du Porto Roca. Il domine avec ses quarante-trois chambres la baie de Porticciolo et la plage de Monterosso. L'intérieur mélange différents styles, du médiéval aux tableaux XVIIIe siècle dans un kitsch très aimable. Pour le bain de soleil, choisir entre la plage en contrebas ou la terrasse de l'hôtel qui domine les falaises. A noter qu'en été on laisse sa voiture dans le grand parking du village gardé nuit et jour. Un minibus transporte les bagages jusqu'à l'hôtel.

Itinéraire d'accès *: (carte n° 9) à 32 km au nord-ouest de La Spezia par S 370 par le bord de mer.*

Albergo San Vigilio ★★★

24129 Bergamo Alta
Via San Vigilio, 15
Tél. (035) 25 31 79 - Fax (035) 40 20 81
Mme Franceschi

Ouverture toute l'année **Chambres** 7 avec tél. direct, s.d.b. ou douche, w.c. **Prix** des chambres : 135 000 L (double) - Petit déjeuner 15 000 L, servi de 7 h 35 à 9 h 30 **Cartes de crédit** acceptées **Divers** Chiens non admis - Parking à l'hôtel **Possibilités alentour** à Bergame Piazza Vecchia, S. Maria Maggiore, Chapelle Colleoni, Galleria Carrara ; manifestations : Festival international du piano Arturo Benedetti, Festival d'automne de l'Opéra lyrique et du Théâtre des nouveautés au théâtre Donizetti - Abbaye de Pontida - Eglises de Treviglio et de Rivolto d'Adda - Sanctuaire della Madonna di Caravaggio à Caravaggio - Golf l'Albenza, 9 trous à Almenno San Bartolomeo - Golf la Rossera, 9 trous à Chiuduno **Restaurant** service 12 h 30/14 h 30 - 19 h 30/22 h - Fermeture le mardi et du 1er au 10 janvier - Menu : 50 000 L - Carte - Spécialités : Tagliatelle con porcim e tartufo - Filetto con pomodoro e olive -Zabaione con torta di mele.

Cette petite auberge se trouve aussi dans cette ville haute de Bergame qui par son patrimoine artistique et historique est une des villes les plus intéressantes de Lombardie. Le San Vigilio est avant tout réputé pour son restaurant, mais l'auberge vient d'être rénovée et propose aussi sept chambres calmes et confortables. Une terrasse couverte domine la vallée où l'on a installé la salle à manger. Des prix raisonnables, une bonne cuisine, une ville superbe, tout semble présumer d'un agréable séjour.

Itinéraire d'accès : (carte n° 3) à 47 km au nord-est de Milano - Aéroport di Orio al Serio à 4 km.

1995

I Due Roccoli ★★★

25049 Colline di Iseo (Brescia)
via Silvio Bonomelli, 54
Tél. (030) 982 18 53 - Fax (030) 982 18 77 - M. Agoni

Fermerture du 6 janvier au 6 mars **Chambres** 13 avec tél. direct, s.d.b. ou douche, w.c., t.v., coffre-fort, minibar **Prix** des chambres : 100/120 000 L (simple) - 140/180 000 L (double) - 190/240 000 L (suite) - Petit déjeuner : 15 000 L, servi de 7 h 30 à 10 h **Cartes de crédit** acceptées **Divers** Petis chiens admis - Piscine, tennis - Parking à l'hôtel **Possibilités alentour** marché local le mardi et le vendredi - Lac d'Iseo - Val Camonica (au-delà de Pisogne) - Parc National des gravures rupestres (depuis Capo di Ponte) - Abbaye clunisienne de Rodengo - Eglise S. Pietro in Lamosa à Provaglio d'Iseo - Brescia - Bergamo - Sirmione - Franciacorta Golf, 18 trous **Restaurant** service 12 h/14 h - 19 h 30/22 h - Menu : 45/65 000 L - Carte - Spécialités : Fagotino di ricotta - Code di gamberi - Pesce del lago.

Iseo est un endroit, comme disait un petit garçon, un peu beau et un peu laid. La beauté sauvage du lac est indéniable. Les maisons aux murs roses ou jaunes sont belles lorsqu'elles sont vieilles et que le temps s'y est inscrit doucement. Les nouvelles, sont nettement moins poétiques. C'est sur les collines qui entourent le lac, que l'on retrouve les fermes construites en pierres nobles et l'auberge I due Roccoli. Cachée dans les arbres, elle se compose d'une belle villa patricienne, d'un ancien corps de ferme et d'une série de chambres construites récemment mais assez bien intégrées à l'ensemble. Les chambres sont agréablement décorées de cotonnades fleuries et de couleurs pastel ; certaines donnent sur le parc, d'autres offrent une vue superbe sur le lac et les montagnes de Franciacorta. Accueil jeune et gentil.

***Itinéraire d'accès** : (carte n° 4) à 25 km au nord de Brescia, sur A4 Milano/Venezia sortie Rovato, direction du lac Iseo puis Polaveno (à 4 km d'Iseo).*

1995

Cappuccini ★★★

Cologne Franciacorta (Brescia)
via Cappucini, 54
Tél. (030) 715 72 54 - Fax (030) 715 72 57 - M. et Mme Pelizzari

Fermeture du 1er au 20 janvier et du 1er au 20 août **Chambres** 7 avec tél. direct, s.d.b., w.c., t.v., minibar **Prix** des chambres : 120 000 L (simple) - 200 000 L (double) -250 000 L (suite) - Petit déjeuner compris, servi de 9 h 30 à 11 h **Cartes de crédit** acceptées **Divers** Chiens non admis - Parking à l'hôtel **Possibilités alentour** Lac d'Iseo - Val Camonica (au-delà de Pisogne) - Parc National des gravures rupestres (depuis Capo di Ponte) - Abbaye clunisienne de Rodengo - Eglise S. Pietro in Lamosa à Provaglio d'Iseo - Brescia - Bergamo - Sirmione - Franciacorta Golf, 18 trous **Restaurant** fermeture mercredi - Service 12 h 30/14 h 30 - 19 h 30/22 h - Menus : 50/65 000 L - Carte - Spécialités : Manzo all' olio - Stracotto con polenta - Pesce.

Vallonnés et doux, les paysages de Franciacorta sont d'une beauté simple et poétique que le tourisme découvre depuis peu. Se détachant sur une colline, le Convento dei Cappuccini qui date de 1569, s'impose très vite à vous dans sa sereine beauté. Restauré avec une grande rigueur, on a conservé dans les aménagements cette austérité qui donne beaucoup de grandeur à l'architecture conventuelle. Les longs couloirs voûtés, les poutres, les chambres toutes blanches, le mobilier de bois sombre soulignent encore cette atmosphère. Cette sobriété recherchée n'exclut pas un confort très raffiné qui n'a rien de monacal. De même le restaurant, éclairé de bouquets et de bougies, propose une bonne cuisine. Difficile de faire autrement ici, le parfum d'acacia de ce vin charmant, le "Franciacorta", plane sur ce pays où bonne chère et spiritualité font bon ménage.

Itinéraire d'accès : (carte n° 4) à 27 km à l'ouest de Brescia, par route nationale direction Bergamo.

1995

L'Albereta ★★★★

Erbusco (Brescia)
Via Vittorio Emanuele, 11
Tél. (030) 776 05 50 - Fax (030) 776 05 73

Fermeture 20 jours en janvier **Chambres** 44 avec tél. direct, s.d.b., w.c., t.v., minibar **Prix** des chambres : 190 000 L (simple) - 260/280 000 L (double) - 380 000 L (suite) - Petit déjeuner compris, servi de 7 h à 11 h – Demi-pension et pension : 210 000 L - 240 000 L (par pers., 3 j. min.) **Cartes de crédit** acceptées **Divers** Chiens non admis - Piscine, tennis, sauna - Parking à l'hôtel **Possibilités alentour** Lac d'Iseo - Val Camonica (au delà de Pisogne) - Parc National des gravures rupestres (depuis Capo di Ponte) - Abbaye clunisienne de Rodengo - Eglise S. Pietro in Lamosa à Provaglio d'Iseo - Brescia - Bergamo - Sirmione - Franciacorta Golf, 18 trous **Restaurant** "Gualtiero Marchesi" : fermeture dimanche soir et lundi - Service 12 h 30/14 h - 19 h 30/21 h 00 - Menus : 80/120 000 L - Carte - Cuisine classique moderne.

Gualtiero Marchesi, pape d'une cuisine italienne qui prone l'évolution dans la tradition, a imaginé l'Albereta selon des désirs et des plans luxueux, sans pour autant lui enlever son harmonie originelle. Les chambres dans la tour sont grandes et fastueusement meublées, lits à baldaquin, lourdes tentures et autres éléments de décoration faisant très bien la part entre l'authentique et l'importé. Le souvenir qu'on en garde est celui d'un luxe bien assimilé. Et le charme dans tout cela ? Il vous suffira de goûter la cuisine de Marchesi dans la belle salle à manger décorée de fresques et ouverte sur le lac l'été, de nager dans la piscine, réminiscence des thermes romains revus par Marchesi, pour ne pas le manquer.

Itinéraire d'accès : (carte n° 4) à 20 km à l'ouest de Brescia, sur A 4 (Milano/Venezia) sortie Rovato.

La Mongolfiera di Bellavista ★★★★

Bellavista 25030 Erbusco (Brescia)
Tél. (030) 726 84 51 - Fax (030) 776 03 86

Fermeture du 3 au 16 janvier et du 8 au 24 août **Chambres** 6 avec tél. direct, s.d.b. ou douche, w.c., t.v., minibar **Prix** des chambres : 150 000 L (simple) - 195 000 L (double) - 250 000 L (suite) - Petit déjeuner compris, servi de 7 h 30 à 10 h - Demi-pension et pension : 270 000L, 345 000 L (pour 2 pers. en chambre double) **Cartes de crédit** acceptées **Divers** Chiens non admis - Parking à l'hôtel **Possibilités alentour** Lac d'Iseo - Val Camonica (au delà de Pisogne) - Parc National des gravures rupestres (depuis Capo di Ponte) - Abbaye clunisienne de Rodengo - Eglise S. Pietro in Lamosa à Provaglio d'Iseo - Brescia - Bergamo - Sirmione - Franciacorta Golf, 18 trous **Restaurant** service 12 h/14 h - 19 h 30/22 h - Menu et carte - Cuisine traditionnelle.

Un hôtel de charme, qu'est-ce ? Souvent une jolie maison dans un bel endroit. Mais encore ? De grandes chambres, des salles de bains confortables. Ici, c'est aussi la fraîcheur des tommettes, le parfum des acacias, du jasmin ou du chèvrefeuille, les siestes à l'ombre des châtaigniers, les couchers de soleil sur les champs et les vignobles de Franciacorta. C'est encore un petit déjeuner odorant de café et de pain avant les parties de pêche, les visites historiques ou le parcours de golf à seulement 3 kilomètres de l'hôtel. En un mot, La Mongolfiera est une adresse de charme.

Itinéraire d'accès : (carte n° 4) à 20 à l'ouest de Brescia sur A4 (Milano/Venezia) sortie Rovato, Erbusco, puis direction Torbiato.

Hotel Villa del Sogno ★★★★

Lago di Garda
25083 Fasano di Gardone Riviera (Brescia)
Via Zanardelli, 107
Tél. (0365) 29 01 81 - Fax (0365) 29 02 30 - Famille Calderan

Ouverture du 1er avril au 20 octobre **Chambres** 34 avec tél. direct, s.d.b., w.c., t.v. ;
ascenseur **Prix** des chambres : 175/215 000 L (simple) - 280/360 000 L (double) - 400/480
000 L (suite) - Petit déjeuner compris, servi de 8 h à 9 h 30 - Demi-pension et pension :
170/220 000 L - 190/250 000 L (par pers., 3 j. min.) **Cartes de crédit** acceptées **Divers**
Chiens non admis - Piscine - Sauna - Hydromassage - Tennis - Parking à l'hôtel **Possibilités
alentour** Villa Martinengo à Barbarano - Jardin botanique de Gardone di Sotto - Vittoriale
degli Italiani (Résidence de d'Annunzio) - Belvedere San Michele - Verona - Golf de Bogliaco
9 trous **Restaurant** service 12 h 30/14 h 30 - 19 h 30/21 h 30 - Menu : 70 000 L - Carte -
Spécialités : Trota del Garda - Ossibuchi alla gardesana - Spaghetti alla trota.

Une symphonie d'ocres et de jaune tendre éclaire la façade de cette
romantique villa 1900 dont la terrasse éblouissante tient effectivement
du rêve. Un peu en hauteur, dominant le lac de Garde, dans un merveilleux
jardin à la végétation luxuriante, c'est un hôtel élégant et raffiné, décoré de
meubles et de tableaux anciens de diverses époques avec quelquefois
cependant un détail ou un meuble insolite et inattendu mais qui ne
discrédite en rien l'ensemble de l'hôtel. Les chambres sont parfaites,
spacieuses, style Liberty pour les unes, vénitiennes pour les autres. La
chambre avec la petite loggia est mieux encore et sous la terrasse, certaines
ont de petites terrasses privées. Le bar est très sympathique. La cuisine
banale. Dans le parc, surplombant le lac, on a aménagé une très agréable
piscine et au-dessus un tennis.

Itinéraire d'accès *: (carte n° 4) à 130 km à l'est de Milano - A 36 km au
nord-est de Brescia par S 45 bis sur la rive gauche du lac (au lieu-dit
Fasano à 2 km).*

Grand Hotel Fasano ★★★★

Lago di Garda
25083 Fasano di Gardone Riviera (Brescia)
Corso Zanardelli, 160
Tél. (0365) 290 220 - Fax (0365) 210 54/290 221
Mme Mayr

Ouverture de Pâques à novembre **Chambres** 87 avec tél. direct, s.d.b. ou douche, w.c. ; ascenseur ; accès handicapés **Prix** des chambres : 220/420 000 L (double) - Petit déjeuner compris, servi de 7 h 30 à 10 h 30 - Demi-pension : +15 000 L (par pers.) **Cartes de crédit** non acceptées **Divers** Chiens admis avec 10 000 L de supplément - Piscine chauffée et plage privée - Tennis (25 000 L) et parking (9 000 L) à l'hôtel **Possibilités alentour** Villa Martinengo à Barbarano - Jardin botanique de Gardone Riviera - Vittoriale degli Italiani (Résidence de d'Annunzio) - Belvedere San Michele - Verona - Golf de Soiano, 9 et 18 trous **Restaurant** service 12 h 30/14h 30 - 19 h 30/21 h 30 - Menu : 59 000 L - Carte - Cuisine italienne.

Le Grand Hotel Fasano était une maison de chasse appartenant à la famille impériale d'Autriche, ce qui explique peut-être, outre les origines germaniques de la propriétaire, la fréquentation de touristes allemands. La décoration est un peu chargée mais l'hôtel est confortable. Les chambres sont toutes agréables, mais nous vous conseillons plutôt celles situées dans la partie ancienne des bâtiments. Le jardin, donnant directement sur le lac, est fait d'un ensemble très réussi de palmiers, de fleurs et de verdure. Dans la Villa Principe qui est dans le parc, les chambres sont climatisées, équipées de coffre-fort, minibar et télévision satellite.

Itinéraire d'accès : (carte n° 4) à 130 km à l'est de Milano - A 36 km au nord-est de Brescia par S 45 bis sur la rive gauche du lac (au lieu-dit Fasano Gardone à 1 km).

Villa Fiordaliso ★★★★

Lago di Garda
25083 Gardone Riviera (Brescia)
Corso Zanardelli, 132
Tél. (0365) 20 158 - Fax (0365) 29 00 11 - M. Tosetti

Fermeture en janvier et février **Chambres** 6 avec tél. direct, s.d.b., w.c., t.v., minibar **Prix** des chambres : 200/600 000 L (pour 2 pers.) - Petit déjeuner compris, servi de 8 h à 10 h **Cartes de crédit** acceptées **Divers** Chiens non admis - Parking et embarcadère privé à l'hôtel **Possibilités alentour** Villa Martinengo à Barbarano - Jardin botanique de Gardone di Sotto - Vittoriale degli Italiani (Résidence de d'Annunzio) - Belvedere San Michele - Verona - Golf de Bogliaco, 9 trous **Restaurant** service 12 h 30/14 h - 19 h 30/22 h - Fermeture le lundi - Menus : 65/95 000 L - Carte - Cuisine régionale saisonnière.

La Villa Fiordaliso dresse ses quatre étages en bordure même du lac, mais en bordure de route sur l'arrière. L'éclectisme architectural règne dans cette demeure où les loggias Renaissance côtoient des fenêtres néo-classiques de style vénitien. C'est en 1985 que furent commencés des travaux de restauration entrepris avec le souci de laisser tout son charme à cette maison qui accueillit Gabriele d'Annunzio (avant qu'il ne s'installât un peu plus loin) et qui fut, de 1943 à 1945, la résidence de Claretta Petacci, compagne de Mussolini. Les chambres sont toutes confortables, certaines avec une terrasse sur le lac. La chambre rose a, quant à elle, une somptueuse salle de bains ancienne, tout en marbre de Carrare. Le restaurant est une bonne étape gastronomique qui mérite qu'on s'y arrête, même si l'on ne séjourne pas à l'hôtel. Accueil un peu guindé.

***Itinéraire d'accès** : (carte n° 4) à 130 km à l'est de Milano - A 35 km au nord-est de Brescia par S 45 sur la rive gauche du lac (à 1 km de Gardone Riviera).*

L O M B A R D I E

Hotel Baia d'Oro ★★★

Lago di Garda
25084 Gargnano (Brescia)
Via Gamberera, 13
Tél. (0365) 71 171 - Fax (0365) 72 568
M. Terzi

Ouverture de fin mars à fin octobre **Chambres** 12 avec tél. direct, douche, w.c., t.v., minibar **Prix** des chambres en demi-pension : 140 000 L (par pers., 3 j. min.) - Petit déjeuner compris, servi de 8 h à 10 h 30 **Cartes de crédit** Amex, Visa, Eurocard, MasterCard **Divers** Chiens admis - Garage (13 000 L) **Possibilités alentour** Villa Feltrinelli - Lac d'Idro - Sanctuaire de la Madonne di Monte Castello à Tignale - Pieve di Tremosine - Verona - Golf de Bogliaco, 9 trous **Restaurant** service 12 h 30/14 h - 19 h 30/21h 30 - Carte - Spécialités : Pasta fatta in casa - Pesce del lago e di mare.

Baia d'Oro, ancienne petite maison de pêcheur, dresse sa façade colorée sur les bords du lac de Garde. Un appontement de bois permet à l'hôtel d'avoir un *motoscaffo* à la disposition des clients. Sur sa pittoresque terrasse au bord de l'eau, on peut dîner ou déjeuner face au lac en dégustant l'une des meilleures cuisines de la région. C'est pourquoi l'hôtel suggère à ses clients la demi-pension. Les chambres, confortables, ont pour la plupart (quatre donnent sur la rue) un balconnet où il fait bon prendre son petit déjeuner en admirant une vue superbe. Sur les murs de la salle à manger sont accrochées des lettres de compliments signées de noms célèbres, dont la plus belle porte la griffe de Winston Churchill.

Itinéraire d'accès : *(carte n° 4) à 46 km au nord-ouest de Brescia par S 45 bis sur la rive gauche du lac.*

Villa Giulia ★★★

Lago di Garda
25084 Gargnano (Brescia)
Tél. (0365) 71 022 - Fax (0365) 72 774
M. et Mme Bombardelli

Ouverture de mi-mars à mi-octobre **Chambres** 17 avec tél. direct, s.d.b., w.c., t.v. **Prix** des chambres : 110/130 000 L (simple) 220/250 000 L (double) - Demi-pension et pension : 130/140 000 L - 140/150 000 (par pers.) - Petit déjeuner compris, servi de 8 h à 10 h **Cartes de crédit** acceptées **Divers** Petits chiens admis - Piscine, sauna, plage privée - Parking à l'hôtel **Possibilités alentour** Villa Feltrinelli - Lac d'Idro - Sanctuaire de la Madonne di Monte Castello à Tignale - Pieve di Tremosine - Verona - Golf de Bogliaco, 9 trous **Restaurant** service 12 h 30/13 h 30 - 19 h 30/20 h 30 - Menus et carte - Cuisine régionale.

La réussite est souvent affaire de passion et aussi d'obstination, deux qualités qui ont conduit Rina Bombardelli à faire de la pension familiale un hôtel de charme. Très bien située, la villa d'architecture gothique-1900 se trouve les pieds dans l'eau, avec cette vue superbe sur le lac et les monte Baldo, verdoyants ou enneigés selon la saison. L'atmosphère de la maison est très "cosy" : dans le salon-bar, les bergères et les fauteuils clubs créent différents espaces qui préservent l'intimité de chacun. Même atmosphère dans la salle à manger éclairée par deux beaux lustres en Murano. L'été le restaurant s'installe dans une véranda donnant de plain-pied sur la terrasse. Les chambres sont bien aménagées avec vue sur le jardin ou sur le lac. Un peu à l'écart on a construit une piscine et installé un solarium sur la pelouse. Une adresse sympathique.

Itinéraire d'accès : (carte n° 4) à 46 km au nord-ouest de Brescia par S 45 bis sur la rive gauche du lac.

Villa Cortine Palace Hotel ★★★★★

Lago di Garda
25019 Sirmione (Brescia)
Via Grotte, 12
Tél. (030) 99 05 890 - Télex 300 171
Fax (030) 91 63 90 - M. Cappelletto

Ouverture début avril au 25 octobre **Chambres** 55 climatisées avec tél. direct, s.d.b., w.c., t.v. ; ascenseur **Prix** des chambres : 200/300 000 L (simple) - 350/500 000 L (double) - 650/950 000 L (suite) - Petit déjeuner 30 000 L, servi de 7 h 30 à 10 h 30 - Demi-pension et pension : 270/330 000 L - 310/370 000 L (par pers., obligatoire en h.s., 5 j. min.) **Cartes de crédit** acceptées **Divers** Chiens admis (40 000 L de supplément) - Piscine chauffée - Tennis (15 000 L) - Plage privée - Parking à l'hôtel **Possibilités alentour** Château de Scaliger - Grotte de Catullo - Brescia - Verona - Garda Golf, 9 trous à Soiano **Restaurant** service 12 h 30/14h 15 - 19 h 30/21 h 15 - Menus : 80/90 000 L - Carte - Cuisine italienne.

Cette villa néo-classique, construite au début du siècle sur le lac de Garde, est vraiment le symbole du luxe. Une annexe plus moderne dépare malheureusement un peu l'harmonie des lieux. Le parc, avec ses palmiers, ses fontaines et ses plantes tropicales, agrémente ce lieu de rêve. Pour le bain, la piscine est tout aussi agréable que la plage privée sur le lac. Les vastes chambres au mobilier d'époque apportent une dernière touche de raffinement. Le personnel stylé et les luxueuses voitures alignées dans le parking évoquent l'atmosphère des palaces d'autrefois, même si tout ça manque finalement un peu de classe.

Itinéraire d'accès : (carte n° 4) à 127 km à l'est de Milano - à 40 km à l'est de Brescia par A 4, sortie Sirmione - San Martino di Battaglia ; sur les bords du lac.

Castello di Casiglio ★★★★

Pomerio d'Erba 22036 Erba (Como)
Via Como, 5
Tél. (031) 62 72 88 - Fax (031) 62 82 45
M. Carcelli

Ouverture toute l'année **Chambres** 44 avec tél. direct., s.d.b. ou douche, w.c., t.v., minibar **Prix** des chambres : 250 000 L (simple) - 350 000 L (double) - 470 000 L (suite) - Petit déjeuner compris, servi de 7 h à 10 h **Cartes de crédit** acceptées **Divers** Chiens admis - Piscine, tennis, sauna, institut de beauté, salle de gymnastique - Parking à l'hôtel **Possibilités alentour** Eglise de San Pietro al Monte à Civitate - D'Erba à Bellagio par la Valassina - Golf Villa d'Este, 18 trous à Montorfano **Restaurant** service 12 h 30/14 h - 19 h 30/22 h - Menu : 65 000 L - Carte - Cuisine italienne.

Erba, aux portes de Milan a un air de province sage, dégagée des fumées de la grande ville. Le Castello di Casiglio, demeure tant aimée d'une vieille dame, garde quelques vestiges de cet amour-là : un fauteuil en cuir monumental dans l'entrée et quelques autres meubles anciens parsemés dans la maison. La restructuration du château est parfaite et les verres fumés donnent une belle lumière à ces nouveaux espaces. Les chambres sont d'un bon confort standard, et l'on aime particulièrement le petit salon blanc qui du haut de sa tour est ouvert sur les quatre points cardinaux. Malheureusement tout comme son frère, le Castello di Pomerio, tout aussi réussi et luxueux, ces hôtels sont plus orientés vers une clientèle de séminaire et de réception. Le parc est joli, le service efficace et Milan est à quelques kilomètres.

Itinéraire d'accès : (carte n° 3) à 14 km à l'est de Como par S 639 - à 3 km d'Erba.

Grand Hotel Villa Serbelloni ★★★★★

Lago di Como
22021 Bellagio (Como)
Via Roma, 1
Tél. (031) 95 02 16 - Fax (031) 95 15 29 - M. Spinelli

Ouverture du 1er avril au 31 octobre **Chambres** 95 climatisées, avec tél. direct, s.d.b., w.c., t.v., minibar ; ascenseur **Prix** des chambres : 270/295 000 L (simple) - 395/430 000 L (double) - Petit déjeuner compris, servi de 7 h 30 à 10 h 30 - Demi-pension et pension : 340/365 000 L - 267/285000 L (par pers., 3 j. min.) **Cartes de crédit** acceptées **Divers** Chiens admis - Piscine chauffée - Sauna- Tennis (15 000 L) - Embarcadère privé - Sports nautiques - Fitness and Beauty - Garage fermé privé (20 000 L) et parking à l'hôtel **Possibilités alentour** Villa Melzi - De Bellagio à Erba par la Valassina - De Bellagio à Como (rive est) : jardins de la Villa Trotti, grotte Verte à Lezzeno, Careno, Villa Pliniana à Riva di Faggetto - Golf de Grandola, 18 trous **Restaurant** service 12 h 30/14 h 30 - 19 h 30/21 h 30 - Menu : 90 000 L - Carte - Spécialités : Pasta della casa - Pesce del lago.

Un grand palace romantique sur les bords du lac de Côme qui ressuscite le faste d'une époque. Ici, tout n'est que luxe, calme et opulence. Immenses salons richement décorés, plafonds à caissons, murs peints, tapis d'Orient et profonds fauteuils avec, bien sûr, vue sur le lac. Bien que les chambres soient toutes d'un grand confort, nous préférons celles situées dans la partie ancienne de la Villa, avec petit salon, plafond peint et colonnades. Dès les beaux jours, la salle à manger prend ses quartiers d'été sur les grandes terrasses à balustrades dominant le lac. Romantisme assuré... L'hôtel s'est laissé aller à l'ouverture d'un centre de beauté-remise en forme avec possibilité de cuisine diététique et nous signale l'ouverture dans le parc de 13 appartements que l'on peut louer toute l'année.

Itinéraire d'accès : (carte n° 3) à 31 km au nord de Como par S 583, sur la rive droite du lac.

Hotel Florence ★★★

Lago di Como
22021 Bellagio (Como)
Piazza Mazzimi
Tél. (031) 950 342 - Fax (031) 951 722 - M. et Mme Ketzlar

Ouverture du 20 avril au 20 octobre **Chambres** 36 avec tél. direct, s.d.b. ou douche, w.c., t.v. satellite **Prix** des chambres : 155/165 000 L (double) - Petit déjeuner compris, servi de 7 h 30 à 10 h 15 - Demi-pension : 125/140 000 L (par pers.) **Cartes de crédit** Visa, Eurocard, MasterCard **Divers** Chiens admis sauf au restaurant **Possibilités alentour** Jardins de la Villa Serbelloni - Villa Melzi - De Bellagio à Erba par la Valassina - De Bellagio à Como (rive est) : jardins de la Villa Trotti, grotte Verte à Lezzeno, Careno, Villa Pliniana à Riva di Faggetto - Golf de Grandola, 18 trous **Restaurant** service 12 h 30/14 h 30 - 19 h 30/21 h 30 - Carte - Spécialités : Terrina di lavarello - Lasagnette ai pesci di lago - Lasagnette verdi alle verdure - Pesce persico ai pomodori confits.

Sous les arcades qui jalonnent le port, tout à côté de l'entrée du Serbelloni, on remarque ce tout petit hôtel qui sert sur sa terrasse ou dans son salon des rafraîchissements aux touristes qui attendent le bac. Au bar américain de l'hôtel on peut écouter des concerts de jazz le dimanche. C'est dans les étages que se trouvent la salle à manger et les chambres. Rénovées, celles-ci sont joliment agencées et profitent de la vie et de la vue du port et du lac de Côme. La salle à manger, avec sa cheminée, est très conviviale et l'accueil des propriétaires chaleureux. Moins luxueux que son voisin le Serbelloni, mais aussi bien moins cher, l'Hotel Florence n'en reste pas moins un endroit de charme et de qualité à découvrir.

Itinéraire d'accès : *(carte n° 3) à 31 km au nord de Como par S 583, sur la rive droite du lac.*

Grand Hotel Villa d'Este ★★★★★

Lago di Como
22012 Cernobbio (Como) - Via Regina, 40
Tél. (031) 511 471 - Télex 380 025
Fax (031) 51 20 27 - MM. Arrigo et Somensini

Ouverture de mars à novembre **Chambres** 158 avec tél. direct, s.d.b., w.c., t.v. satellite, coffre-fort, minibar ; ascenseur **Prix** des chambres : 390 000 L (simple) - 650 000 L (double) - 900 000 L (suite) - Petit déjeuner compris **Cartes de crédit** acceptées **Divers** Chiens admis - Piscine chauffée flottante, piscine couverte, sauna, palestre, tennis - Garage à l'hôtel **Possibilités alentour** Ossuccio et parc de la Villa Arconati à la Punta di Balbia - Menaggio - Villa Carlotta à Tremezzo - Embarcadère pour Bellagio : jardins de la Villa Serbelloni et Villa Melzi - Golf Villa d'Este, 18 trous à Montorfano **Restaurant** service 12 h/14 h 30 - 20h 30/22 h - Carte - Cuisine internationale.

Cette grande bâtisse blanche construite en 1658 par un prince de l'Eglise est aujourd'hui le plus bel hôtel du monde. Tout est somptueux. Sa situation, sur le premier bassin du lac de Côme, là où la végétation est la plus luxuriante, dans un jardin à l'italienne où un platane vieux de plus de six cents ans voisine avec des essences rares et variées. La rocaille, qui date du XVIᵉ siècle, faite de mosaïques de graviers, offre une belle perspective sur une colossale statue d'Hercule. L'intérieur est tout aussi prestigieux. Des meubles XVIIIᵉ ornent la longue galerie à colonnes de l'entrée d'où part le grand escalier à double révolution. Les chambres auxquelles on accède par un ascenseur tapissé de soie, sont à l'image du luxe et du confort qui ont fait la réputation de l'hôtel. Vous pourrez vivre votre séjour sans sortir de la Villa tant le programme sportif est varié et les soirées animées. L'accueil est très agréable et pas du tout prétentieux comme on pourrait le craindre.

Itinéraire d'accès : (carte n° 3) à 5 km au nord de Como.

San Giorgio Hotel ★★★

Lago di Como
Tremezzo 22016 Lenno (Como) - Via Regina, 81
Tél. (0344) 40 415 - Fax (0344) 41 591
Mme Cappelletti

Ouverture d'avril à septembre **Chambres** 26 avec tél. direct, s. d. b. ou douche, w.c. **Prix** des chambres en demi-pension et pension : 92/125 000 L (par pers., 3 j. min.) - Petit déjeuner : 15 000 L, servi de 8 h à 11 h **Cartes de crédit** Amex, Visa, Eurocard, MasterCard **Divers** Chiens non admis - Tennis (15 000 L) et parking à l'hôtel **Possibilités alentour** Menaggio - Villa Carlotta à Tremezzo - Embarcadère pour Bellagio à 100 m : jardins de la Villa Serbelloni et Villa Melzi - Golf 18 trous à Grandola, et Uniti **Restaurant** réservé aux résidents : service 12 h 30/13 h 30 - 19 h 30/21 h - Menu.

Le San Giorgio est une affaire de famille. C'est le grand-père de l'actuelle propriétaire qui construisit la grande bâtisse qui jouxte la petite maison ancienne. Conçue pour être un hôtel, il a été facile au cours des années d'en améliorer le confort. La salle à manger et le grand salon, aménagés encore avec les meubles de famille (chaises et fauteuils XIXᵉ, bureau à cylindre en acajou), donnent de plain-pied sur la loggia et le jardin. Les chambres, qui ont la vue sur la baie de Tremezzina et les montagnes, ont toutes un balcon. Elles sont grandes et dotées de salles de bains fonctionnelles. Le jardin, qui descend doucement jusqu'au bord du lac, était autrefois une oliveraie. Aujourd'hui il se fleurit au printemps des fleurs des glycines et des magnolias et se parfume en automne de l'oléa-fragans. A quelques kilomètres des embarcadères de Tremezzo, Cadenabbio ou Menaggio (qui permettent de passer sur l'autre rive), c'est le lieu de séjour idéal pour un voyage sur les lacs italiens.

Itinéraire d'accès : *(carte n° 3) à 27 km au nord de Como par S 340, sur la rive gauche du lac.*

Grand Hotel Victoria ★★★★

Lago di Como
22017 Menaggio (Como)
Tél. (0344) 32 003 - Télex 324 884
Fax (0344) 32 992 - M. Proserpio

Ouverture toute l'année **Chambres** 53 avec tél. direct, s.d.b. ou douche, w.c., t.v. satellite ; ascenseur **Prix** des chambres : 120/150 000 L (simple) - 180/220 000 L (double) - 300 000 L (suite) - Petit déjeuner-buffet : 22 000 L, servi de 7 h 30 à 11 h - Demi-pension et pension : 170/220 000 L - 200/240 000 L (par pers.) **Cartes de crédit** acceptées **Divers** Chiens admis - Piscine - Parking à l'hôtel **Possibilités alentour** Villa Carlotta à Tremezzo - Route panoramique de Menaggio à Lugano - Lugano - Golf à Grandola e Uniti (forfait clients de l'hôtel), 18 trous **Restaurant** service 12 h 30/14 h - 19 h 30/22 h - Menu : 50 000 L - Carte - Cuisine italienne.

Au milieu d'un magnifique parc aux arbres immenses, face au lac de Côme, le Grand Hotel Victoria, construit en 1886, est un ancien palace de style 1900, avec de vastes salons parquetés, des plafonds en stuc et une ambiance calme et harmonieuse. Dès les premiers beaux jours, les repas sont servis sur la terrasse abritée d'une vaste tente rayée, face au lac. Les chambres, récemment réaménagées, ont gagné en confort ce qu'elles ont peut-être perdu en personnalité.

Itinéraire d'accès : (carte n° 3) à 35 km au nord de Como par S 340, sur la rive gauche du lac.

Hotel Stella d'Italia ★★★

Lago di Lugano
San Mamete 22010 Valsolda (Como)
Piazza Roma, 1
Tél. (0344) 68 139 - Fax (0344) 68 729 - M. Ortelli

Ouverture d'avril à octobre **Chambres** 36 avec tél. direct, douche ou s.d.b., w.c. ; ascenseur **Prix** des chambres : 65 000 L (simple) - 102/122 000 L (double) - Petit déjeuner : 14 000 L, servi de 7 h 30 à 10 h - Demi-pension : 95/105 000 L (par pers., 3 j. min.) **Cartes de crédit** acceptées **Divers** Petits chiens admis - Plage privée - Garage (9 000 L) à l'hôtel **Possibilités alentour** Villa Favorita - Route panoramique de Menaggio à Lugano - Lugano - Villa Carlotta à Tremezzo **Restaurant** service 12 h 30/14 h - 19 h 30/21 h - Menu : 32 000 L - Carte - Spécialités : Pesce del lago - Pasta.

San Mamete est l'un de ces jolis villages miniatures qui bordent le lac de Lugano. La famille Ortelli, qui gère le Stella d'Italia depuis trois générations, a agrandi le bâtiment principal d'une annexe. La décoration intérieure, "l'intéressante collection de peintures de Madame Ortelli, l'éclairage, le mobilier confortable créent un ensemble très agréable" comme se plaisent à le souligner bon nombre de lecteurs. Les chambres ont été rénovées et les plus agréables sont celles qui en façade s'ouvrent par de larges portes-fenêtres sur le lac. Le jardin au bord de l'eau est merveilleux. Une grande tonnelle de vigne vierge et de rosiers permet de déjeuner agréablement, et la petite plage permet de prendre le soleil et de se baigner dans le lac. Le panorama et les environs sont superbes, les prix modérés, l'accueil sympathique.

Itinéraire d'accès : (carte n° 3) à 42 km au nord de Como par A 9, sortie Lugano-sud, puis S 340 sur la rive nord du lac.

Villa Simplicitas e Solferino ★★

22028 San Fedele d'Intelvi (Como)
Tél. (031) 83 11 32
M. Castelli

Ouverture d'avril à octobre **Chambres** 10 avec douche, w.c. **Prix** des chambres en demi-
pension et pension : 115/150 000 L - 150 000 L (par pers., 3 j. min.) **Cartes de crédit** non
acceptées **Divers** Chiens admis avec supplément - Parking **Possibilités alentour**
Cernobbio - Eglise de Sala Comacina - Isola Comacina (spécialité : le poisson à la
contrebandière) - Val d'Intelvi : Lanzo d'Intelvi - Funiculaire reliant le Belvedere di Lanzo à
Santa Margherita au bord du lac de Lugano - Lugano **Restaurant** service 12 h 30/14 h 30 -
20 h 30/ 22 h - Fermeture le mercredi - Menus : 40/55 000 L - Carte - Spécialités italiennes et
régionales.

L e val d'Intelvi offre un des beaux paysages de cette région des lacs où
la montagne, la végétation luxuriante, surplombent et ceinturent les
nombreux golfes bleus du lac de Côme. Paysage romantique riche du
souvenir des *Fiancés* de Manzoni, du jeune Visconti qui arrivait en
carrosse accompagné de sa mère... La Villa Simplicitas est une grande
maison de campagne entourée de pâturages et de châtaigniers centenaires.
L'intérieur offre dans les moindres détails l'ambiance d'une résidence de
campagne début XIXe : bergères, sièges de Thonet, jeté de table sur les
guéridons, gravures... Tout est patiné, authentique. Les chambres, peintes
en trompe-l'œil, sont charmantes avec de jolis meubles en noyer. La
cuisine est très bonne, faite avec les primeurs de la propriété. Les repas
sont pris en automne dans une petite salle à manger devant un feu de bois
et à la belle saison dans une salle grande ouverte sur la campagne.

*Itinéraire d'accès : (carte n° 3) à 30 km au nord de Como par S 340, sur
la rive gauche du lac jusqu'à Argegno puis à gauche vers San Fedele
Intelvi.*

Albergo San Lorenzo ★★★★

46100 Mantova
Piazza Concordia, 14
Tél. (0376) 22 05 00 - Fax (0376) 32 71 94
MM. Tosi

Ouverture toute l'année **Chambres** 41 climatisées avec tél. direct, s.d.b. ou douche, w.c., t.v., minibar ; ascenseur **Prix** des chambres : 215 000 L (simple) - 250 000 L (double) - 290/320 000 L (suite) Petit déjeuner compris, servi de 7 h à 11 h **Cartes de crédit** acceptées **Divers** Chiens non admis - Garage (22 000 L) à l'hôtel **Possibilités alentour** à Mantova : piazza Sordelo, duomo, palazzo Ducale, piazza delle Erbe, S. Andrea - Palazzo del Giardino, teatro olimpico et palazzo ducale à Sabbioneta - Verona **Pas de restaurant** à l'hôtel (voir notre sélection de restaurants p. 389).

En pleine zone piétonne, à deux pas du Duomo et du Palazzo Ducale, San Lorenzo est idéalement situé pour visiter la très bourgeoise ville de Mantova. Mobilier ancien et décor rococo, chambres spacieuses, salons confortables, caractérisent cet établissement. Sur le toit a été aménagée une jolie terrasse où le petit déjeuner peut être servi. Le personnel très discret et l'absence de restaurant dans l'enceinte de l'hôtel font de cet endroit une étape très reposante. Mantova offre encore l'avantage très appréciable d'être une ville peu fréquentée par les touristes en été, bien qu'elle soit d'une indéniable beauté.

Itinéraire d'accès : (carte n° 10) à 62 km au nord-est de Parma par S 343. A 45 km au sud-ouest de Verona.

Il Leone ★★★

46030 Pomponesco (Mantova)
Piazza IV Martiri, 2
Tél. (0375) 86 077 - Fax (0375) 86077
Famille Mori

Fermeture janvier et du 16 au 23 août **Chambres** 8 avec tél. direct, douche, w.c., t.v., minibar **Prix** des chambres : 80 000 L (simple) - 115 000 L (double) - Petit déjeuner : 8 500 L, servi de 8 h à 10 h - Demi-pension et pension : 95 000 L - 120 000 L (par pers., 3 j. min.) **Cartes de crédit** acceptées **Divers** Petits chiens admis - Piscine à l'hôtel **Possibilités alentour** Eglise de Viadana - Eglise de Villa Pasquali - Sabbioneta - Montova - Parma **Restaurant** service 12 h/14 h - 20 h/22 h - Fermeture le dimanche soir et le lundi - Carte - Spécialités : Salumeria - Ravioli al zucca - Tartufi - Risotto - Zabaione e semi-freddo.

Autrefois résidence de la famille de Gonzague, cette demeure, située dans le village de Pomponesco, au bord du Pô, cache un patio et une agréable piscine derrière sa façade austère. Les salons impressionnent par leur mobilier superbe et la hauteur des plafonds, l'un d'entre eux est décoré de magnifiques fresques. Les chambres de cette auberge remarquable sont grandes et confortables. Choisissez de préférence celles qui donnent sur la piscine. Les petits déjeuners sont copieux, la cuisine parfaite, le risotto inoubliable. La cave comporte une large sélection de vins italiens et internationaux.

Itinéraire d'accès : (carte n° 10) à 32 km au nord-est de Parma par S 62 jusqu'à Viadana, puis à droite vers Pomponesco.

Four Seasons Hotel ★★★★★

20121 Milano
Via Gesù, 8
Tél. (02) 77 088 - Fax (02) 77 08 5000 - M. V. Finizzola

Ouverture toute l'année **Chambres** 70 et 28 suites climatisées avec tél. direct, s.d.b., w.c., t.v. satellite, minibar ; ascenseur **Prix** des chambres : 470/580 000 L (simple) - 550/660 000 L (double) - 820/850 000 L (suite) - Petit déjeuner : 30 000 L, servi de 7 h à 11 h 30 **Cartes de crédit** acceptées **Divers** Chiens admis sauf au restaurant - Garage par voiturier (65 000 L) à l'hôtel **Possibilités alentour** à Milan, Duomo, musée de la Brera, manifestations : ouverture le 7 déc. de la saison lyrique au théâtre de la Scala, Piccolo Teatro di Milano, - Abbaye de Chiaravalle - Villa Reale à Monza - Abbaye de Viboldone - Lac de Como - La Piazza Ducale à Vigevano - Chartreuse de Pavie - Golf al Parco di Monza, 9 et 18 trous **Restaurants** *La Veranda* : service 11 h 30 - 23 h Menu : 60 000 L - Carte - Cuisine Italienne - *Il Teatro* : service 19 h 30/23 h 30 - Fermeture dimanche et du 1/21 août - Menu : 90 000 L - Cuisine régionale.

Superbe oasis dans le triangle animé de la mode et de la culture que forme la via Montenapoleone, via della Spiga et Sant'Andrea, le Four Seasons occupe un ancien couvent franciscain du XVe siècle, qui par chance a conservé le cloître et sa colonnade ainsi que certaines fresques. L'ensemble est très luxueux sans être tapageur. Les chambres sont spacieuses et d'une très élégante sobriété ; tissus de Fortuny dans des couleurs fanées, meubles en sycomore créés spécialement pour l'hôtel, salles de bains en marbre. Tout est confortable, feutré et très calme puisque la majorité des chambres donnent sur le cloître. Le room-service est assuré en permanence et vous n'aurez qu'à sonner si vous préférez dîner dans votre chambre après votre soirée à La Scala... Deux restaurants néanmoins vous serviront une cuisine raffinée et savoureuse avant de prendre un dernier verre au Foyer, le bar de l'hôtel. Maintenant rêvons...

Itinéraire d'accès : (carte n°3) dans le centre ville.

Excelsior Hotel Gallia ★★★★★

20124 Milano
Piazza Duca d'Aosta, 9
Tél. (02) 6785 - Télex 311 160 - Fax (02) 66 713 239
M. Bertolini

Ouverture toute l'année **Chambres** 252 avec tél. direct, s.d.b., w.c., t.v., minibar **Prix** des chambres : 321/405 000 L (simple) - 458/559 000 L (double) - 892/1 428 000 L (suite) - Petit déjeuner : 24/38 000 L (brunch), servi de 7 h à 10 h 30 **Cartes de crédit** acceptées **Divers** Petits chiens admis - Sauna - Fitness Club (sans piscine) et parking par voiturier (15 000 L) à l'hôtel **Possibilités alentour** à Milan, manifestations : ouverture le 7 déc. de la saison lyrique au théâtre de la Scala, Piccolo Teatro di Milano, Triennale de Milan (arts décoratifs, architecture moderne...) - Abbaye de Chiaravalle - Villa Reale à Monza - Abbaye de Viboldone - Lac de Como - La Piazza Ducale à Vigevano - Chartreuse de Pavie - Golf al Parco di Monza, 9 et 18 trous **Restaurant** service 12 h 30/14 h 30 - 19 h 30/22 h 30 - Menu : 70 000 L - Carte.

Situé en face de la gare, l'Excelsior Gallia fait partie des grandes institutions milanaises. Construit dans les années trente, il se dégage de sa récente restauration intérieure une atmosphère confortable et luxueuse. Les salons, résolument modernes, ont été décorés avec goût et révèlent une évidente recherche de qualité. Le même confort raffiné se retrouve dans les chambres, au décor 1930, 1950 ou contemporain. Une excellente cuisine (une des très bonnes tables de Milan) et un accueil parfait attendent la clientèle. Pour les noctambules, *Le Baboon* permet de boire un dernier verre en écoutant de très bons morceaux de piano. Un très grand hôtel classique dans une ville où il est bien difficile de se loger.

Itinéraire d'accès : (carte n°3) face à la stazione.

Hotel Diana Majestic ★★★★

20129 Milano
Viale Piave, 42
Tél. (02) 29 51 34 04 - Fax (02) 20 10 72

Ouverture toute l'année **Chambres** 94 avec tél. direct, s.d.b., w.c., .v. **Prix** des chambres : 230/260 000 L (simple) - 300/380 000 L (double) - Petit déjeuner : 19 000 L **Cartes de crédit** acceptées **Divers** Petits chiens admis avec 30 000 L de suppl. - Parking par voiturier **Possibilités alentour** à Milan, mnifestations : ouverture le 7 déc. de la saison lyrique au théâtre de la Scala, Piccolo Teatro di Milano, Triennale de Milan (arts décoratifs, architecture moderne...) - Abbaye de Chiaravalle - Villa Reale à Monza - Abbaye de Viboldone - Lac de Como - La Piazza Ducale à Vigevano - Chartreuse de Pavie - Golf al Parco di Monza, 9 et 18 trous **Pas de restaurant** à l'hôtel mais snack (voir notre sélection de restaurants p. 387/389).

Bien placé au bout du Corso Venezia, cet hôtel, repris par la Ciga, a retrouvé toute sa splendeur. Respectueusement restauré, l'architecture et les structures Art-Déco ont été sauvegardées : au rez-de-chaussée le petit salon de la réception meublé de fauteuils en cuir 1930 précède le grand salon en rotonde (meublé de rotin) qui donne sur le jardin. Ce jardin est l'unique "vestige" de la campagne qui autrefois commençait à la Porta Venezia. En avril une immense glycine crée une surprenante tonnelle fleurie et l'on regrette qu'un service de restauration ne profite pas (encore) de ce cadre superbe. La statue de Diane chasseresse qui est encore dans le jardin rappelle qu'ici dans le passé fut inauguré le "Bain de Diana", première piscine publique italienne réservée aux dames. Dans les chambres, on a conservé aussi le décor initial, et les nouveaux aménagements n'ont pour but que d'apporter plus de confort (tarifs spéciaux pour les week-ends). Le Diana est l'hôtel de charme de Milan.

Itinéraire d'accès : (carte n° 3) près du Corso Venezia.

Hotel de la Ville ★★★★

20121 Milano
Via Hoepli, 6
Tél. (02) 86 76 51 - Fax (02) 86 66 09
M. Nardiotti

Fermeture en août **Chambres** 104 avec tél. direct, s.d.b., w.c., t.v., minibar **Prix** des chambres 270/330 000 L (simple) - 350/420 000 L (double) - 500/700 000 L (suite) - Petit déjeuner compris **Cartes de crédit** acceptées **Divers** Petits chiens admis - Parking (50 000 L) **Possibilités alentour** à Milan, manifestations : ouverture le 7 déc. de la saison lyrique au théâtre de la Scala, Piccolo Teatro di Milano, Triennale de Milan (arts décoratifs, architecture moderne...) - Abbaye de Chiaravalle - Villa Reale à Monza - Abbaye de Viboldone - Lac de Como - La Piazza Ducale à Vigevano - Chartreuse de Pavie - Golf al Parco di Monza, 9 et 18 trous **Pas de restaurant** à l'hôtel mais snack (voir notre sélection de restaurants p. 423/425).

Idéalement situé dans le centre des affaires, des boutiques, près aussi du Duomo et de La Scala, l'Hotel de la Ville est un hôtel élégant. Une palette de couleurs pastel a été choisie pour la décoration de l'hôtel. Salons, fumoir déclinent leurs tentures et leurs sièges dans un camaïeu de rose et de bleu très raffiné. Les chambres très confortables ont elles aussi une décoration soignée avec de beaux tissus tendus sur les murs qui s'assortissent aux couvre-lits et aux rideaux. Les suites plus spacieuses ont aussi le privilège de la vue sur les flèches du Duomo. Pas de restaurant à l'hôtel, mais sachez que si vous ne voulez pas aller trop loin, *Le Canova* tout proche vous permettra de dîner très agréablement.

Itinéraire d'accès : *(carte n° 3) entre la piazza S. Babila et la piazza della Scala.*

Antica Locanda Solferino ★★

20121 Milano
Via Castelfidardo, 2
Tél. (02) 657 01 29 - Fax (02) 65 71 361

Fermeture la deuxieme et la troisieme semaine d'août **Chambres** 11 avec tél. direct, s.d.b. ou douche, w.c., t.v. **Prix** des chambres : 130 000 L (simple) - 150 000 L (double) - Petit déjeuner compris, servi de 7 h à 10 h 30 **Cartes de crédit** Visa, Eurocard, MasterCard **Divers** Chiens admis **Possibilités alentour** à Milan, manifestations : ouverture le 7 déc. de la saison lyrique au théâtre de la Scala, Piccolo Teatro di Milano, Triennale de Milan (arts décoratifs, architecture moderne...) - Abbaye de Chiaravalle - Villa Reale à Monza - Abbaye de Viboldone - Lago di Como - La Piazza Ducale à Vigevano - Chartreuse de Pavie - Golf al Parco di Monza, 9 et 18 trous **Restaurant** Locanda Solferino indépendant de l'hôtel - Service 12 h 30/15 h - 20 h/22 h - Fermeture le dimanche - Carte - Cuisine milanaise et internationale.

Près du quartier de la Brera à deux pas des grands journaux, l'Antica Locanda Solferino est un véritable petit hôtel de charme a des prix inhabituels pour Milan. Charme désuet et provincial des chambres décorées de papiers ou de rideaux fleuris, de meubles, de bibelots et de tableaux anciens, de jolis bouquets. Malheureusement, une clientèle d'habitués faite surtout d'artistes, de stylistes et de journalistes rend difficiles les réservations. Le restaurant qui a une gestion différente est lui aussi un lieu très sympathique. L'hôtel a changé de direction mais n'a rien changé au style qui en a fait le succès.

Itinéraire d'accès : (carte n° 3) près de la Porta Nuova.

Albergo del Sole ★★★★

20076 Maleo
Via Trabattoni, 22
Tél. (0377) 58 142 - Fax (0377) 45 80 58
M. Colombani

Ouverture toute l'année sauf janvier et août - Dimanche soir et lundi **Chambres** 8 avec tél. direct, s.d.b. ou douche, w.c., t.v., minibar **Prix** des chambres : 180 000 L (simple) - 270 000 L (double) - 300 000 L (suite) - Petit déjeuner compris - Pension : 280 000 L (par pers. 3 j. mini.) **Cartes de crédit** acceptées **Divers** Chiens admis - Parking à l'hôtel **Possibilités alentour** Cremona - Piacenza - Certosa di Pavia **Restaurant** service 12 h 15/14 h 15 - 20 h 15/21 h 45 - Fermeture le dimanche soir et le lundi - Menu : 80 000 L - Carte - Spécialités : Spaghetti con pomodori, olive e capperi - Fegato di vitello all'uva - Pesce.

Au confluent de la plaine de l'Adda et de la plaine du Pô, à une soixantaine de kilomètres au sud de Milan, Maleo est depuis longtemps une étape réputée. En effet on avait coutume de s'arrêter au Sole pour venir déguster la très bonne cuisine lombarde de Franco Colombani, mais il fallait ensuite trouver un gîte... Pour satisfaire une clientèle désireuse de prolonger encore un peu le plaisir, Franco a créé quelques chambres, renouant ainsi avec la tradition de cet ancien relais de poste. D'une élégante sobriété, elles sont très confortables. Une bonne étape gastronomique, un agréable lieu de week-end pour ceux qui visitent la Chartreuse de Pavie ou Crémone.

Itinéraire d'accès : (carte n° 9) à 60 km au sud de Milano par A 1 sortie Casalfusterlengo, direction Codogno, puis Maleo à 5 kilomètres.

113

Il Sole di Ranco ★★★★

Lago Maggiore
21020 Ranco (Varese)
Piazza Venezia, 5
Tél. (0331) 97 65 07 - Fax (0331) 97 66 20 - M. et Mme Brovelli

Fermeture du 1er janvier au 13 février - Lundi et mardi **Appartements** 9 avec tél. direct, s.d.b. ou douche, w.c., t.v., coffre-fort, minibar **Prix** des chambres : 180 000 L (simple) - 275 000 L (double) - 350 000 L (appart.) - Petit déjeuner compris, servi de 7 h 30 à 11 h - Demi-pension : 225/270 000 L (par pers., 3 j. min.) **Cartes de crédit** acceptées **Divers** Chiens non admis - Parking à l'hôtel **Possibilités alentour** Sanctuaire de Santa Caterina del Sasso près de Laveno - Arcumeggia - Stresa - Iles Borromées - Villa Bozzolo - Villa Taranto - Casalzuigno - Rocca di Angera **Restaurant** service 12 h 30/14 h - 19 h 45/21 h 30 - Menus : 80/95 000 L - Carte - Cuisine régionale créative.

Situé sur la rive lombarde du lac, moins touristique que la rive piémontaise, connu depuis trois générations comme l'un des meilleurs restaurants de Lombardie, Il Sole di Ranco s'est agrandi de huit suites en duplex avec balcon ou terrasse ouvrant sur le lac Majeur. Le mobilier et la décoration, de grande qualité, sont un bon exemple du design italien, ce qui n'interdit pas un excellent confort et un aspect chaleureux résultant d'une grande recherche au niveau des tonalités de tissus. La cuisine, bien sûr, est exceptionnelle et le restaurant est réputé pour être une des meilleures tables d'Italie. Carluccio Brovelli, aidé par son fils Davide, est le cuisinier de la famille, mais on apprécie aussi les confitures et les différents produits maison de sa femme Itala que l'on peut acheter à la boutique de l'hôtel. Ajoutez à tout cela un très beau jardin, une adorable tonnelle et un accueil très gentil.

Itinéraire d'accès : (carte n° 3) à 67 km au nord-ouest de Milano par A 8, sortie Sesto Calende, puis S 33 et S 629 direction Laveno, sur la rive droite du lac. A 30 km de l'aéroport Mimano-Malpensa.

Hotel Fortino Napoleonico ★★★★

60020 Portonovo (Ancona)
Via Poggio
Tél. (071) 80 11 24 - Fax (071) 80 13 14
M. Roscioni

Ouverture toute l'année **Chambres** 30 climatisées avec tél. direct, s.d.b. ou douche, w.c., t.v., minibar **Prix** des chambres : 200 000 L (double) - 300/350 000 L (suite) - Petit déjeuner : 15 000 L, servi à partir de 7 h 30 - Demi-pension et pension : 140/180 000 L - 190/210 000 L (par pers., 3 j. min.) **Cartes de crédit** acceptées **Divers** Chiens admis - Piscine - Tennis (15 000 L) - Centre de remise en forme (50 000 L) - Plage privée - Parking à l'hôtel **Possibilités alentour** à Portonovo Abbaye Santa Maria di Portonovo - Ancona - Golf Club Conero, 27 trous à Sirolo **Restaurant** service 13 h/14 h 30 - 20 h/22 h - Menu : 60 000 L - Carte - Spécialités : Pesce.

Érigé sur la mer et la baie de Portonovo en 1808 par Eugène de Beauharnais, ce "fort Napoléon" est un hôtel bien singulier. Le chemin de ronde de cet ancien édifice militaire a été transformé en terrasses plantées de lauriers et de plantes odorantes et les anciennes salles d'armes métamorphosées en multiples salons et salles à manger meublés dans le style Empire, comme il se doit. Un soin tout particulier a été apporté à la décoration des chambres où cohabitent en parfaite harmonie les meubles anciens et les matériaux contemporains. La cuisine, élaborée à partir des produits de la mer, est originale et excellente.

Itinéraire d'accès : (carte n° 12) à 10 km au sud d'Ancona par A 14, sortie Ancona-sud puis direction Camerano.

Hotel Emilia ★★★★

60020 Portonovo (Ancona)
Poggio di Portonovo, 149
Tél. (071) 80 11 45 - Fax (071) 80 13 30
M. Fiorini

Ouverture toute l'année **Chambres** 27, 3 suites et 1 appart. climatisés avec tél. direct, s.d.b. ou douche, w.c., t.v., minibar **Prix** des chambres : 70/180 000 L (double) - 200/300 000 L (suite) - Petit déjeuner compris, servi à toute heure - Demi-pension et pension : 100/150 000 L - 130/180 000 L (par pers., 3 j. min.) **Cartes de crédit** acceptées **Divers** Chiens admis - Piscine - Tennis - Parking à l'hôtel **Possibilités alentour** à Portonovo Abbaye Santa Maria di Portonovo - Ancona - Golf Club Conero, 27 trous à Sirolo **Restaurant** service 12 h 45/14 h - 20 h/22 h - Menu : 30/70 000 L - Carte - Spécialités : Pesce - Pasta fatta in casa e verdure.

L'Hotel Emilia se trouve au cœur du Parc del Conero, à mi-colline, entre la baie de Portonovo et le Mont Conero, dominant les plages depuis sa terrasse naturelle aménagée au milieu des genêts, des hêtres et des arbousiers. Une belle pelouse verte s'étend des pieds de l'hôtel à la falaise en à-pic sur la mer. Les hirondelles ayant élu domicile dans les toits vous réveilleront tôt le matin. Les chambres, presque toutes semblables, donnent sur la mer. Lumineuses, confortables, elles sont joliment décorées de meubles anciens et de cotonnades fleuries. Un grand calme se dégage de l'ensemble de cette propriété de famille, à laquelle on a donné le nom d'une grand-mère, qui, déjà, faisait beaucoup pour préserver la région. Aujourd'hui, père et fils perpétuent la tradition et se partagent l'hôtel et le restaurant. Une très bonne adresse.

Itinéraire d'accès : (carte n° 12) à 10 km au sud d'Ancona par A 14, sortie Ancona-sud, puis direction Camerano.

Hotel Monte Conero ★★★

Badia di San Pietro
60020 Sirolo (Ancona)
Tél. (071) 93 30 592 - Fax (071) 93 30 365

Ouverture du 15 mars au 15 novembre **Chambres** 48 avec s.d.b. ou douche, w.c. **Prix** des chambres en demi-pension (par pers., 2 j. min.) : 90 000 L (simple) - 125/135 000 L (en double) - Petit déjeuner : 7 000 L, servi de 8 h à 9 h 45 **Cartes de crédit** acceptées **Divers** Petits chiens admis - Piscine - Tennis (15 000 L) - Parking à l'hôtel **Possibilités alentour** Abbaye de San Pietro - Abbaye de Santa Maria di Portonovo - Ancona - Golf Club Conero, 27 trous à Sirolo **Restaurant** service 13 h/15 h - 20 h/22 h - Carte - Spécialités : cuisine régionale - Pesce.

Au sommet du parc régional du même nom, cette abbaye carmaldolese qui date du XIIᵉ siècle domine la mer et le village de Sirolo. La mer y est très protégée. Les propriétaires ont construit, à partir et autour de l'abbaye, un hôtel au confort moderne doté d'un restaurant panoramique. Simples mais bien équipées, les chambres ouvrent face à la mer et celles aménagées sur le restaurant ont une terrasse privée. La proximité des plages de Sirolo (4 km) fait de Monte Cornero un hôtel très fréquenté en été par les Italiens, et ce n'est sans doute pas la meilleure saison pour profiter de ce bel endroit dont on regrettera, par ailleurs, le côté un peu standardisé tourisme moyen. A noter une belle et vaste piscine dans la propriété, ainsi qu'un golf à 4 km.

Itinéraire d'accès : (carte n° 12) à 26 km au sud-est d'Ancona par le bord de mer jusqu'au lieu-dit Fonte d'Olio, direction Sirolo, puis direction Badia di San Pietro.

Hotel Vittoria ★★★★★

61100 Pesaro
Piazzale della Libertà, 2
Tél. (0721) 34 343 - Fax (0721) 65 204

Ouverture toute l'année **Chambres** 30 climatisées avec s.d.b., w.c., t.v. ; ascenseur **Prix** des chambres : 120/160 000 L (simple) - 190/250 000 L (double) - 300/420 000 L (appart.) - Petit déjeuner-buffet : 22 000 L, servi de 7 h 30 à 10 h 30 **Cartes de crédit** acceptées **Divers** Chiens non admis - Piscine - Sauna - Garage à l'hôtel **Possibilités alentour** à Pesaro piazza del Popolo (palazzo Ducale), maison natale de Rossini - Villa Caprile - Villa Imperiale - Colle San Bartolo o Accio - Gradara - Urbino **Restaurant** service 13 h/15 h - 20 h/22 h - Menu 30/40 000 L - Carte - Cuisine régionale - Pesce.

Pesaro comme sa voisine Rimini sont deux stations balnéaires de la côte adriatique qui ont eu leur heure de gloire au début du siècle. Très touristique, on préfère aujourd'hui aller à Pesaro pour le Festival d'Opéra Rossini du mois d'août qui accueille les stars du Bel Canto. Beaucoup se retrouvent au Vittoria, un des meilleurs hôtels de la ville situé en front de mer. Le salon qui a conservé ses stucs et ses colonnes d'époque 1900 s'ouvre sur une grande loggia de style scandinave où est installé le restaurant. Il suffit en été d'ouvrir les grandes fenêtres pour déjeuner ou dîner en plein air avec vue sur la mer. Les chambres sont sobres et élégantes et rien ne manque au confort y compris dans les salles de bains. Les propriétaires possèdent plusieurs domaines dans les alentours, vous pourrez ainsi si vous le souhaitez aller prendre un repas dans l'une ou l'autre des propriétés.

Itinéraire d'accès : *(carte n° 12) entre Bologne et Rome par A 14.*

Villa Pigna ★★★★

63040 Folignano (Ascoli Piceno)
Via Assisi, 33
Tél. (0736) 491 868 - Fax (0736) 491 868

Ouverture toute l'année **Chambres** 54 climatisées avec s.d.b ou douche, w.c., t.v., minibar ; ascenseur **Prix** des chambres : 116 000 L (simple) 170 000 L (double) - 200 000 L (appart.) - Petit déjeuner compris, servi de 7 h 30 à 10 h **Cartes de crédit** acceptées **Divers** Petits chiens admis - Parking à l'hôtel **Possibilités alentour** Ascoli Piceno, manifestation : tournoi chevaleresque de la Quintana en costumes du XVᵉ - Colle San Marco - Station montagnarde de San Giacomo **Restaurant** service 13 h/15 h - 20 h/22 h - Menu 30/45 000 L - Carte - Cuisine régionale.

Centre agricole et balnéaire, le plus grand intérêt de Folignano est d'être la voisine d'Ascoli Piceno : "cette ville inattendue, surprenante par bien des côtés, au rythme de vie un peu ralenti, fait penser, par ce mélange de vanité monumentale et l'espèce de torpeur qui l'enveloppe parfois, à certaines peintures de Chirico où le jeu de la lumière et des ombres, dans un paysage urbain déserté par les hommes, exalte, jusqu'au délire, une architecture qui touche à la démesure ; comme dans les films de Fellini aussi, où la solitude des êtres a besoin d'un décor somptuaire pour mieux s'avouer". (Guide bleu). Nous vous proposons quant à nous, pour découvrir cette ville de loger à la Villa Pigna, à 8 km. Maison ancienne du début du siècle, au calme dans un parc. La réception s'ouvre sur un joli salon décoré dans une harmonie de bleu et blanc, couleurs que l'on retrouvera dans tout l'hôtel. Les chambres toutes de blanc meublées et de bleu décorées sont claires et confortables. Cuisine à spécialités régionales y compris le vin, production personnelle de l'hôtel.

Itinéraire d'accès : (carte n° 16) à 120 km au sud d'Ancona par A 14, sortie Ascoli Piceno.

Hotel Due Querce ★★

61029 Urbino
Via della Stazione, 35
Tél. (0722) 2509
Mme Grassi

Ouverture toute l'année **Chambres** 13 avec tél. direct (9 avec douche, w.c.) **Prix** des chambres : 45/50 000 L (simple) - 60/70 000 L (double) - Petit déjeuner : 10 000 L **Carte de crédit** Diners **Divers** Chiens admis - Parking à l'hôtel **Possibilités alentour** à Urbino : Palazzo Ducale, Galleria delle Marche, S. Giovanni Battista - Urbania - Sant'Angelo in Vado - Châteaux et villages du Montefeltro : Sassocoruaro, Macerata, Feltria - **Pas de restaurant** à l'hôtel (voir notre sélection de restaurants p. 390).

L'aspect très simple de l'hôtel est largement compensé par les multiples attentions et l'extrême gentillesse de ses propriétaires. Leur maison, dont ils essaient à chaque instant de faire oublier les quelques défauts, se trouve à proximité de la ville d'Urbino, entourée d'un jardin soigneusement fleuri dominant la plaine. Les chambres 20 et 26 profitent de la vue et offrent, comme les autres, tous les petits détails qui font la vie plus belle au Due Querce.

Itinéraire d'accès : (carte n° 11) à 36 km au sud-ouest de Pesaro par A 14, sortie Pesaro-Urbino, puis S 423.

Locanda della Posta ★★★★

06100 Perugia
Corso Vanucci, 97
Tél. (075) 57 28 925 - Fax (075) 57 22 413
M. Bernardini

Ouverture toute l'année **Chambres** 40 climatisées avec tél. direct, s.d.b. ou douche, w.c., t.v., minibar ; ascenseur **Prix** des chambres : 150/187 000 L (simple) - 200/295 000 L (double) - 300/350 000 L (suite) Petit déjeuner compris, servi de 7 h 30 à 10 h 30 **Cartes de crédit** acceptées **Divers** Chiens admis **Possibilités alentour** à Perugia : Piazza IV Novembre (fontaine et duomo), Palazzo dei Priori et Galerie Nationale, Oratoire S. Bernardino, Via Bagliona ; manifestations : fête de la Desolata, jour du Vendredi saint, Brocante le dernier week-end du mois - Torgiano - Assisi - Bettona - Eglise de la Madonna dei Miracoli à Castel Rigone près de Passignano - Hypogée étrusque des Volumni à Ponte San Giovanni (N 75) - Spello - Spoleto - Golf ad Ellera, 18 trous à Perugia **Pas de restaurant** à l'hôtel (voir notre sélection de restaurants p. 390).

Capitale de l'Ombrie, Perugia garde dans ses murs de nombreux témoignages des périodes étrusques, romaines, Renaissance. Cet important patrimoine artistique surtout architectural mériterait un plus grand intérêt touristique. Les universités italiennes et internationales animent beaucoup le centre historique situé sur les hauteurs de la ville, traversé par le corso Vanucci, l'un des cours les plus beaux et les plus célèbres d'Italie. La Locanda della Posta y occupe un ancien palais entièrement restauré. Toutes les chambres sont extrêmement confortables et bien équipées. La décoration subtile et raffinée est très agréable. Sur le *corso*, vous vivrez au rythme des pérugins mais attention au bruit. Quant aux salons, ils ont conservé leurs fresques anciennes. Accueil sympathique.

Itinéraire d'accès : (carte n° 15) dans la vieille ville.

O   M   B   R   I   E

Hotel Brufani ★★★★★

06100 Perugia
Piazza Italia, 12
Tél. (075) 57 32 541 - Fax (075) 57 20 210 - M. Carturan

Ouverture toute l'année **Chambres** 24 climatisées avec tél. direct, s.d.b. ou douche, w.c., t.v., minibar ; ascenseur **Prix** des chambres : 180/298 000 L (simple) - 250/417 000 L (double) - 400/600 000 L (suite) - Petit déjeuner 25 000 L, servi de 7 h à 11 h **Cartes de crédit** acceptées **Divers** Chiens admis dans les chambres - Garage (25 000 L) **Possibilités alentour** à Perugia : Piazza IV Novembre (fontaine et duomo), Palazzo dei Priori et Galerie Nationale, Oratoire S. Bernardino, Via Bagliona ; manifestation : fête de la Desolata, jour du Vendredi saint ; Brocante le dernier week-end du mois - Torgiano - Assisi - Bettona - Eglise de la Madonna dei Miracoli à Castel Rigone près de Passignano - Hypogée étrusque des Volumni à Ponte San Giovanni (N 75) - Spello - Spoleto - Golf ad Ellera, 18 trous à Perugia **Restaurant** service 12 h 15/15 h - 19 h 30/22 h - Fermeture le dimanche - Menus : 35/50 000 L - Carte - Spécialités : Umbricelli al tartufo - Spaghetti alla Brufani - Torello alla perugina - Trota alla filignate.

L'entrée dans l'hôtel est saisissante, car on passe de l'atmosphère bruyante d'une place italienne typique, à la tiédeur luxueuse et sereine d'une grande pièce en rotonde, éclairée par une verrière, aux divans de velours, aux murs blancs où se nichent des statues pensives. L'accueil est celui d'un grand hôtel, hautain et pincé, mais en même temps, chasseur aux aguets, visite et choix des chambres sans rechigner. Les meilleures sont celles situées en angle, plus spacieuses et qui ont une vue remarquable sur Assisi et Todi ; notre préférée : la 314. Puisque les prix sont les mêmes, spécifier vos désirs lors de la réservation. Le restaurant, petit et chaleureux, est ce à quoi on pourrait s'attendre : un restaurant d'hôtel, sans trop de fantaisie. Les prix justifient la clientèle d'hommes d'affaires qui fréquentent régulièrement l'hôtel.

Itinéraire d'accès : (carte n° 15) dans la vieille ville.

122

Castello dell'Oscano
Villa Adda - La Macina

Generente 06134 Perugia
Tél. (075) 69 01 25 - Fax (075) 69 06 66 - M. Bussolati

Fermeture du 15 janvier au 15 février **Chambres** 22 avec tél. direct, douche, w.c., t.v., minibar **Prix** des chambres : 200 000 L (double), 310 000 L (suite) - Petit déjeuner compris, servi de 7 h à 10 h **Cartes de crédit** acceptées **Divers** Chiens admis - Piscine - Parking à l'hôtel **Possibilités alentour** à Perugia : Piazza IV Novembre (fontaine et duomo), Palazzo dei Priori et Galerie Nationale, Oratoire S. Bernardino, Via Bagliona ; manifestations : fête de la Desolata, jour du Vendredi saint ; brocante le dernier week-end du mois - Torgiano - Assisi - Bettona - Eglise de la Madonna dei Miracoli à Castel Rigone près de Passignano - Hypogée étrusque des Volumni à Ponte San Giovanni (N 75) - Spello - Spoleto - Golf ad Ellera, 18 trous **Restaurant** réservé aux résidents - Service à 20 h 30 - Fermeture le mardi - Menu : 50 000 L.

Dans les collines boisées de l'Ombrie, trois charmantes demeures vont se disputer votre préférence. Il s'agit du Castello dell'Oscano, de la Villa Adda et de La Macina. Le château, la résidence la plus noble est absolument stupéfiant. Une restructuration très avisée, qui a préservé les volumes et les matériaux d'origine, lui a rendu toute sa grandeur et toute sa noblesse. Le mobilier ancien donne aux chambres une ambiance exquise d'une élégance oubliée. Le bel escalier en bois, les fenêtres en vitraux, la bibliothèque aux livres soigneusement reliés, les salons confortables font du Castello la résidence la plus prestigieuse. Quant à la Villa Adda et à La Macina (propriété agricole encore en activité, où l'on peut séjourner en appartements), même professionnalisme mais plus de simplicité dans les prestations et des prix en rapport (se renseigner). On peut néanmoins profiter des salons et de la piscine du château.

Itinéraire d'accès (carte n° 15) à 8 km de Perugia. Direction Florence, sortie Madonna alta, stade Renato Curi, pont du chemin de fer, S. Marco, Generente.

Hotel Subasio ★★★★

06081 Assisi (Perugia)
Frate Elia, 2
Tél. (075) 81 22 06 - Fax (075) 81 66 91 - M. Elise

Ouverture toute l'année **Chambres** 70 climatisées avec tél. direct, s.d.b. ou douche, w.c., t.v., minibar ; ascenseur **Prix** des chambres : 135 000 L (simple) - 220 000 L (double) - 300 000 L (suite) - Petit déjeuner : 15 000 L, servi de 7 h à 10 h Demi-pension et pension : 130 000 L - 170 000 L (par pers.) **Cartes de crédit** acceptées **Divers** Chiens admis - Parking à l'hôtel (20 000 L) **Possibilités alentour** à Assisi basilique S. Francesco, Santa Chiara, Duomo ; nombreuses manifestations religieuses et folkloriques tout au long de l'année citons, Déposition de la Croix (drame lithurgique du XIVᵉ siècle) le Jeudi saint et procession du Vendredi saint, Fête-Dieu fleurie - Ermitage Eremo delle Carceri - Basilique Convento San Damiano - Basilique de Santa Maria degli Angeli - Eglise Santa Maria di Rivortoto - Perugia - Abbaye de San Benedetto - Spello - Golf ad Ellera, 18 trous à Perugia **Restaurant** service 12 h/14 h - 19 h/21 h - Menu : 40 000 L - Carte - Spécialités : Pollo in porchetta - Spaghetti alla Subasio.

La première impression quand vous franchissez les portes historiques du Subasio, qui a reçu tant de personnalités, c'est un peu d'étonnement devant le style démodé de l'hôtel. Mais, comme au temps de la Signora Violante, qui fut l'âme de ce grand hôtel, des travaux de rénovation ont été entrepris. Il est bien entendu un hôtel de grand confort, avec une situation unique puisque attenant à la Basilique Saint-François. Alors, même si vous boudez le style surchargé des chambres, il vous faudra absolument aller prendre un repas dans l'ancienne salle à manger voûtée ou sur la terrasse couverte de tilleuls qui surplombe la vallée ombrienne, car le Subasio, saint François nous pardonne, fait aussi partie du pèlerinage d'Assise.

Itinéraire d'accès : *(carte n° 15) à 25 km à l'est de Perugia par S 75 puis S 147 jusqu'à Assisi ; attenant à la basilique de San Francesco.*

Hotel Umbra ★★★

06081 Assisi (Perugia)
Via degli Archi, 6
Tél. (075) 81 22 40 - Fax (075) 81 36 53
M. Laudenzi

Fermeture du 16 janvier au 14 mars **Chambres** 25 avec tél. direct, s.d.b. ou douche, w.c., t.v. (20 avec minibar) **Prix** des chambres : 80/95 000 L (simple) - 115/130 000 L (double) - 140/160 000 L (suite) - Petit déjeuner : 15 000 L, servi de 8 h à 10 h **Cartes de crédit** acceptées **Divers** Chiens non admis **Possibilités alentour** à Assisi basilique S. Francesco, Santa Chiara, Duomo ; nombreuses manifestations religieuses et folkloriques tout au long de l'année citons, Déposition de la Croix (drame lithurgique du XIVe siècle) le Jeudi saint et procession du Vendredi saint, Fête-Dieu fleurie - Ermitage Eremo delle Carceri - Basilique Convento San Damiano - Basilique de Santa Maria degli Angeli - Eglise Santa Maria di Rivortoto - Perugia - Abbaye de San Benedetto - Spello - Golf ad Ellera, 18 trous à Perugia **Restaurant** service 12 h 30/14 h - 20 h/21 h 15 - Fermeture le mardi - Carte - Spécialités : Delizia di cappelletti - Crespelle all' Umbra - Friccò - Piccione alla ghiotta - Zabaione al cioccolato.

Une ruelle qui part de la Piazza del Comune vous conduit à la délicieuse terrasse de l'hôtel. Tout en restant au centre d'Assise, vous pouvez profiter d'une très jolie vue et, avantage appréciable, du calme de l'hôtel : le centre ville est fermé au trafic des voitures. De nombreuses terrasses permettent de s'isoler, et l'été on mange une bonne cuisine ombrienne sous la pergola, avec des spécialités de truffes venant des forêts de Norcia et des cèpes. Les recettes anciennes que l'on cuisine ici sont accompagnées de vins exquis provenant des alentours.

Itinéraire d'accès : (carte n° 15) à 25 km à l'est de Perugia par S 75, puis S 147 jusqu'à Assisi ; dans le centre ville.

Le Silve di Armenzano ★★★★

Armenzano 06081 Assisi (Perugia)
Tél. (075) 801 90 00 - Fax (075) 801 90 05
Mme Taddia

Fermeture du 15 janvier au 20 février **Chambres** 15 avec tél. direct, s.d.b. ou douche, w.c., t.v., minibar **Prix** des chambres : 130 000 L (simple) - 260 000 L (double) - Petit déjeuner compris, servi de 8 h à 10 h - Demi-pension et pension : 170 000 L - 210 000 L (par pers.) **Cartes de crédit** acceptées **Divers** Chiens non admis - Piscine - Tennis - Sauna - Mini-golf - Parking à l'hôtel **Possibilités alentour** Assisi - Ermitage Eremo delle Carceri - Basilique Convento San Damiano - Basilique de Santa Maria degli Angeli - Eglise Santa Maria di Rivortoto - Perugia - Abbaye de San Benedetto - Spello - Spoleto - Golf ad Ellera, 18 trous à Perugia **Restaurant** Menus : 50/65 000 L - Carte - Cuisine régionale et produits de la propriété.

Une impression de calme et de solitude en montagne vous accueille à votre arrivée à Armenzano. Pourtant, ce hameau moyenâgeux restauré et converti en hôtel ne se trouve qu'à 13 km d'Assise. Dans un paysage sauvage et grandiose, le Silve a conservé son charme rustique montagnard tout en offrant des chambres très confortables aménagées avec goût. On apprécie aussi sa piscine et son tennis ; le Silve loue des chevaux de promenade et des motos tout terrain. Dans cette propriété privée on a le souci de faire mieux encore que les professionnels. Il n'y a qu'à parcourir le livre d'or, ce ne sont que louanges sur l'accueil, la cuisine, le séjour.

Itinéraire d'accès : (carte n° 15) à 32 km à l'est de Perugia jusqu'à Assisi par S 75 - tout de suite à la sortie d'Assisi, tournez à droite direction Armenzano sur 12 km.

Castel San Gregorio

San Gregorio 06081 Assisi (Perugia)
Via San Gregorio, 16 a
Tél. (075) 803 80 09 - Fax (075) 803 89 04
M. Bianchi

Ouverture toute l'année - Fermeture le lundi **Chambres** 12 avec tél. direct, s.d.b. ou douche, w.c. **Prix** des chambres : 80 000 L (simple) - 115 000 L (double) - Petit déjeuner compris, servi de 8 h à 10 h – Demi-pension et pension : 96/119 000 L - 126/148 000 L (par pers., 3 j. min.) **Cartes de crédit** acceptées **Divers** Petits chiens admis - Parking à l'hôtel **Possibilités alentour** Assisi - Ermitage Eremo delle Carceri - Basilique Convento San Damiano - Basilique di Santa Maria degli Angeli - Eglise Santa Maria di Rivortoto - Perugia - Abbaye de San Benedetto - Spello - Spoleto - Golf ad Ellera, 18 trous à Perugia **Restaurant** service 13 h/13h 30 - 20 h/21 h - Fermeture le lundi - Menu : 40 000 L - Spécialités : Tartufo - Agnello.

A une dizaine de kilomètres d'Assise, le Castel domine l'ancien bourg médiéval de San Gregorio. Il se dresse au milieu d'un parc aux arbres magnifiques, aux buis impeccablement taillés. Une terrasse bénéficie d'une belle vue sur le *piano degli Angeli* et sur les vertes collines des alentours. Une autre terrasse, protégée du vent, permet d'y prendre les repas. L'hôtel possède une très belle salle de séjour avec un mobilier ancien et quelques chambres confortables d'un aménagement simple et de bon goût. Si l'on y ajoute un accueil très aimable et une bonne cuisine régionale, on comprend pourquoi le Castel séduit une clientèle composée essentiellement d'Anglais et de Français amoureux de l'Italie.

Itinéraire d'accès : (carte n° 15) à 13 km au nord-ouest d'Assisi par S 147, puis direction Petrignano d'Assisi.

Villa di Monte Solare

Colle San Paolo - Tavernelle di Panicale
06136 Fontignano (Perugia)
Via Montali, 7
Tél. (075) 83 23 76 - Fax (075) 83 554 62 - M. et Mme Strunk

Ouverture du 1er avril au 15 novembre **Chambres** 10 et 5 suites avec douche, w.c. **Prix** des chambres en demi-pension : 115/133 000 L (par pers.) - Petit déjeuner compris, servi de 8 h à 10 h 30 **Cartes de crédit** Diners, Visa, Eurocard, MasterCard **Divers** Chiens non admis - Piscine - Tennis - Equitation - Parking à l'hôtel **Possibilités alentour** Perugia - Assisi - Bettona - Eglise de la Madonna dei Miracoli à Castel Rigone près de Passignano - Lago Trasimeno - Circolo Golf di Perugia 18 trous **Restaurant** service 13 h - 20 h - Menu - Cuisine ombrienne.

Ne désespérez pas d'arriver jusqu'à Monte Solare. Le chemin de terre, carrossable néanmoins, est long mais si joli dans cette campagne ombrienne plantée de vignes et d'oliviers, dévouée depuis l'antiquité au culte d'Apollon, le dieu Soleil. La belle maison qui vous attend est une résidence patricienne du XVIIIe siècle, restaurée par un jeune couple qui a tenu à lui conserver tout son cachet : sol en *cotto* ancien, meubles d'époque, fresques dans la salle du petit déjeuner. Les chambres ont beaucoup de charme et toutes ont leur salle de bains. A signaler aussi les suites installées dans une ferme du XVIIe siècle, ancienne dépendance de maison, très confortables avec salon, au même prix que les chambres doubles. Le jardin à l'italienne a été replanté et l'on a construit un peu à l'écart une piscine. Propriété agricole de cinquante-six hectares, on produit ici de l'huile d'olive, du vin et beaucoup de produits qui serviront à la bonne cuisine qui vous sera servie. Un bon lieu de séjour en Ombrie.

Itinéraire d'accès *: (carte n° 15) à 25 km au sud-ouest de Perugia, prendre SS 220 direction Città delle Pieve, avant Tavernelle, chemin à droite du Colle San Paolo jusqu'à Monte Solare.*

1995

Hotel Bosone Palace ★★★

06024 Gùbbio (Perugia)
Via XX Settembre, 22
Tél. (075) 92 20 688 - Fax (075) 92 20 552 - M. Cipolletta

Ouverture toute l'année **Chambres** 30 avec tél. direct, s.d.b. ou douche, w.c., t.v, minibar **Prix** des chambres : 95 000 L (simple) - 130 000 L (double) - 220/270 000 L (suite) - Petit déjeuner 9 000 L, servi de 7 h 30 à 10 h 30 - Demi-pension et pension : 100 000 L, 130 000 L (par pers. en chambre double, 3 j. min.) **Cartes de crédit** acceptées **Divers** Chiens admis **Possibilités alentour** à Gùbbio : S. Francesco, piazza della Signoria, Palazzo dei Consoli (pinacothèque), Duomo, Palazzo Ducale, Via dei Consoli, Via Baldassini ; Perugia, Assisi - Manifestations locales : palio della balestra (dernier dimanche de mai), la Semaine sainte, jour de marché : le mardi **Restaurant** "Taverna del Lupo" service 12 h 30/13 h 30 - 19 h 30/21 h 30 - Menus : 40/50 000 L - Carte - Spécialités ombriennes - Gibier.

Gùbbio fut autrefois le centre religieux des ombriens, elle s'appelait alors *Iguvium*. La ville abrite encore, beaucoup plus tard, François d'Assise : c'est ici que le saint, dit-on, apprivoisa le loup qui terrorisait la contrée. Aujourd'hui c'est une des villes italiennes qui a le mieux préservé son caractère médiéval (voir le superbe Palazzo dei Consoli) avec ses escaliers et ses ruelles qui semblent monter à l'assaut du Monte Ingino. L'hôtel, ancien Palazzo Raffaelli ayant appartenu à une famille noble, contemporaine de Dante, se trouve dans la ville haute, près du Duomo et du Palazzo Ducale. L'hôtel en lui-même n'a rien d'exceptionnel : chambres confortables au décor désuet, petites fenêtres ouvertes sur la douce lumière ombrienne, hall suranné, accueil gentil mais impersonnel ; c'est sa situation et ses prix qui lui donnent un réel intérêt. Et puis, c'est la meilleure solution pour "vivre" Gùbbio de façon intime, quand le soir, les voyages paroissiaux partis, vous laissent enfin retrouver la ville d'il y a mille ans.

Itinéraire d'accès : (carte n° 15) à 41 km au nord-ouest de Perugia.

1995

Villa Montegranelli Hotel ★★★

Monteluiano
06024 Gùbbio (Perugia)
Tél. (075) 92 20 185 - Fax (075) 92 73 372 - M. Mongelli

Ouverture toute l'année **Chambres** 21 avec tél. direct, s.d.b. ou douche, w.c., t.v., minibar **Prix** des chambres : 130 000 L (simple) - 160 000 L (double) - 225 000 L (suite) - Petit déjeuner 12 000 L, servi de 7 h 30 à 10 h 30 - Demi-pension et pension : 138 000 L, 170 000 L (par pers.) **Cartes de crédit** acceptées **Divers** Chiens admis - Garage et parking à l'hôtel **Possibilités alentour** à Gùbbio : S. Francesco, Piazza della Signoria, Palazzo dei Consoli (pinacothèque), Duomo, Palazzo Ducale, via dei Consoli, Via Baldassini ; Perugia, Assisi - Manifestations locales : palio della balestra (dernier dimanche de mai), la Semaine sainte, jour de marché : le mardi **Restaurant** service de 12 h 30 à 14 h 30, 19 h 00 à 22 h 30 - Menus : 50/65 000 L - Carte - Spécialités : Caciotti fusa al coccio con tartufo - Ghiotta di fegatelli - Tozzetti al vino santo - Crespella di gelato alla vanilla con salsa calda di frutti di bosco.

S éjourner dans une grande villa, sur une des collines juste en face de Gùbbio, à moins de 5 kilomètres de son centre historique, voilà une autre bonne manière de découvrir cette petite ville. Montegranelli garde le nom de son premier propriétaire, le comte Guidi di Romena e Montegranelli, qui la fit construire au XVIIIe, sur les anciennes fondations d'un château fortifié du XIIIe. Des fresques subsistent dans certains salons baignés d'une belle lumière qui s'infiltre partout, rendant cette villa très agréable à vivre. Les chambres ont la même luminosité, peintes en blanc avec de grandes fenêtres, et de jolies salles de bains. Le service est efficace, l'accueil courtois. Une petite chapelle et des cyprès centenaires complètent ce décor si caractéristique de la région. Une petite ombre, attention aux séminaires, posez la question lors de votre réservation.

Itinéraire d'accès : (carte n° 15) à 35 km au nord-ouest de Perugia, à 4 km de Gùbbio.

130

1995

Hotel da Sauro

Lago Trasimeno
06060 Isola Maggiore (Perugia)
Tél. (075) 82 61 68 - Fax (075) 82 51 30 - M. Sauro

Fermeture du 8 novembre au 1er décembre et du 10 janvier au 1er mars **Chambres** 10 avec tél. direct, s.d.b. ou douche, w.c. **Prix** des chambres : 80 000 L (double) - 120/150 000 L (appart. de 2 à 4 pers.) - Petit déjeuner compris, servi de 7 h à 10 h - Demi-pension et pension : 60 000 L - 70 000 L (par pers. 3 j. min.) **Cartes de crédit** Diners, Visa, Eurocard, MasterCard **Divers** Chiens admis **Possibilités alentour** à Isola Maggiore, Chiesa del Salvatore - Artisanat local : la dentelle - Perugia, Assisi, Città del Castello, Spello **Restaurant** service 12 h/14 h - 19 h/20 h 30 - Menu : 20/28 000 L - Carte - Cuisine régionale - Poissons du lac.

L e lac Trasimène offre de nombreuses possibilités de loisirs nautiques, des plages calmes et mignonnes, sans être éloigné des principaux centres historiques de la région. La balade sur le grand bateau blanc qui conduit à l'Isola Maggiore est très agréable. L'île a un petit air authentique, pas du tout envahie de touristes, bien préservée. Des filets bleus sèchent sur les facades des petites maisons de pêcheurs, les dentellières travaillent sur le pas de leur porte, la petite église fera appel à votre bonté pour que monsieur le curé puisse refaire sa toiture. Tout ceci pour en venir à l'intérêt qu'il y a à séjourner à L'Hotel da Sauro, plutôt une *albergo* très simple. Mais cet endroit est unique, la cuisine bonne (poissons achetés pour l'essentiel au marché de l'île), l'accueil bon enfant, les prix très doux. Un hôtel atypique mais très recommandable.

Itinéraire d'accès : (voir carte n° 15) à 20 km à l'ouest de Perugia. Lignes régulières de bateaux : de Passignano et Tuoro (Navaccia) à l'Isola Maggiore (15 mn environ).

Hotel Villa Pambuffetti ★★★★

06036 Montefalco (Perugia)
Via della Vittoria, 20
Tél. (0742) 379 417 - Fax (0742) 379 245 - Mme Angelucci

Ouverture toute l'année **Chambres** 15 climatisées avec tél. direct, s.d.b.,w.c., minibar, coffre-fort **Prix** des chambres : 150 000 L (simple) - 240 000 L (double) - 320 000 L (suite) - Petit déjeuner compris - Demi-pension : 155 000 L **Cartes de crédit** acceptées **Divers** Chiens non admis - Piscine - Parking à l'hôtel **Possibilités alentour** dans Montefalco, Pinacothèque de S. Francesco, Eglise de S. Agostino, vue de la tour du palazzo comunale ; traditions : la fuga del bove en août, semaine œnologique la semaine de Pâques - Bevagna - Spello - Assisi - Perugia - Bettona - Spoleto - Todi - Orvieto **Restaurant** Fermeture le lundi - Dîner 20 h/21 h - Menu : 50 000 L - Spécialités régionales.

Montefalco est une pittoresque petite ville fortifiée moyenâgeuse avec une situation panoramique qui lui a valu le nom de "Terrasse de l'Ombrie" : en effet la vue du haut de la tour du Palazzo Comunale mérite qu'on aille y voir. De même que l'église gothique de San Francisco qui conserve de belles fresques de Benozzo Gozzoli récemment restaurées et du Pérugin (toujours en cours de restauration), plus quelques œuvres importantes de l'école ombrienne. La Villa Pambuffetti, résidence privée recevant des hôtes est une ancienne maison de campagne, appartenant toujours à la même famille. Dominant la vallée, au milieu d'un très beau parc, on a complètement réorganisé la maison. Les chambres sont spacieuses. La décoration est soignée et l'on a particulièrement privilégié le confort. Toutes sont différentes avec toujours des meubles anciens ; mais la plus étonnante est celle située dans la tourelle qui offre de ses six fenêtres une vue panoramique sur toute la vallée. Le restaurant sert de bonnes spécialités régionales et propose une excellente carte des vins, dont le "sagrantino", spécialité de Montefalco. Une adresse élégante et raffinée dans la "ville du silence" de D'Annunzio.

Itinéraire d'accès : (carte n° 15) à 41 km au sud-est de Perugia jusqu' à Foligno, puis Montefalco.

Albergo Vecchio Molino ★★★★

06042 Pissignano - Campello sul Clitunno (Perugia)
Via del Tempio, 34
Tél. (0743) 52 11 22/52 12 33 - Fax (0743) 27 50 97
M. Clementini

Ouverture du 1er avril au 31 octobre **Chambres** 13 climatisées avec tél. direct, s.d.b., w.c., minibar **Prix** des chambres : 126 000 L (simple) - 163 000 L (double) Petit déjeuner : 16 000 L, servi de 7 h 30 à 11 h 30 **Divers** Chiens non admis - Parking à l'hôtel **Cartes de crédit** acceptées **Possibilités alentour** Fonti del Clitunno - Tempietto del Clitunno - Ponte delle Torri - Eglise S. Pietro - Basilique S. Salvatore - Eglise S. Ponziano - Monteluco et le couvent de S. Francesco - Trevi - Spoleto - Spello - Orvieto - Golf Soiano, 9 trous **Pas de restaurant** à l'hôtel (voir notre sélection de restaurants à Spoleto et Campello sul Clitunno p. 391).

L
e petit temple chrétien qui surplombe le Vecchio Molino rappelle le passé culturel et artistique de la riante vallée du Clitunno. Cet ancien moulin, qui a conservé sa machinerie du XVe siècle, et à l'intérieur duquel on peut encore voir la rivière couler, a été aménagé en un très agréable hôtel. La décoration très sobre, puisque seul le blanc a été utilisé, met en valeur toutes les structures anciennes du bâtiment. Les chambres sont grandes et superbement décorées. Toutes sont différentes et certaines ont même un salon. A chaque étage on trouve des coins de lecture ou de détente. A quelques kilomètres seulement de Spoleto, c'est un des hôtels préférés de la clientèle d'intellectuels qui se presse au Festival des Deux Mondes de Gian Carlo Menotti.

Itinéraire d'accès : (carte n° 15) à 50 km au sud-est de Perugia par SS 75 jusqu'à Foligno, puis S 3.

O   M   B   R   I   E

Hotel Gattapone ★★★★

06049 Spoleto (Perugia)
Via del Ponte, 6
Tél. (0743) 223 447 - Fax (0743) 223 448
M. Hanke

Ouverture toute l'année **Chambres** 14 climatisées avec tél. direct, s.d.b. ou douche, w.c., t.v., minibar **Prix** des chambres : 140 000 L (simple) - 170 000 L (double) - 270 000 L (suite) - Petit déjeuner : 15 000 L, servi de 7 h 30 à 10 h 30 **Cartes de crédit** acceptées **Divers** Chiens admis **Possibilités alentour** à Spoleto Duomo, Arco di Druso, manifestation : Festival des Deux Mondes en juin-juillet - Ponte delle Torri - Eglise San Pietro - Basilique San Salvatore - Eglise San Ponziano - Monteluco et le couvent de San Francesco - Fonti del Clitunno - Tempietto del Clitunno - Trevi - Golf Soiano, 9 trous **Pas de restaurant** à l'hôtel (voir notre sélection de restaurants p. 391).

Un peu à l'écart du village, l'Hotel Gattapone est l'adresse secrète des amateurs du festival de musique de Spoleto. Accroché à une falaise dominant toute la vallée du Tessino, face à un aqueduc romain qu'aimait Lucrèce Borgia, duchesse de Spoleto, le Gattapone est d'une architecture parfaitement intégrée au paysage et sa décoration intérieure est une belle réussite de confort et d'harmonie. Les chambres sont superbes, modernes, très raffinées, avec toujours cette vue panoramique sur la nature qui leur confère calme et sérénité. Le professeur Hanke, propriétaire des lieux, avec un vrai sens de l'hospitalité, fait en sorte que ses hôtes soient des invités privilégiés dans une maison amie.

Itinéraire d'accès : (carte n° 15) à 65 km au sud-est de Perugia par SS 3 bis, direction Terni jusqu'à Acquasparta, puis S 418 jusqu'à Spoleto.

1995

Palazzo Dragoni

06049 Spoleto (Perugia)
Via del Duomo, 13
Tél. (0743) 22 22 20 - Fax (0743) 22 22 25

Ouverture toute l'année sur réservation **Chambres** 15 avec tél. direct, s.d.b. ou douche, w.c., t.v, minibar **Prix** des chambres : 200 000 L (simple) - 250 000 L (double) - Petit déjeuner : 15 000 L, servi de 7 h 30 à 10 h 30 **Carte de crédit** Diners **Divers** Chiens admis **Possibilités alentour** à Spoleto Duomo, Arco di Druso; manifestation : Festival des Deux Mondes en juin-juillet - Ponte delle Torri - Eglise San Pietro - Basilique San Salvatore - Eglise San Ponziano - Monteluco et le couvent de San Francesco - Fonti del Clitunno - Tempietto del Clitunno - Trevi - Golf Soiano, 9 trous **Pas de restaurant** à l'hôtel (voir notre sélection de restaurants p. 391).

Situé dans le centre historique de Spoleto, tout près du Duomo, ce palazzo participe à l'architecture stupéfiante et particulièrement osée de la vieille ville. En effet, ce palais monumental est construit en équilibre sur le précipe qui s'ouvre à ses pieds sur la vallée. Spoleto est ainsi, une ville d'abîmes et de beauté. Ce palais est une résidence privée historique, que la région d'Ombrie permet d'ouvrir et de recevoir une clientèle avertie. Difficile de détailler, sinon par une visite commentée ; disons donc que vous serez sans doute éblouis par la galerie, la salle à manger, les salons très dépouillés, décorés seulement de quelques très beaux meubles. Les chambres, disons plutôt les suites, ont une décoration soignée. Autre bon point, le palais ferme ses portes lors des réceptions, ne mélangeant pas deux types de clientèle incompatible.

Itinéraire d'accès : (carte n° 15) à 65 km au sud-est de Perugia par SS 3 bis, direction Terni jusqu'à Acquasparta, puis S 418 jusqu'à Spoleto.

1995

Hotel Eremo delle Grazie

Monteluco
04960 Spoleto (Perugia)
Tél. (0743) 49 624 - Fax (0743) 49 650
Professore Lalli

Ouverture toute l'année **Chambres** 11 avec tél. direct, s.d.b. ou douche, w.c. **Prix** des chambres : 300 000 L (simple) - 350 000 L (double) - 450 000 L (suite) - Petit déjeuner compris, servi de 7 h 30 à 10 h 30 **Cartes de crédit** acceptées **Divers** Chiens admis **Possibilités alentour** à Spoleto Duomo, Arco di Druso, manifestation : Festival des Deux Mondes en juin-juillet - Ponte delle Torri - Eglise San Pietro - Basilique San Salvatore - Eglise San Ponziano - Monteluco et le couvent de San Francesco - Fonti del Clitunno - Tempietto del Clitunno - Trevi - Golf Soiano, 9 trous **Restaurant** sur réservation uniquement - fermeture le lundi - Carte.

Eremo delle Grazie fait aussi partie des résidences d'époque, palais, villas, monastères, que la région d'Ombrie autorisent à ouvrir à une clientèle qui recherche l'originalité et l'authenticité. Immergé dans le vert sombre du bois sacré de Monteluco, l'Eremo a été pendant des siècles un centre de vie spirituelle pour anachorètes, ces ermites qui dispersés dans les collines, avaient choisi la pauvreté et la prière. C'est à présent un hôtel d'une étrange beauté, où les petites cellules sont devenues des chambres, au décor riche et monacal à la fois. Dormir chez Fra Gelsumino ou Fra Ginepro, pourquoi pas ? Mais l'on paye très cher cette ancienne pauvreté, certes unique au monde. Il est vrai aussi que le dîner sur la terrasse, où l'on embrasse du regard la forêt de chênes verts et toute la vallée en vaut la peine.

Itinéraire d'accès : (carte n° 15) à 65 km au sud-est de Perugia par SS 3 bis, direction Terni jusqu'à Acquasparta, puis S 418 jusqu'à Spoleto. A 8 km au sud-est de Spoleto.

1995

Hotel Palazzo Bocci ★★★★

06038 Spello (Perugia)
via Cavour, 17
Tél. (0742) 30 10 21 - Fax (0742) 30 14 64 - M. Buono

Ouverture toute l'année **Chambres** 23 climatisées avec tél. direct, s.d.b. ou douche, w.c., t.v. satellite, coffre-fort, minibar ; ascenseur **Prix** des chambres : 105/130 000 L (simple) - 160/200 000 L (double) - 240/320 000 L (suite) - Petit déjeuner compris, servi de 8 h à 10 h - Demi-pension et pension : +35 000 L - +70 000 L (par pers., 3 j. min.) **Cartes de crédit** acceptées **Divers** Chiens non admis - Parking à l'hôtel **Possibilités alentour** à Spello : Eglise Santa Maria Maggiore (cappella Baglioni), Palazzo Comunale, Porta Venere, Belvedere ; Chiesa Tonda à 2 km - Assisi - Perugia - Trevi - Bevagna - Montefalco - Fonti del Clitunno - Tempietto del Clitunno - Spoleto **Restaurant** "Il Molino" : Fermeture le mardi - Service 12 h 30/15 h - 19 30 h/22 h - Menus : 35/50 000 L - Carte - Spécialités : Pinturicchio - Tagliatelle alla molinara - Oca alla fratina - Funghi porcini - Tartufo.

Il n'est pas étonnant que cette superbe petite ville du cœur de l'Ombrie, cachât dans ses ruelles un si beau palais que le Palazzo Bocci. Digne d'un décor de Visconti, avec ses salons aux plafonds en ogives où les murs sont couverts de panoramiques ou de fresques. Les restaurations successives au XVIIIe et au XIXe, lui ont donné l'aspect actuel, un décor d'une riche famille bourgeoise éclairée. Un art de vivre qui survit grâce à des aménagements modernes intelligemment intégrés. Chambres spacieuses dotées de très confortables salles de bains avec jacuzzi. Accueil par une gentille jeune fille aux yeux de madone mais d'une efficacité toute professionnelle. Le jardin suspendu est délicieux, tout comme le petit déjeuner que l'on y sert les matins d'été.

Itinéraire d'accès : (carte n° 15) à 31 km au sud-est de Perugia.

Hotel La Bastiglia ★★★

06038 Spello (Perugia)
Piazza Vallegloria, 7
Tél. (0742) 65 12 77 - Fax (0742) 65 12 77 - M. L. Fancelli

Ouverture toute l'année **Chambres** 15 et 7 suites climatisées avec tél. direct, s.d.b. ou douche, w.c., t.v., minibar **Prix** des chambres : 100 000 L (double) - 130 000 L (suite) - Petit déjeuner : 10 000 L, servi de 8 h à 10 h - Demi-pension et pension : 95/115 000 L - 130/150 000 L (par pers., 3 j. min.) **Cartes de crédit** acceptées **Divers** Chiens non admis - Parking à l'hôtel **Possibilités alentour** à Spello : Eglise Santa Maria Maggiore (cappella Baglioni), Palazzo Comunale, Porta Venere, Belvedere ; Chiesa Tonda à 2 km - Assisi - Perugia - Trevi - Bevagna - Montefalco - Fonti del Clitunno - Tempietto del Clitunno - Spoleto **Restaurant** Fermeture le mercredi et janvier, service 13 h/14 h 30 - 20 h/21 h 30 - Menu : 40 000 L, boisson comprise - Carte - Spécialités ombriennes.

Dans votre voyage en Ombrie, n'oubliez pas Spello, ancienne cité romaine, accrochée aux pentes du mont Subasio. On entre dans la petite ville après avoir franchi les remparts par la porta Consolare ou la porta Venere qui datent toutes deux de l'époque d'Auguste. La Bastiglia, charmant petit hôtel du centre historique, est un ancien moulin qui a gardé certains éléments de l'ancienne architecture, telles que des arches qui créent d'intéressants volumes dans les pièces de réception. Une superbe terrasse prolonge le salon avec vue sur la vallée et les oliviers. La salle à manger est très conviviale avec son nappage blanc, ses poutres et ses meubles rustiques ; la cuisine privilégie les anciennes spécialités ombriennes préparées avec des produits régionaux soigneusement sélectionnés. Les chambres sont claires, confortables ; mieux vaut loger dans celles des étages supérieurs, côté terrasse, ayant la vue sur la campagne (les suites ont un jardin privé et une entrée indépendante). Accueil charmant, prix raisonnables, tout invite à prolonger votre séjour en Ombrie.

Itinéraire d'accès : (carte n° 15) à 31 km au sud-est de Perugia.

Hotel Fonte Cesia ★★★★

06059 Todi (Perugia)
Via Lorenzo Leonj, 3
Tél. (075) 894 37 37 - Fax (075) 894 46 77
M. Felice

Ouverture toute l'année **Chambres** 32 et 5 suites climatisées avec tél. direct, s.d.b. ou douche, w.c, t.v. satellite, minibar **Prix** des chambres : 140 000 L (simple) - 220 000 L (double) - 280 000 L (suite) - Petit déjeuner compris, servi de 8 h à 10 h - Demi-pension et pension : 190/160/190 000 L - 220/190/220 000 L (par pers., 3 j. min.) **Cartes de crédit** acceptées **Divers** Chiens admis sur réservation - Parking à l'hôtel **Possibilités alentour** à Todi église S. Maria della Consolazione à 1 km dir. Orvieto - Orvieto - Perugia - Assisi - Spoleto - Gubbio - Golf ad Ellera, 9 trous à Perugia **Restaurant** service 13 h/14 h 30 - 20 h/21 h 30 - Menu et carte - Spécialités italiennes et régionales.

Todi, ancienne ville étrusque qui domine la vallée du Tibre conserve le long de ses ruelles les souvenirs de son épanouissement médiéval (le plus célèbre de ses résidents ne fut-il pas Jacopone da Todi, poète et auteur du célèbre "Stabat Mater"). C'est dans ce contexte chargé d'histoire que l'Hotel Fonte Cesia a ouvert récemment ses portes. Il occupe un de ces beaux palais XVIIᵉ et a réussi l'harmonieux mariage entre la tradition, l'élégance et le confort moderne. L'architecture préservée est sa plus belle décoration, notamment ses superbes plafonds voûtés en petites briques. C'est un hôtel intime, de bon goût avec des chambres confortables et bien meublées, et pour certaines une décoration en trompe-l'œil. Au restaurant, ce sont les spécialités ombriennes qui sont à l'honneur, pour finir de vous convaincre, si nécessaire, du bon savoir-vivre de cette région.

Itinéraire d'accès : (carte n° 15) à 45 km au sud de Perugia par SS 3 bis sortie Todi.

Hotel Bramante ★★★★

06059 Todi (Perugia)
Via Orvietana, 48
Tél. (075) 894 83 81/82 83 - Télex 661 043
Fax (075) 894 80 74 - M. Montori

Ouverture toute l'année **Chambres** 43 climatisées avec tél. direct, s.d.b. ou douche, w.c, t.v, minibar **Prix** des chambres : 150 000 L (simple) - 200 000 L (double) - Petit déjeuner : 15 000 L, servi de 8 h à 10 h - Demi-pension et pension : 160 000 L - 190 000 L (par pers., 3 j. min.) **Cartes de crédit** acceptées **Divers** Chiens admis - Piscine - Tennis - Parking à l'hôtel **Possibilités alentour** à Todi église S. Maria della Consolazione à 1 km dir. Orvieto - Orvieto - Perugia - Spoleto - Assisi - Gubbio - Golf ad Ellera, 9 trous à Perugia **Restaurant** service 13 h/14 h 30 - 20 h/21 h 30 - Fermeture le lundi - Menu : 45 000 L - Carte - Recettes régionales anciennes.

Todi est l'une des plus belles villes d'Ombrie, à la fois austère par ses édifices et ses cyprès et lumineuse par la douceur de ses collines et la luminosité de l'air. L'hôtel, situé près de la belle église Renaissance Santa Maria della Consolazione dessinée par Bramante, est aussi placé sous le signe de la sévérité et de la blondeur. C'est un ancien couvent de nonnes du XIVe siècle, dont les chambres et les salons sont clairs, souvent peints en blanc. Le propriétaire porte un soin attentif à ses lieux et à ses hôtes. Il faut néanmoins savoir que l'hôtel prête ses salons pour des réceptions qui peuvent quelquefois gêner la tranquillité des résidents.

Itinéraire d'accès : (carte n° 15) à 45 km au sud de Perugia par SS 3 bis sortie Todi, à 1 km du centre.

Albergo Le Tre Vaselle ★★★★★

06089 Torgiano (Perugia)
Via G. Garibaldi, 48
Tél. (075) 98 80 447 - Fax (075) 98 280 214
M. Sartore

Ouverture toute l'année **Chambres** 48 et 6 suites avec tél. direct, s.d.b. et douche, w.c., minibar **Prix** des chambres : 150/190 000 L (simple) - 220/280 000 L (double) - 330/390 000 L (suite) - Petit déjeuner compris, servi de 7 h 30 à 10 h - Demi-pension et pension : 175/215 000 L - 240/290 000 L (par pers., 3 j. min.) **Cartes de crédit** acceptées **Divers** Chiens non admis - Parking à l'hôtel **Possibilités alentour** à Torgiano: caves, musée du vin et collection de céramique - Perugia - Bettona - Assisi - Golf ad Ellera, 18 trous à Perugia **Restaurant** service 12 h 30/14 h 30 - 20 h/22 h - Menus : 65/75 000 L - Carte - Spécialités : Capocollo con crostone tartufato - Umbricelli al pesto umbro - Filetto di manzo in salsa balsamica - Semifreddo al vino santo.

C'est dans la partie vallonnée de l'Ombrie que se trouve le petit village de Torgiano, à une quinzaine de kilomètres de Perugia, connu pour ses fameuses caves Lungarotti et un musée du vin particulièrement intéressant. L'élégante résidence des Baglioni datant du XVIᵉ siècle a été transformée en hôtel. Les pièces sont belles, le mobilier sobre et raffiné. L'atmosphère et l'accueil sont en harmonie avec le cadre. La cuisine et les vins sont excellents, et le charme tout particulier de l'endroit doit beaucoup à la présence discrète, mais attentive, du directeur, Romano Sartore.

Itinéraire d'accès : (carte n° 15) à 16 km de Perugia par SS 3 bis direction Todi.

Hotel Ristorante La Badia ★★★★

La Badia 05019 Orvieto (Terni)
Tél. (0763) 90 359 - Fax (0763) 92 796
Mme Fiumi

Fermeture janvier et février **Chambres** 24 dont 7 suites avec tél. direct, s.d.b. ou douche, w.c., (10 avec t.v.) **Prix** des chambres : 165/185 000 L - (simple) - 220/250 000 L (double) - 350/440 000 L (suite) - Petit déjeuner : 16 000 L, servi de 7 h 30 à 10 h - Demi-pension (obligatoire en haute saison) et pension : 193/303 000 L - 260/370 000 L (par pers.) **Cartes de crédit** Amex, Visa, Eurocard, MasterCard **Divers** Chiens non admis - Piscine - 2 tennis - parking à l'hôtel **Possibilités alentour** à Orvieto le Duomo, Palazzo del Popolo - Eglise S. Cristina à Bolsena - Lac de Bolsena - Pays étrusque de San Lorenzo Nuovo vers Chiusi : grotta di Castro, Pitigliano, Sorano, Sovana, Chiusi - Todi - Golf 9 trous à Viterbo **Restaurant** service 12 h 30/14 h 30 - 19 h 30/21 h 30 - Fermeture le mercredi - Menu : 65 000 L - Carte - Spécialités : Panicetti - Coccinillo - Scaloppe Badia.

Ce superbe hôtel, situé dans un parc de deux hectares à quelques kilomètres d'Orvieto, est une ancienne abbaye romano-lombarde des saints Severo et Martirio fondée au VIIᵉ siècle, longtemps habitée par des moines bénédictins. Les chambres sont meublées dans le style rustique de la région. Il y a plusieurs salons et un bar plus intime avec un piano. L'hôtel possède aussi deux tennis et une piscine au bord de laquelle on peut se faire servir son petit déjeuner ou prendre l'apéritif. L'ensemble est beau et raffiné.

Itinéraire d'accès : (carte n° 15) à 86 km au sud de Perugia par SS 3 bis jusqu'à la sortie Todi, puis S 448 ; suivre les indications pour la Piazza Duomo - au lieu-dit La Badia, à 5 km au sud d'Orvieto.

PIEMONT - VAL D'AOSTE

Villa Sassi-El Toula ★★★★

10132 Torino Sassi
Strada Traforo del Pino, 47
Tél. (011) 89 80 556   Télex 225 437
Fax (011) 89 80 095 - Mme Aonzo

Fermeture en août **Chambres** 17 climatisées avec tél. direct, s.d.b., w.c. ; ascenseur **Prix** des chambres : 270 000 L (simple) - 400 000 L (double) - Petit déjeuner : 20 000 L, servi de 7 h à 10 h 30 - Demi-pension et pension : 270/320 000 L - 350/400 000 L (par pers., 3 j. min.) **Cartes de crédit** acceptées **Divers** Chiens non admis - Parking **Possibilités alentour** à Torino : Palazzo Madama, Musée Egyptien, Galleria Sabauda, Sanctuario della Consolata, Galleria d'Arte moderna, le "balòn" le marché aux puces de Turin - Basilique de Superga - Villa Reale di Stupinigi - Cathédrale de Chieri - Eglise de Sant'Antonio di Ranverso - Abbaye Sacra di San Michele - Golf I Roveri, à la Mandria **Restaurant** service 12 h 30/14 h 30 - 20 h /22 h 30 - Fermeture le dimanche - Carte : 110 000 L environ - Cuisine piémontaise et italienne.

A cinq minutes de l'agitation du centre ville, dans les belles collines piémontaises, il existe un repaire pour les âmes romantiques, amoureuses du calme. Un parc de vingt-deux hectares rempli d'arbres centenaires défend la Villa Sassi-El Toula du bruit. Le comte Cavour, au siècle dernier, a été l'un des familiers du lieu. L'hôtel, avec ses chambres aux meubles d'époque, ses deux suites, son service soigné et silencieux, témoigne d'un luxe sans ostentation. La cuisine du restaurant, repris par la chaîne "El Toula", est excellente et recherchée.

Itinéraire d'accès : (carte n° 8) sortie Torino-ouest ; suivre indications pour Pino Torinese ou Chieri.

Hotel Victoria ★★★

10123 Torino
Via Nino Costa, 4
Tél. (011) 56 11 909 - Fax (011) 56 11 806 - M. Vallinotto

Ouverture toute l'année **Chambres** 100 insonorisées et climatisées avec tél. direct, s.d.b. ou douche, w.c., t.v., minibar ; ascenseur **Prix** des chambres : 125/150 000 L (simple) - 155/180 000 L (double) - 250 000 L (suite) - Petit déjeuner-buffet : 20 000 L, servi de 7 h 30 à 11 h **Cartes de crédit** acceptées **Divers** Chiens non admis **Possibilités alentour** à Torino : Palazzo Madama, Musée Egyptien, Galleria Sabauda, Sanctuario della Consolata, Galleria d'Arte moderna, le "balòn" le marché aux puces de Turin - Basilique de Superga - Villa Reale di Stupinigi - Cathédrale de Chieri - Eglise de Sant'Antonio di Ranverso - Abbaye Sacra di San Michele - Golf I Roveri, à la Mandria **Pas de restaurant** à l'hôtel (voir notre sélection de restaurants p. 391/393).

L'Hotel Victoria, qui se cache dans le centre de cette ville secrète, est à découvrir. Le bâtiment qui se trouve au cœur même du centre commercial, près de la Piazza San Carlo, du Duomo et de la gare est de construction récente et moderne. La décoration originale, mêle à la fois le fonctionnel, la fantaisie et l'humour. Les chambres sont plus jolies les unes que les autres et l'on hésite entre la chambre retour d'Egypte ou celles plus romantiques en toile de Jouy ou évocatrice de La Nouvelle-Orléans. Toutes sont très calmes puisqu'elles donnent soit sur la rue piétonne, soit sur le jardin de la chambre de Commerce. La salle des petits déjeuners a le charme des jardins d'hiver. Le salon très chaleureux offre une reposante échappée sur un patio verdoyant. En résumé, il y a au moins trois raisons pour apprécier le Victoria qui offre le confort d'un quatre étoiles : le calme, le décor et un très bon rapport qualité prix.

Itinéraire d'accès : (carte n° 8) dans le centre ville, près de la Piazza San Carlo et de la stazione.

1995

Castello San Giuseppe ★★★★

Castello San Giuseppe 10010 Chiaverano d'Ivrea (Torino)
Tél. (0125) 42 43 70 - Fax (0125) 64 12 78
M. Naghiero

Ouverture toute l'année **Chambres** 16 avec tél. direct, s.d.b.ou douche, w.c., t.v. **Prix** des chambres : 115 000 L (simple) - 165 000 L (double) - 170 000 L (suites) - Petit déjeuner compris, servi de 7 h 30 à 10 h - Demi-pension : 120 000 L (par pers., 3 j. min.) **Cartes de crédit** acceptées **Divers** Petits chiens admis - Parking à l'hôtel **Possibilités alentour** Lacs de Sirio et de San Michele, Parc National du Grand Paradis, Torino **Restaurant** service de 20 h à 23 h 30 - Fermeture le dimanche - Menu 50 000 L - Carte - Spécialités : Fleur de saumon - Filet à la fleur d'oranger - Riz du château.

Étonnant que ce couvent aux allures de "Nom de la Rose", perché au sommet de la colline, protégé de murs et de grilles. Le paysage dont on jouit, une fois parcourue la route un peu raide, est de ceux dont on voudrait qu'il reste à jamais protégé. L'intérieur du château bien restauré, est une suite de jolies surprises : meubles cirés, sols de terre cuite encaustiqués, chambres vastes dont certaines ont conservé de beaux plafonds voûtés, les plus agréables étant celles situées dans les angles. Tout invite à y séjourner. Si la saison s'y prête, le temps s'écoulera divinement, entre les chaises longues du jardin (où foisonnent arancarias, oliviers, cèdres et magnolias) et les petites escapades en ville. Mais ne vous attardez pas longtemps, car c'est vraiment ici que l'on est le mieux.

Itinéraire d'accès : (carte n° 2) à 40 km au nord de Torino par A 5, sortie Ivrea, direction lago Sirio.

Il Capricorno ★★★★

10050 Sauze-d'Oulx (Torino)
Le Clotes
Tél. (0122) 850 273 - M. et Mme Sacchi

Ouverture du 1er novembre au 1er mai et du 6 juin au 15 septembre **Chambres** 8 avec tél. direct, s.d.b., w.c., t.v **Prix** des chambres : 180/200 000 L (simple) - 220/240 000 L (double) - Petit déjeuner compris, servi de 8 h à 10 h 30 - Demi-pension : 170 000 L (par pers., 3 j. min.) **Cartes de crédit** Visa, Eurocard, MasterCard **Divers** Chiens non admis - Parking en été **Possibilités alentour** Promenades en montagne - Ski, départ de l'hôtel - Bardonecchia - Sestriere - Briançon - Golf de Sestriere,18 trous **Restaurant** service 12 h 30/14 h 30 - 19 h 30/21 h - Carte - Spécialités : Antipasti di Mariarosa - Scottata rucola e Parmigiano - Tacchino su zucchini - Gnocchi alla menta - Ravioli alla crema di zucchini - Portofoglio alla Capricorno - Maltagliati al ragù di verdure.

Sauze d'Oulx est une station de montagne située à 1 500 mètres d'altitude, tout près de la frontière franco-italienne de Clavière-Montgenèvre. Le Capricorno se trouve encore plus haut, en pleine montagne, à 1 800 mètres. Ce joli chalet ne compte que huit chambres, toutes avec de petites mais très fonctionnelles salles de bains. Le nombre restreint de pensionnaires permet à Mariarosa, la propriétaire, de choyer ses clients. Sa cuisine est absolument délicieuse. Aussi agréable en été qu'en hiver, le Capricorno est situé pour satisfaire aussi bien les randonneurs que les skieurs, puisqu'il se trouve à quelques kilomètres de Bardonecchia et de Sestrière et à 30 km de Briançon. Réservation obligatoire.

Itinéraire d'accès : (carte n° 7) à 40 km au nord-est de Briançon par le col de Montgenèvre jusqu'à Oulx, puis direction Sauze-d'Oulx (accès au Clotes en hiver par télésiège, en été par la route) - à 81 km à l'ouest de Torino par A 70 .

PIEMONT - VAL D'AOSTE

Hotel Principi di Piemonte ★★★★

Via Sauze di Cesana
10058 Sestriere (Torino)
Tél. (0122) 7941 - Fax (0122) 70270
M. Clemente

Ouverture du 20 décembre au 15 avril et du 17 juin au 23 août **Chambres** 94 avec tél. direct, s.d.b., w.c., t.v., minibar **Prix** des chambres : 90/150 000 L (simple) - 180/280 000 L (double) - Petit déjeuner : 15 000 L, servi de 7 h 30 à 11 h 30 - Demi-pension et pension : 160/180 000 L - 180/200 000 L (par pers., 7 j. min.) **Cartes de crédit** acceptées **Divers** Petits chiens admis - Sauna, salon de beauté - Garage (20 000 L) et parking à l'hôtel **Possibilités alentour** Ski, départ de l'hôtel - Promenades en montagne - Bardonecchia - Briançon - Golf de Sestriere, 18 trous **Restaurant** service 12 h 30/14 h - 19 h 30/21 h - Menu : 45/55 000 L - Carte - Cuisine piémontaise.

Au milieu des célèbres tours de la station, le Principi di Piemonte était autrefois considéré comme le grand hôtel traditionnel de Sestriere. Les tours sont devenues des clubs et le Principi a subi des transformations pour mieux s'adapter à la nouvelle clientèle. Les chambres sont d'un grand confort et les suites luxueuses. En plus des salons et des salles à manger, on peut profiter sur place d'une discothèque, de boutiques et d'un coiffeur. Tout est prévu pour passer de bonnes vacances sportives et d'agréables soirées. Des prix intéressants sont pratiqués en été. Seul petit regret pour ceux qui l'ont connu il y a quelques années, la nostalgie d'une certaine atmosphère qui régnait dans cet hôtel inspiré du Suvretta de Saint-Moritz.

***Itinéraire d'accès** : (carte n° 7) à 32 km au nord-est de Briançon par le col de Montgenèvre jusqu'à Cesana Torinese, puis S 23. A 93 km à l'ouest de Torino par autoroute E 70.*

PIEMONT - VAL D'AOSTE

Locanda del Sant' Uffizio ★★★★

14030 Cioccaro di Penango (Asti)
Tél. (0141) 91 62 92 - Fax (0141) 91 60 68
M. Beppe

Fermeture du 6 au 16 janvier et du 9 au 20 août **Chambres** 35 et 5 en annexe avec tél. direct, s.d.b. ou douche, w.c., t.v., minibar ; accès handicapés **Prix** des chambres en demi-pension et pension : 240 000 L - 300 000 L (par pers. en double) - Petit déjeuner compris, servi de 7 h 30 à 10 h 30 **Cartes de crédit** Diners, Visa, Eurocard, MasterCard **Divers** Petits chiens admis dans les chambres - Piscine - Tennis et parking à l'hôtel **Possibilités alentour** Asti - Abbaye de Vezzolano à Albrugnano - Sanctuaire de Crea dans les collines du Monferrato - Golf de Margara, 18 trous **Restaurant** service 12 h 30/13 h 30 - 19 h 30/21 h - Menu : 100 000 L - Carte - Spécialités : Funghi tartufi - Gnocchi di fonduta - Cinghiale di bosco - Lasagne con verdurini del orto - Anatra stufata al miele e rhum.

Blottie dans les collines du Monferrato, au milieu des vignobles, la Locanda del Sant'Uffizio est un ancien couvent du XVe siècle. La petite chapelle, les chambres merveilleuses et confortables, le calme absolu, la beauté de la campagne environnante et des bâtiments en brique rouge en font pour nous l'un des hôtels les plus charmants de ce guide. Les petits déjeuners sont servis dans une salle délicieusement aménagée et, à la belle saison, au bord de la piscine. Le restaurant offre une exceptionnelle cuisine piémontaise accompagnée de vins délicieux (dont celui de la propriété). Le repas est très copieux. A découvrir absolument.

Itinéraire d'accès : (carte n° 8) à 64 km à l'est de Torino - A 21 km au nord d'Asti par S 457 direction Moncalvo (à 3 km avant Moncalvo).

148

Hotel Pironi ★★★

Lago Maggiore
28052 Cannobio (Novara)
Tél. (0323) 70 624/70 871 - Fax (0323)72 398
Famille Albertella

Fermeture de novembre à février **Chambres** 12 avec tél. direct, s.d.b. ou douche, w.c., sèche-cheveux, coffre-fort, minibar ; ascenseur **Prix** des chambres : 90/100 000 L (simple) - 130/160 000 L (double) - Petit déjeuner-buffet compris **Cartes de crédit** Amex, Visa, Eurocard, MasterCard **Divers** Petits chiens admis sur réservation **Possibilités alentour** Sanctuaire della Pietà - Route de la vallée Cannobina jusqu'à l'Orrido di Sant'Anna et Santa Maria Maggiore - Stresa - Iles Borromées - Verbania, villa Taranta - Ascona - Locarno - Lugano **Pas de restaurant** à l'hôtel (voir notre sélection de restaurants p. 393)

Cannobio est le dernier village italien de cette rive occidentale du lac Majeur (qui prend le nom de lac de Locarno en Suisse), la région la plus riante du lac. Le Pironi occupe un hôtel particulier du centre historique de la petite ville. Une minutieuse restauration a conservé les arcades, l'escalier, la loggia et les fresques du XVe siècle. La maison n'en est pas moins modernement équipée. Les chambres sur trois étages, qu'on peut atteindre en ascenseur, sont meublées de façon joliment rustique pour s'harmoniser aux poutres et charpentes apparentes de la maison ; certaines ont la vue sur le lac, plusieurs ont des terrasses. La salle à manger, entièrement peintes de fresques est un petit bijou. L'hôtel situé dans la zone piétonne est calme. Seul petit inconvénient l'accès à l'hôtel, mais lors de votre réservation on vous indiquera la meilleure approche et l'on viendra, si besoin est, vous aider à porter vos bagages. L'accueil est gentil, le rapport qualité-prix inhabituel pour l'Italie .

Itinéraire d'accès : (carte n° 3) à 117 km nord-ouest de Milano par A 8 (Milano/Torino), sortie Gravellona,direction Locarno.

Castello di Frino ★★

Lago Maggiore
28052 Ghiffa (Novara)
Via Cristoforo Colombo, 8
Tél. (0323) 59 181- Fax (0323) 59 783 - Mme Laforet

Ouverture d'avril à octobre **Chambres** 14 avec s.d.b. **Prix** des chambres : 60/75 000 L (simple) - 90/110 000 L (double) - Petit déjeuner-buffet : 16 000 L, servi de 8 h à 11 h - Demi pension et pension : 90 000 L - 110 000 L (par pers.) **Cartes de crédit** Visa, Eurocard, MasterCard **Divers** Petits chiens admis - Piscine - Tennis à l'hôtel **Possibilités alentour** Stresa - Iles Borromées - Locarno - Ascona - Golf Pian di Sole **Restaurant** service 12h/15 h - 19 h/22 h - Fermeture mardi - Menus 45/60 000 L - Spécialités : Persic del lago Maggiore - Risotto ai funghi - Crespelle alla valdostana.

À l'abri des vents et bénéficiant d'un climat très doux, la station climatique de Ghiffa surplombe de son petit promontoire, les rives luxuriantes du lac Majeur. Les propriétaires de ce château datant du XVIIᵉ siècle ont ouvert quelques chambres aux voyageurs, six dans le bâtiment d'origine, les autres dans une dépendance jouxtant le château. Toutes sont confortables mais mieux vaut dormir dans celles de la maison, grandes avec un mobilier ancien quelquefois un peu théâtral. Le salon est plus intime. Le jardin qui donne sur le lac est planté de très beaux arbres et l'on a réservé une restanque à la piscine. Une direction attentive veille à votre confort et vos loisirs, même si l'ensemble manque un peu de professionalisme.

Itinéraire d'accès : (carte n° 3) à 102 km au nord-ouest de Milano par A 8, sortie Arona, direction lago Maggiore, Locarno.

PIEMONT - VAL D'AOSTE

Parc Hotel Paradiso ★

Lago Maggiore
28055 Ghiffa (Novara)
20, via Marconi
Tél. (0323) 59 548 - M. et Mme Anchisi

Ouverture toute l'année **Chambres** 16 avec tél. direct, douche, w.c **Prix** des chambres : 60 000 L (simple) - 100 000 L (double) - Petit déjeuner : 21 000 L, servi de 8 h 30 à 12 h - Demi-pension : 95 000 L **Cartes de crédit** non acceptées **Divers** Chiens admis - Piscine - Parking à l'hôtel **Possibilités alentour** Stresa - Iles Borromées - Locarno - Ascona - Golf Pian di Sole **Restaurant** service 12 h/14 h 15 - 19 h/20 h 30 - Menu 40 000 L - Carte - Spécialités : Scalopina - Piccata - Vitello ai funghi - Porcini.

L e lac tout bleu et calme, les rivages foisonnants de mimosas, de camélias et de palmiers captent totalement l'attention du voyageur. De la route, il est difficile d'ailleurs d'apercevoir la villa, et ce n'est qu'avec beaucoup d'attention que l'on peut entrevoir quelques pans de mur rose à travers les feuillages. C'est sans doute ce qui explique que ce petit paradis, enchâssé dans son parc et qui surplombe les eaux douces du lac, soit resté à peu près intact. Et c'est tant mieux. Vous pourrez ainsi profiter pleinement des belles et grandes chambres calmes et ensoleillées, du salon peint de fresques dans un style mi-liberty, mi-pompier. Pourquoi jusqu'à présent ce *Paradiso* était-il ignoré des Français ?

Itinéraire d'accès : *(carte n° 3) à 102 km au nord-ouest de Milano par A 8, sortie Arona, direction lago Maggiore, Locarno.*

Hotel Verbano ★★★

Lago Maggiore
Isole Borromee 28049 Stresa (Novara)
Isola dei Pescatori
Tél. (0323) 30 408/32 534 - Fax (0323) 33 129 - M. Zacchera

Ouverture du 1er mars au 6 janvier **Chambres** 12 avec tél. direct, s.d.b. ou douche et w.c. **Prix** des chambres : 100 000 L (simple) - 150 000 L (double) - Petit déjeuner compris - Demi-pension et pension : 120 000 L - 150 000 L (par pers.) **Cartes de crédit** acceptées **Divers** Chiens admis - Bateaux à l'hôtel **Possibilités alentour** Isola Bella : Palazzo Borromeo et ses jardins - Jardin botanique d'Isola Madre - Golf des Iles Borromées, 18 trous à Stresa **Restaurant** service 12 h/14 h 30 - 19 h/21 h 30 - Menus : 40/60 000 L - Carte - Spécialités : Antipasti - Pesce del lago.

Une petite maison rouge brique qui se reflète dans l'eau du lac, jolie comme une maison de poupée, une terrasse délicieuse, des nappes roses, une pergola ; un lieu où, il maestro Toscanini aimait se retirer avec ses disciples. Les numéros de chambres ont été remplacés par des noms de fleurs ou de musiciens. Désuètes, confortables ce qu'il faut, mieux vaut néanmoins demandez une des chambres qui ont vue sur le lac ou l'une de celles avec cheminée (pour avoir un bon feu de cheminée dès qu'il fait moins chaud) et l'enchantement sera parfait. Au soir tombant, les lumières s'allument et clignotent sur les rives et sur les îles Borromées. Le dîner pris sur la terrasse devient alors un moment magique. Pendant le week-end, un pianiste vient faire de la musique. Le tout agrémenté par la gentillesse du propriétaire. L'insularité n'est pas un problème car un service de bateau est assuré le soir par l'hôtel.

Itinéraire d'accès : (carte n° 2) au nord-ouest de Milano par A 8, direction lago Maggiore ; à Stresa ou à Pallanza prendre le bateau pour les îles Borromées, s'arrêter à Isola dei Pescatori.

1995

Hotel Giardinetto ★★★

Lago d'Orta
28028 Pettenasco (Novara)
Via Provinciale, 1
Tél. (0323) 89 118 - Fax (0323) 89 219 - M. et Mme Primatesta

Fermeture du 24 octobre au 31 mars **Chambres** 52 avec tél. direct, s.d.b. ou douche, w.c., (30 avec t.v., 8 avec minibar) **Prix** des chambres : 75/105 000 L (simple) - 100/135 000 L (double) - 200/220 000 L (suites) - Petit déjeuner-buffet 15 000 L, servi de 7 h 30 à 10 h **Cartes de crédit** acceptées **Divers** Chiens admis - Plage privée, piscine, sauna (25 000 L), sports nautiques à l'hôtel **Possibilités alentour** Orta San Guilio - Sacro Monte - Isola di San Guilio - Fondation Calderana à Vacciago - Golf de gignese **Restaurant** service 12 h 15/14 h 30 - 19 h 15/21 h 30 - Menus : 40/45 000 L - Carte - Spécialités : Antipasto " Grand Gourmet - Ravioli verdi al pesce di lago e fili di pomodoro - Tagliolini con scampetti e fiori di zucchino - Sella di conoglio - crema catalana con sorbetto al limone.

Le Lago d'Orta est l'un des plus petits (13 km de long sur 1,5 km de large) lacs italiens. Entourée de collines verdoyantes, moins fréquentée, l'île est calme et très agréable. L'hôtel est situé au bord de l'eau. Moderne, il a été bien aménagé pour profiter au mieux de cette situation : beaucoup de ses chambres donnent sur le lac (et ce sont celles-ci qu'il faut choisir), tout comme le restaurant et autres pièces de réception. L'ensemble est confortable, accueillant, très familial. Il est vrai que l'on a privilégié aussi les loisirs nautiques à partir même de l'hôtel : s'étageant jusqu'au lac, la piscine, le solarium les pieds dans le sable et un ponton d'où l'on peut partir en windsurf, en pédalo ou en canot à moteur. Les enfants sont les bienvenus et on leur a réservé une aire de jeu. Pour bien terminer la journée, dîner aux chandelles sur la terrasse panoramique. Accueil sympathique et service efficace.

Itinéraire d'accès : (carte n° 2) à 20 km à l'ouest de Stresa et du Lago Maggiore.

Castello di San Giorgio ★★★★

15020 San Giorgio Monferrato (Alessandria)
Via Cavalli d'Olivola, 3
Tél. (0142) 80 62 03 - Fax (0142) 80 65 05
M. Grossi

Fermeture du 1er au 20 août et du 1er au 10 janvier **Chambres** 10 et 1 suite avec tél. direct, s.d.b., w.c., t.v., minibar **Prix** des chambres : 110/120 000 L (simple) - 160/170 000 L (double) - 280 000 L (suite) - Prix petit déjeuner : 15/20 000 L, servi de 8 h à 10 h - Demi-pension et pension : 180 000 L - 240 000 L (par pers., 3 j. min.) **Cartes de crédit** acceptées **Divers** Chiens admis - Parking à l'hôtel **Possibilités alentour** Marengo (Villa Marengo) - Asti - Abbaye de Vezzolano à Albugnano **Restaurant** service 12 h/14 h 30 - 19 h 30 h/21 h 30 - Fermeture le lundi - Menu : 70 000 L - Carte - Spécialités : Agnolotti alla monferrina - Pesce - Funghi - Tartufi.

Cet hôtel, doublé d'un remarquable restaurant, a été aménagé dans les communs (ferme et écuries) du château de Monferrat, énorme bâtisse de brique sombre, édifiée au XIVᵉ siècle pour Gonzague de Mantoue. Dans un parc magnifique enclos de ses murs d'origine, les bâtiments anciens ont été superbement rénovés et en partie décorés avec les meubles et les tableaux anciens récupérés dans le château. Les chambres, décorées avec goût, sont luxueuses et la vue y est très belle sur cette vaste et calme plaine piémontaise piquetée de collines. Outre sa qualité d'hôtelier, le directeur, M. Grossi, est un expert en gastronomie française. Quant à sa femme, c'est elle qui œuvre aux fourneaux, et le résultat est exceptionnel. On déguste de la très grande cuisine à San Giorgio ; et comme le cadre et le service vont de pair, nous vous recommandons de faire le détour.

Itinéraire d'accès : (carte n° 8) à 26 km au nord-ouest d'Alessandria par A 26, sortie Casale-sud, à 6 km embranchement Alessandria - Asti, route à droite vers San Giorgio Monferrato.

PIEMONT - VAL D'AOSTE

1995

Hotel Hermitage ★★★★

11021 Breuil-Cervinia (Aosta)
Tél. (0166) 94 89 98 - Fax (0166) 94 90 32

Ouverture toute l'année **Chambres** 36 avec tél. direct, s.d.b., w.c., t.v., minibar ; ascenseur **Prix** des chambres : 150/200 000 L (simple) - 200/400 000 L (double) - 400/600 000 (suite) - Petit déjeuner : 35 000 L, servi de 7 h 30 à 10 h - Demi-pension : 170/260 000 L en double, 230/320 000 L en suite (par pers.), pension + 60 000L **Cartes de crédit** Amex, Visa, Eurocard, MasterCard **Divers** Chiens admis - Piscine couverte - Sauna (20 000 L), centre de remise en forme - Parking à l'hôtel **Possibilités alentour** Ski - Téléphérique pour le plateau Rosà - Golf de Cervino, 9 trous **Restaurant** service 13 h 30/14 h 30 - 20 h 30/21 h 30 - Menus : 50/70 000 L - Carte - Cuisine française et italienne.

L e plus bel atout de Cervinia : la scène somptueuse qu'offrent le Cervin, le Breithorn et les Jumeaux dont les sommets sont merveilleusement proches. La beauté du site met encore plus en évidence la laideur de l'urbanisme des années soixante et soixante-dix qui a touché cette station plus que tout autre. Un hôtel fait honneur à cette montagne magique : l'Hermitage. Ici on a sauvegardé l'esprit valdotain, utilisé des matériaux nobles, décoré avec des meubles anciens telles ces portes et armoires en bois sculpté. Les chambres sont superbes, intimes ; certaines suites conservent leur cheminée. L'accueil est parfaitement courtois et amical. La cuisine a pris le meilleur de l'Italie et de la France : qualité des produits, créativité de l'assiette.

Itinéraire d'accès : (carte n° 2) à 50 km au nord-est d'Aosta par A 5, sortie Chatillon, puis S 406.

Les Neiges d'Antan ★★★

11021 Breuil-Cervinia (Aosta)
Frazione Cret Perrères
Tél. (0166) 94 87 75 - Fax (0166) 94 88 52
M. et Mme Bich

Fermeture du 17 septembre au 5 décembre et du 3 mai et au 29 juin **Chambres** 28 avec tél. direct, s.d.b. ou douche, w.c., t.v., coffre-fort **Prix** des chambres : 95 000 L (simple) - 170 000 L (double) - 225/290 000 L (suite pour 4 pers.) - Petit déjeuner compris, servi de 7 h 30 à 10 h - Demi-pension et pension : 120 000 L - 135 000 L (par pers., 3 j. min.) **Cartes de crédit** Visa, Eurocard, MasterCard **Divers** Chiens admis sauf au restaurant - Parking **Possibilités alentour** Ski, piste de fond à 100 m de l'hôtel - Téléphérique pour le plateau Rosà - Golf Cervino, 9 trous **Restaurant** service 12 h 30/14 h - 19 h 30/21 h 30 - Menu : 50 000 L - Carte - Cuisine italienne et régionale.

Isolé en pleine montagne, face au Cervin, Les Neiges d'Antan est le modèle des hôtels de charme, le reflet de l'âme et de la passion de toute une famille. Le décor est simple mais très chaleureux car très personnalisé : un bar aux murs lambrissés, tapissés d'une collection de photos souvenirs, un grand salon d'esprit plus moderne où l'on peut trouver des livres, des journaux, des revues et qui sert aussi de salle de musique. Ici, le luxe, c'est une grande qualité alliée à une grande simplicité. C'est l'excellente cuisine surveillée de près par Mme Bich, qui fait aussi les confitures que l'on vous servira au petit déjeuner. C'est l'œnothèque sélectionnée par M. Bich aidé par son fils sommelier. C'est le petit napperon en dentelle ancienne que l'on met sous votre verre... Dans les chambres, même bon goût, même confort. Un hôtel de qualité, tenu par des gens de qualité.

Itinéraire d'accès : (carte n° 2) à 49 km au nord-est d'Aosta, A 5, sortie Saint-Vincent - Chatillon, puis S 406 - à 4 km avant Cervinia.

Villa Anna Maria ★★★

11020 Champoluc (Aosta)
5, rue Croues
Tél. (0125) 30 71 28 - Fax (0125) 30 79 84
M. Miki - M. Origone

Ouverture du 20 juin au 15 septembre et du 5 décembre au 30 avril **Chambres** 20 avec tél. direct (14 avec s.d.b. ou douche, w.c.) **Prix** des chambres en demi-pension et pension : 110 000 L - 120 000 L (par pers., 3 j. min.) - Petit déjeuner : 10/12 000 L, servi de 8 h à 11 h- **Cartes de crédit** Visa, Eurocard, MasterCard **Divers** Chiens non admis - Garage à l'hôtel (6 000 L) **Possibilités alentour** Ski - Val d'Ayas et ses hameaux : Antagnod, Perriax - Saint-Jacques : point de départ de courses en haute montagne - Château de Verrès - Eglise d'Arnad **Restaurant** service 12 h 30/14 h - 19 h 30/21 h - Menus : 30/40 000 L - Carte - Spécialités : Fondue du Val d'Aoste.

Ce chalet, au charme sans conteste, est une de nos adresses préférées. Cachée derrière les sapins, envahie de fleurs en été, ensevelie sous la neige l'hiver, la Villa Anna Maria est réservée aux amateurs de calme et à ceux qui aiment les lieux "habités". Entièrement tapissée de boiseries cirées, décorée de cuivres, la salle à manger est d'une beauté rustique et naturelle, et la cuisine paraît sophistiquée à force d'être simple. Les chambres, basses de plafond et un peu sombres, évoquent les refuges de montagne. L'accueil est chaleureux et authentique.

Itinéraire d'accès : *(carte n° 2) à 63 km à l'est d'Aosta par A 5, sortie Saint-Vincent - Chatillon, puis S 506 (par Saint-Vincent) jusqu'à Champoluc.*

Hotel Bellevue ★★★★

11012 Cogne (Aosta)
Via Gran Paradiso, 22
Tél. (0165) 74 825 - Fax (0165) 74 91 92 - MM. Jeantet et Roullet

Fermeture du 1er novembre au 21 décembre **Chambres** 30, 6 suite et 4 chalets avec tél. direct, douche ou s.d.b., w.c. (chalets avec t.v. et minibar) **Prix** des chambres : 150/310 000 L (double) - 270/350 000 L (suite) - Petit déjeuner : 12 000 L, servi de 7 h 30 à 10 h - Demi-pension : 105/240 000 L - pension +15% (par pers., 3 j. min.) **Cartes de crédit** acceptées **Divers** Chiens admis avec 20 000 L de supplément - Piscine couverte, jacuzzi, bain turc, sauna - Cours de cuisine, dégustation de vins - Garage et parking à l'hôtel **Possibilités alentour** Jardin alpin de Valnontey - Excursions dans le Parc National du Grand Paradis **Restaurants** service 12 h 30/13 h 30 - 20 h/21 h 30 - Menus : 45/50 000 L - Carte - Spécialités : Favò - Carbonada con polenta - Crème de Cogne.

L'Hotel Bellevue se trouve au cœur du Parc National du Grand Paradis, à la fois à deux pas du centre de Cogne et isolé dans un pré qui s'étend à perte de vue. Le décor avec ses meubles anciens, ses beaux objets d'art populaire et son personnel habillé en costume traditionnel, donne à l'établissement le charme d'un vieux chalet de montagne. La cuisine est recherchée et élaborée à partir d'excellents produits régionaux : pain, pâtisseries, confitures maison, et le Bellevue a même son propre fournisseur pour les fromages. Il y a trois restaurants, deux à l'hôtel : un pour les pensionnaires et un où l'on dîne à la carte ; le troisième *La Brasserie du Bon Bec*, au centre du village, où l'on mange les spécialités montagnardes : raclette, pierrade, tartiflette, fondue. Les chambres, qui bénéficient toutes d'une superbe vue, sont décorées avec beaucoup d'élégance. Le Bellevue s'est récemment pourvu d'installations modernes de détente et propose des soirées musique ou cinéma.

Itinéraire d'accès : (carte n° 2) à 27 km au sud d'Aosta par S 26 jusqu'à Sarre, puis S 507.

Le Cristallo ★★★★

11013 Courmayeur (Aosta)
Via Roma, 142
Tél. (0165) 84 66 66 - Fax (0165) 84 63 27

Ouverture du 22 décembre au 10 avril et du 1er juillet au 10 septembre **Chambres** 27 avec tél. direct, s.d.b., w.c., radio, t.v., minibar **Prix** des chambres : 150/260 000 L - Petit déjeuner compris **Cartes de crédit** Visa, Eurocard, MasterCard **Divers** Sauna, hydromassage, solarium - Parking à l'hôtel **Possibilités alentour** Ski - Cascades et lac du Ruitor près de Thuile - Col du Géant et Aiguille du Midi en téléphérique - Téléphérique du Chécrouit - Val Veny et Val Ferret - Chamonix - Golf à Plainpincieux, 9 trous - Golf à Chamonix, 18 trous **Pas de restaurant** à l'hôtel (voir notre sélection de restaurants p. 394).

Courmayeur qui partage Le Mont Blanc avec sa voisine Chamonix, est une des plus grandes stations italiennes de ski et d'alpinisme. Le tunnel en effet, les a mises à moins de 30 km l'une de l'autre. Courmayeur est très étendue, le Cristallo se trouve dans la rue principale du village située sur les hauteurs. Son architecture extérieure, celle des années soixante, où le béton était roi, n'a aucun charme mais dès la porte franchie on est séduit par l'atmosphère chaleureuse de la maison. On a privilégié le bois et un rustique de bon goût. Dans le salon, les meubles sculptés afghans se marient aux meubles régionaux, aux poteries et bibelots d'art populaire, qu'ils soient suédois, piémontais ou indiens. Les chambres dont la couleur change selon les étages, sont tapissées de pin ; toutes sont confortables et ont vue sur la montagne. L'ouverture d'un restaurant est prévue, ce qui apporterait à l'hôtel un confort de plus.

Itinéraire d'accès : *(carte n° 1) à 24 km à l'est de Chamonix par le tunnel du Mont-Blanc. A 38 km à l'est d'Aosta par S 26.*

La Grange ★★★

Entrèves 11013 Courmayeur (Aosta)
Strada La Brenva
Tél. (0165) 86 97 33 - Fax (0165) 86 97 44 - Famille Berthod

Ouverture du 1er décembre au 30 avril et du 1er juillet au 30 septembre **Chambres** 23 avec tél. direct, s.d.b., w.c., radio, t.v., minibar **Prix** des chambres : 100/150 000 L (simple) - 150/200 000 L (double) - 300/400 000 L (suite pour 4 pers.) - Petit déjeuner compris, servi de 8 h à 10 h 30 **Cartes de crédit** acceptées **Divers** Chiens admis avec 5 000 L de supplément - Sauna (15 000 L) et parking à l'hôtel **Possibilités alentour** Ski - Cascades et lac du Ruitor près de Thuile - Col du Géant et Aiguille du Midi en téléphérique - Téléphérique du Chécrouit - Val Veny et Val Ferret - Chamonix - Golf 9 trous à Plainpincieux - Golf à Chamonix, 18 trous **Pas de restaurant** à l'hôtel (voir notre sélection de restaurants p. 394).

Malgré son succès et son charme, ce petit hôtel est resté une adresse confidentielle. Caché dans ce qui fut autrefois le fin fond du Val d'Aoste, au pied du glacier de la Brenva et du mont Blanc, il est aujourd'hui sur la route du tunnel qui relie Courmayeur à Chamonix. Heureusement le village, à l'écart de la route, n'a pas subi les mêmes agressions et Entrèves est resté un authentique village de montagne. L'intérieur de cette ancienne grange, très bien restaurée, est très chaleureux : des meubles anciens, des objets, des gravures décorent le salon et l'adorable salle du petit déjeuner qui est, précisons-le, délicieux. Les chambres sont aussi confortables, douillettes et intimes. Seul défaut, surtout pour un hôtel de montagne en hiver : le manque de restaurant. Mais les propriétaires ont pris soin de s'organiser avec certains restaurants du village (entre 25 000 L et 35 000 L).

Itinéraire d'accès : (carte n° 1) à 20 km de Chamonix par le tunnel - A 42 km à l'ouest d'Aosta par S 26, Courmayeur, route du tunnel du Mont-Blanc, Entrèves.

1995

Meublé Emile Rey ★★

La Saxe 11013 Courmayeur (Aosta)
Tél. (0165) 84 40 44 - Fax (0165) 84 64 97
M. Bucci

Fermeture mai, octobre et novembre **Chambres** 10 avec tél., s.d.b. **Prix** des chambres : 60/65 000 L (simple) - 100/110 000 L (double) - Petit déjeune-buffet compris **Cartes de crédit** Visa, Eurocard, MasterCard **Divers** Chiens non admis - Parking à l'hôtel **Possibilités alentour** Ski - Cascades et lac du Ruitor près de Thuile - Col du Géant et Aiguille du Midi en téléphérique - Téléphérique du Chécrouit - Val Veny et Val Ferret - Chamonix - Golf à Plainpincieux, 9 trous - Golf à Chamonix, 18 trous **Pas de restaurant** à l'hôtel (voir notre sélection de restaurants p. 394).

Située tout en haut du petit village de la Saxe, là où une échappée verte et quelques pierres montrent le chemin du mont Blanc, cette vieille maison XIXᵉ appartint au légendaire guide, Emile Rey. Cette *locanda* garde le souvenir d'exploits que l'on peut toujours essayer d'égaler : escalades, longues randonnées, fatigue, muscles endoloris mais plaisir de goûter aux sources froides, plaisir des voies qu'on ouvre dans la roche, des sommets atteints. Pour tous ceux qui aiment la haute montagne cette adresse est précieuse. Plus simplement, on y vient aussi en hiver pour y faire du ski (Courmayeur n'est qu'à 1 km), en été pour les promenades dans les paturages. Outre l'intérêt de sa situation le confort ne manque pas. Les chambres sont accueillantes, les hôtes adorables, la pierre et le bois jamais trahis. Des bonheurs tout simples à savourer.

Itinéraire d'accès : (carte n° 1) à 20 km de Chamonix par le tunnel - A 42 km à l'ouest d'Aosta par S 26, Courmayeur, route du tunnel du Mont-Blanc, La Saxe.

La Barme ★★

11012 Valnontey (Aosta)
Tél. (0165) 74 91 77 - M. Herren

Fermeture mai et novembre **Chambres** 9 **Prix** des chambres : 80/100 000 L (double) -
Petit déjeuner-buffet : 10 000 L - Demi-pension : 68/72 000 L (par pers.) **Eurochèques**
acceptés **Divers** Chiens non admis - Parking à l'hôtel **Possibilités alentour** Ski - Jardin
alpin de Valnontey - Excursions dans le Parc National du Grand Paradis **Restaurant** service
20 h 30/21 h 30 - Menu - Cuisine régionale.

À 3 km de Cogne, Valnontey connu pour son jardin alpestre "Paradisia"
qui conserve de rares exemplaires de la flore alpine, est le dernier
village en bordure du Parc National du Grand Paradis. Ici la montagne
devient plus sauvage, les animaux descendent sans peur, les maisons se
font plus rares. La Barme, dans le dialecte local, veut dire "la tanière". Ce
nom va parfaitement bien à cette petite auberge toute en pierre grise qui
ressemble à ces maisons de montagne, moitié grange ou étable, moitié
habitation. Dans l'escalier en bois, des petites pantoufles attendent les
skieurs de fond et leurs pieds fatigués. Les chambres sont très sobres mais
douillettes. C'est une adresse pour profiter pleinement de la nature et des
nombreuses excursions qu'offrent la vallée de Cogne et le Valsavarenche.

*Itinéraire d'accès : (carte n° 2) à 27 km au sud d'Aosta par S 26 jusqu'à
Sarre, puis S 507. A 3 km de Cogne.*

Hotel Lo Scoiattolo ★★★

11020 Gressoney-la-Trinité (Aosta)
Tél. (0125) 366 313 - Fax. (0125) 366 220
Mme Bethaz

Ouverture du 1er décembre au 30 avril et du 25 juin au 30 septembre **Chambres** 14 avec tél. direct, s.d.b., w.c., t.v. **Prix** demi-pension : 70/120 000 L (par pers.) - Petit déjeuner : 13 000 L, servi de 8 h à 10 h **Cartes de crédit** Visa, Eurocard, MasterCard **Divers** Chiens non admis - Garage à l'hôtel **Possibilités alentour** Ski, à 500 m des remontées mécaniques - Excursions et ascensions sur le mont Rose **Restaurant** service à 13 h et à 19 h 30, réservé aux résidents - Menu - Cuisine régionale.

Gressoney-la-Trinité est le dernier village de ce Val d'Aoste qui vient ici buter contre le mont Rose. Fréquenté essentiellement par des familles italiennes et des inconditionnels de la montagne, le village jouit d'une ambiance très différente de celle que l'on rencontre dans les autres stations valdôtaines plus mondaines. Les hôtels se sont mis au diapason de la clientèle. Le plus agréable est ce petit hôtel géré par Silvana et ses deux filles. Les chambres sont grandes et bien aménagées. Toutes les pièces sont recouvertes de bois clair, créant un vrai décor de montagne. Mme Bethaz, qui peut avoir un accueil un peu bourru, veille cependant avec beaucoup de soin à la bonne marche de l'hôtel et de la cuisine. Une adresse intéressante pour des vacances économiques.

Itinéraire d'accès : (carte n° 2) à 100 km à l'est d'Aosta par A 5 sortie Pont-Saint-Martin, puis S 505.

Hotel dei Trulli ★★★★★

70011 Alberobello (Bari)
Via Cadore, 28
Tél. (080) 932 35 55 - Fax (080) 932 35 60
M. Farace

Ouverture toute l'année **Suites** 19 climatisées avec tél. direct, s.d.b. ou douche, w.c., t.v., minibar **Prix** des chambres : 120/150 000 L (simple) - 200/250 000 L (double) - Petit déjeuner : 30 000 L, servi de 7 h 30 à 9 h 30 - Demi-pension et pension : 150/180 000 L - 180/220 000 L (par pers., 3 j. min.) **Divers** Chiens admis - Piscine et parking à l'hôtel **Cartes de crédit** acceptées **Possibilités alentour** à Alberobello zona Trulli (Trullo Sovrano) ; manifestation : procession de la Madonna del Buoncammino le 1er dim. après le 15 août - Locorotondo - Martina Franca - Taranto - (céramiques grecques du musée national) - Castellana Grotte - Castel del Monte **Restaurant** service 12 h 30/14 h 30 - 19 h 30/22 h 30 - Menu : 60 000 L - Carte - Spécialités : Orecchiette alla barese - Purè di fave con cicoria - Agnello Alberobellese.

Alberobello est en quelque sorte la capitale mondiale des *trulli*. Contrairement à ce que pourrait laisser croire leur petit côté "maison de lutins à Disneyland", ces drôles de petites habitations sont d'authentiques constructions anciennes, typiques de la région. Il n'en est pas de même pour l'hôtel entièrement constitué de *trulli* de facture récente mais qui permettent tout de même une excellente initiation au mode de vie qu'implique cette architecture. Chacun, fraîchement blanchi, dispose d'une charmille, d'une ou deux chambres et d'un petit salon avec cheminée, tous confortables, charmants et climatisés. Le restaurant se trouve dans le bâtiment principal. L'hôtel possède également une piscine qui, sans être très belle, reste tout de même bien appréciable aux chaudes journées d'été.

Itinéraire d'accès : (carte n° 23) à 55 km au sud-est de Bari par S 100 jusqu'à Casamàssima, puis S 172 jusqu'à Putignano et Alberobello.

Il Melograno ★★★★★

70043 Monopoli (Bari)
Contrada Torricella, 345
Tél. (080) 690 90 30 - Fax (080) 74 79 08 - M. Guerra

Ouverture toute l'année **Chambres** 37 climatisées avec tél. direct, s.d.b. et douche, w.c., t.v. satellite, minibar **Prix** des chambres : 190/280 000 L (simple) - 260/440 000 L (double) - 490/680 000 L (suite) - Petit déjeuner compris, servi de 7 h 30 à 11 h 30 - Demi-pension et pension : 180/270 000 L - 210/310 000 L (par pers., 3 j. min.) **Cartes de crédit** acceptées Chiens non admis - Piscine - Tennis - Centre de remise en forme avec piscine intérieure et sauna - Parking à l'hôtel **Possibilités alentour** Ruines d'Egnazia - Polignano a Mare : église Matrice, Grotte Palazzese, grotte des pigeons et des phoques - Zona Trulli à Alberobello - Locorotondo - Martina Franca - Taranto - (céramiques grecques du musée national) - Castellana Grotte - Castel del Monte **Restaurant** service 12 h 30/14 h 30 - 20 h/22 h 30 - Fermeture en février - Menu : 80 000 L - Carte - Spécialités : Salmone affumicato in casa - Agnello al forno.

Voici en cette terre surchauffée des Pouilles une oasis de fraîcheur, de verdure et de goût. C'est une vieille métairie fortifiée du XVIᵉ siècle entourée d'un dédale de bâtiments blancs qui se mêlent aux oliviers, citronniers, bougainvillées et grenadiers. Maison de vacances, elle fut transformée en hôtel et conserve toujours le côté personnel qui a longtemps été le sien. Les chambres sont d'un grand raffinement : des meubles et des tableaux anciens, de beaux tissus et des sols de *cotto* traditionnel. Les salons semblent se perdre dans une orangeraie aperçue à travers une baie vitrée, la salle à manger-véranda où l'on dîne sous un vélum blanc près d'un olivier millénaire se trouve à l'autre bout du jardin. Grande gentillesse de l'accueil. A noter, des séminaires qui peuvent parfois déranger les résidents.

Itinéraire d'accès : *(carte n° 23) à 50 km au sud de Bari, à 3 km de Monopoli sur la route d'Alberobello.*

Villa Cenci ★★★

72014 Cisternino (Brindisi)
(Via per Ceglie Messapica)
Tél. (080) 71 82 08 - Fax (080) 71 82 08
Mme Bianco

Ouverture de fin mars à fin septembre **Chambres** 25 avec s.d.b. ou douche, w.c. **Prix** des chambres : 62/80 000 L (simple) - 104/140 000 L (double) - Petit déjeuner : 8 000 L, servi de 8 h 30 à 9 h 30 **Cartes de crédit** Visa, Eurocard, MasterCard **Divers** Chiens admis - Piscine - Parking à l'hôtel **Possibilités alentour** Zona Trulli à Alberobello - Grottes de Castellana - Locorotondo - Martina Franca - Taranto - (céramiques grecques du musée national) - Golf 18 trous, à Riva dei Tessali, Castellaneta-Taranto **Restaurant** service 13 h/14 h 30 - 20 h/22 h - Menu : 30 000 L - Cuisine italienne et régionale.

À l'écart des flux touristiques dans une région qui l'est ô combien, ce grand domaine agricole vous héberge pour une somme des plus modiques. La belle maison blanche isolée parmi les vignes offre à ses visiteurs une quiétude que l'on goûte dès l'allée bordée de lauriers blancs. Elle est encadrée de *trulli*, ces constructions coniques typiques des Pouilles qui sont autant de chambres fraîches, simples et de bon ton (à la villa Cenci du moins). D'autres chambres plus classiques se trouvent dans la villa ainsi que quelques petits appartements très fonctionnels. L'hôtel est fréquenté par de nombreux habitués italiens ou anglais. De la piscine on a une jolie vue sur la campagne. Les fruits, les légumes et les vins qui composent les repas sont des produits "maison".

Itinéraire d'accès : (carte n° 23) à 74 km au sud-est de Bari par SS 16, bord de mer, jusqu'à Fasano, puis S 172 jusqu'au lieu-dit Laureto (direction Cisternino).

POUILLES

Hotel Sierra Silvana

72010 Selva di Fasano (Brindisi)
Tél. (080) 933 13 22 - Fax (080) 933 12 07

Ouverture du 25 mars au 5 novembre **Chambres** 120 climatisées avec tél. direct, s.d.b. w.c.
Prix des chambres : 120/150 000 L (double) - Petit déjeuner : 11 000 L, servi de 7 h à 10 h -
Demi-pension et pension : 88/133 000 L - 95/145 000 L (par pers.) **Cartes de crédit**
acceptées **Divers** Chiens non admis - Piscine et parking à l'hôtel **Possibilités alentour**
Ruines d'Egnazia près de Monopoli - Alberobello et la zona Trulli - Locorotondo - Martina
Franca - Taranto - (céramiques grecques du musée national) - Castellana Grotte - Golf
18 trous, à Riva dei Tessali, Castellaneta-Taranto **Restaurant** service 12 h 30/14 h -
19 h 30/21 h - Menus : 38 000 L - Carte - Cuisine régionale et italienne.

L'Hotel Serra Silvana occupe des bâtiments modernes, mais c'est autour d'un imposant et ancien *trulli* qu'il a été construit. Comme pour beaucoup d'habitations primitives, c'est la taille de la demeure qui permettait de faire la différence sociale. Celui-ci est énorme, puisque une fois parfaitement restauré, il peut accueillir quatre chambres. Décorées avec sobriété et élégance, ce sont les plus demandées même si les autres sont calmes et confortables, beaucoup avec balcon donnant sur le jardin. A signaler toutefois que l'hôtel, bien équipé pour recevoir des réceptions, a su malgré tout préserver l'intimité de ses résidents. A une cinquantaine de kilomètres de Brindisi, une adresse qui peut constituer une étape intéressante avant d'embarquer pour la Grèce.

Itinéraire d'accès : (carte n° 23) à 60 km au sud-est de Bari.

Hotel Villa Ducale ★★★

74015 Martina Franca (Taranto)
Piazzetta Sant'Antonio
Tél. (080) 70 50 55 - Fax (080) 70 58 85
M. A. Sforza

Ouverture toute l'année **Chambres** 24 climatisées avec tél. direct, s.d.b., w.c., minibar **Prix** des chambres : 95 000 L (simple) - 140 000 L (double) - 160 000 L (suite) - Petit déjeuner compris, servi de 7 h 30 à 11 h 30 **Cartes de crédit** acceptées **Divers** Chiens admis - Parking **Possibilités alentour** à Martina Franca piazza Roma (palais ducal) ; manifestation : Festival du Valle d'Itria fin juillet - Zona Trulli à Alberobello - Golf 18 trous, à Riva dei Tessali, Castellaneta-Taranto - Locorotondo - Taranto - (céramiques grecques du musée national) - Castellana Grotte **Restaurant** service 12 h 30/14 h 30 - 20 h/22 h - Menu : 40 000 L - Carte - Spécialités locales.

Le palais ducal de Martina Franca est une splendeur. La ville tout entière est architecturalement intéressante, pourtant peu touristique et il faut y séjourner pour bien l'apprécier. Comme tous les hôtels de la ville, la Villa Ducale a pris le parti de la modernité. L'immeuble ne présente d'autre intérêt que d'être proche de la vieille ville en bordure d'un grand jardin public et d'un couvent du XVIe siècle. Mais une fois à l'intérieur, on oublie le bâtiment. La décoration est très avant-garde, "branchée" même, tout y est très "design", réception, bar, chambres. Cela est assez incongru, mais très confortable. Choisir de préférence les chambres qui font l'angle (n° 105, 205, 305) : elles ont deux fenêtres, ce qui les rend très claires mais parfois un peu bruyantes en dépit des doubles vitrages.

Itinéraire d'accès : (carte n° 23) à 74 km au sud-est de Bari par S 100, Locorotondo et Martina Franca.

Hotel Hieracon ★★★

Isola di San Pietro
09014 Carloforte (Cagliari)
Corso Cavour, 62
Tél. (0781) 85 40 28 - Fax (0781) 85 40 28 - M. Ferrando

Ouverture toute l'année **Chambres** 24 dont 7 suites climatisées avec tél. direct, douche, w.c., t.v., minibar **Prix** des chambres : 75 000 L (simple) - 111 000 L (double) - 160 000 L (triple) - Petit déjeuner : 6 000 L, servi de 8 h 30 à 10 h 30 - Demi-pension et pension : 98 000 L - 130 000 L (par pers., 3 j. min.) **Cartes de crédit** non acceptées **Divers** Petits chiens admis **Possibilités alentour** Plages à 2 km - Promenades dans l'île - Location de bateaux **Restaurant** service 12 h 30/14 h - 19 h 30/21 h 30 - Menu : 25 000 L - Carte - Cuisine italienne et régionale.

San Pietro est une jolie petite île aux côtes rocheuses festonnées de criques et de plages. L'Hotel Hieracon, une jolie bâtisse construite dans le style Liberty, se trouve sur le port. A l'intérieur s'harmonisent carrelages clairs et tons pastel. Nous vous conseillons les chambres du premier étage avec leur mobilier début du siècle, celles des autres étages étant plus sombres. Derrière l'hôtel apparaît un grand jardin en terrasse autour d'un haut palmier à l'ombre bienfaitrice. Quatre petits appartements de plain-pied donnent sur cette verdure. La salle de restaurant est superbe avec ses dalles noires et sa mezzanine aux lignes courbes rappelle les ponts des grands paquebots d'avant-guerre. Bonne cuisine avec des plats typiques de l'île. Ajoutons encore un accueil très aimable du docteur Ferrando.

Itinéraire d'accès : (carte n° 19) à 77 km à l'ouest de Cagliari par SS 130 jusqu'à Portoscuro ; traversée en ferry (40 mn) de Porto Vesme.

Pensione Paola e Primo Maggio ★★

Isola di San Pietro
Tacca Rossa
09014 Carloforte (Cagliari)
Tél. (0781) 85 00 98 - M. Ferraro

Fermeture de novembre au 15 avril **Chambres** 21 avec douche, w.c. **Prix** des chambres :
90 000 L (double) - Petit déjeuner : 5 500 L, servi de 8 h à 11 h - Demi-pension et pension :
90 000 L - 100 000 L **Cartes de crédit** Amex, Visa, Eurocar, MasterCard **Divers** Chiens non
admis **Possibilités alentour** Plages à 500 m - Promenades dans l'île - Location de bateaux
Restaurant service 13 h/14 h 30 - 19 h /23 h - Carte - Spécialités : Pesce.

A trois kilomètres de Carloforte, la pensione Paola fait face à la mer et
propose à des prix très raisonnables des chambres qui bénéficient
toutes de la vue maritime. Dans la maison principale se trouve le restaurant
à la grande terrasse bien ombragée. On y sert une bonne cuisine
consistante avec beaucoup de plats typiques de l'île. Les chambres 7, 8, 9,
plus modernes et confortables, sont à recommander. Au niveau inférieur,
deux chambres de plain-pied donnent sur le jardin ; elles sont aussi
agréables que les trois autres situées dans un bungalow tout proche.

Itinéraire d'accès *: (carte n° 19) à 77 km à l'ouest de Cagliari par SS 130
jusqu'à Portoscuro ; traversée en ferry (40 mn) de Porto Vesme - A 3 km
au nord de Carloforte.*

Club Ibisco Farm

Isola di Sant'Antioco
09017 Capo Sperone (Cagliari)
Tél. (0781) 80 90 18 / (0041) 91 52 59 39 - Fax (0781) 80 90 03
Mme Naef

Ouverture du 19 juin au 18 septembre **Chambres** 8 avec tél. direct, douche, w.c., minibar **Prix** des chambres : 150/230 000 L (simple) - 250/400 000 L (double) - 350/600 000 L (triple) - 450/680 000 L (appartement) - Petit déjeuner compris, servi de 8 h 30 à 10 h - Demi-pension : 150/230 000 L (par pers., 7 j. min.) **Carte de crédit** Visa, Eurocard, MasterCard, Eurochèques **Divers** Chiens non admis - Tennis (25 000 L la nuit) - Equitation - Bateau - Plage (100 m) - Parking à l'hôtel **Possibilités alentour** à Sant'Antioco : Eglise paroissiale, musée et tophet - Calasetta **Restaurant** service 20 h 30.

Le Club Ibisco Farm est une ancienne ferme joliment restaurée dans un vaste domaine de 100 hectares surplombant la mer. Amoureux de cette île encore bien préservée, les propriétaires passent plusieurs mois de l'année dans ce beau décor sauvage. Leurs hôtes ont à leur disposition un superbe motor-sailer de 17 mètres tout en bois, des chevaux, un terrain de football ainsi qu'un court de tennis. Servis dehors autour d'une grande table en bois, les dîners, pris en commun, sont absolument délicieux à base des produits et du vin de la propriété et de poisson, fruit de la pêche quotidienne. Parmi les différentes chambres, nos préférences vont à la suite pour trois personnes et à l'appartement pour quatre, plus clair et spacieux. Les autres chambres sont néanmoins tout à fait confortables et tranquilles.

Itinéraire d'accès : (carte n° 19) à 95 km à l'ouest de Cagliari par SS 136 jusqu' à Sant'Antioco, puis par le bord de mer vers Capo Sperone (à 1 km au-delà du Peonia Rosa) ; aéroport de Cagliari (transfert par navette de l'hôtel, 100 000 L par pers.).

Is Morus Hotel ★★★★

09010 Santa Margherita di Pula (Cagliari)
Tél. (070) 92 11 71 - Fax (070) 92 15 96
M. Orru

Ouverture d'avril à octobre **Chambres** 83 climatisées avec tél. direct, s.d.b. ou douche, w.c., t.v., minibar **Prix** des chambres en demi-pension : 170/330 000 L (par pers.) - Petit déjeuner compris, servi de 7 h 30 à 10 h **Cartes de crédit** acceptées **Divers** Piscine - Tennis - Minigolf - navette privée pour le golf Is Molas (green fee gratuit) - Plage privée - Parking à l'hôtel **Divers** Petits chiens admis dans les villas **Possibilités alentour** Vestiges de la Nécropole de Nora (temple punique, théâtre romain, pavements en mosaïques) - Golf Is Molas, 18 trous à S. Margherita di Pula **Restaurant** service 13 h/14 h 30 - 20 h/21 h 30 - Menu : 50/70 000 L - Carte - Cuisine régionale et italienne - Pesce.

A l'instar de la Costa Smeralda, le littoral situé au sud de Cagliari connaît depuis quelques années un grand essor balnéaire. A Santa Margherita di Pula, jouxtant le golf, l'Is Morus est un hôtel de luxe qui jouit d'une situation doublement privilégiée : au milieu d'une pinède que borde une superbe mer turquoise. Les chambres sont réparties entre des villas auxquelles les arbres apportent une fraîcheur très recherchée dans cette partie de la Sardaigne et dans la maison principale. Celle-ci, une construction basse aux murs blancs, évoque les grandes villas espagnoles.

Itinéraire d'accès : (carte n° 19) à 37 km au sud-ouest de Cagliari par le bord de mer (S 195) jusqu'à Santa Margherita (à 6, 5 km de Pula).

Hotel Su Gologone ★★★

Sorgente Su Gologone
08025 Oliena (Nuoro)
Tél. (0784) 28 75 12 - Fax (0784) 28 76 68
M. Palimodde

Ouverture toute l'année **Chambres** 65 climatisées avec tél. direct, s.d.b., w.c., t.v. (20 avec minibar) **Prix** des chambres : 76 500 L (simple) - 95 000 L (double) - 125 000 L (suite) - Petit déjeuner : 10 000 L, servi de 7 h 30 à 9 h 30 - Demi-pension et pension : 90/104 000 L - 103/135 000 L (par pers., 3 j. min.) **Cartes de crédit** Amex, Visa, Eurocard, MasterCard **Divers** Chiens admis - Tennis (8 000 L) - Piscine - Equitation et parking à l'hôtel **Possibilités alentour** Sorgente su Gologone - Chapelle de San Lussurgiu à Oliena **Restaurant** service 12 h 30/15 h - 20 h/23 h - Menu : 50 000 L - Carte - Cuisine sarde - Pesce.

Si l'attrait majeur de la Sardaigne réside dans son littoral, l'intérieur du pays mérite plus qu'un détour. Situé à vingt kilomètres des côtes entre Dorgali et Oliena, au pied des Supramonte, superbes montagnes rocheuses, le Su Gologone est un hôtel qui a tout pour plaire. C'est d'abord le restaurant, créé en 1961, qui connut la célébrité, et son excellente cuisine typique attire toujours de nombreux amateurs. L'architecture de l'hôtel, inspirée des maisons d'Oliena, est une grande réussite. L'intérieur a été aménagé avec un goût rare, de vieilles poutres s'harmonisent avec de beaux meubles anciens et des tableaux de Biasi, peintre sarde talentueux. Les chambres, toutes différentes, sont très agréables ; la splendide piscine est alimentée en eau de source. L'hôtel organise de nombreuses excursions à cheval ou Land Rover dans les environs. Accueil très aimable.

Itinéraire d'accès : (carte n° 19) à 20 km au sud-est de Nuoro jusqu'à Oliena, puis direction Dorgali ; suivre fléchage.

Villa Las Tronas ★★★★

07041 Alghero (Sassari)
Via Lungomare Valencia, 1
Tél. (079) 98 18 18 - Fax (079) 98 10 44

Ouverture toute l'année **Chambres** 30 climatisées avec tél. direct, s.d.b. ou douche, t.v., minibar ; ascenseur **Prix** des chambres : 160/180 000 L (simples) - 200/260 000 L (double) - Petit déjeuner compris, servi de 7 h 30 à 9 h 30 **Cartes de crédit** acceptées **Divers** Chiens non admis - Piscine - Plage privée - Parking à l'hôtel à l'hôtel **Possibilités alentour** Cathédrale d'Alghero - Porto Conte - Grotte de Neptune - Nécropole d'Anghelu Ruiu - Route de Bosa - Eglise della Santissima Trinità di Saccarsia à 15 km de Sassari **Restaurant** service 13 h/14 h 30 - 20 h/ 21 h 30 - Menu et carte - Cuisine sarde - Pesce.

Autrefois lieu de plaisance des rois d'Italie lors de leur séjour en Sardaigne, cette étrange construction à l'architecture d'inspiration mauresque est aujourd'hui un hôtel à l'ambiance baroque créée par les vastes pièces très chargées, aux plafonds peints et aux lustres brillants, et les nombreux salons de couleurs différentes. L'hôtel, situé sur une petite presqu'île, domine tout le golfe d'Alghero avec à ses pieds un parc très ordonné. Les chambres donnent toutes sur la mer ; pourvues de tout le confort moderne, elles sont spacieuses et hautes de plafond ; les numéros 8, 10, 12, 14, 16 se révèlent les plus agréables avec une très grande terrasse qu'elles se partagent et d'où l'on embrasse le superbe panorama. De même, on profite de la vue dans la belle salle à manger. Une jolie piscine et une plage aménagée dans les rochers complètent l'inventaire des lieux. Un personnel très stylé et évoluant avec prestance contribue à l'atmosphère élégante de l'établissement.

Itinéraire d'accès : (carte n° 19) à 35 km au sud-ouest de Sassari par S 291 jusqu'à Alghero.

Hotel Li Capanni ★★★

Cannigione
07020 Arzachena (Sassari)
Tél. (0789) 86 041 - M. Pagni

Ouverture de mai à septembre **Chambres** 23 et 2 suites avec douche, w.c. **Prix** des chambres en demi-pension : 120/190 000 L, 140/210 000 L avec vue sur la mer (par pers.) - Petit déjeuner compris **Cartes de crédit** non acceptées **Divers** Chiens non admis - Plage privée - Parking à l'hôtel **Possibilités alentour** Tombe des géants de Caprichera et nécropole Li Muri - San Pantaleo - Golf Pevero, 18 trous à Porto Cervo **Restaurant** réservé aux résidents : service 13 h/14 h - 20 h 30/21 h - Menus 30/35 000 L - Cuisine italienne et régionale.

A près un kilomètre et demi d'une route de terre, nous voilà tout à coup comme par enchantement loin de l'agitation qui règne sur cette Costa Smeralda, où l'on a quand même particulièrement respecté l'environnement et proscrit les campings. L'Hotel Li Capanni se veut plus un club qu'un hôtel pour souligner sa différence et préserver ainsi sa tranquillité. Dans un très beau site face à l'archipel des îles Maddalena et surplombant la mer, des petites maisons ocre s'éparpillent dans un parc de quatre hectares descendant doucement vers la mer jusqu'à une très jolie plage privée. Là, les chambres sont simples et confortables, alors que les installations communes sont regroupées dans une maison centrale. La salle à manger, qui domine la baie, est très séduisante avec ses petites tables et ses chaises en bois bleu. Un salon douillet rappelle l'intérieur d'une coquette maison particulière plutôt que celui d'un hôtel classique. Par mesure de sécurité, l'hôtel ne reçoit pas les enfants de moins de 14 ans.

Itinéraire d'accès : (carte n° 19) à 32 km au nord d'Olbia par S 125 presque jusqu'à Arzachena, puis par le bord de mer direction Palau (route de terre) jusqu'à Cannigione ; l'hôtel est à 3,5 km au-delà de Cannigione.

Hotel Don Diego ★★★★

Costa Dorata
07020 Porto San Paolo (Sassari)
Tél. (0789) 40 006 - Fax (0789) 40 026

Ouverture toute l'année **Chambres** 50 et 6 suites climatisées avec tél. direct, s.d.b. ou douche, w.c., t.v. **Prix** des chambres : 280/400 000 L (double) - Petit déjeuner : 25 000 L, servi de 8 h à 10 h - Demi-pension : 180/290 000 L (par pers.) **Cartes de crédit** acceptées **Divers** Chiens non admis - Piscine d'eau de mer - Tennis - Plage privée - Parking à l'hôtel **Possibilités alentour** Eglise San Simplicio d'Olbia - Promenade dans l'île de Tavolara - Golf Punta Aldia **Restaurant** service 13 h/14 h 30 - 20 h/21 h 30 - Menus 65/70 000 L - Carte - Cuisine régionale - Pesce.

A u sud d'Olbia, l'Hotel Don Diego se présente comme un ensemble de petites villas disséminées dans un parc, au milieu de bougainvillées et de pins. Chacune d'elles comporte six à huit chambres, agréablement fraîches, bénéficiant toutes d'une entrée indépendante. Si l'ensemble fait face à la mer, l'accueil, le bar, le restaurant et les salons, regroupés dans une même maison, sont les plus proches de l'eau. Vous trouverez aussi une piscine d'eau de mer et une plage de sable. Juste en face, dans une eau limpide, se dresse un éperon rocheux impressionnant et fascinant ; c'est l'île Tavolara. Le Don Diego est un endroit recommandé pour des vacances familiales.

Itinéraire d'accès : (carte n° 19) à 16 km au sud-est d'Olbia par S 125 jusqu'au-delà de Porto San Paolo, puis à gauche vers le bord de mer Costa Dorata.

Hotel Cala di Volpe ★★★★★

Porto Cervo
07020 Cala di Volpe (Sassari)
Tél. (0789) 96 083 - Télex 792133
Fax (0789) 96 442 - M. Paterlini

Ouverture du 12 mai au 30 septembre **Chambres** 123 climatisées avec tél. direct, s.d.b. ou douche, w.c., t.v., minibar **Prix** des chambres en demi-pension : 390 000 L, 475 000 L, 565 000 L (par pers.) **Divers** Chiens non admis - Piscine - Plage, port privé - Parking à l'hôtel **Possibilités alentour** Costa Smeralda - Chapelle de San Lussurgiu à Oliena - Tombe des géants de Caprichera et nécropole Li Muri - Golf Pevero, 18 trous à Porto Cervo **Restaurant** uniquement sur réservation - Service : 13 h/14 h 30 - 20 h/22 h - Cuisine italienne - Pesce.

Voilà trente ans que le prince Karim Agha Khan et un groupe de financiers internationaux décidèrent d'aménager luxueusement cette région vallonnée et sauvage de la Gallura sous le nom de Costa Smeralda. Le style des constructions est une sorte de cocktail d'architectures méditerranéennes : espagnole, mauresque, provençale. L'hôtel le plus célèbre de la région, le Cala di Volpe, a été conçu par un architecte français, Jacques Couelle. Situé face à une baie enchanteresse, il reprend dans ses lignes le modèle d'un village médiéval avec ses tours et ses terrasses, ses arcades et ses passages pavés de granit. L'intérieur est traité de la même façon mais avec tout le confort moderne souhaité. Un ensemble tout à fait extraordinaire qui, avec la gigantesque piscine, le port privé et le service très stylé, fait de cet hôtel un endroit unique.

Itinéraire d'accès : (carte n° 19) à 25 km au nord d'Olbia par S 125, puis direction Porto Cervo jusqu'au lieu-dit Abbiadoni et à droite direction Capriccioli jusqu'au lieu-dit Cala di Volpe.

Hotel Le Ginestre ★★★★

07020 Porto Cervo (Sassari)
Tél. (0789) 92 030 - Fax (0789) 94 087
M. Costa

Ouverture de mai au 30 septembre ou 15 octobre **Chambres** 78 climatisées avec tél. direct, s.d.b. ou douche, w.c., t.v., minibar **Prix** des chambres en demi-pension et pension : 150/290 000 L, + 30 000 L (par pers.) - Petit déjeuner compris, servi de 8 h à 10 h 30 **Cartes de crédit** acceptées **Divers** Chiens non admis - Piscine chauffée - Tennis (35 000 L) - Plage privée - Parking à l'hôtel **Possibilités alentour** Costa Smeralda - Chapelle de San Lussurgiu à Oliena - Tombe des géants de Caprichera et nécropole Li Muri - Golf Pevero, 18 trous à Porto Cervo **Restaurant** service 13 h/14 h 30 - 20 h/22 h - Carte - Spécialités : Pesce.

A côté des fleurons en matière d'hôtellerie de luxe, on trouve, sur la Costa Smeralda, d'autres établissements de qualité aux prix plus abordables. A la lisière d'une pinède, Le Ginestre surplombe légèrement le golf du Pevero. Les chambres sont disposées dans une série de petites villas qui évoquent un petit hameau avec ses ruelles enchevêtrées ; l'ensemble est situé dans un parc planté d'essences typiquement méditerranéennes aux couleurs vives. Comme il est de mise dans la région, l'architecture néo-réaliste rappelle les villages toscans avec les façades aux couleurs ocre délavé. La plupart des chambres, joliment arrangées, profitent de balcons. Une piscine aux formes arrondies invite à la baignade. Un peu à l'écart, sous une grande cannisse, le restaurant est agréable. A cause du nombre de chambres, l'ambiance perd en intimité ce qu'elle gagne en décontraction.

Itinéraire d'accès : *(carte n° 19) à 30 km au nord d'Olbia par S 125, puis direction Porto Cervo.*

Hotel Romazzino ★★★★

Porto Cervo
07020 Romazzino (Sassari)
Tél. (0789) 96 020 - Fax (0789) 96 258

Ouverture du 15 mai au 10 octobre **Chambres** 90 climatisées avec tél. direct, s.d.b., w.c., t.v., minibar **Prix** des chambres en demi-pension : 375 000, 465 000 L, 555 000 L (par pers., 3 j. min.) - Petit déjeuner compris, servi de 7 h 30 à 10 h 30 **Cartes de crédit** acceptées **Divers** Chiens non admis - Piscine - Tennis - Plage privée - Parking à l'hôtel **Possibilités alentour** Costa Smeralda - Chapelle de San Lussurgiu à Oliena - Tombe des géants de Caprichera et nécropole Li Muri - Golf Pevero, 18 trous à 5 minutes de l'hôtel **Restaurant** service 13 h/14 h 30 - 20 h/22 h 30 - Menu - Cuisine italienne.

Si son célèbre voisin évoque un village médiéval, le Romazzino, avec ses murs blancs, ses fenêtres voûtées et ses tuiles roses, serait plutôt un village andalou, si ce n'est mexicain. C'est en tout cas une superbe vision quand on arrive par la route que cette silhouette féerique surgissant face à la mer. Le Romazzino est un hôtel calme où l'on ne cherche que le repos et les joies de la mer, où l'on profite de la superbe plage de sable fin et où un délicieux barbecue vous attend à l'heure du déjeuner. A l'intérieur, tout est en courbes et les murs rejoignent le plafond par de jolis arrondis évoquant de somptueuses cavernes ou des palais imaginaires. Le bar est unique avec un sol incrusté de troncs de genévriers. Toutes les chambres, parfaites, profitent d'une terrasse privée. Un endroit de rêve orienté vers la mer et ses plaisirs.

Itinéraire d'accès : (carte n° 19) à 25 km au nord d'Olbia par S 125, puis direction Porto Cervo jusqu'au lieu-dit Abbiadoni et à droite direction Caprioccioli jusqu'au lieu-dit Cala di Volpe - Romazzino est au-delà de Caprioccioli.

El Faro ★★★★

Porto Conte
07041 Alghero (Sassari)
Tél. (079) 94 20 10 - Fax (079) 94 20 30
M. Montixi

Ouverture d'avril à octobre **Chambres** 92 climatisées avec tél. direct, s.d.b. ou douche, w.c., t.v., minibar **Prix** des chambres : 107/167 000 L (simple) - 190/280 000 L (double) - Petit déjeuner compris, servi de 7 h 30 à 10 h - Demi-pension et pension : 105/210 000 L - 125/240 000 L (par pers., 3 j. min.) **Cartes de crédit** acceptées **Divers** Chiens admis sauf au restaurant et à la plage - Piscine - Tennis - Sauna (25 000 L) - Parking à l'hôtel **Possibilités alentour** Grotta de Neptune - Route panoramique pour Capo Caccia - Nuraghe Palmavera **Restaurant** service 13 h/14 h - 20 h/21 h 30 - Menu : 70 000 L - Carte - Spécialités : Langoustes - Spécialités de la mer.

Le site est superbe ; sur une petite péninsule et à côté d'un ancien phare, l'hôtel fait face au Cap Caccia qui abrite les fameuses grottes de Neptune ; la vue embrasse tout ce splendide golfe aux rives presque vierges d'habitations. Ce grand hôtel de quatre-vingt-douze chambres ne donne jamais l'impression d'être un lieu anonyme. Cela est dû à la qualité du service et à la décoration simple et soignée d'esprit méditerranéen. Toutes les chambres ont un balcon et vue sur la mer ; avec leurs murs blancs égayés de gravures à thèmes nautiques, leurs meubles en bois et les jolies salles de bains, ce sont des exemples de fraîcheur et de bon goût. En contrebas, entre plusieurs terrasses, une superbe piscine à demi-couverte domine les flots ; un peu plus bas on a aménagé une plage parmi les rochers. Un hôtel luxueux, encore abordable.

Itinéraire d'accès : (carte n° 19) à 41 km au sud-ouest de Sassari par S 291 jusqu'à Alghero et S 127 bis jusqu'à Porto Conte.

Villa Athena ★★★★

92100 Agrigento
Via dei Templi
Tél. (0922) 59 62 88 - Fax (0922) 40 21 80
M. d'Alessandro

Ouverture toute l'année **Chambres** 40 climatisées avec tél. direct, s.d.b. ou douche, w.c., t.v. ; ascenseur **Prix** des chambres : 130 000 L (simple) - 250 000 L (double) - Petit déjeuner compris, servi de 7 h 30 à 10 h - Demi-pension et pension : 290 000 L - 330 000 L (pour 2 pers., 3 j. min.) **Cartes de crédit** acceptées **Divers** Chiens non admis - Piscine - Parking à l'hôtel **Possibilités alentour** à Agrigento : Vallée des Temples, maison natale et pin de Pirandello - Naro - Palma di Montechiaro **Restaurant** service 12 h 30/14 h 30 - 19 h 30/20 h - Menu : 34 000 L - Carte - Spécialités : Involtini di spado pesce - Cavatelli Villa Athena - Pesce fresco.

On s'arrête à Agrigente pour la Vallée des Temples, haut lieu archéologique s'il en est. Et là, on s'aperçoit vite qu'il n'y a qu' un seul hôtel qui ait du charme : la Villa Athena. Cette ancienne villa princière du XVIIIe siècle, récemment bien rénovée, bénéficie il est vrai, d'une situation exceptionnelle, en face du temple de la Concorde, dont vous profiterez pleinement en habitant la chambre 205. Les chambres et salles de bains sont fonctionnelles et confortables. Un grand salon ouvre sur la terrasse et sur le temple. La piscine est très agréable.

Itinéraire d'accès : (carte n° 27) à 2 km au sud d'Agrigento (sur la côte sud) ; suivre fléchage pour Valle dei Templi.

Hotel Kaos ★★★★

92100 Agrigento
Villagio Pirandello
Tél. (0922) 59 86 22 - Fax (0922) 59 87 70
M. Ribecca

Ouverture toute l'année **Chambres** 105 climatisées avec tél. direct, s.d.b. ou douche, w.c., t.v., minibar ; ascenseur **Prix** des chambres : 155 000 L (simple) - 210 000 L (double) - Petit déjeuner compris, servi de 7 h 30 à 9 h 30 - Demi-pension et pension : 150 000 L - 190 000 L (par pers., 3 j. min.) **Cartes de crédit** acceptées **Divers** Chiens non admis - Piscine - Tennis - Parking à l'hôtel **Possibilités alentour** à Agrigento : la Vallée des Temples, maison natale et pin de Pirandello - Naro - Palma di Montechiaro **Restaurant** service 12 h 30/14 h 30 - 19 h 30/20 h - Menu : 34 000 L - Carte - Cuisine italienne et sicilienne.

P rès de la vallée des temples qui fait d'Agrigente "la plus belle des villes mortelles", il est un autre lieu que les guides oublient parfois de citer, un lieu émouvant, la maison natale de Pirandello et plus encore sa tombe sous le pin solitaire, au bout d'une allée, près de la maison de son enfance. Ce pin est considéré en Sicile comme un monument historique et sa santé mise en cause récemment par la pollution, a ouvert un grand débat quant à sa conservation, certains ayant même proposé sa momification. L'Hotel Kaos est un endroit moins poétique même s'il se trouve tout à côté : il occupe une ancienne demeure de maître et ses dépendances. Pour les aménagements et la décoration on hésite entre l'influence hollywoodienne ou celle des émirats, mais Agrigente mérite bien quelques sacrifices. L'hôtel est confortable et offre de très bonnes prestations de services et de détente. Accueil de surcroît très gentil.

Itinéraire d'accès : (carte n° 27) à 2 km au sud d'Agrigento (sur la côte sud) ; suivre fléchage pour Valle dei Templi. A 4 km de la Porta Aurea.

Hotel Elimo Erice

91 016 Erice (Trapani)
Via Vittore Emanuele, 75
Tél. (0923) 86 93 77 / 86 94 86 - Fax (0923) 86 92 52 - M. Tilotta

Ouverture toute l'année **Chambres** 21 avec tél. direct, s.d.b. ou douche, w.c., t.v. ; ascenseur **Prix** des chambres :120 000 L (simple) - 190 000 L (double) - Petit déjeuner compris, servi de 7 h 30 à 10 h - Demi-pension et pension : 130 000 L - 190 000 L (par pers., 3 j. min.) **Cartes de crédit** acceptées **Divers** Chiens admis - Parking à l'hôtel **Possibilités alentour** Trapani - Iles Egades (île de Favignana, grotte de Genovese sur l'île de Levanzano - Formica), manifestation : la pêche aux thons au mois de mai donne lieu à des excursions spéciales de Trapani et de Palerme **Restaurant** service 12 h 30/14 h 30 - 19 h 30/20 h - Menu : 30/60 000 L - Carte - Cuisine sicilienne.

A la pointe ouest de la Sicile, Erice qui surgit étendue sur son rocher, semble veiller sur un monde paisible et silencieux. Le centre historique n'est qu'un labyrinthe de ruelles étroites, de palais Renaissance, d'églises moyenâgeuses comme imbriqués les uns dans les autres. La vie se trouve derrière les façades, dans la cour intérieure, caratéristique des maisons d'Erice. L'Hotel Elimo occupe une de ces anciennes demeures. Restaurée avec soin, aménagée avec confort, la décoration qui s'inspire de couleurs, de matériaux, de motifs anciens n'en est pas moins un peu standardisée. Il reste cependant une halte très agréable dans cette belle ville d'Erice, qui a conservé un remarquable patrimoine architectural. Ne manquez pas non plus de vous promener le long des murs de fortification qui entourent la ville et qui offrent de superbes échappées sur la côte et la mer. Depuis le Castello di Venere, vous aurez la vue sur Trapani, les îles et par temps clair, vous apercevrez la Tunisie. Ne vous étonnez pas d'entendre parler de multiples langues étrangères dans les rues, la ville abrite le Centre international de Culture Scientifique "Ettore Majorana".

Itinéraire d'accès : (carte n° 27) à 13 km au nord de Trapani.

Grand Hotel Villa Igiea ★★★★★

90142 Palermo
Via Belmonte, 43
Tél. (091) 54 37 44 - Télex 91 00 92
Fax (091) 54 76 54 - M. Arabia

Ouverture toute l'année **Chambres** 117 climatisées avec tél. direct, s.d.b., w.c., minibar ; ascenseur ; accès handicapés **Prix** des chambres : 210 000 L (simple) - 330 000 L (double) - 550 000 L (suite) - Petit déjeuner compris, servi de 7 h à 10 h - Demi-pension et pension : 165 000 L - 245 000 L (par pers.) **Cartes de crédit** acceptées **Divers** Chiens admis dans la chambre - Piscine - Tennis et parking à l'hôtel **Possibilités alentour** à Palermo : église de la Martorana, chapelle palatine dans le palais des Normands, S. Giovanni degli Eremiti, S. Francesco d'Assisi, oratoire de S. Lorenzo, musée archéologique, palais Abatellis (Annonciation d'A. da Messina) ; manifestations : fête de la Sainte Rosalie (11/15 juillet), marché aux puces près de la cathédrale - Duomo et cloître de Monreale - Mondello et mont Pellegrino - Villa Palagonia à Bagheria - Solonte - Piana degli Albanesi **Restaurant** service 12 h 30/15 h - 19 h 30/23 h - Menu : 80 000 L - Carte - Spécialités : Pennette alla lido - Spada al forno.

S uperbe exemple du style Liberty 1900, la Villa Igiea est certainement le plus bel hôtel de l'ouest sicilien et sa situation lui permet d'échapper à l'agitation de Palerme. Difficile d'adresser un reproche à ce grand hôtel qui a su préserver son mobilier et sa décoration d'époque tout en garantissant à ses hôtes un confort et un service presque sans faille. Le bar, la salle à manger d'hiver, la véranda, les salons sont tellement agréables que les plus sophistiqués des Palermitains s'y retrouvent tous les soirs. La piscine et les jardins en terrasse dominent la baie où l'on peut se baigner. Impossible, en somme, d'échapper à la Villa Igiea si vous passez à Palerme.

***Itinéraire d'accès** : (carte n° 27) sur le front de mer, au nord du port, dans le quartier d'Acquasanta, par via dei Cantieri Navali.*

Centrale Palace Hotel ★★★

90134 Palermo
Corso Vittorio Emanuele, 327
Tél. (091) 33 66 66 Fax (091) 33 48 81
M. Romano

Ouverture toute l'année **Chambres** 61 climatisées avec tél. direct, douche (6 avec bains), w.c., minibar **Prix** des chambres : 120 000 L (simple) - 180 000 L (double) - 300 000 L (suite) - Petit déjeuner : 20 000 L, servi de 7 h à 11 h - Demi-pension et pension : 150 000 L - 170 000 L (par pers.) **Cartes de crédit** acceptées **Divers** Chiens admis dans la chambre - **Possibilités alentour** à Palermo église de la Martorana, chapelle palatine dans le palais des Normands, S. Giovanni degli Eremiti, S. Francesco d'Assisi, oratoire de S. Lorenzo, musée archéologique, palais Abatellis (Annonciation d'A. da Messina) ; manifestations : fête de la Sainte Rosalie (11/15 juillet), marché aux puces près de la cathédrale - Duomo et cloître de Monreale - Mondello et mont Pellegrino - Villa Palagonia à Bagheria - Solonte - Piana degli Albanesi **Pas de Restaurant** à l'hôtel (voir notre sélection de restaurants p. 436).

Voici le "petit hôtel" qui nous manquait à Palerme. Situé au cœur même du centre historique, l'hôtel a ouvert ses chambres récemment rénovées et ne devrait pas tarder à retrouver tout son faste d'antan. Pour l'heure vous aurez des chambres confortables, décorées de façon traditionnelle et bourgeoise, bénéficiant d'équipements modernes, telle que la bienvenue climatisation. Les prix sont encore doux. Un hôtel bon à connaître et à suivre.

Itinéraire d'accès : (carte n° 27) Le Corso Vittorio Emanuele part de la piazza Independenza.

Villa Lucia

96100 Siracusa
Traversa Mondello, 1 - Contrada Isola
Tél. (0336) 88 85 37- (0931) 721 007 - Fax (0931) 61 817
Mme Maria Luisa Palermo

Ouverture toute l'année **Chambres** 7 et 4 appartements (2/ lits) avec s.d.b. ou douche, w.c. , minibar **Prix** des chambres : 190 000 L (simple) - 290 000 L (double) - appart. 2/5 lits : 45 000 L par pers., 2 nuits min. (-5% pour séjour de 3 nuits, voyage de noce et famille nombreuse) - Petit déjeuner compris, servi de 7 h 30 à 10 h - **Cartes de crédit** non acceptées **Divers** Petits chiens admis seulement dans les chambres, avec supplément - Parking à l'hôtel **Possibilités alentour** à Siracusa musée archéologique et promenade d'Ortygie, ruines de Neapolis, les catacombes - Château de l'Euryale - Source Cyané (accès par route ou par barque) **Pas de restaurant** à l'hôtel (voir sélection de restaurants p. 398).

Une adresse précieuse car la seule bonne à ce jour. Il ne s'agit pas d'un hôtel classique. En effet c'est une ancienne maison de famille que la propriétaire, la marquise Maria Luisa Palermo, adapte progressivement pour recevoir des hôtes. Une allée de pins conduit à la villa dont le crépi rose fané laisse déjà présumer du charme des lieux. Résidence secondaire de la famille, pas de luxe ostentatoire mais des meubles anciens que l'on a rajouté au fil des générations, des souvenirs de voyage, des tableaux de famille... Le parc planté d'une dense végétation méditerranéenne est des plus agréables. Divines aussi, les promenades en bord de mer autour de la villa, avec la vue sur l'île d'Ortygia. Grace à son extraordinaire carnet mondain, Maria Luisa organise aussi des visites dans de somptueuses demeures privées siciliennes. Une adresse et une hôtesse de charme.

Itinéraire d'accès : (carte n° 28) à 6 km de Siracusa. En sortant sur l'autoroute à Catania/Siracusa, prendre la SS 115. En sortant de la ville, passer le fleuve Ciane, première route à gauche, tourner tout autour du port, contrada Isola.

Museo Albergo L'Atelier sul Mare

98070 Castel di Tusa (Messina)
Via Cesare Battisti, 4
Tél. (0921) 34 295 - Fax (0921) 34 283 - M. Antonio Presti

Ouverture toute l'année **Chambres** 40 avec tél. direct, s.d.b. ou douche, w.c. ; ascenseur **Prix** des chambres : 80/105 000 L (simple) - 120/160 000 L (double) ; 200 000 L (chambre d'artiste) - Petit déjeuner compris, servi de 7 h 30 à 9 h 30 h - Demi-pension et pension : 95/140 000 L - 100/165 000 L (par pers., 3 j. min.) **Cartes de crédit** Amex, Visa, Eurocard, MasterCard **Divers** Chiens admis avec supplément - Piscine et plage privée - Parking à l'hôtel **Possibilités alentour** Halaesa - poteries artisanales de S. Stefano di Camastra - Cefalù **Restaurant** service 13 h/15 h - 20 h 30/22 h 30 - Menu : 30/40 000 L - Carte - Spécialités : Pesce.

L a route Messine-Palerme longe les côtes sauvages de la mer Tyrrhénienne où les stations balnéaires comme Castel di Tusa sont nombreuses. Le Museo Albergo est au bord de l'eau, c'est une bâtisse de style méditerranéen, sur différents niveaux avec de grandes terrasses. Mais là n'est pas l'intérêt. L'intérêt vient du concept qui a conduit l'aménagement de l'hôtel et surtout celui des chambres, à savoir : vivre l'art au quotidien. Chacune est un "événement" dont on a confié la conception à un artiste d'art contemporain ; en logeant ici on occupe, on vit ainsi dans une œuvre, une œuvre unique. A la réception, dans le salon vous trouverez aussi des peintures, des sculptures, jusque sur la plage elle-même (si toutefois l'administration locale ne les a pas encore fait détruire). Si cet art n'est pas du goût de tous, il faut tout de même préciser que tous les critères d'un bon hôtel sont réunis : confort, bon service et un bon restaurant qui vous régalera de spécialités siciliennes et de la pêche de l'hôtel. A préciser que l'on ne peut visiter les chambres si l'on n'est pas client de l'hôtel.

Itinéraire d'accès : (carte n° 28) à 90 km à l'est de Palerme, A 20 jusqu'à Cefalù puis route de la côte direction Messine.

San Domenico Palace Hotel ★★★★★

96039 Taormina (Messina)
Piazza San Domenico, 5
Tél. (0942) 23 701 - Télex 980 013
Fax (0942) 62 55 06 - M. Menta

Ouverture toute l'année **Chambres** 111 climatisées avec tél. direct, s.d.b., w.c., t.v, minibar ;
ascenseur **Prix** des chambres : 400/620 000 L (double) - Petit déjeuner compris, servi de 8 h
à 10 h - Demi-pension et pension : 290/400 000 L - 370/480 000 L (par pers.) **Cartes de
crédit** acceptées **Divers** Chiens admis (dans les chambres seulement) - Piscine chauffée -
Parking (30 000 L) à l'hôtel **Possibilités alentour** à Taormina le théâtre grec - Le Castello
sur le mont Toro - Castelmola (terrasse, belvédère du Café S. Giorgio) - Forza d'Agro - Gorges
de l'Alcantara - Capo Schiso - Naxos - Plage de Mazzaro **Restaurant** service 12 h/14 h 30 -
20 h/22 h 30 - Menu : 100 000 L - Carte - Cuisine sicilienne et italienne.

Installé dans un couvent construit en 1430, le San Domenico Palace est
sans nul doute le plus bel hôtel de Sicile, fréquenté par une riche
clientèle internationale et quelques tour-operators (haut de gamme !). Pour
arriver jusqu'au délicieux jardin soigneusement entretenu et fleuri toute
l'année, on traverse le cloître et les nombreux longs couloirs dont les murs
s'ornent de toiles des XVIIe et XVIIIe siècles et sur lesquels s'ouvrent de
luxueuses chambres dont l'aspect extérieur rappelle celui des cellules de
moines. On y passe des journées de rêve au bord de la piscine d'où l'on
profite également de la vue sur le théâtre grec, la mer et l'Etna. Un dîner
aux chandelles sur la terrasse est aussi un bon moment.

Itinéraire d'accès : (carte n° 28) à 52 km au sud de Messina par A 18
sortie Taormina-nord ; près du Belvédère de la via Roma.

Hotel Villa Sant'Andrea ★★★★

98030 Mazzaro - Taormina (Messina)
Via Nazionale, 137
Tél. (0942) 23 125 - Fax (0942) 24 838
M. Rizzo

Ouverture du 12 mars au 10 janvier **Chambres** 67 climatisées avec tél. direct, s.d.b. ou douche, w.c., t.v. **Prix** des chambres : 120/190 000 L (simple) - 140/250 000 L (double) -Petit déjeuner compris, servi de 7 h à 11 h – Demi-pension et pension : 160/245 000 L - 190/290 000 L (par pers.) **Cartes de crédit** acceptées **Divers** Chiens non admis - Plage privée - Parking à 50 m (20 000 L) **Possibilités alentour** à Taormina le théâtre grec - Le Castello sur le mont Toro - Castelmola (terrasse, belvédère du Café S. Giorgio) - Forza d'Agro - Gorges de l'Alcantara - Capo Schiso - Naxos - Plage de Mazzaro - Il Picciolo Golf Club, 18 trous **Restaurant** service 13 h/14 h 30 - 20 h/21 h 30 - Fermeture : du 11 janvier au 11 mars - Menu : 65 000 L - Carte - Spécialités : Tagliolini con scampi e pesto alla Sant'Andrea - Spigola alla Don Rocco - Parfait alle mandorle.

Profiter des avantages de Taormina sans en subir les inconvénients : c'est possible à la Villa Sant'Andrea. Les pieds dans l'eau et à l'écart des ruelles touristiques du village qui n'est qu'à cinq minutes de téléphérique de là, cet hôtel a su aussi ne pas succomber à la facilité de devenir, comme ses voisins de Mazzaro, un rendez-vous de cars touristiques. Votre tranquillité est assurée dans cette villa datant des années cinquante, où les chambres (pour la plupart sur la mer), les restaurants, la plage privée et le bar en terrasse sont aménagés avec autant de goût que de discrétion.

Itinéraire d'accès : (carte n° 28) à 52 km au sud de Messina par A 18, sortie Taormina-nord - L'hôtel est à 5,5 km au nord de Taormina par la route de bord de mer.

Hotel Villa Belvedere ★★★

98039 Taormina (Messina)
Via Bagnoli Croci, 79
Tél. (0942) 237 91 - Fax (0942) 62 58 30
M. Pecaut

Ouverture une semaine avant Pâques au 31 octobre **Chambres** 51 (certaines climatisées) avec tél. direct, s.d.b. ou douche, w.c. **Prix** des chambres : 80/128 000 L (simple) - 140/210 000 L (double) - Petit déjeuner compris, servi de 7 h à 12 h **Cartes de crédit** Visa, Eurocard, MasterCard **Divers** Chiens admis - Piscine et parking (6 000 L) à l'hôtel **Possibilités alentour** à Taormina le théâtre grec - Le Castello sur le mont Toro - Castelmola (terrasse, belvédère du Café S. Giorgio) - Forza d'Agro - Gorges de l'Alcantara - Capo Shiso - Naxos - Plage de Mazzaro - Il Picciolo Golf Club, 18 trous **Pas de restaurant**, mais petite restauration d'avril à octobre dans le jardin de l'hôtel - Service 11 h 30/18 h 00 (voir notre sélection de restaurants p. 398).

À deux pas du très ravissant jardin public de Taormina s'érige le discret Hotel Belvedere. A l'écart de la frénétique folie des grandeurs qui agite l'essentiel des hôtels de Taormina, le Belvedere a su rester simple sans que cela nuise à son confort et à son charme. Remarquablement dirigée par son propriétaire d'origine française, cette maison vit sous la triple règle qui fait son succès auprès d'une clientèle d'artistes et d'habitués : propreté, confort et silence. Cinq nouvelles très jolies chambres ont été ouvertes, elles ont l'avantage d'un balcon-terrasse avec vue sur la mer. On n'en demanderait pas plus, mais la vue sur la baie de Taormina et une belle piscine sous des palmiers géants lui confèrent un attrait supplémentaire ce que, par chance, on ne retrouve pas dans l'addition.

Itinéraire d'accès : (carte n° 28) à 52 km au sud de Messina par A 18, sortie Taormina - L'hôtel est près du belvédère de la via Roma.

1995

Hotel Villa Ducale ★★★

96039 Taormina (Messina)
Via Leonardo da Vinci, 60
Tél. (0942) 28 153 - Fax (0942) 28 154
M. et Mme Quartucci

Fermeture du 15 janvier au 28 février **Chambres** 10 climatisées individuellement, avec tél. direct, s.d.b. ou douche, w.c., t.v., minibar **Prix** des chambres : 140/170 000 L (simple) - 200/240 000 L (double) - Petit déjeuner compris, servi de 8 h à 12 h **Cartes de crédit** Amex, Visa, Eurocard, MasterCard **Divers** Petits chiens admis - Parking à l'hôtel **Possibilités alentour** à Taormina le théâtre grec - Le Castello sur le mont Toro - Castelmola (terrasse, belvédère du Café S. Giorgio) - Forza d'Agro - Gorges de l'Alcantara - Capo Schiso - Naxos - Plage de Mazzaro - Il Picciolo Golf Club, 18 trous **Pas de restaurant** à l'hôtel (voir notre sélection de restaurants p. 398).

La Villa Ducale est un véritable petit hôtel de charme. Ouvert récemment par les petits-enfants d'une ancienne famille de Taormina qui a conservé cette authentique villa patricienne construite au début du siècle par leur arrière grand-père. L'hôtel est très confortable et très raffiné. Les chambres toutes différentes sont meublées à l'ancienne, décorées avec soin et avec goût et toutes ont une vue incroyable sur la mer, l'Etna et la vallée. Celles du troisième étage ont de plus, une agréable terrasse privée où sont installées table et chaises de jardin. Une très intéressante bibliothèque vous permettra de vous documenter sur la Sicile et son histoire, à moins que vous ne préfériez y faire une partie d'échecs. Ne manquez pas le délicieux petit déjeuner servi sur la terrasse panoramique de l'hôtel, à vrai dire il s'agit d'un véritable brunch avec viennoiseries, confiture et miel de l'Etna, jus de fruits frais et autres produits locaux. Accueil très convivial.

Itinéraire d'accès : (carte n° 28) à 52 km au sud de Messina par A 18, sortie Taormina.

Club il Gattopardo

Isola di Lampedusa (Agrigento)
Tél. (0922) 97 00 51

Ouverture de fin mai à mi octobre **Chambres** 11 et 2 suites avec tél., s.d.b.,w.c. **Prix** des chambres en pension complète : 1 700 000 L (par pers., 1 semaine ; transferts aéroport, bateau et voiture compris) **Carte de crédit** Amex **Divers** Chiens non admis **Possibilités alentour** Ile de Lampedusa (20 km²) **Restaurant** Table d'hôtes : service à 13 h et à 20 h 30 - Menu - Carte - Cuisine sicilienne et italienne.

Lampedusa est l'île la plus importante du groupe des îles Pelagiennes qui s'éparpillent entre les côtes sicilienne et tunisienne. Habitée dès l'âge de bronze, l'île resta déserte de l'antiquité jusqu'en 1843. Roberto est un grand amateur de plongée sous-marine ; désireux de connaître cette île encore sauvage, sa femme Annette (une Française) et lui ont créé cet hôtel-club. Ici, le mot "club" prend une connotation intime : en effet, Il Gattopardo n'a que treize chambres, installées dans la plus pure tradition architecturale de l'île : pierre ocre et coupole blanche s'intégrant parfaitement à la côte et à la mer toute proche. Les chambres très confortables sont décorées dans un style méditerranéen. Tout est organisé pour profiter de la mer : deux bateaux (pêche et moteur) sont à la disposition des clients et trois méharis vous permettront de sillonner l'île. Le soir, vous goûterez la cuisine du chef, tandis qu'Annette prépare les délicieux petits déjeuners. Une particularité : de mai à juin, Lampedusa reçoit les tortues de mer qui, la nuit, viennent déposer leurs œufs sur les plages ; la plus belle saison c'est le mois de septembre et d'octobre : l'eau est chaude et le ciel plein d'oiseaux qui migrent vers l'Afrique. Les enfants de moins de dix-huit ans ne peuvent séjourner à l'hôtel.

Itinéraire d'accès : (carte n° 27) aéroport de Palermo (30 mn de vol) - Aéroport de Lampedusa, tél. (0922) 97 02 99.

Hotel Carasco ★★★

Isole Eolie o Lipari
98055 Lipari (Messina)
Porto delle Genti
Tél. (090) 981 16 05 - Télex 980 095
Fax (090) 981 18 28 - M. Marco del Bono

Ouverture d'avril à octobre **Chambres** 98 avec tél. direct, s.d.b. ou douche, w.c. **Prix** des chambres en demi-pension et pension : 85/170 000 L - 100/185 000 L (par pers.) - Petit déjeuner compris, servi de 7 h 30 à 9 h 30 **Cartes de crédit** acceptées **Divers** Chiens non admis - Piscine - Parking à l'hôtel **Possibilités alentour** Musée Eolien à Lipari - Tour de l'île - Canneto - Acquacalda - Puntazze (vue) - Ovattropani - Piano Conte - Belvédère de Quattrocchi - Iles Lipari : traversée tous les jours de Milazzo (de 50 mn à 2 h), de Messine (de 15 mn à 2 h) **Restaurant** service 12 h 30/14 h - 20 h/21 h 30 - Carte - Cuisine sicilienne et italienne.

Lipari est l'île la plus importante de l'archipel et aussi celle qui est la plus visitée. L'Hotel Carasco, tenu par un couple anglo-italien, offre le confort d'un grand hôtel moderne. Les chambres, très grandes, disposent pour la plupart de terrasses avec vue sur la mer. La piscine et la plage aux pieds même de l'hôtel permet de profiter au mieux de la mer et du soleil. Les prix sont raisonnables et si vous voyagez d'avril à juillet et en octobre, vous bénéficierez de tarifs particuliers.

Itinéraire d'accès : (carte n° 28) hydrofoil à partir de Messina toute l'année, de Napoli, de Reggio, de Cefalù et Palermo de juin à septembre ; mais aussi bateaux de Messina, de Napoli et de Milazzo pour passage en voiture (de 50 mn à 2 h).

Hotel Rocce Azzurre ★★★

Isole Eolie o Lipari
98055 Lipari (Messina)
Porto delle Genti, 69
Tél. (090) 981 15 82 - Fax (090) 981 24 56
Mme Casamento

Ouverture du 8 avril au 15 octobre **Chambres** 33 avec tél. direct, s.d.b. ou douche, w.c. **Prix** des chambres : 65/95 000 L - Petit déjeuner compris, servi de 8 h à 9 h 30 - Demi-pension et pension : 85/145 000 L - 100/195 000 L (par pers.) **Cartes de crédit** acceptées **Divers** Chiens admis **Possibilités alentour** Musée Eolien à Lipari - Tour de l'île - Canneto - Acquacalda - Puntazze (vue) - Ovattropani - Piano Conte - Belvédère de Quattrocchi **Restaurant** service 12 h 30/14 h - 20 h/21 h 30 - Carte - Cuisine italienne et sicilienne.

A l'extrémité d'une vaste plage de galets, se trouve le Rocce Azzurre, où il faut préciser que l'on veut une chambre donnant sur la mer. Elles sont simples, mais confortables, et l'ensemble est aménagé avec goût. La terrasse, où sont servis les repas, est délicieusement fleurie et l'on prend goût à la cuisine sicilienne dont la maison s'est fait une spécialité. Pour se baigner, pas de piscine, mais la mer que l'on rejoint directement depuis l'hôtel par le ponton aménagé à cet effet.

Itinéraire d'accès : (carte n° 28) hydrofoil à partir de Messina toute l'année, de Napoli, de Reggio, de Cefalù et Palermo de juin à septembre ; mais aussi bateaux de Messina, de Napoli et de Milazzo pour passage en voiture (de 50 mn à 2 h) ; à 400 m du centre du village.

S   I   C   I   L   E

Hotel Villa Augustus ★★★

Isole Eolie o Lipari
98055 Lipari (Messina)
Vico Ausonia, 16
Tél. (090) 981 12 32 - Télex 981 052
Fax (090) 981 22 33 - M. D'Albora

Ouverture de mars à octobre **Chambres** 35 avec tél. direct, s.d.b. ou douche, w.c., t.v. **Prix** des chambres : 50/100 000 L (simple) - 70/190 000 L (double) - 250 000 L (suite) - Petit déjeuner : 20 000 L, servi de 7 h à 11 h 30 - Demi-pension : 100 000 L (par pers.) **Cartes de crédit** Visa, Eurocard, MasterCard **Divers** Chiens admis - Parking à l'hôtel **Possibilités alentour** Musée Eolien à Lipari - Tour de l'île - Canneto - Acquacalda - Puntazze (vue) - Ovattropani - Piano Conte - Belvédère dc Quattrocchi **Pas de restaurant** à l'hôtel (voir notre sélection de restaurants p. 399).

Cette ancienne villa familiale, construite en 1950, est aujourd'hui l'un des hôtels agréables de Lipari. L'Augustus, que nous aimons pour sa simplicité et son jardin se trouve dans une des ruelles qui part de la rue principale. Il ne s'agit pas d'un hôtel de luxe mais plutôt d'une pension sans restaurant avec des chambres relativement spacieuses et confortables. Elles ont toutes soit un balcon soit une terrasse avec vue sur la mer ou le château de Lipari. Quelques bons petits restaurants permettent de déjeuner et dîner agréablement.

Itinéraire d'accès : hydrofoil à partir de Messina toute l'année, de Napoli, de Reggio, de Cefalù et Palermo de juin à septembre ; mais aussi bateaux de Messina, de Napoli et de Milazzo pour passage en voiture (de 50 mn à 2 h) ; à 400 m du centre du village.

Hotel Villa Meligunis ★★★★

Isole Eolie o Lipari
98055 Lipari (Messina)
Via Marte, 8
Tél. (090) 98 12 426 - Fax (090) 98 80 149 - M. D'Ambra

Ouverture toute l'année **Chambres** 32 climatisées avec tél. direct, s.d.b., w.c. t.v. satellite, minibar ; ascenseur **Prix** des chambres : 140/225 000 L (simple) - 180/300 000 L (double) - +50 000 L (suite) - Petit déjeuner compris - Demi-pension et pension : 125/195 000 L - 150/230 000 L (par pers.) **Cartes de crédit** acceptées **Divers** Petits chiens admis **Possibilités alentour** Musée Eolien à Lipari - Tour de l'île (24 km) - Cannetto - Acquacalda - Puntazze (vue) - Quattropani - Piano Conte - Belvédère de Quattrocchi **Restaurant** service 12 h 30/14 h - 20 h 30/23 h - Menus : 30/55 000 L - Carte - Cuisine sicilienne - Pesce.

Les îles éoliennes sont en Méditerranée un des derniers paradis où la nature n'a pas encore été trop exploitée. C'est pour renouer avec la tradition, qui voulait que les personnalités d'Europe du Nord vinssent trouver ici, l'hiver, un climat plus doux, que le directeur de la Villa Meligunis a ouvert cet hôtel. Le nom de Meligunis est à cet effet significatif ; c'est le nom de l'antique Lipari, d'origine grecque, qui évoque la douceur : du climat, du vin, de la couleur de la mer. C'est l'ancienne maison, agrandie de bâtiments plus modernes de style méditerranéen, qui constitue la structure de l'hôtel. Les chambres, qui ont été pourvues de tout le confort, sont spacieuses et décorées sobrement. Le restaurant prépare une cuisine locale et sert beaucoup de poisson. Une grande terrasse enfin donne sur la mer.

Itinéraire d'accès : *(carte n° 28) hydrofoil à partir de Messina toute l'année, de Napoli, de Reggio, de Cefalù et Palermo de juin à septembre ; mais aussi bateaux de Messina, de Napoli et de Milazzo pour passage en voiture (de 50 mn à 2 h).*

Hotel Raya ★★★★

Isole Eolie o Lipari
98050 Isola Panarea (Messina)
San Pietro
Tél. (090) 98 30 13 - Fax (090) 98 31 03
Mme Beltrami - M. Tilche

Ouverture du 25 avril au 15 octobre **Chambres** 36 avec tél. direct, douche, w.c., minibar **Prix** des chambres en demi-pension : 150/250 000 L (simple) - 265/500 000 L (double) - Petit déjeuner : 25 000 L, servi de 8 h à 11 h 30 **Cartes de crédit** Amex, Visa, Eurocard, MasterCard **Divers** Chiens admis - Massages à l'hôtel **Possibilités alentour** Village de l'Age du Bronze sur le promontoire du Milazzese - Basiluzzo **Restaurant** service 20 h 30/24 h - Menu : 50 000 L - Spécialités : cuisine méditerranéenne - Pâtisserie sicilienne.

Il est assez inattendu de trouver dans cette petite île sauvage de Sicile cet hôtel très "mode", considéré à présent par la population locale comme une institution. Construit il y a une vingtaine d'années, l'hôtel se compose d'une succession de bungalows roses et blancs qui descendent des hauteurs du village jusqu'à la mer (pas d'ascenseur). L'architecture méditerranéenne crée un cadre idéal à la décoration intérieure, épurée et moderne, aux beaux objets d'art primitif, océaniens, africains et orientaux. Les salons et toutes les chambres donnent sur la mer avec pour chacun de grandes terrasses avec vue sur l'archipel éolien. Le restaurant en plein air et le bar dominent le port. Une clientèle d'habitués et un personnel très "branché" animent l'hôtel. Les petits enfants ne peuvent résider à l'hôtel.

Itinéraire d'accès : (carte n° 28) hydrofoil à partir de Milazzo et de Napoli - Voitures interdites dans l'île.

Hotel L'Ariana ★★

Isole Eolie o Lipari
98050 Isola Salina (Messina)
Rinella di Leni - Rotabile, 11
Tél. (091) 980 90 75 - Mme Lopez

Ouverture de mars à octobre **Chambres** 15 avec tél., s.d.b. ou douche, w.c., minibar **Prix** des chambres en demi-pension et pension : 69/112 000 L - 89/130 000 L (par pers., 3 j. min.) - Petit déjeuner compris, servi de 8 h à 10 h **Cartes de crédit** acceptées **Divers** Chiens admis **Possibilités alentour** Visite des villages et des autres ports de l'île **Restaurant** service 13 h/14 h 30 - 20 h 30/22 h - Menus : 25/50 000 L - Carte - Spécialités : Pesce - Malvasia - Lasagne all'eoliana.

L'ancienne villa privée qui abrite aujourd'hui l'Hotel Ariana se trouve dans le village de Rinella. Cet hôtel est l'un des plus agréables de l'île. Les repas, pendant les mois d'été, sont servis sur la terrasse qui donne sur la mer. Certaines des chambres permettent également d'en apprécier la vue. Pour goûter une atmosphère de chaleur et de simplicité dans un cadre séduisant. En basse et moyenne saison, pour une semaine vous aurez une journée gratuite.

Itinéraire d'accès : (carte n° 28) hydrofoil à partir de Milazzo, mais aussi bateaux pour passage avec voiture - Rinella est au sud de l'île par Malfa (à 3,5 km au sud de Malfa).

S I C I L E

Hotel La Sciara Residence ★★★

Isole Eolie o Lipari
98050 Isola Stromboli (Messina)
Tél. (090) 98 60 05/98 61 21 - Fax (090) 98 62 84
Famille d'Eufemia - Mme Raffaelli

Ouverture du 18 mai au 30 septembre **Chambres** 62 avec tél. direct, s.d.b. ou douche, w.c. **Prix** des chambres en demi-pension : 100/200 000 L (par pers., 7 j. min. en haute saison) - Petit déjeuner compris, servi de 7 h 30 à 10 h **Cartes de crédit** acceptées **Divers** Petits chiens admis - Piscine - Tennis - Plage privée à l'hôtel **Possibilités alentour** Le volcan - Promenades en barque à Sciara del Fuoco, Strombolicchio - Ginostra **Restaurant** service 13 h/14 h 30 - 20 h/21 h 30 - Menus : 50/75 000 L - Carte - Spécialités : Cuisine sicilienne - Pesce.

Ne serait-ce que pour l'Hotel La Sciara, il faut aller à Stromboli. Le jardin est une splendeur : beaucoup de fleurs et une dominance de bougainvillées fuchsia, rouges et orange, sont là pour témoigner de l'exceptionnelle qualité de la terre volcanique. Les chambres sont spacieuses, confortables et décorées de meubles et d'objets anciens d'origines diverses, choisis par le propriétaire. De l'hôtel dépend également une résidence, ensemble de cinq maisons anciennes restaurées et composées chacune de plusieurs pièces, une ou deux salles de bains et une kitchenette. Elles ont l'avantage de donner sur la mer et profitent de quelques-uns des services de l'hôtel qui n'est qu'à quelques mètres de l'autre côté de la rue.

Itinéraire d'accès : (carte n° 28) hydrofoil à partir de Milazzo ou de Napoli - Voitures interdites dans l'île - Piscita est au bout de la route au nord de l'île.

Les Sables Noirs ★★★★

Isole Eolie o Lipari
98050 Isola Vulcano (Messina)
Porto Ponente
Tél. (090) 98 50 - Fax (090) 98 52 454 - M. Elio Curatolo

Ouverture du 1er juin au 30 septembre **Chambres** 48 climatisées avec tél. direct, s.d.b. ou douche, 18 avec w.c., t.v., minibar **Prix** des chambres en demi-pension et pension : 145/230 000 L, 175/280 000 L (tarifs préférentiels pour 10 et 14 jours) - Petit déjeuner servi de 7 h à 10 h - **Cartes de crédit** acceptées **Divers** Petit chiens admis - Piscine - Tennis - Vélos - Plage privée - Parking à l'hôtel **Possibilités alentour** Ascension du volcan jusqu'au grand cratère **Restaurant** service 13 h/15 h - 20 h/23 h - Menu : 65 000 L - Carte - Cuisine méditerranéenne - Pesce fresco.

Dans cette île éolienne, la plus au sud de l'archipel des Lipari, dédiée au dieu romain Vulcain, on côtoie tour à tour l'enfer et le paradis ; enfer près du grand cratère de 500 m de diamètre qui recrache en permanence de ses entrailles cendres, vapeurs et fumerolles, paradis de sa côte qui cache des grottes mystérieuses, de ses criques et de ses plages aux eaux turquoises et transparentes, des alentours verdoyants de Vulcano Piana. Au pied du volcan, Porto Ponente étale ses maisons blanches le long des plages de sable noir. C'est là que se trouve notre hôtel récemment rénové en hôtel de luxe. Les chambres sont spacieuses et confortables, décorées dans un style méditérranéen avec un agréable mobilier de rotin blanc, la plupart ayant une terrasse-jardin. Bel environnement de maquis et de végétation luxuriante, avec le spectacle de la mer, des *faraglioni* qui en émergent et de Vulcanello. L'intérêt touristique de l'île reste néanmoins d'approcher le grand cratère qui offre un spectacle unique sur tout l'archipel, la côte de Sicile et l'Etna.

***Itinéraire d'accès** : (carte n° 28) hydrofoil à partir de Milazzo ou de Napoli - Voitures réglementées dans l'île .*

Albergo San Michele ★★★

52044 Cortona (Arezzo)
Via Guelfa, 15
Tél. (0575) 60 43 48 - Fax (0575) 63 01 47
Dr Alunno

Ouverture de mars à décembre **Chambres** 32 avec tél. direct, douche ou s.d.b., w.c. (10 avec t.v. et minibar) ; ascenseur **Prix** des chambres : 100 000 L (simple) - 135 000 L (double) - 170 000 L (triple) - 200 000 L (4 pers.) - Petit déjeuner compris, servi de 7 h 30 à 10 h 30 **Cartes de crédit** acceptées **Divers** Chiens non admis **Possibilités alentour** à Cortona : Eglise Madonna del Calcinaio, Museo dell' Accademia etrusca ; manifestation : Salon National du mobilier ancien en septembre - Arezzo - Val di Chiana : Abbaye de Farneta, Lucignano, Sinalunga - Lago Trasimeno - Perugia **Pas de restaurant** à l'hôtel (voir notre sélection de restaurants p. 405).

Depuis toujours Cortona, située un peu à l'écart des routes qui dans la plaine relient Arezzo à Perugia, la Toscane à l'Ombrie, surveille la vallée. La ville a gardé son allure de place forte : on y entre par des portes percées dans les murailles médiévales et l'on se déplace à travers des ruelles étroites souvent en escaliers. La ville abrite aussi de beaux vestiges étrusques conservés au Museo dell' Accademia etrusca. L'Albergo San Michele occupe un ancien palais Renaissance, époque qui a aussi laissé ses traces (Eglise de la Madonna del Calcinaio). Restauré avec intelligence et simplicité, l'hôtel offre des chambres agréablement décorées et d'un bon confort. Les plus charmantes sont les chambres mansardées, les plus spacieuses ont une mezzanine. L'accueil est sympathique. Un point de chute idéal pour voyager en Toscane mais aussi pour découvrir l'Ombrie souvent oubliée.

Itinéraire d'accès : (carte n° 15) à 28 km au sud d'Arezzo par S S 71.

Castello di Gargonza ★

Gargonza
52048 Monte San Savino (Arezzo)
Tél. (0575) 84 70 21 - Fax (0575) 84 70 54
MM. Fucini et Guicciardini

Ouverture toute l'année sauf du 10 janvier au 10 février **Chambres** 35 avec tél. direct, s.d.b. ou douche, w.c. **Prix** des chambres : 160/230 000 L - Appart. : 663/1 937 000 L (par semaine) - Petit déjeuner compris, servi de 8 h à 10 h - Demi-pension : 110/135 000 L (par pers., 3 nuits min.) **Cartes de crédit** acceptées **Divers** Chiens admis avec supplément **Possibilités alentour** à Monte San Savino : Loggia dei Mercanti, église et palazzo ; tradition : fabrication de majoliques et de céramiques (foire à la céramique, 2e dimanche de septembre) - Couvent de St François d'Assise à la Verna et la Penna (1 283 m) - Arezzo **Restaurant** service 12 h 30/14 h 30 - 19 h 30/21 h 30 - Fermeture le mardi - Menus : 33/40 000 L - Carte - Spécialités : Ribollita - Tagliatelle - Arrosto in porchetta.

L e comte Guicciardini, propriétaire du château, a aménagé en résidences ce village laissé à l'abandon et situé sur le sommet d'une colline boisée, à une vingtaine de kilomètres d'Arezzo. Hébergement dans de petites maisons de pierre parfaitement confortables, certaines équipées d'une cuisine. Possibilité de louer des appartements à la semaine. Vue magnifique sur la campagne environnante.

Itinéraire d'accès : (carte n° 15) à 29 km au sud-ouest d'Arezzo par S 73 jusqu'au-delà de Monte San Savino, puis à droite vers Gargonza.

Hotel Helvetia & Bristol ★★★★★

50123 Firenze
Via dei Pescioni, 2
Tél. (055) 28 78 14 - Télex 572 696
Fax (055) 28 83 53 - M. Ensoli

Ouverture toute l'année **Chambres** 52 climatisées avec tél. direct, s.d.b., w.c., t.v. satellite, coffre, minibar ; ascenseur **Prix** des chambres 316/361 000 L (simple) - 405/542 000 L (double) - 683/1 356 000 (suite) - Petit déjeuner : 29/46 000 L, servi de 7 h à 10 h 30 **Cartes de crédit** acceptées **Divers** Chiens non admis - Parking par voiturier **Possibilités alentour** manifestations à Florence : Scoppio del Carro le matin de Pâques, Festa del Grillo le jour de l'Ascension, Le mai musical, Biennale des antiquaires les années impaires - Fiesole - Chartreuse de Galluzzo - Villas et jardins florentins (tél. Palais Pitti : 055 21 48 56) - Abbaye de Vallombrosa - Golf dell'Ugolino, 18 trous à Grassina **Restaurant** service 12 h 30/14 h 30 - 19 h 30/22 h - Menus : 80/120 000 L - Carte - Spécialités méditerranéennes et ancienne cuisine toscane.

L'Helvetia & Bristol est sans conteste l'un des meilleurs hôtels de Florence dans sa catégorie. Tout y est parfait et de bon goût. Cette belle et grande demeure, qui fut autrefois le rendez-vous de l'intelligentsia toscane, a retrouvé aujourd'hui sa distinction. Dès l'entrée, le grand salon donne le ton : un confort britannique teinté de luxe italien. La petite salle à manger, avec ses indiennes anciennes en guise de tentures, est très raffinée et le bar, installé dans la véranda, a le charme exubérant des jardins d'hiver. Les chambres sont d'un goût exquis : murs tendus de tissus, lits capitonnés, salles de bains en marbre avec jacuzzi... Le service est très attentionné, *Le Monde* du jour vous est donné avec votre petit déjeuner. Le personnel est à l'image de l'hôtel, très stylé mais avec toujours cette irrésistible sympathie italienne.

Itinéraire d'accès : (carte n° 14) dans le centre ville, Piazza della Repubblica, via Strozzi, via dei Pescioni.

Hotel Regency ★★★★★

50121 Firenze
Piazza Massimo d'Azeglio, 3
Tél. (055) 24 52 47 - Fax (055) 24 52 47
M. Panelli

Ouverture toute l'année **Chambres** 35 climatisées avec tél. direct, s.d.b., w.c., t.v. satellite, minibar, coffre-fort ; ascenseur **Prix** des chambres : 280/350 000 L (simple) - 330/530 000 L (double) - Petit déjeuner compris **Cartes de crédit** acceptées **Divers** Chiens admis avec supplément - Garage privé à l'hôtel **Possibilités alentour** manifestations à Florence : Scoppio del Carro le matin de Pâques, Festa del Grillo le jour de l'Ascension, Le mai musical, Biennale des antiquaires les années impaires - Fiesole - Chartreuse de Galluzzo - Villas et jardins florentins (tél. Palais Pitti : 055 21 48 56) - Abbaye de Vallombrosa - Golf dell'Ugolino, 18 trous à Grassina **Restaurant** service 12 h 30/14 h 30 - 19 h 30/22 h 30 - Carte - Cuisine toscane et italienne.

L e confort d'aujourd'hui et l'hospitalité d'autrefois... C'est le slogan du propriétaire de cet hôtel, Amedeo Ottaviani. Situé sur la Piazza d'Azeglio, le Regency est une ancienne villa de nobles Florentins. Ce qui le caractérise, c'est le confort presque anglais de ses salons et de ses chambres, une excellente cuisine servie dans une salle à manger lambrissée, et la façade en verrière s'ouvrant sur les jardins. Grand raffinement aussi dans les détails. Avantage pratique : la place et les rues alentour permettent de se garer facilement.

Itinéraire d'accès : (carte n° 14) dans le centre ville, quartier Santa Croce par la via Borgo Pinti - Aéroport di Peretola, 4 km.

Grand Hotel Villa Cora ★★★★★

50125 Firenze
Viale Machiavelli, 18-20
Tél. (055) 22 98 451 - Fax (055) 22 90 86 - M. Zaccardi

Ouverture toute l'année **Chambres** 48 climatisées avec tél., s.d.b. ou douche, w.c., t.v., minibar ; ascenseur **Prix** des chambres : 250/339 000 L (simple) - 400/539 000 L (double) - 738/1 024 000 L (suite) -Petit déjeuner : 24 000 L, servi de 7 h à 11 h - Demi-pension et pension : +65 000 L - +130 000 L **Cartes de crédit** acceptées **Divers** Chiens admis - Piscine - Parking à l'hôtel **Possibilités alentour** manifestations à Florence : Scoppio del Carro le matin de Pâques, Festa del Grillo le jour de l'Ascension, Le mai musical, Biennale des antiquaires les années impaires - Fiesole - Chartreuse de Galluzzo - Villas et jardins florentins (tél. Palais Pitti : 055 21 48 56) - Abbaye de Vallombrosa - Golf dell'Ugolino, 18 trous à Grassina **Restaurant** service 12 h/15 h - 19 h 30/23 h - Carte.

Construite par le baron Oppenheim en 1865, en pur style néo-classique, la Villa Cora fut successivement propriété de l'impératrice Eugénie, puis de la baronne Van Meck, mécène de Tchaïkovski. Situé dans un quartier résidentiel, à cinq minutes du centre, l'hôtel est implanté dans un très joli jardin. L'entrée et les salons sont somptueux, mais leur élégance prévient toute lourdeur et les rend agréables à vivre. La salle à manger aménagée sous la coupole de ce qui était le salon arabe vous procurera l'amusante impression de déguster une excellente cuisine italienne dans un palais marocain. Les chambres, meublées avec goût, sont très confortables. Toutefois, notre préférence irait vers celles plus modestes (et moins chères) situées au dernier étage et donnant sur une terrasse qui domine Florence et les jardins environnants. De plus, vous pourrez utiliser la navette de l'hôtel pour le centre ville.

Itinéraire d'accès : *(carte n° 14) au nord de Firenze, direction Forte Belvedere - Porta Romana.*

Hotel Brunelleschi ★★★★

50122 Firenze
Piazza S. Elisabetta, 3
Tél. (055) 56 20 68 - Télex 57 58 05
Fax (055) 21 96 53 - M. Litta

Ouverture toute l'année **Chambres** 94 climatisées avec tél. direct, s.d.b. ou douche, w.c., t.v., minibar ; ascenseur **Prix** des chambres : 310 000 L (simple) - 410 000 L (double) - 600 000 L (suite) - Petit déjeuner compris, servi de 7 h à 10 h - Demi-pension et pension : +75 000 L - +120 000 L (par pers.) **Cartes de crédit** acceptées **Divers** Chiens admis - Parking par voiturier (50 000 L) à l'hôtel **Possibilités alentour** manifestations à Florence : Scoppio del Carro le matin de Pâques, Festa del Grillo le jour de l'Ascension, Le mai musical, Biennale des antiquaires les années impaires - Fiesole - Chartreuse de Galluzzo - Villas et jardins florentins (tél. Palais Pitti : 055 21 48 56) - Abbaye de Vallombrosa - Golf dell'Ugolino, 18 trous à Grassina **Restaurant** service 12 h/14 h - 19 h 30/22 h - Fermeture le dimanche - Menus - Carte - Cuisine florentine et internationale.

L'hôtel a été construit selon un projet d'Italo Gamberini, architecte italien renommé. Il a récupéré, dans ce beau quartier du Duomo, une tour byzantine du VIe siècle et quelques anciennes maisons attenantes. La décoration, plutôt moderne avec quelques notes Liberty, utilise beaucoup le bois cérusé qui se marie bien avec la brique de la tour, partout présente à l'intérieur de l'hôtel. Le confort, le service, sont ceux d'un grand hôtel. Le restaurant est réputé. Les chambres, qui donnent toutes sur des rues piétonnes, sont calmes. Les plus belles sont celles du quatrième étage qui ont la vue sur le Duomo et sur la tour. Ne pas manquer, de la terrasse de l'hôtel, le coucher de soleil sur Florence avec en premier plan le clocher du Duomo à portée de main. Impressionnant et superbe.

Itinéraire d'accès : (carte n° 14) près du Duomo.

Hotel J & J ★★★★

50121 Firenze
Via di Mezzo, 20
Tél. (055) 234 50 05 - Télex 570 554
Fax (055) 24 02 82 - M. Cavagnari

Ouverture toute l'année **Chambres** 20 climatisées avec tél., s.d.b. ou douche, w.c., t.v., minibar **Prix** des chambres : 225 000 L (simple) - 270/335 000 L (double) - 420 000 L (suite) - Petit déjeuner compris, servi de 7 h 30 à 10 h 30 **Cartes de crédit** acceptées **Divers** Chiens admis avec supplément - Parking (25 000 L) à proximité **Possibilités alentour** manifestations à Florence : Scoppio del Carro le matin de Pâques, Festa del Grillo le jour de l'Ascension, Le mai musical, Biennale des antiquaires les années impaires - Fiesole - Chartreuse de Galluzzo - Villas et jardins florentins (tél. Palais Pitti : 055 21 48 56) - Abbaye de Vallombrosa - Golf dell'Ugolino, 18 trous à Grassina **Pas de restaurant** à l'hôtel (voir notre sélection de restaurants p. 399/401).

Bien situé dans l'ancien quartier de Santa Croce, tout près du Duomo et par conséquent du centre de la ville, l'hôtel occupe un palais du XVIᵉ siècle. Si les vestiges de cette époque, tels que le cloître, les plafonds à voûtes, les fresques, ont été conservés et restaurés, on a opté par contre pour la sobriété contemporaine dans les chambres. Certaines sont très grandes et peuvent accueillir trois voire quatre personnes, avec toujours un coin salon. Certains aménagements peuvent surprendre, telle cette baignoire dans la chambre n° 9 mais la décoration est bien faite pour que cette fantaisie ne gêne en rien. A signaler que l'hôtel n'a pas d'ascenseur (palais XVIᵉ siècle oblige) et que les escaliers pour accéder aux étages sont raides.

Itinéraire d'accès : (carte n° 14) dans le centre ville, près du Duomo et de Santa Croce par la via Borgo Pinti.

Hotel Monna Lisa ★★★★

50121 Firenze
Via Borgo Pinti, 27
Tél. (055) 247 97 51 - Télex 573 300
Fax (055) 247 97 55 - M. Cona

Ouverture toute l'année **Chambres** 30 climatisées avec tél. direct, s.d.b., w.c., t.v., minibar **Prix** des chambres : 150/200 000 L (simple) - 240/320 000 L (double) - Petit déjeuner-buffet compris, servi de 7 h 30 à 10 h **Cartes de crédit** acceptées **Divers** Chiens admis - Parking (20 000 L) à l'hôtel **Possibilités alentour** manifestations à Florence : Scoppio del Carro le matin de Pâques, Festa del Grillo le jour de l'Ascension, Le mai musical, Biennale des antiquaires les années impaires - Fiesole - Chartreuse de Galluzzo à Grassina - Villas et jardins florentins (tél. Palais Pitti : 055 21 48 56) - Abbaye de Vallombrosa - Golf dell'Ugolino, 18 trous **Pas de restaurant** à l'hôtel (voir notre sélection de restaurants p. 399/401).

Cet ancien palais cache ses trésors derrière sa haute façade. Quelle douceur de vivre dans ce petit hôtel aux jardins fleuris et à la décoration élégante ! Meubles d'époque, sols en *cotto* florentin, fresques et belles étoffes. Cependant, précisez bien vos desiderata lors de la réservation car en haute saison, vous risquez de vous voir attribuer certaines chambres moins confortables ou moins bien placées. Choisissez celles donnant sur le jardin. Courtoisie de l'accueil et calme s'ajoutent aux charmes de cette pension de luxe, en plein Florence.

Itinéraire d'accès : (carte n° 14) dans le centre ville, près du Duomo et de Santa Croce par la via Borgo Pinti.

Hotel Montebello Splendid ★★★★

50123 Firenze
Via Montebello, 60
Tél. (055) 239 80 51 - Fax (055) 21 18 67
M. Lupi

Ouverture toute l'année **Chambres** 54 climatisées avec tél. direct, s.d.b. ou douche, w.c., t.v., minibar, coffre-fort ; ascenseur **Prix** des chambres : 235/280 000 L (simple) - 330/385 000 L (double) - 560 000 L (suite) - Petit déjeuner compris, servi de 7 h à 11 h - Demi-pension et pension : +48 000 L - +85 000 L (par pers., 3 j. min.) **Cartes de crédit** acceptées **Divers** Chiens admis - Parking à 100 m **Possibilités alentour** manifestations à Florence : Scoppio del Carro le matin de Pâques, Festa del Grillo le jour de l'Ascension, Le mai musical, Biennale des antiquaires les années impaires - Fiesole - Chartreuse de Galluzzo - Villas et jardins florentins (tél. Palais Pitti : 055 21 48 56) - Abbaye de Vallombrosa - Golf dell'Ugolino, 18 trous à Grassina **Restaurant** service 13 h/15 h - 19 h 30/23 h - Fermeture le dimanche - Menus : 50/70 000 L - Carte - Cuisine florentine et italienne.

Décoration très raffinée avec un petit côté parisien pour cet élégant hôtel installé dans une ancienne villa du XIVe siècle en plein centre de Florence. Réception, salons, bar, sont imprégnés de cette atmosphère élégante et recherchée... dallages et colonnes de mosaïque de marbre, plafonds en stuc, grands canapés de style 1900 et profusion de plantes vertes. Toutes les chambres sont extrêmement confortables avec télévision, radio, minibar et salle de bains de marbre blanc, celles donnant sur le jardin sont les plus calmes. Petits déjeuners et repas sont servis dans une agréable verrière de plain-pied avec le jardin.

Itinéraire d'accès : (carte n° 14) dans le centre ville, Porta al Prato, près du teatro comunale.

Torre di Bellosguardo ★★★★

50124 Firenze
Via Roti Michelozzi, 2
Tél. (055) 229 81 45 - Fax (055) 22 90 08
M. Franchetti

Ouverture toute l'année **Chambres** 16 dont 6 suites avec tél. direct, s.d.b., douche, w.c. ; ascenseur **Prix** des chambres : 250 000 L (simple) - 330 000 L (double) - 430/530 000 L (suite) - Petit déjeuner : 25 000 L, servi de 7 h 30 à 10 h **Cartes de crédit** acceptées **Divers** Chiens admis - Piscine et parking à l'hôtel **Possibilités alentour** manifestations à Florence : Scoppio del Carro le matin de Pâques, Festa del Grillo le jour de l'Ascension, Le mai musical, Biennale des antiquaires les années impaires - Fiesole - Chartreuse de Galluzzo - Villas et jardins florentins (tél. Palais Pitti : 055 21 48 56) - Abbaye de Vallombrosa - Golf dell'Ugolino, 18 trous à Grassina **Restaurant** à la piscine l'été à midi. (voir notre sélection de restaurants p. 399/401).

Sur une colline légèrement à l'écart du centre de Florence, la Torre di Bellosguardo profite d'une vue exceptionnelle sur la ville. En franchissant la grille du parc, la première impression est celle d'une extraordinaire quiétude : l'harmonie du jardin, la piscine en contrebas, la majesté du palais et de la tour datant du XIIᵉ siècle. Aujourd'hui il s'agit d'un hôtel au confort raffiné, possédant de nombreux salons dont un spectaculaire salon d'hiver et seize chambres aux dimensions peu courantes. Chaque chambre possède son charme propre : meubles d'époque, extraordinaires boiseries, fresques. La tour abrite une suite sur deux étages d'où la vue est unique. Toutes les chambres, superbes, ont à présent des salles de bains confortables. Cet hôtel offre un charme qui, aujourd'hui, semble réservé aux *happy few*.

Itinéraire d'accès : (carte n° 14) direction Forte Belvedere - Porta Romana.

Villa Belvedere ★★★★

50124 Firenze
Via Benedetto Castelli, 3
Tél. (055) 22 25 01 - Fax (055) 22 31 63
M et Mme Ceschi - Perotto

Ouverture du 1er mars au 30 novembre **Chambres** 26 climatisées avec tél. direct, s.d.b. ou douche, w.c., t.v., coffre-fort ; ascenseur **Prix** des chambres : 180/220 000 L (simple) - 250/280 000 L (double) - Petit déjeuner compris, servi de 7 h 15 à 10 h **Cartes de crédit** acceptées **Divers** Chiens non admis - Piscine - Tennis - Parking à l'hôtel **Possibilités alentour** manifestations à Florence : Scoppio del Carro le matin de Pâques, Festa del Grillo le jour de l'Ascension, Le mai musical, Biennale des antiquaires les années impaires - Fiesole - Chartreuse de Galluzzo - Villas et jardins florentins (tél. Palais Pitti : 055 21 48 56) - Abbaye de Vallombrosa - Golf dell'Ugolino, 18 trous à Grassina **Pas de restaurant** à l'hôtel mais service de snack pour le déjeuner et le dîner (voir notre sélection de restaurants p. 399/401).

L a Villa Belvedere se trouve sur les hauteurs de Florence, au calme, dans un grand jardin, avec en prime une piscine et un tennis. Ce qui paraît n'avoir aucun intérêt à Florence est cependant très appréciable quand on voyage en été avec des enfants. La véranda moderne que l'on a rajoutée à la maison lui a quelque peu enlevé de son charme. Les chambres, entièrement rénovées ces deux dernières années sont toutes spacieuses et très confortables, la plupart avec des vues superbes sur Florence, la campagne ou la Certosa ; celles en façade ont de grandes terrasses. Les meilleures sont celles du dernier étage. Pas de restaurant, mais un service de snack suffisamment bien organisé vous permettra de rester à l'hôtel si vous êtes trop fatigué pour sortir (pas de service au bord de la piscine). L'accueil de la famille Ceschi est des plus chaleureux.

Itinéraire d'accès : (carte n° 14) direction Forte Belvedere - Porta Romana - Bus à 300 m pour le centre ville.

Villa Carlotta ★★★★

50125 Firenze
Via Michele di Lando, 3
Tél. (055) 233 61 34 - Télex 573 485
Fax (055) 233 61 47 - M. Gheri

Ouverture toute l'année **Chambres** 27 climatisées avec tél. direct, s.d.b ou douche, t.v., minibar ; ascenseur **Prix** des chambres : 125/250 000 L (simple) - 175/350 000 L (double) - Petit déjeuner compris, servi de 7 h à 10 h 30 - Demi-pension et pension : 150/225 000 L - 180/265 000 L (par pers.) **Cartes de crédit** acceptées **Divers** Chiens admis - Parking à l'hôtel **Possibilités alentour** manifestations à Florence : Scoppio del Carro le matin de Pâques, Festa del Grillo le jour de l'Ascension, Le mai musical, Biennale des antiquaires les années impaires - Fiesole - Chartreuse de Galluzzo - Villas et jardins florentins (tél. Palais Pitti : 055 21 48 56) - Abbaye de Vallombrosa - Golf dell'Ugolino, 18 trous à Grassina **Restaurant** service 12 h 30/14 h 30 - 19 h 30/21 h 30 - Fermeture le dimanche - Carte - Cuisine toscane et italienne.

Située à deux pas du Palazzo Pitti et des jardins de Boboli, la Villa Carlotta est une ancienne villa patricienne qui a conservé beaux volumes et harmonie. De grandes baies vitrées ouvrent les salons sur un jardin accueillant. Les chambres, à la décoration soignée mais sans surprise, offrent tout le confort souhaité.

Itinéraire d'accès : (carte n° 14) direction Forte Belvedere - Porta Romana.

Hotel Hermitage ★★★

50122 Firenze
Piazza del Pesce - Vicolo Marzio, 1 (Ponte Vecchio)
Tél. (055) 28 72 16 - Fax (055) 21 22 08
M. Scarcelli

Ouverture toute l'année **Chambres** 29 climatisées avec tél. direct, s.d.b. ou douche, w.c., t.v. satellite ; ascenseur **Prix** des chambres : 98/140 000 L (simple) - 130/220 000 L (double) - Petit déjeuner compris, servi de 7 h 30 à 9 h 30 **Cartes de crédit** Visa, Eurocard, MasterCard **Divers** Petits chiens admis **Possibilités alentour** traditions à Florence : Scoppio del Carro le matin de Pâques, Festa del Grillo le jour de l'Ascension, Le mai musical, Biennale des antiquaires les années impaires - Fiesole - Chartreuse de Galluzzo - Villas et jardins florentins (tél. Palais Pitti : 055 21 48 56) - Abbaye de Vallombrosa - Golf dell'Ugolino, 18 trous à Grassina **Pas de restaurant** à l'hôtel (voir notre sélection de restaurants p. 399/401).

A l'angle du Ponte Vecchio, occupant à présent tout l'immeuble, s'est installé ce petit hôtel. Récemment redécorées, les chambres sont confortables, toutes différentes dans un style un peu suranné, avec des doubles vitrages, ce qui permet de s'isoler du bruit de la rue. Les chambres les plus tranquilles sont celles donnant sur les cours, à savoir les numéros 13 et 14 mais la zone étant devenue piétonne, il est à présent possible de dormir tranquillement sur la rue. Ce qui nous a fait sélectionner cette adresse, c'est son bon rapport qualité-prix et une inoubliable terrasse avec vue, d'un côté sur le Ponte Vecchio et le Palais Pitti, de l'autre sur la coupole du Duomo et les toits de la Signoria. Si vous voyagez seul, réservez absolument la chambre qui se trouve de plain-pied sur cette terrasse. Difficile de se garer, mais l'hôtel vous indiquera le garage le plus proche lors de votre réservation.

Itinéraire d'accès : (carte n° 14) à côté du Ponte Vecchio.

213

Hotel Loggiato dei Serviti ★★★

50122 Firenze
Piazza della SS. Annunziata, 3
Tél. (055) 28 95 92 - Fax (055) 28 95 95 - M. Budini Gattai

Ouverture toute l'année **Chambres** 25 et 4 appartements climatisés avec tél. direct, s.d.b. ou douche, w.c., minibar, t.v. ; ascenseur **Prix** des chambres : 170 000 (simple) - 240 000 L (double) - 286/550 000 L (suite) - Petit déjeuner compris, servi de 7 h 15 à 10 h **Cartes de crédit** acceptées **Divers** Chiens admis avec supplément **Possibilités alentour** manifestations à Florence : Scoppio del Carro le matin de Pâques, Festa del Grillo le jour de l'Ascension, Le mai musical, Biennale des antiquaires les années impaires - Fiesole - Chartreuse de Galluzzo - Villas et jardins florentins (tél. Palais Pitti : 055 21 48 56) - Abbaye de Vallombrosa - Golf dell'Ugolino, 18 trous à Grassina **Pas de restaurant** à l'hôtel (voir notre sélection de restaurants p. 399/401).

Une de nos adresses préférées à Florence. Admirablement situé sur la Piazza della SS. Annunziata, dessinée par Brunelleschi, l'hôtel fait face à l'hôpital des Innocents, œuvre de ce même architecte génial de la Renaissance toscane. L'hôtel a été décoré d'une façon simple et élégante, respectant les volumes architecturaux de l'époque. Les chambres sont fidèles à ce parti pris, c'est-à-dire sobres et charmantes : certaines donnent sur la place avec vue sur la statue équestre de Ferdinand Ier de Médicis et sur le portique de Brunelleschi rehaussé de médaillons de Della Robbia ; les autres, plus calmes, donnent sur le jardin de l'Accademia avec, pour celles du dernier étage, une échappée sur le Duomo. Il est étonnant de constater combien cette place est préservée de l'agitation touristique. Aucune terrasse de café, aucune boutique de souvenirs ne vient troubler sa sérénité à la tombée du jour... si ce n'est le jeu des hirondelles à travers les arches des portiques.

Itinéraire d'accès : (carte n° 14) près de la Piazza del Duomo.

Pensione Annalena ★★★

50125 Firenze
Via Romana, 34
Tél. (055) 22 24 02 - Fax (055) 22 24 03

Ouverture toute l'année **Chambres** 20 avec tél. direct, s.d.b., douche, w.c., t.v. **Prix** des chambres : 100/150 000 L (simple) - 160/220 000 L (double) - Petit déjeuner compris, servi de 8 h à 10 h 30 **Cartes de crédit** acceptées **Divers** Chiens admis - Parking (20 000 L) à l'hôtel **Possibilités alentour** manifestations à Florence : Scoppio del Carro le matin de Pâques, Festa del Grillo le jour de l'Ascension, Le mai musical, Biennale des antiquaires les années impaires - Fiesole - Chartreuse de Galluzzo - Villas et jardins florentins (tél. Palais Pitti : 055 21 48 56) - Abbaye de Vallombrosa - Golf dell'Ugolino, 18 trous à Grassina **Pas de restaurant** à l'hôtel (voir notre sélection de restaurants pp. 399/401).

Très bien situé, à deux pas du Palazzo Pitti, cet ancien palais du XVe siècle fut la demeure des Orlandini et des Medici avant de devenir celle de la belle Annalena qui, à cause d'une sombre histoire d'amour, se retira du monde et légua son palais aux Dominicains. Un endroit chargé d'histoire... L'ancien salon du palais transformé en vaste hall, où subsistent des fragments de fresque murale, accueille différents salons, un bar et une salle de petit déjeuner. Les chambres ne sont pas nombreuses mais toutes sont meublées à l'ancienne. Nos préférées : celles donnant sur la galerie avec vue sur les anciens jardins du palais devenus une pépinière, et celles donnant sur la terrasse.

Itinéraire d'accès : (carte n° 14) dans le centre ville, près du Palazzo Pitti (Porta Romana).

Hotel Villa Azalee ★★★

50123 Firenze
Viale Fratelli Rosselli, 44
Tél. (055) 21 42 42/28 43 31 - Fax (055) 26 82 64
Mme Brizzi

Ouverture toute l'année **Chambres** 24 climatisées avec tél. direct, s.d.b. ou douche, w.c., t.v., minibar **Prix** des chambres : 132 000 L (simple) - 204 000 L (double) - 283 000 L (triple) - Petit déjeuner compris, servi de 7 h 30 à 12 h **Cartes de crédit** acceptées **Divers** Petits chiens admis - Parking devant l'hôtel et par voiturier (25 000 L) **Possibilités alentour** manifestations à Florence : Scoppio del Carro le matin de Pâques, Festa del Grillo le jour de l'Ascension, Le mai musical, Biennale des antiquaires les années impaires - Fiesole - Chartreuse de Galluzzo - Villas et jardins florentins (tél. Palais Pitti : 055 21 48 56) - Abbaye de Vallombrosa - Golf dell'Ugolino, 18 trous à Grassina **Pas de restaurat** à l'hôtel mais petite restauration avec dégustation de vins italiens (voir notre sélection de restaurants p. 399/401).

L a villa Azalée se trouve à quelques mètres de la stazione de Santa Maria Novella (la gare de Florence), dans une contre-allée des viali di circonvallazione (boulevards périphériques) qui entourent la ville. Ne vous inquiétez pas de la situation qui peut paraître bruyante, la récente restauration de la villa a été conduite avec le souci de donner un maximum de confort aux hôtes. Les chambres, qui ne sont pas très grandes, ont été aménagées avec talent. Modernes dans leurs équipements, leur décoration très réussie a été faite dans le style toscan avec l'idée de recréer l'atmosphère d'une villa privée. Même si toutes sont climatisées, préférez celles donnant sur le jardin et même celles situées dans la petite dépendance. La salle à manger où l'on sert le petit déjeuner se trouve de plain-pied sur le jardin. Une jolie adresse pour un bon rapport qualité-prix.

Itinéraire d'accès : (carte n° 14) près de la gare (stazione).

Hotel Morandi Alla Crocetta ★★★

50121 Firenze
Via Laura, 50
Tél. (055) 234 47 47 - Fax (055) 248 09 54
Mme Doyle Antuono

Ouverture toute l'année **Chambres** 9 climatisées avec tél. direct, douche, w.c., t.v., minibar **Prix** des chambres : 93 000 L (simple) - 169 000 L (double) - 209 000 L (triple) - Petit déjeune : 16 000 L, servi de 8 h à 12 h **Cartes de crédit** acceptées **Divers** Petits chiens admis **Possibilités alentour** manifestations à Florence : Scoppio del Carro le matin de Pâques, Festa del Grillo le jour de l'Ascension, Le mai musical, Biennale des antiquaires les années impairs - Fiesole - Chartreuse de Galluzzo - Villas et jardins florentins (tél. Palais Pitti : 055 21 48 56) - Abbaye de Vallombrosa - Golf dell'Ugolino, 18 trous à Grassina **Pas de restaurant** à l'hôtel (voir notre sélection de restaurants pp. 437/440).

Petit et vraiment délicieux, cet hôtel Morandi Alla Crocetta est tenu par la non moins délicieuse Kathleen Doyle Antuano venue pour la première fois à Florence il y a de nombreuses années alors qu'elle n'avait que 12 ans. La pension occupe une partie d'un couvent construit sous la Renaissance, dans une ruelle près de la Piazza della SS. Annunziata. L'intérieur possède ce côté confortable des maisons anglo-saxonnes, les chambres ont toutes des salles de bains et sont climatisées. Leur décoration est de très bon goût, avec pour chacune des meubles anciens et de beaux objets de collection. Deux d'entre elles ont un petit balcon donnant sur un tout petit jardin... L'atmosphère de cet hôtel est très calme et très sereine.

Itinéraire d'accès : (carte n° 14) dans le centre ville, à côté de la Piazza della SS. Annunziata.

Hotel Pensione Pendini ★★★

50123 Firenze
Via Strozzi, 2
Tél. (055) 21 11 70 - Télex 580 278
Fax (055) 21 01 56 - MM. Abolaffio

Ouverture toute l'année **Chambres** 42 climatisées avec tél., s.d.b. ou douche, w.c. ; ascenseur **Prix** des chambres : 100/120 000 L (simple) - 140/170 000 L (double) - Petit déjeuner compris, servi de 7 h 30 à 10 h 30 **Cartes de crédit** acceptées **Divers** Petits chiens admis **Possibilités alentour** manifestations à Florence : Scoppio del Carro le matin de Pâques, Festa del Grillo le jour de l'Ascension, Le mai musical, Biennale des antiquaires les années impaires - Fiesole - Chartreuse de Galluzzo - Villas et jardins florentins (tél. Palais Pitti : 055 21 48 56) - Abbaye de Vallombrosa - Golf dell'Ugolino, 18 trous à Grassina **Pas de restaurant** à l'hôtel (voir notre sélection de restaurants p. 399/401).

Quand on traverse la grande Piazza della Repubblica, ou si l'on se détend à la terrasse du Gilli ou du Giubbe Rosse, on ne peut pas ne pas remarquer l'immense pancarte qui depuis 1879 signale la pension sur la façade principale de l'immeuble qui l'abrite. L'entrée cependant se fait par une des rues latérales et par un ascenseur qui vous conduit à l'étage correspondant. La première impression de confort que l'on a dès la réception ne sera pas démentie. Toutes les chambres sont grandes, mais mieux vaut pour plus de tranquillité ne pas dormir dans celles donnant sur la Piazza della Repubblica qui se trouve hors de la zone piétonne. Une adresse précieuse pour une qualité et des prix très appréciables.

Itinéraire d'accès : (carte n° 14) dans le centre ville, donne sur la Piazza della Repubblica, entrée via Strozzi.

Hotel Tornabuoni Beacci ★★★

50123 Firenze
Via dei Tornabuoni, 3
Tél. (055) 21 26 45/26 83 77 - Télex 570 215
Fax (055) 28 35 94 - Mme Beacci

Ouverture toute l'année **Chambres** 29 climatisées avec tél. direct, s.d.b., w.c, t.v., minibar **Prix** des chambres : 80/140 000 L (simple) - 120/240 000 L (double) - Petit déjeuner compris, servi de 7 h à 10 h 30 - Demi-pension : +30 000 L (par pers.) **Cartes de crédit** acceptées **Divers** Chiens admis avec 5 000 L de supplément **Possibilités alentour** manifestations à Florence : Scoppio del Carro le matin de Pâques, Festa del Grillo le jour de l'Ascension, Le mai musical, Biennale des antiquaires les années impaires - Fiesole - Chartreuse de Galluzzo - Villas et jardins florentins (tél. Palais Pitti : 055 21 48 56) - Abbaye de Vallombrosa - Golf dell'Ugolino, 18 trous à Grassina **Restaurant** service 12 h 30/14 h 30 - 19 h 30/21 h 30 - Menu : 40 000 L - Cuisine italienne.

Cet hôtel occupe, dans une des rues élégantes de Florence où se trouvent les grands couturiers et bijoutiers italiens, les derniers étages d'un ancien palais du XIVᵉ siècle. Il s'agit d'un des plus vieux hôtels de la ville où Bismarck lui-même a séjourné. Aujourd'hui, de nombreux Américains y logent le temps de leur passage à Florence, pour y apprécier l'excellente cuisine, les vastes chambres et l'ambiance de vieille pension de famille qui sied à ce genre d'endroit. Sachez que si vous avez une famille nombreuse ou si vous décidez de voyager avec des amis, l'hôtel accorde des prix avantageux pour des réservations à partir de 10 personnes.

Itinéraire d'accès : (carte n° 14) dans le centre ville, entre l'église de la Trinité et l'église Santa Maria Novella.

1995

Hotel Il Guelfo Bianco ★★★

50129 Firenze
Via Cavour, 57
Tél. (055) 28 83 30/1 - Fax (055) 29 52 03
Mme. Barchiacchi - M. Cenni

Ouverture toute l'année **Chambres** 29 climatisées et insonorisées avec tél. direct, s.d.b. ou douche, w.c., t.v. satellite , coffre-fort, minibar **Prix** des chambres : 110/155 000 L (simple) - 150/215 000 L (double) - Petit déjeuner compris, servi de 7 h 30 à 10 h 30 **Cartes de crédit** Amex, Visa, Eurocard, MasterCard **Divers** Chiens non admis - Garage (35 000 L) **Possibilités alentour** manifestations à Florence : Scoppio del Carro le matin de Pâques, Festa del Grillo le jour de l'Ascension, Le Mai Musical, Biennale des antiquaires les années impaires - Fiesole - Chartreuse de Galluzzo - Villas et jardins florentins (tél. Palais Pitti : 055 21 48 56) - Abbaye de Vallombrosa - Golf dell'Ugolino, 18 trous à Grassina **Pas de restaurant** à l'hôtel (voir notre sélection de restaurants p. 399/401).

Une nouvelle adresse à Florence qui affiche toujours complet, voilà une bonne nouvelle, surtout quand il s'agit d'un joli petit hôtel dans le centre historique de Florence. La simplicité adoptée dans la décoration convient bien à cette ancienne maison dont il reste quelques vestiges comme les poutres des hauts plafonds. Même sobriété dans les chambres confortables, très bien équipées pour profiter paisiblement du centre ville. La plupart des chambres sont dans la maison principale (qui compte 5 étages), huit dans une dépendance mitoyenne. Le "plus" de cet hôtel c'est surtout l'accueil et la disponibilité de l'équipe à faciliter votre séjour, un peu comme si vous retrouviez des amis italiens.

Itinéraire d'accès : (carte n° 14) dans le centre ville, suivre direction Ponte Vecchio.

Villa San Michele ★★★★

50014 Firenze - Fiesole
Via Doccia, 4
Tél. (055) 59 451 - Fax (055) 59 87 34
M. Saccani

Ouverture du 24 février au 26 novembre **Chambres** 26 climatisées avec tél. direct, s.d.b., w.c., t.v., minibar **Prix** des chambres en demi-pension avec un repas à la carte : 500/600 000 L (simple) - 890/1 100 000 L (en double) -1 550/1 950 000 L (en suite) - Petit déjeuner-buffet compris, servi de 7 h à 10 h 30 **Cartes de crédit** acceptées **Divers** Petits chiens admis sauf au restaurant et à la piscine - Piscine chauffée panoramique - Parking à l'hôtel **Possibilités alentour** à Fiesole vue du Couvent de San Francesco - Manifestations à Florence : Scoppio del Carro le matin de Pâques, Festa del Grillo le jour de l'Ascension, Le mai musical, Biennale des antiquaires les années impaires - Chartreuse de Galluzzo - Villas et jardins florentins (tél. Palais Pitti : 055 21 48 56) - Abbaye de Vallombrosa - Golf dell' Ugolino, 18 trous à Grassina **Restaurant** service 13 h/14 h 30 - 20 h/21 h 45 - Menus : 80/90 000 L - Carte - Cuisine régionale et italienne.

Que dire de la Villa San Michele, sinon qu'il s'agit sans doute de l'un des plus beaux hôtels du monde (et des plus chers). Situé sur les hauteurs de Fiesole, au milieu d'un fabuleux jardin, c'est un ancien couvent du XVIe siècle dont la façade a été dessinée par Michel-Ange. Indicible de beauté et d'harmonie, tout l'hôtel est d'un raffinement extrême, chaque détail semble avoir été minutieusement étudié. Les salons et la salle à manger donnent sur l'ancien cloître, la superbe terrasse-loggia domine Florence, les chambres sont luxueuses avec une salle de bains de rêve (concession à la modernité, les baignoires sont équipées d'un jacuzzi). Le parc exale des parfums de rêve. C'est un endroit magique.

Itinéraire d'accès : (carte n° 14) à 8 km au nord de Firenze - Bus à 200 m de l'hôtel pour Firenze.

Pensione Bencistà ★★★

50014 Firenze - Fiesole
Via Benedetto da Maiano, 4
Tél. (055) 59 163 - Fax (055) 59 163
Simone Simoni

Ouverture toute l'année **Chambres** 43 avec tél. direct, s.d.b. ou douche, w.c. **Prix** des chambres en demi-pension et pension : 95/115 000 L - 110/130 000 L (par pers.) Petit déjeuner compris, servi de 8 h à 10 h **Cartes de crédit** non acceptées **Divers** Chiens admis sauf dans le restaurant - Parking à l'hôtel **Possibilités alentour** à Fiesole vue du Couvent de San Francesco - Manifestaions à Florence : Scoppio del Carro le matin de Pâques, Festa del Grillo le jour de l'Ascension, Le mai musical, Biennale des antiquaires les années impaires - Chartreuse de Galluzzo - Villas et jardins florentins (tél. Palais Pitti : 055 21 48 56) - Abbaye de Vallombrosa - Golf dell'Ugolino, 18 trous à Grassina **Restaurant** service 13 h/14 h - 19 h 30/20 h 30 - Menu - Cuisine traditionnelle toscane.

Sur les collines de Fiesole, un établissement de charme pour les amoureux de la Toscane. Cette vraie pension de famille a été aménagée avec soin : meubles anciens et souvenirs de voyage, confort et simplicité ; la bibliothèque, tapissée d'ouvrages en langue anglaise, est un endroit idéal pour s'isoler. Une terrasse domine la nature, le jardin est envahi de massifs de fleurs et d'arbres aux essences diverses. Les chambres, dont le confort s'améliore d'année en année, ne manquent pas de charme. La cuisine maison participe à cette atmosphère familiale et détendue. Ouverte à présent à l'année, la pension célèbrera les fêtes de Noël, du Nouvel An et du Carnaval selon la tradition toscane.

Itinéraire d'accès : (carte n° 14) à 8 km au nord de Firenze - Bus à 200 m de l'hôtel pour Firenze.

Il Trebbiolo

50060 Molin del Piano - Fiesole (Firenze)
Tél. (055) 830 00 98 - Fax (055) 830 05 83
Mme Rossi

Ouverture toute l'année sauf 3 semaines en janvier **Chambres** 9 avec tél. direct, s.d.b. ou douche, w.c., t.v., minibar **Prix** des chambres : 140 000 L (simple) - 210 000 L (double)- 310 000 L (suite) - Petit déjeuner 20 000 L, servi de 8 h à 10 h **Cartes de crédit** acceptées **Divers** Chiens non admis - Parking à l'hôtel **Possibilités alentour** Fiesole - Firenze - Villas et jardins florentins (tél. Palais Pitti : 055 21 48 56) - Abbaye de Vallombrosa - Monastère de Santa Maria di Rosano - Golf dell'Ugolino, 18 trous à Grassina **Restaurant** service 20 h/21 h 30 - Menu et carte - Cuisine traditionnelle toscane.

Carla Rossi, directrice de la célèbre librairie Seeber à Florence a ouvert neuf chambres dans une ancienne propriété plantée de 4 hectares de chênes. Nous sommes tout près de cette belle vallée du Mugello, où se profilent encore les collines de Fiesole. L'atmosphère de la maison est intime, meubles, gravures et tapis anciens personnalisant chaque pièce, avec bien sûr beaucoup de livres dans la bibliothèque : livres d'art, de botanique, d'histoire et de cuisine. Les chambres qui portent des noms de fleurs sont confortables. La cuisine du chef, Angello Angelini, soigné. A quelques kilomètres de Florence, on apprécie ici la sérénité de la campagne toscane qu'étaient venus chercher il y a bien longtemps les moines de l'abbaye de Vallombrosa et du couvent du mont Senario.

Itinéraire d'accès : (carte n° 14) à 10 km au nord-est de Firenze. Allez jusqu'à Fiesole, prendre ensuite direction Olmo sur 7 km.

Hotel Villa La Massa ★★★★★

50010 Firenze - Candeli
Via La Massa, 6
Tél. (055) 65 10 101 - Fax (055) 65 10 109
M. Grillini

Fermeture du 16 janvier au 16 mars **Chambres** 38 climatisées avec tél. direct, s.d.b., w.c. ;
accès handicapés **Prix** des chambres : 240/295 000 L (simple) - 260/450 000 L (double) -
650/750 000 L (suite) - Petit déjeuner compris, servi de 7 h à 11 h - Demi-pension : +65 000 L
(par pers.) **Cartes de crédit** acceptées **Divers** Petits chiens admis - Piscine - Tennis -
Parking à l'hôtel **Possibilités alentour** Manifestations à Florence : Scoppio del Carro le
matin de Pâques, Festa del Grillo le jour de l'Ascension, Le mai musical, Biennale des
antiquaires les années impaires - Fiesole - Chartreuse de Galluzzo - Villas et jardins florentins
(tél. Palais Pitti : 055 21 48 56) - Abbaye de Vallombrosa - Golf dell'Ugolino, 18 trous à
Grassina **Restaurant** service 13 h/14 h 30 - 20 h/22 h - Menus : 65/80 000 L - Carte -
Cuisine régionale et italienne.

Cette superbe villa du XVIᵉ siècle, formée de trois bâtiments, semble
recréer l'atmosphère du Jardin des Finzi Contini. Les pelouses
soignées, le parc, l'ancienne chapelle, les souterrains secrets respirent le
luxe et la beauté. Les grandes chambres, au mobilier ancien ouvrent sur les
prés ou le fleuve. Tennis et piscine viennent compléter l'agrément de ce
lieu magique. La Massa avec son restaurant, *Il Verrochio*, est une des très
bonnes tables et des meilleures caves de Florence. Prix élevés en
conséquence.

*Itinéraire d'accès : (carte n° 14) direction Pontassieve - Candeli - Bus
pour le centre ville.*

Relais Certosa Hotel ★★★★

50124 Firenze - Galluzzo
Via di Colle Ramole, 2
Tél. (055) 204 71 71 - Fax (055) 26 85 75
M. Giordano

Ouverture toute l'année **Chambres** 69 climatisées avec tél. direct , s.d.b. ou douche, w.c., t.v., minibar ; ascenseur **Prix** des chambres : 220 000 L (simple) - 295 000 L (double) - 430 000 L (suite) - Petit déjeuner compris, servi de 7 h à 10 h 30 - Demi-pension et pension : 193 000 L - 238 000 L **Cartes de crédit** acceptées **Divers** Chiens admis - Tennis et parking à l'hôtel **Possibilités alentour** Manifestations à Florence : Scoppio del Carro le matin de Pâques, Festa del Grillo le jour de l'Ascension, Le mai musical, Biennale des antiquaires les années impaires - Fiesole - Chartreuse de Galluzzo - Villas et jardins florentins (tél. Palais Pitti : 055 21 48 56) - Abbaye de Vallombrosa - Golf dell'Ugolino, 18 trous à Grassina **Restaurant** service 12 h 30/15 h - 19 h 30/22 h 30 - Menus : 45/60 000 L - Carte - Spécialités : Crespelle alla fiorentina - Risotto agli asparagi - Bistecca alla fiorentina - Gran pezzo alla toscana.

L'ancienne hostellerie de la chartreuse de Galluzzo, située tout à côté de Florence, est devenue depuis peu un grand hôtel grâce à l'initiative d'Angelo Bettoja. Tous les anciens et beaux volumes des salons voûtés ont été scrupuleusement conservés. Un mobilier moderne mais de grande qualité se mêle avec harmonie aux tableaux et aux meubles anciens. On a soigné le confort des chambres et installé la salle à manger dans une salle d'où l'on peut voir la superbe chartreuse. On peut d'ailleurs s'y rendre par un chemin bordé de glycines et d'oliviers.

Itinéraire d'accès : (carte n° 14) à 7 km au sud de Firenze par A 1 sortie Firenze Certosa - Bus pour le centre ville.

Hotel Villa Le Rondini ★★★

50139 Firenze - Trespiano
Via Bolognese Vecchia, 224
Tél. (055) 40 00 81 - Fax (055) 26 82 12
Mme Reali

Ouverture toute l'année **Chambres** 43 avec tél. direct, s.d.b. ou douche, w.c., minibar **Prix** des chambres : 120/160 000 L (simple) - 190/240 000 L (double) - 260/323 000 L (suite) - Petit déjeuner compris, servi de 7 h 30 à 10 h - Demi-pension et pension : 140/165 000 L - 180/205 000 L (par pers.) **Cartes de crédit** acceptées **Divers** Chiens admis (6 000 L de supplément par j.) - Piscine - Tennis (15 000 L) - Sauna - Parking à l'hôtel **Possibilités alentour** Manifestations à Florence : Scoppio del Carro le matin de Pâques, Festa del Grillo le jour de l'Ascension, Le mai musical, Biennale des antiquaires les années impaires - Fiesole - Chartreuse de Galluzzo - Villas et jardins florentins (tél. Palais Pitti : 055 214 856) - Abbaye de Vallombrosa - Golf dell'Ugolino, 18 trous à Grassina **Restaurant** service 12 h 30/14 h 30 - 19 h 30/21 h 30 - Menus : 45/80 000 L - Carte - Cuisine italienne avec les produits de la ferme de la villa.

Le Rondini est situé sur une des collines qui couronnent Florence, dans une superbe propriété de vingt-deux hectares d'oliviers et de cyprès. La réception, les salons, la salle à manger et les chambres les plus agréables se trouvent dans la villa du XVIe. Deux autres villas offrent aussi des chambres, tout aussi confortables mais de conception plus moderne, et où l'on ne vous servira pas le petit déjeuner. A seulement sept kilomètres du centre de Florence et très bien desservi par un autobus (n° 25, toutes les 20 mn) qui s'arrête devant la propriété, le Rondini permet de passer d'agréables fins de journée à la campagne, au bord de la piscine.

Itinéraire d'accès : (carte n° 14) à 7 km au nord de Firenze, direction Fortessa da Bano jusqu'à la Piazza della Libertà, via Bolognese - Bus n° 25 devant l'entrée de l'hôtel.

Hotel Paggeria Medicea ★★★★

50040 Artimino - Carmignano (Firenze)
Viale Papa Giovanni XXIII, 3
Tél. (055) 871 80 81 - Fax (055) 871 80 80 - M. Gualtieri

Ouverture toute l'année **Chambres** 37 et 23 appartements avec tél. direct., s.d.b., w.c., t.v., minibar ; accès handicapés **Prix** des chambres : 85/150 000 L (simple) - 125/250 000 L (double) - Petit déjeuner : 20 000 L, servi de 7 h 30/10 h 30 - Demi-pension : 180 000 L (par pers., 3 j. min.) **Cartes de crédit** acceptées **Divers** Chiens admis - 2 tennis - Piscine, gymnase, mountain-bike et parking à l'hôtel **Possibilités alentour** à Artimino : église et nécropole étrusque de Pian di Rosello, Villa dell'Artimino - Tombeau étrusque de Montefortini à Comeana - Jardins de la Villa des Médicis à Poggio a Caiano - Prato - Pistoia - Firenze - Golf 9 trous, à Prato **Restaurant** service 12 h 30/14 h - 19 h 30/21 h - Fermeture le mercredi et le jeudi midi - Menu et Carte - Spécialités : Crêpe alla fiorentina - Ribollita - Arrosti misti.

Si vous rêvez de collines toscanes plantées de cyprès, de vignes et d'oliviers, d'une villa médicéenne, de confort, de calme, c'est à Artimino qu'il faut aller. La fattoria Paggeria Medicea fut construite par Cosimo Grand Duc de Toscane qui sépara l'exploitation agricole par une enceinte pour créer une réserve naturelle de chasse. Son fils fit construire à son tour la villa "La Ferdinanda" où se trouve aussi le musée étrusque. Dans ce lieu chargé d'histoire (temple étrusque, église romane, ruines du Moyen Age et de la Renaissance), la Paggeria offre les prestations d'un hôtel de luxe. Les chambres sont confortables et bien meublées. Les appartements bénéficient des services de l'hôtel (piscine et tennis). Le restaurant occupe lui aussi un bâtiment d'époque médicéenne ; on y sert une cuisine typiquement toscane et le vin de la propriété. Vous pourrez d'ailleurs visiter les caves et acheter vin et huile d'olive. Accueil agréable, une étape agréable aux portes de Florence.

Itinéraire d'accès : (carte n° 14) à 24 km au nord de Firenze par A 1, sortie Firenze-Signa, par A 11, sortie Prato.

Salvadonica

Val di Pesa - 50024 Mercatale (Firenze)
Via Grevigiana, 82
Tél. (055) 821 80 39 - Fax (055) 821 80 43 - M. Baccetti

Ouverture de mars au 2 novembre et du 26 décembre au 10 janvier **Chambres** 5 et 10 appartements avec tél. direct, s.d.b. ou douche, w.c., t.v. (sur demande) ; accès handicapés **Prix** des chambres : 85 000 L (simple) - 130/140 000 L (double) - Appartements : (se renseigner) - Petit déjeuner compris, servi de 8 h à 10 h **Cartes de crédit** acceptées **Divers** Chiens non admis - Piscine - Tennis et parking à l'hôtel **Possibilités alentour** Firenze - Chartreuse de Galluzzo - Impruneta (église S. maria dell'Impruneta ; manifestations : fête des vendanges, foire de Saint-Luc qui est un important marché aux chevaux, fabriques de poteries : très beaux vases de terre cuite) - Siena - Golf dell'Ugolino, 18 trous à Grassina **Pas de restaurant** à l'hôtel (voir notre sélection de restaurants p. 403).

A l'origine, il y avait, à Salvadonica, deux fermes toscanes datant du XIVᵉ siècle. Aujourd'hui, l'hôtel constitue l'une des restaurations les plus réussies de la région, où l'on a su conserver l'aspect rustique des bâtiments initiaux ; on les a rénovés avec de vieux matériaux, décorés de beaux meubles de ferme patinés, en y ajoutant, bien sûr, tout le confort moderne. Il s'agit d'une formule de gîte rural de grand luxe : cette belle ferme en pleine campagne toscane compte surtout des petits appartements avec kitchenette, prévus pour trois ou quatre personnes, que l'on conseille de louer à la semaine. Le petit déjeuner se prend à une table d'hôtes, et le ménage est fait tous les jours. Dans la propriété toujours en exploitation, on trouvera à acheter du vin et de l'huile d'olive. On peut dîner agréablement à San Casciano et dans les proches environs.

Itinéraire d'accès : (voir carte n° 14) à 20 km de Firenze par A 1, sortie Firenze-Certosa, puis autoroute de Sienne, sortie San Casciano ; à San Casciano, prendre à gauche vers Mercatale.

T O S C A N E

Castello di Montegufoni

50020 Montagnana (Firenze)
Tél. (0571) 67.11.31 - Fax (0571) 67.15.14
M. Posarelli

Fermeture du 1er décembre au 28 février **Appartements** 25 avec douche, w.c. (cabine téléphonique à disposition des résidents) **Prix** des appartements pour 2 pers : 150 000 L (800 000 L la semaine) ; pour 4 pers. : 200 000 L (1 100 000 L, la semaine) ; pour 6 pers. : (250 000 L) - Petit déjeuner : petits pains frais sur réservation **Cartes de crédit** non acceptées **Divers** Chiens non admis - 2 Piscines - Parking à l'hôtel **Possibilités alentour** Firenze - Impruneta (Eglise S. maria dell'Impruneta ; manifestations : fête des vendanges, foire de Saint-Luc qui est un important marché aux chevaux, fabriques de poteries : très beaux vases de terre cuite) - Siena - Golf dell'Ugolino, 18 trous à Grassina **Pas de restaurant** au château mais dîner sur réservation à "La Taverne" lundi, mercredi et vendredi.

Vous sentez-vous à l'étroit dans nos hôtels de charme ? Rêvez-vous de palais, de fresques, de jardins à l'italienne avec cloître et terrasses dans la campagne florentine ? Cette adresse est pour vous. Tout à vous, puisque vous pourrez louer dans le château ou dans ses dépendances un des appartements bien aménagés pour de longs séjours, pouvant accueillir de 2 à 6 personnes. Avec pour vous aussi les terrasses fleuries de citronniers et les cours ensoleillées. Les angelots sur les murs couveront votre bien-être dans cette demeure dont la vraie richesse est son passé, son environnement, sa lumière. Une des adresses les plus authentiques de ce guide.

Itinéraire d'accès : (carte n° 14) à 15 km à l'ouest de Firenze, par Superstrada direction Livorno-Pisa, sortie Ginestra; direction Montespertoli. A Ginestra, faire attention aux indications Montespertoli, tournez à droite. A 4 km, Baccaiano, tournez ensuite à gauche. Le château est à 1 km sur la gauche.

Fattoria La Loggia

Montefiridolfi 50020 San Casciano (Firenze)
Tél. (055) 82 44 288 - Fax (055) 82 44 283
M. Baruffaldi

Ouverture toute l'année **Appartements** 11 de 2 à 6 pers. avec chambres, cuisine, séjour, s.d.b., w.c. **Prix** des appart. : 220 000 L (par jour pour 2 pers.) - 270 000 L (par jour pour 3 pers.) - 370 000 L (par jour pour 4 pers.) - 470 000 L (par jour pour 6 pers.) **Divers** Chiens non admis - Piscine - VTT - Equitation à l'hôtel **Possibilités alentour** Firenze - Chartreuse de Galluzzo - Impruneta (Eglise S. Maria dell'Impruneta ; manifestations : fête des vendanges, foire de Saint-Luc qui est un important marché aux chevaux, fabriques de poteries : très beaux vases de terre cuite) - Siena (le Palio) - Volterra - San Gimignano - Golf dell' Ugolino, 18 trous à Grassina **Restaurant** uniquement sur réservation - Service 20 h/23 h - Menus : 45/55 000 L - Cuisine toscane à base des produits de la ferme.

Comment ne pas rêver, lorsqu'on traverse la région du Chianti, d'habiter l'une de ces belles fermes perchées au sommet d'une petite colline et qui, entre quelques cyprès, surplombent les vallons bien labourés ? La Fattoria vous le permet car ce n'est pas un hôtel mais une propriété agricole en exploitation, qui a restauré son hameau Renaissance pour en faire de petites maisons individuelles, pouvant accueillir de deux à six personnes. Très respectueusement restaurées, décorées avec raffinement dans le goût toscan, on peut y vivre à son rythme comme dans sa propre maison de campagne. La Loggia abrite depuis cette année un musée d'art contemporain et un centre culturel qui accueille de nombreux artistes.

Itinéraire d'accès : (carte n° 14) à 21 km au sud de Firenze par A 1, sortie Firenze-Certosa ; puis par SS Firenze-Siena, sortie Bargino.

Villa Le Barone ★★★

50020 Panzano in Chianti (Firenze)
Via S. Leolino, 19
Tél. (055) 85 26 21 - Fax (055) 85 22 77
Mme Buonamici

Ouverture d'avril à octobre **Chambres** 27 avec tél. direct, s.d.b. ou douche, w.c. **Prix** des chambres en demi-pension : 170/195 000 L (par pers.) - Petit déjeuner compris, servi de 8 h à 10 h **Cartes de crédit** acceptées **Divers** Chiens non admis - Piscine et tennis à l'hôtel **Possibilités alentour** Vallée du Greve par S 222 : Vignoble du Chianti Classico de Greve à Gaiole - Firenze - Siena - Golf dell'Ugolino, 18 trous à Grassina **Restaurant** service 13 h/14 h - 19 h 30/21 h - Menu : 40 000 L - Carte - Cuisine toscane.

Construite au XVIᵉ siècle, cette demeure a été transformée en hôtel par la marquise della Robbia, qui a tenu à lui conserver le charme de sa maison d'enfance. Enfouie sous une riche végétation, entourée d'un grand parc donnant sur des vignobles et des oliviers, cette villa est un havre de paix. L'accueil et le service procurent aux clients l'impression d'être les hôtes d'une maison amie. Les petits déjeuners sont servis sur la terrasse l'été. Cuisine régionale légère mais soignée.

Itinéraire d'accès : (carte n° 14) à 33 km au sud de Firenze par S 222 jusqu'à Panzano in Chianti par Greve in Chianti.

Villa Rucellai - Fattoria di Canneto

50047 Prato (Firenze)
Via di Canneto, 16
Tél. (0574) 46 03 92 - Fax (0574) 46 03 92 - Famille Piqué-Rucellai

Ouverture toute l'année **Chambres** 12 avec s.d.b. ou douche, w.c. **Prix** des chambres : 70/80/120 000 L (double) - Petit déjeuner : 10 000 L, servi à partir de 8 h **Cartes de crédit** non acceptées **Divers** Chiens non admis - Piscine et parking à l'hôtel **Possibilités alentour** à Prato : Duomo (fresques de Filippo Lippi), Palazzo Pretorio, Castello dell'Imperatore ; manifestations : soirées musicales en juillet/août - Villa des Médicis à Poggio a Caiano - Firenze -**Pas de restaurant** à l'hôtel (voir notre sélection p. 402).

Comment ne pas tomber amoureux de cette admirable villa toscane Renaissance ? Elle entra dans la famille Rucellai de Florence au milieu du XVIIIe siècle, et lui appartient toujours. C'est du reste la charmante Madame Piqué-Rucellai qui, le soir, vous accueillera sur la terrasse de son jardin à l'italienne, pour vous offrir un verre de vin produit par la *fattoria* Rucellai. Aujourd'hui, la villa en partie aménagée en hôtel, est très fréquentée par les artistes internationaux de passage à Prato pour le théâtre ou le musée d'art contemporain de la ville. On les comprend : la villa a tant de charme, de beauté ; ses salons et ses jardins évoquent tant de fêtes et de fastes. Les chambres sont belles avec de nouvelles salles de bains modernes. Le service quasi inexistant est amplement remplacé par la gentillesse des hôtes. Pas de restaurant, hélas, mais une charmante table d'hôtes pour le petit déjeuner. Une réserve, la voie ferrée assez proche qui pourra peut-être, en été, perturber votre sommeil.

Itinéraire d'accès : (voir carte n° 14) à 15 km à l'ouest de Firenze, à 45 km à l'est de Lucca. Par A 11, sortie Prato-est. Par A 1 sortie Prato/Calenzano. Ensuite direction Prato et gare, à droite via Machiavelli, à gauche via Lambruschini ; puis à droite "Villa S. Leonardo" et "Trattoria la Fontana" suivre enfin le chemin de fer à votre gauche sur 4 km.

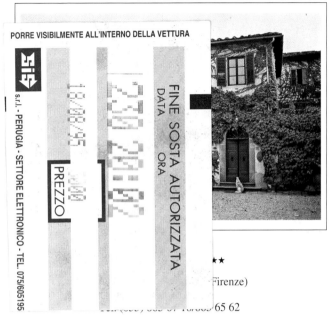

PORRE VISIBILMENTE ALL'INTERNO DELLA VETTURA

FINE SOSTA AUTORIZZATA

s.r.l. - PERUGIA - SETTORE ELETTRONICO - TEL. 075/605195

★★

(Firenze)

Tél. (055) 865 07 18/865 65 62
Fax (055) 865 65 37 - M. Pierazzi

Ouverture toute l'année **Chambres** 18 climatisées avec tél. direct, s.d.b. ou douche, w.c., t.v., minibar **Prix** des chambres : 120 000 L (simple) - 160/220 000 L (double) - 270 000 L (suite) - Petit déjeuner compris, servi de 7 h 30 à 10 h 30 - Demi-pension et pension : 130/185 000 L - 160/215 000 L **Cartes de crédit** acceptées **Divers** Chiens admis - Piscine - Parking à l'hôtel **Possibilités alentour** Abbaye de Vallombrosa - Eglise de Montemignaio - Castello Pretorio à Poppi - Firenze - Siena **Restaurant** service 12 h/14 h 30 - 20 h/22 h - Menu : 60 000 L - Carte - Cuisine française et italienne.

Une vraie maison de campagne toscane du XVe siècle pour un séjour dépaysant à une demi-heure de Florence. L'extrême gentillesse de la famille Pierazzi met immédiatement à l'aise. Promenades dans la campagne alentour, bains de soleil au bord de la piscine, repos à l'ombre des grands arbres du parc ou l'hiver devant l'immense cheminée du salon, déjeuner ou dîner décontractés qui permettent d'apprécier la cuisine traditionnelle toscane et française sous la direction de David Pierre Lecomte, sans oublier de pantagruéliques petits déjeuners servis dans les anciennes écuries. Les chambres sont toutes différentes, aménagées avec soin, attention et raffinement.

Itinéraire d'accès : (carte n° 14) à 30 km au sud-est de Firenze par A 1, sortie Incisa, N° 24, direction Matassino et Vaggio.

Il Paretaio

50021 Barberino Val d'Elsa (Firenze)
Via Ponzano, 26 - San Filippo
Tél. (055) 80 59 218 - Fax (055) 80 59 231 - Mme de Marchi

Ouverture toute l'année sauf du 10 janvier au 15 février **Chambres** 6 avec douche, w.c **Prix** des chambres : 70 000 L (simple) - 120 000 L (double) - Petit déjeuner compris - Demi-pension : 85/100 000 L (par pers., 2 j. min.) **Cartes de crédit** non acceptées **Divers** Chiens non admis - Equitation - Parking à l'hôtel **Possibilités alentour** Siena - Monteriggioni - Colle di Val d'Elsa - Firenze - San Gimignano - Certaldo - Castellina in Chianti - Volterra **Table d'hôtes** service 20 h - Menu - Cuisine régionale traditionnelle.

Heureux les cavaliers qui vont découvrir le Paretaio, une belle propriété au cœur de la campagne toscane entourée de deux cents hectares de bois, de vignes et d'oliviers ! Les jeunes propriétaires, passionnés de chevaux et excellents cavaliers, proposent toute une série de formules allant du week-end à la semaine : stages de perfectionnement en manège pour adultes et enfants, cours de dressage, promenades. La maison et son décor sont rustiques, les chambres sont grandes et joliment agencées. L'atmosphère est très chaleureuse surtout lorsque les résidents se retrouvent, le soir, autour de la grande table pour un très bon repas, abondamment arrosé du meilleur chianti. Cette adresse est destinée surtout à des cavaliers, car il faut connaître et aimer les chevaux pour percevoir, au-delà de la simplicité, toute la qualité et la "philosophie" du Paretaio, mais si vous aimez la convivialité et la nature, vous y trouverez aussi votre bonheur.

Itinéraire d'accès : (carte n° 14) à 33 km au sud de Firenze par A 1, sortie Firenze-Certosa ; direction Siena, sortie Tavarnelle ; petit chemin en face du restaurant "Passa Parola", direction S. Filippo.

Villa Villoresi ★★★★

50019 Sesto Fiorentino (Firenze)
Via Ciampi, 2 - Colonnata
Tél. (055) 44 36 92 - Fax (055) 44 20 63 - Mme Villoresi de Loche

Ouverture toute l'année **Chambres** 28 avec tél. direct, s.d.b., w.c. (4 avec t.v.); accès handicapés **Prix** des chambres : 150 000 L (simple) - 240 000 L (double) - 330 000 L (suite) - Petit déjeuner : 20 000 L, servi de 7 h à 10 h 30 - Demi-pension : 175/220 000 L (par pers., 3 j. min.) **Cartes de crédit** acceptées **Divers** Chiens admis - Piscine et parking à l'hôtel **Possibilités alentour** à Sesto : Duomo, S. Maria dei Carceri - Castello dell'Imperatore à Prato - Firenze -, Golf dell'Ugolino, 18 trous à Grassina **Restaurant** service 12 h/14 h 30 - 20 h/22 h - Fermeture le lundi (sauf pour les résidents) - Menus : 50/55 000 L - Carte - Spécialités : Penne al coccio - Fagiano alla foglia di vite.

A dix kilomètres du centre de Florence, ancienne propriété de nobles familles toscanes, la Villa Villoresi, aujourd'hui classée monument national, est un hôtel tout à fait surprenant. L'entrée actuelle de la villa est une galerie longue de 40 mètres, peinte à la détrempe par Alfredo Luzzi et représentant des paysages toscans. Les divers salons, bars, salles de lecture et de musique sont à l'image de cette galerie. Autre loggia du plus pur style Renaissance, au premier étage, sur laquelle s'ouvrent d'immenses chambres avec fresques et meubles d'époque. Les autres chambres, moins spectaculaires, donnent sur le jardin ou sur le pré. Seule concession à la modernité : une piscine dans les jardins à l'italienne, très appréciée durant l'été florentin. Notre seul regret : les alentours qui déparent le site mais pas la beauté de cette villa. A signaler que l'hôtel organise des séjours-conférences-excursions de haut niveau sur la Renaissance à Florence. Si cela vous intéresse, n'hésitez pas à vous informer auprès de l'hôtel, les programmes sont très intéressants.

Itinéraire d'accès : *(carte n° 14) à 10 km au nord-ouest de Firenze, direction Prato-Calenzano.*

T O S C A N E

Villa Campestri ★★★

50039 Vicchio (Firenze)
Tél. (055) 84 90 107 - Fax (055) 84 90 108 - M. Pasquali

Fermeture janvier et février **Chambres** 5 et 4 suites avec tél. direct, s.d.b. ou douche, w.c., t.v., minibar **Prix** des chambres : 140/180 000 L (double), 280/320 000 L (suite) - Petit déjeuner compris, servi de 8 h 30 à 10 h - Demi-pension : 110/130 000 L (par pers., 5 jours min.) **Cartes de crédit** Visa, Eurocard, MasterCard **Divers** Chiens admis - Piscine - Parking à l'hôtel **Possibilités alentour** Firenze - Le Mugello (Vespignano, Borgo S. Lorenzo, S. Piero a Sieve, Scarperia, couvent de Bosco ai Frati, Novoli, castello del Trebbio, Pratolino, couvent de Monte Senario à Bivigliano, Sesto Fiorentino point de départ de la strada panoramica dei Colli Alti, 13 km qui rejoint la N15 vers Florence) **Restaurant** fermeture le lundi et à midi sauf le dimanche (13 h /14 h 30) - service de 20 h à 21 h 30 - Menu : 45 000 L - Spécialités : Tortelli del Mugello - Vitella alla campaonola - Coniglio alle miele.

Vicchio del Mugello est célèbre pour avoir donné naissance à Fra Angelico et abrité Benvenuto Cellini. Sur la grande route, on est d'abord un peu désemparé par un urbanisme qui sans être sauvage n'en est pas moins désolant. Mais l'on est très vite récompensé par cette petite fugue dans le Mugello où les collines sont plus douces et plus vertes que dans le Chianti, où l'eau bruisse et court partout en ruisseaux, petites cascades ou filets d'eau, où sangliers et chevreuils vivent dans ses vallons. La villa Campestri se trouve dans ce décor comme une pierre précieuse dans son écrin. Jouissant d'une vue à couper le souffle, bichonnée par des propriétaires qui ne lui passent aucune faiblesse, elle est aujourd'hui au mieux d'elle même. Rénovation en bon toscan veut dire authenticité, mais aussi modernité, devise que l'on retrouve aussi bien dans le confort et la décoration intérieure que dans la cuisine servie au restaurant.

Itinéraire d'accès : (carte n° 14) à 35 km au nord-est de Firenze. Sur A 1, dir. Bologna, sortie Barberino di Mugello, direction Borgo San Lorenzo et Vicchio. A 3 km de Vicchio.

Park Hotel ★★★★

53100 Siena
Via di Marciano, 18
Tél. (0577) 44 803 - Fax (0577) 490 20 - M. Cadirni

Fermeture du 16 novembre au 28 février **Chambres** 69 climatisées dont 4 suites avec tél. direct, s.d.b., w.c., t.v., minibar ; ascenseur **Prix** des chambres : 218/305 000 L (simple) - 305/414 000 L (double) - 600/817 000 L (suite) - Petit déjeuner : 25/39 000 L servi de 7 h 30 à 10 h 30 **Cartes de crédit** acceptées **Divers** Chiens admis avec supplément - Piscine - Tennis et parking à l'hôtel **Possibilités alentour** manifestation à Siena : Palio en juillet et août - Abbaye de Sant'Antimo - Abbaye de Monte Oliveto Maggiore et retour par la route des crêtes Asciano-Siena - Convento dell'Osservanza - abbaye de Torri à Rosia - Abbaye de San Galgano **Restaurant** service 12 h 30/14 h 45 - 19 h 30/22 h - Carte : 75 000 L - Cuisine toscane saisonnière.

Bâti au sommet d'un col qui domine Sienne, l'ancien château de Marciano bénéficie d'une vue exceptionnelle sur la campagne toscane et le centre historique de Sienne. C'est à Peruzzi que l'on doit cette construction massive et imposante aménagée en hôtel. Les salons en enfilade superbement meublés en style haute époque donnent sur une jolie cour intérieure, réplique de la célèbre piazza del campo. Le restaurant, qui occupe une des galeries du château, donne, quant à lui, sur le jardin à l'italienne tout comme la "loggia" réservée aux banquets. Les chambres sont confortables, nos préférées, celles du premier étage qui ont la touche "Charming Hotels" telle qu'on l'aime à l'Helvetia Bristol de Florence. Un très bel hôtel, dont les prix selectionnent surtout une clientèle d'hommes d'affaires ou de congressistes de haut niveau. En septembre 1995, s'ouvrira sur la propriété un golf de 6 trous avec "driving range, putting et pitching green" comprennent les golfeurs !

Itinéraire d'accès : (carte n° 14) à 68 km au sud de Firenze ; sortie Siena nord, puis via Fiorentina jusqu'à Perticcio et à droite, via di Marciano (à 5 km au nord-ouest du centre ville).

Hotel Certosa di Maggiano ★★★★

53100 Siena
Strada di Certosa, 82
Tél. (0577) 28 81 80 - Fax (0577) 28 81 89
Mme Recordati

Ouverture toute l'année **Chambres** 6 et 12 suites climatisées avec tél. direct, s.d.b., w.c., t.v., minibar **Prix** des chambres : 400 000 L (simple) - 400/500 000 L (double) - 250/410 000 L (en suite par pers.) - Petit déjeuner 30 000 L, servi de 7 h 15 à 11h – Demi-pension et pension : +110 000 L - +200 000 L (par pers.) **Cartes de crédit** acceptées **Divers** Petits chiens admis avec 40 000 L de supplément - Piscine chauffée - Tennis et parking à l'hôtel **Possibilités alentour** manifestation à Siena : Palio en juillet et août Abbaye de Sant'Antimo - Abbaye de Monte Oliveto Maggiore et retour par la route des crêtes Asciano-Siena - Convento dell'Osservanza - abbaye de Torri à Rosia - Abbaye de San Galgano **Restaurant** service 13 h/14 h 30 - 20 h/22 h - Menus : 80/140 000 L - Carte.

Miraculeusement conservée, la chartreuse de Maggiano est la plus ancienne de Toscane. C'est vers 1300 que le cardinal Petroni fit construire cet édifice destiné à la méditation. Aujourd'hui encore, tout y est calme : le cloître rythmé par les larges arcades soutenues par les colonnes *di pietra serena*, le silence de la campagne environnante, le confort à la fois luxueux et intime. Une réussite dans un lieu si vaste et à l'origine si austère. Les salons sont meublés de profonds canapés et d'antiquités choisies avec soin. La bibliothèque est tapissée de reliures anciennes. Le soir, une profusion de candélabres éclaire les tables dressées sous les arcades. Les chambres, peu nombreuses, ouvrent sur le paysage de la campagne toscane resté intact.

Itinéraire d'accès : (carte n° 14) à 68 km au sud de Firenze, sortie Siena-sud, centre ville, Porta Romana et à droite, via Certosa.

Grand Hotel Villa Patrizia ★★★★

53100 Siena
Via Fiorentina, 58
Tél. (0577) 50 431 - Télex 574 366
Fax (0577) 50 431 - M. Brogi

Ouverture toute l'année **Chambres** 33 climatisées avec tél., s.d.b., w.c., t.v., minibar ; ascenseur **Prix** des chambres : 215 000 L (simple) - 324 000 L (double) - Petit déjeuner compris, servi de 7 h à 10 h - Demi-pension et pension: +40 000 L - +75 000 L **Cartes de crédit** acceptées **Divers** Chiens admis - Piscine - Tennis et parking à l'hôtel **Possibilités alentour** manifestation à Siena : Palio en juillet et août - Abbaye de Sant'Antimo - Abbaye de Monte Oliveto Maggiore et retour par la route des crêtes Asciano-Siena - Convento dell'Osservanza - Abbaye de Torri à Rosia - Abbaye de San Galgano **Restaurant** service 12 h 30/14 h - 19 h 30/21 h 30 - Menu : 50 000 L - Carte - Spécialités : Ribollita - Pici alla senese.

Dans les années vingt, la Villa Patrizia servait de résidence ministérielle. Cette belle villa patricienne, devenue hôtel, a préservé le charme de son architecture d'origine et la tranquillité de son parc aux arbres séculaires. Toutes les chambres ont vue sur le jardin. Une piscine permet de passer agréablement les heures chaudes des journées d'été. La mère du propriétaire, experte en gastronomie, fait profiter les hôtes de son savoir-faire.

Itinéraire d'accès : (carte n° 14) à 68 km de Firenze, sortie Siena-nord, puis via Fiorentina jusqu'à l'intersection entre viale Cavon et via Achille Sclavo ; à 5 km au nord-ouest du centre ville.

Hotel Villa Scacciapensieri ★★★★

53100 Siena
Via di Scacciapensieri, 10
Tél. (0577) 41 441Fax (577) 27 08 54
Fam. Nardi

Ouverture du 15 mars au 6 janvier **Chambres** 31 climatisées avec tél. direct, s.d.b., w.c., t.v. satellite, minibar ; ascenseur **Prix** des chambres : 160/210 000 L (simple) - 200/310 000 L (double) - 270/370 000 L (suite) - Petit déjeuner compris, servi de 7 h 30 à 10 h - Demi-pension et pension : 200 000 L - 240 000 L (par pers., 3 j. min.) **Cartes de crédit** acceptées **Divers** Chiens admis - Piscine - Tennis - Bus pour le centre ville toutes les 15 mn. et parking à l'hôtel **Possibilités alentour** manifestation à Siena : Palio en juillet et août - Abbaye de Sant'Antimo - Abbaye de Monte Oliveto Maggiore et retour par la route des crêtes Asciano-Siena - Convento dell'Osservanza - Abbaye de Torri à Rosia - Abbaye de San Galgano **Restaurant** service 12 h 30/14 h - 19 h 30/21 h - Fermeture le mercredi - Menus : 50/65 000 L - Carte - Spécialités : Cuisine toscane - Pici alla senese.

La Scacciapensieri, dont l'élégante façade du XVIIIᵉ siècle donne sur une terrasse bordant un beau jardin fleuri, offre un magnifique point de vue sur la ville de Sienne, située à deux kilomètres. Les chambres, calmes et spacieuses, s'ouvrent sur la campagne. Le tennis et la piscine assurent une bonne détente à proximité d'une grande ville. Il est possible de faire de l'équitation dans les environs. La cuisine est simple mais savoureuse. Les trois frères, propriétaires de l'hôtel, accueillent leurs clients très chaleureusement.

Itinéraire d'accès : (carte n° 14) autoroute Firenze-Siena, sortie Siena-nord ; stazione ferroviara à 3 km au nord du centre ville.

Hotel Santa Caterina ★★★

53100 Siena
Via Enea Silvio Piccolomini, 7
Tél. (0577) 22 11 05 - Fax (0577) 27 10 87
Mme Minuti Stasi

Ouverture du 7 mars au 7 janvier **Chambres** 19 climatisées avec tél. direct, s.d.b., w.c., minibar **Prix** des chambres (- 40% du 3 novembre au 22 décembre) : 140 000 L (simple) - 180 000 L (double) - 200/250 000 L (suite 4 pers.) - Petit déjeuner compris, servi de 8 h à 10 h (self-service) **Cartes de crédit** acceptées **Divers** Chiens admis - Parking à l'hôtel (18 000 L) **Possibilités alentour** manifestation à Siena : Palio en juillet et août - Abbaye de Sant'Antimo - Abbaye de Monte Oliveto Maggiore et retour par la route des crêtes Asciano-Siena - Convento dell'Osservanza - Abbaye de Torri à Rosia - Abbaye de San Galgano **Pas de restaurant** à l'hôtel (voir notre sélection de restaurants p. 402).

L'Hotel Santa Caterina occupe une ancienne maison du centre de Sienne, à quelques mètres de la Porta Romana. La façade n'est pas très accueillante, ni sa situation, à l'angle de deux rues. Mais les doubles vitrages et la climatisation permettent d'isoler du bruit les chambres donnant sur la rue. Pourtant, si vous avez le choix, mieux vaut dormir sur le jardin. Toutes les chambres sont confortablement meublées et dotées de salles de bains modernes. Le charme de l'hôtel, c'est surtout son merveilleux jardin fleuri qui surplombe la vallée et les toits roses de Sienne.

Itinéraire d'accès : (carte n° 14) SS Firenze-Siena, sortie Siena-sud, puis direction centre ville jusqu'à la Porta Romana par via E.S. Piccolomini.

Hotel Salivolpi ★★★

53011 Castellina in Chianti (Siena)
Via Fiorentina, 13
Tél. (0577) 74 04 84 - Fax (0577) 74 09 98 ·

Ouverture toute l'année **Chambres** 19 avec tél. direct, s.d.b. ou douche, w.c. **Prix** des chambres : 105 000 L (double) - Petit déjeuner compris, servi de 8 h à 10 h **Cartes de crédit** Visa, Eurocard, MasterCard **Divers** Chiens admis sur réservation - Piscine et parking à l'hôtel **Possibilités alentour** Firenze - Vignoble du Chianti Classico (S 222) d'Impruneta (fête des vendanges, foire de Saint-Luc qui est un important marché de chevaux, centre de fabrication de poteries : superbes vases) à Siena - Castello di Meleto - Castello di Brolio (Cappella S. Jacopo et Palazzo padronale) - Siena **Pas de restaurant** à l'hôtel (voir notre sélection de restaurants p. 403).

L'Hotel Salivolpi se compose d'une maison ancienne et de deux annexes plus modernes reconverties depuis quelques années en auberge. Situé en bordure de la petite route qui relie Castellina à San Donato, l'hôtel est tout de même très calme et ce n'est qu'une fois dans le jardin ou sur la terrasse que l'on profite de la vue panoramique sur les terres du fameux cru du Gallo Nero. Les chambres, et surtout celles de la partie ancienne, sont charmantes : mansardées, avec de jolis meubles anciens régionaux. Un bon confort, un agréable accueil, une piscine providentielle en été, pour des prix très intéressants, font de l'Hotel Salivolpi une adresse précieuse si vous désirez rayonner dans les terres du Chianti.

Itinéraire d'accès : (carte n° 14) à 21 km au nord de Siena par S 222, sortie nord-ouest de la ville.

Tenuta di Ricavo ★★★★

Ricavo - Castellina in Chianti (Siena)
53011 Ricavo
Tél. (0577) 74 02 21 - Fax (0577) 74 10 14
M. Lobrano

Ouverture d'avril à octobre **Chambres** 23 avec tél., s.d.b., w.c. (3 avec t.v. et minibar sur demande) **Prix** des chambres : 200 000 L (simple) - 240/300 000 L (double) - 400 000 L (suite avec terrasse) - Petit déjeuner compris, servi de 7 h à 9 h 45 **Cartes de crédit** Visa, Eurocard, MasterCard **Divers** Chiens non admis - 2 piscines dont une disponible en toute saison - Ping-pong et parking (10 000 L) à l'hôtel **Possibilités alentour** Firenze - Vignoble du Chianti Classico (S 222) d'Impruneta (fête des vendanges, foire de Saint-Luc qui est un important marché de chevaux, centre de fabrication de poteries : superbes vases) à Siena - Castello di Meleto - Castello di Brolio (Cappella S. Jacopo et Palazzo padronale) - Siena **Restaurant** service 19 h 30/21 h 45 - Fermeture le lundi - Carte : 40/60 000 L - Cuisine toscane - Très bonne cave de vins toscans.

L'ambiance courtoise de ce hameau transformé en hôtel et sa tranquillité extrême semblent réservées à quelques privilégiés. Splendides jardins parfumés, piscines dans la verdure et service discret promettent des vacances de rêve dans cette résidence de campagne. Intérieur rustique mais confortable. Bonne cuisine régionale et très bonne cave. Le repas étant considéré ici comme un grand moment, il est interdit de fumer dans la salle à manger. Possibilité de belles promenades dans les bois aux alentours.

Itinéraire d'accès : (carte n° 14) à 25 km au nord de Siena par S 222, sortie nord-ouest de la ville.

Hotel Villa Casalecchi ★★★★

53011 Castellina in Chianti (Siena)
Tél. (0577) 74 02 40 - Fax (0577) 74 11 11
Mme Lecchini-Giovannoni

Ouverture de fin mars à fin octobre **Chambres** 19 avec tél. direct, s.d.b., w.c. **Prix** des chambres : 245/315 000 L (double) - Petit déjeuner compris, servi de 8 h à 10 h 30 - Demi-pension et pension : 240/270 000 L - 280/310 000 L (par pers.) **Cartes de crédit** acceptées **Divers** Chiens admis - Piscine - Tennis - Parking à l'hôtel **Possibilités alentour** Firenze - Vignoble du Chianti Classico (S 222) d'Impruneta (fête des vendanges, foire de Saint-Luc important marché de chevaux, centre de fabrication de poteries : superbes vases) à Siena - Castello di Meleto - Castello di Brolio (Cappella S. Jacopo et Palazzo padronale) - Siena **Restaurant** service 12 h 30/14 h 30 - 19 h 30/21 h 30 - Menus : 65/85 000 L - Carte - Cuisine toscane.

Demeure de famille seigneuriale, cette villa doit son calme à la colline boisée environnante. La tranquillité est aussi une des règles de la maison. Un tennis, une jolie piscine entourée d'arbres et d'une pelouse participent à la douceur ambiante. Agréablement décoré avec des meubles anciens de Toscane, cet hôtel offre un séjour reposant à ceux qui souhaitent visiter la région du célèbre Chianti, sans compter les nombreux sites artistiques de la Toscane et de l'Ombrie. Service stylé et cuisine du terroir.

Itinéraire d'accès : (carte n° 14) à 21 km au nord de Siena par S 222 (sortie nord-ouest de la ville).

Albergo Fattoria Casafrassi ★★★★

Casafrassi
53011 Castellina in Chianti (Siena)
Tél. (0577) 74 06 21 - Fax (0577) 74 10 47
M. Giunti

Ouverture du 15 mars au 15 novembre **Chambres** 22 avec tél. direct, s.d.b. ou douche, w.c. ; ascenseur **Prix** des chambres : 100/160 000 L (simple) - 150/250 000 L (double) - Petit déjeuner compris, servi de 8 h à 10 h - Demi-pension : +45 000 L (1 pers., 3 j. min.) **Cartes de crédit** acceptées **Divers** Chiens admis avec 8 000 L de supplément - Piscine - Tennis et parking à l'hôtel **Possibilités alentour** Firenze - Vignoble du Chianti Classico (S 222) d'Impruneta (fête des vendanges, foire de Saint-Luc qui est un important marché de chevaux, centre de fabrication de poteries : superbes vases) à Siena - Castello di Meleto - Castello di Brolio (Cappella S. Jacopo et Palazzo padronale) - Siena **Restaurant** service 13/14 h 30 - 19 h/21 h 30 - Menu : 45 000 L - Carte - Cuisine toscane.

Casafrassi est une villa du XVIIIᵉ, située sur cette belle route qui traverse les vignobles du Chianti Classico, appelée la Chiantigiana. Restaurée avec le maximum de souci pour retrouver l'esprit et le style de la maison, c'est aujourd'hui un bon hôtel. Presque toutes les chambres se trouvent dans la villa. Très confortables, spacieuses, elles sont décorées de meubles anciens. Le restaurant sert une bonne cuisine avec des spécialités régionales. A la limite du parc, en pleine campagne, se trouvent la piscine et le tennis. Une bonne adresse pour un long séjour.

Itinéraire d'accès : (carte n° 14) à 10 km au nord de Siena sur la S 222 (sortie nord-ouest de la ville) ; Casafrassi se trouve au sud de Castellina.

Hotel Belvedere di San Leonino ★★★

San Leonino 53011 Castellina in Chianti (Siena)
Tél. (0577) 74 08 87 - Fax (0577) 74 09 24 - Mme Orlandi

Ouverture toute l'année **Chambres** 28 avec tél. direct, s.d.b. ou douche, w.c. **Prix** des chambres : 125 000 L (double) - Petit déjeuner compris, servi de 8 h à 10 h - Demi-pension : 165 000 L (pour 2 pers.) **Cartes de crédit** Amex, Visa, Eurocard, MasterCard **Divers** Chiens non admis - Piscine et parking à l'hôtel **Possibilités alentour** Firenze - Vignoble du Chianti Classico (S 222) d'Impruneta (fête des vendanges, foire de Saint-Luc qui est un important marché de chevaux, centre de fabrication de poteries : superbes vases) à Siena - Castello di Meleto - Castello di Brolio (Cappella S. Jacopo et Palazzo padronale) - Siena **Restaurant** service 19 h 30 - Menu : 25 000 L - Carte -Spécialités : Bruschette toscane - Gargallette confiori di zucca - Lombo di miale al forno con fonduta di gorgonzola pecorino e funghi - Semi freddo di ricotta e frutti di bosco.

Nous nous sommes efforcés depuis ces dernières années de trouver des auberges dans la campagne entre Florence et Sienne pour plusieurs raisons. D'abord la région du Chianti est superbe, l'accès y est très rapide puisqu'une autoroute et une voie express relient ces deux villes, les prix enfin y sont plus doux qu'en ville. C'est ainsi qu'à quelques kilomètres de Castellina se trouve l'Hotel San Leonino. Isolée dans un très beau paysage, l'auberge est accueillante. Les chambres se répartissent dans divers bâtiments. Spacieuses, elles sont meublées et décorées simplement, d'une propreté impeccable. Plus modernes, le salon et la salle à manger sont au rez-de-chaussée. En contrebas, une piscine prolonge le jardin et permet de contempler la vue panoramique qui s'étend très loin sur la vallée. Une agréable façon de connaître la Toscane à quelques kilomètres de la frénésie touristique qui peut envahir les deux capitales.

Itinéraire d'accès : (carte n° 14) à 10 km au nord de Siena par S 222 sortie Badesse ; à 8 km au sud de Castellina, à Quercegrossa, prendre à gauche pour San Leonino.

Hotel Villa Belvedere ★★★

53034 Colle di Val d'Elsa (Siena)
Tél. (0577) 92 09 66 - Fax (0577) 92 41 28
M. Conti

Ouverture toute l'année **Chambres** 15 avec tél. direct, s.d.b. ou douche, w.c. (13 avec t.v.)
Prix des chambres : 140 000 L (double) - Petit déjeuner : 15 000 L, servi de 8 h à 10 h -
Demi-pension : 240 000 L (pour 2 pers.) **Cartes de crédit** acceptées **Divers** Chiens non
admis - Parking à l'hôtel **Possibilités alentour** Monteriggioni - Abbadia Isola - Siena
Restaurant service 12 h 30/14 h - 19 h 30/22 h - Fermeture le mercredi - Menu : 38 000 L -
Carte - Spécialités : Ravioloni tartufati - Filetto Strozzi - Fiorentina con fagioli al fiasco - Rave
fritte.

Cette villa, qui a reçu autrefois de nombreux rois, a conservé son style
noble et élégant. De beaux arbres filtrent la lumière qui baigne le
jardin. L'ameublement a été choisi avec goût. Au rez-de-chaussée un joli
salon et la salle à manger intimes et accueillants. Les chambres sont
meublées de meubles régionaux simples et de bon goût, spacieuses et
claires. Attention aux chambres donnant sur le patio si vous n'êtes pas
matinal, le petit déjeuner y est servi. Les repas se prennent sur la terrasse.
La cuisine, excellente, propose de nombreuses spécialités, notamment le
risotto. Possibilité de pêche dans le lac voisin. Une piscine est prévue cette
année, se faire confirmer.

*Itinéraire d'accès : (carte n° 14) à 15 km au nord-ouest de Siena par
l'autoroute sortie Colle di Val d'Elsa sud, puis S 68 ; 2 km avant le village
au lieu-dit Belvedere.*

Castello di Spaltenna ★★★★

53013 Gaiole in Chianti (Siena)
Tél. (0577) 74 94 83 - Fax (0577) 74 92 69
M. S. de Pentheny O' Kelly

Ouverture du 15 mars au 5 janvier **Chambres** 21 climatisées avec tél. direct, s.d.b., w.c., t.v., minibar **Prix** des chambres : 210 000 L (simple) - 220/290 000 L (double) - 290/300 000 L (suite) - Petit déjeuner compris **Cartes de crédit** acceptées **Divers** Chiens admis avec 10 000 L de supplément - Piscine - Parking à l'hôtel **Possibilités alentour** Siena - Vignoble du Chianti Classico (S 222) de Gaiole à Siena - Impruneta (fête des vendanges, foire de Saint-Luc qui est un important marché de chevaux, centre de fabrication de poteries : superbes vases) - Firenze **Restaurant** service 12 h 30/14 h 30 - 19 h 30/22 h - Fermeture le lundi et le mardi midi - Menus : 55/70 000 L - Carte - Spécialités : Porcellino di latte arrosto - Tagliatelle fresche.

C'est un Irlandais qui a acheté ce ravissant monastère construit entre l'an mille et le XIIIᵉ siècle. Sa situation est magnifique et la rénovation a été menée avec le plus grand soin. Les chambres, très grandes, ont vue sur les vignes environnantes. Les salons et la salle à manger du rez-de-chaussée vous étonneront par leurs volumes, leurs très hauts plafonds, et leurs larges fenêtres ouvrant sur la campagne. Seamus de Pentheny, un des propriétaires, qui est un bon chef, est aux cuisines ; son apprentissage auprès des plus grands chefs français et dans de nombreux autres pays est la garantie d'une cuisine aussi variée que raffinée qui n'oublie pas la tradition toscane dans ses recettes.

Itinéraire d'accès : (carte n° 14) à 28 km au nord-est de Siena par S 408.

Park Hotel Carvachione ★★★

53013 Gaiole in Chianti (Siena)
Tél. (0577) 74 95 50
M. Dabriel

Ouverture du 15 mars au 31 octobre **Chambres** 11 avec douche, w.c. **Prix** des chambres : 170/180 000 L (double) - Petit déjeuner compris **Cartes de crédit** non acceptées **Divers** Chiens admis - Piscine à l'hôtel **Possibilités alentour** Siena - Vignoble du Chianti Classico (S 222) de Gaiole à Siena - Impruneta (fête des vendanges, foire de Saint-Luc qui est un important marché de chevaux, centre de fabrication de poteries : superbes vases) - Firenze - **Pas de restaurant** à l'hôtel (voir notre sélection de restaurants p. 442).

C'est une adresse un peu confidentielle qui a circulé, jusqu'à ce jour, presque uniquement de bouche à oreille. Le très petit nombre de chambres et l'ambiance particulièrement amicale qui règne dans cet hôtel justifient la méfiance de son original propriétaire à l'égard d'une trop grande publicité. Ses clients sont des amis mais il faut cependant ne pas craindre d'être réveillé par le *bel canto* ou l'air des walkyries.qui dès le matin envahit la maison. Cette ancienne demeure fortifiée, entourée d'un parc de quatre hectares, offre des chambres petites et au confort désuet qui dominent la vallée et l'ensemble des châteaux du Chianti.

Itinéraire d'accès : (carte n° 14) à 28 km au nord-est de Siena par S 408.

Castello di Uzzano

50022 Greve in Chianti (Firenze)
Via Uzzano, 5
Tél. (055) 85 40 32/33 - Fax (055) 85 43 75 - Mme De Jacobert

Ouverture toute l'année - Fermeture le dimanche **Appartements** 6 avec tél. direct, s.d.b., w.c., t.v., cuisine aménagée **Prix** des appartements : 1 500 000/2 500 000 L (pour 1 semaine) Petit déjeuner : 18 000 L, servi de 8 h 30 à 10 h 30 **Cartes de crédit** acceptées **Divers** Chiens et chats admis - VTT - Parking au château **Possibilités alentour** Firenze - Vignoble du Chianti Classico (S 222) d'Impruneta (fête des vendanges, foire de Saint-Luc qui est important marché de chevaux, centre de fabrication de poteries : superbes vases) à Siena - Castello di Meleto - Castello di Brolio (Cappella S. Jacopo et Palazzo padronale) - Siena **Pas de restaurant** au château.

L e Castello di Uzzano est une propriété de 500 hectares, dont soixante hectares de vignes. Le château apparaît aux alentours de l'an 1000, à l'emplacement d'un site étrusco-romain. Agrandi sous la Renaissance d'après des dessins d'Orcagna, c'est entre le XVIe et le XVIIe siècle qu'il fut transformé en villa. Depuis 1984, les nouveaux propriétaires, grâce à une restauration très respectueuse du château et à l'exploitation des terres, ont redonné toute sa superbe et toute son âme au Castello di Uzzano. Autour de la cour on a aménagé six appartements de charme avec tout le confort souhaité. Meubles, tableaux, gravures anciennes, cheminées créent une atmosphère très chaleureuse. Le parc et le jardin-labyrinthe, dans le goût scénographique du XVIIIe (fermé le dimanche) est ouvert aux hôtes. A votre départ, vous pourrez acheter des produits de la propriété : vins, huile d'olive, eau-de-vie... Une visite ou une dégustation au château sont recommandées même si vous n'y séjournez pas.

Itinéraire d'accès : (carte n° 14) à 30 km au sud de Firenze par A 1 Rome/Firenze, sortie Incisa-Valdarno ; par A 1 Milano/Bologna, sortie à Firenze Certosa.

Residence San Sano ★★★★

San Sano
(53010) Lecchi in Chianti (Siena)
Tél. (0577) 74 61 30 - Fax (0577) 74 61 56
M. et Mme Matarazzo

Ouverture du 15 mars au 3 novembre **Chambres** 14 avec tél., douche, w.c., minibar **Prix** des chambres : 160/170 000 L (double) - Petit déjeuner compris, servi de 8 h à 10 h **Cartes de crédit** acceptées **Divers** Chiens admis avec réserve - Piscine - Parking à l'hôtel **Possibilités alentour** Monteriggioni - Abbadia Isola - Colle di Val d'Elsa (colle Alta) - Firenze - Siena - San Gimignano - Arezzo **Restaurant** service 19 h 30 - Fermeture le dimanche - Menu : 28 000 L - Cuisine toscane.

Giancarlo et Heidi sont revenus d'Allemagne pour restaurer cette ancienne forteresse et proposer onze chambres d'hôtes aux amoureux de la Toscane, en plein cœur du pays du Chianti. La restauration est parfaite et l'aménagement a été fait avec beaucoup de goût. Les meubles cirés, les dalles roses du sol, les poutres et les arcades de pierre recréent un décor simple d'une grande authenticité. Toutes les chambres ont des salles d'eau confortables et modernes et portent le nom du détail qui les personnalise ; la plus charmante et inattendue étant la "chambre des nids" (que l'on a conservés mais isolés par un astucieux système de vitre isolante). "La chambre vue vue" donne sur les vallons verdoyants plantés de vigne. Une bonne cuisine régionale est servie le soir seulement dans la sympathique salle à manger, tandis que de délicieux petits déjeuners vous attendent en été sur la terrasse.

Itinéraire d'accès : *(carte n° 14) à 20 km au nord de Siena par S 408, à gauche vers Lecchi, puis San Sano.*

La Chiusa

53040 Montefollonico (Siena)
Via della Madonnina, 88
Tél. (0577) 66 96 68 - Fax (0577) 66 95 93
Mme Masotti - M. Lucherini

Ouverture du 20 mars au 10 novembre **Chambres** 6 et 6 appartements avec tél. direct, s.d.b., w.c., t.v., minibar **Prix** des chambres : 220 000 L (simple) - 280 000 L (double) - 390/490 000 L (suite) - Petit déjeuner compris, servi de 8 h 30 à 10 h 30 **Cartes de crédit** acceptées **Divers** Chiens admis **Possibilités alentour** Montepulciano - Monticchiello - Montalcino - Terme de Bagno Vignoli - Villages du Val d'Orcia (Castiglione d'Orcia, Rocca d'Orcia, Ripa d'Orcia, Campiglia d'Orcia) - Pienza - Collegiale San Quirico d'Orcia - Museo Nazionale Etrusco à Siusi - Chianciano Terme - Siena **Restaurant** service 12 h 30/15 h - 20 h/22 h - Fermeture le mardi - Menu : 130 000 L - Carte - Spécialités : Collo d'oca ripieno - Pappardelle Dania - Coniglio marinato al romarino - Piccione al vinsanto.

L a Chiusa, avant même d'être un restaurant réputé, avant même d'être une auberge, c'est d'abord la jolie et accueillante maison de Dania. Cette adorable jeune femme, dont le charme fait aussi la réputation de cet endroit un peu magique, aime passionnément son métier : son plaisir, c'est de vous recevoir comme si vous étiez des amis chers. Les délicieux repas sont toujours préparés avec les produits frais du potager et de la ferme. Les chambres, auxquelles viennent s'ajouter six appartements sont très confortables et très soignées. Les petits déjeuners sont copieux : confitures et brioches maison, jus de fruits frais. Lorsque, en plus, on a assisté de la terrasse au coucher du soleil sur le Val di Chiana et le Val d'Orcia, on attend avec impatience de pouvoir y revenir.

Itinéraire d'accès : (carte n° 14) à 60 km au sud de Siena par A 1, sortie Valdichiana - Bettole, Torrita di Siena Montefollonico.

La Saracina

53026 Pienza (Siena)
Strada Statale, 146 (km 29,7)
Tél. (0578) 74 80 22 - Fax (0578) 74 80 22 - M. Don Mc Cobb

Ouverture toute l'année **Chambres** 5 et 1 appartement avec tél. direct, s.d.b., w.c., t.v. **Prix** des chambres : 200/275 000 L (double) - 275 000 L (appartement) - Petit déjeuner compris **Cartes de crédit** acceptées **Divers** Chiens non admis - Piscine, tennis et parking à l'hôtel **Possibilités alentour** à Pienza : cathédrale, palazzo Piccolomini, promenade piétonne de Sainte Catherine le long des murs de Pienza - Montepulciano - Monticchiello - Montalcino - Terme de Bagno Vignoni - Villages du Val d'Orcia (Collegiale San Quirico d'Orcia, Castiglione d'Orcia, Rocca d'Orcia, Ripa d'Orcia, Campiglia d'Orcia) - Abbaye de Sant'Anna Camprena (fresques de Sodoma) - Spedaletto - Chiusi - Cetona - Chianciano **Pas de restaurant** à l'hôtel (voir notre sélection de restaurants p. 404).

Étrange qu'un des plus beaux sites de Toscane, demeuré intact depuis la Renaissance, ne soit jamais devenu un pèlerinage touristique. Pienza est en effet l'œuvre du Pape Pie II Piccolomini, qui voulut, avec l'aide de l'architecte B. Rossellino, réaliser la cité idéale. Plusieurs palais et la cathédrale furent construits mais les travaux s'interrompirent après la mort subite des deux protagonistes. Par bonheur, personne ne vint ensuite détruire l'harmonie de cette petite ville qui servit de décor à Zeffirelli pour *Roméo et Juliette*. Ouvert depuis peu, La Saracina est un ancien domaine agricole qui est situé sur une petite colline : la vue s'étend sur Pienza, Monticchiello et Montefollonico. Seulement cinq chambres mais très belles, garnies de meubles anciens, avec de grandes salles de bains et salons très confortables. Tout est aménagé avec un goût exquis (on peut aussi louer un appartement à la semaine). Un savoureux petit déjeuner est servi sous les ombrages du joli jardin ou dans la véranda.

Itinéraire d'accès : (carte n° 15) à 52 km au sud-est de Siena par S 2 jusqu'à San Quirico puis Pienza.

Relais Il Chiostro di Pienza ★★★

53026 Pienza (Siena)
Corso Rossellino, 26
Tél. (0578) 74 84 00/42 - Fax (0578) 74 84 40
Mme Bonifacci

Ouverture toute l'année **Chambres** 26 avec tél. direct, s.d.b.ou douche, w.c., t.v., minibar **Prix** des chambres : 100 000 L (simple) - 160 000 L (double) - 210 000 L (suite) - Petit déjeuner compris **Carte de crédit** acceptées **Divers** Chiens non admis - Parking à l'hôtel **Possibilités alentour** à Pienza : cathédrale, Palazzo Piccolomini, promenade piétonne de Sainte Catherine le long des murs de Pienza - Montepulciano - Monticchiello - Montalcino - Terme de Bagno Vignoni - Villages du Val d'Orcia (Collegiale San Quirico d'Orcia, Castiglione d'Orcia, Rocca d'Orcia, Ripa d'Orcia, Campiglia d'Orcia) - Abbaye de Sant'Anna Camprena (fresques de Sodoma) - Spedaletto - Chiusi - Cetona - Chianciano **Pas de restaurant** à l'hôtel (voir notre sélection de restaurants p. 404).

Pienza méritait bien un hôtel de charme, le voici avec la récente ouverture du Relais Il Chiostro di Pienza. L'hôtel occupe au cœur de la ville historique, un ancien monastère du XVe siècle. La restauration est superbe : on retrouve les arches, les poutres, les fresques et bien sûr le cloître du couvent. Les chambres sont spacieuses, sobres dans leur décoration et leur mobilier. Un grand calme et une grande sérénité habite les lieux. Le petit déjeuner sur la terrasse est très agréable. Un nouveau lieu de séjour idéal pour découvrir Pienza, magnifique petite ville Renaissance, mais aussi les sites moyenâgeux ou étrusco-romains nombreux dans les environs.

Itinéraire d'accès : (carte n° 15) à 52 km au sud-est de Siena par S 2 jusqu'à San Quirico puis Pienza.

Relais La Suvera ★★★★

La Suvera
53030 Pievescola di Casole d'Elsa (Siena)
Tél. (0577) 96 03 00 /1/2/3 - Fax (0577) 96 02 20
M. Marioti

Ouverture d'avril à octobre **Chambres** 35 avec tél. direct, s.d.b., w.c., t.v. **Prix** des chambres : 220 000 L (simple) - 300 000 L (double) - 400/500 000 L (suite) - Petit déjeuner compris - Demi-pension : +55 000 L **Cartes de crédit** acceptées **Divers** Chiens admis - Piscine et parking à l'hôtel **Possibilités alentour** Colle di Val d'Elsa - Abbadia Isola - Monteriggioni - Firenze - San Gimignano - Siena - Golf dell'Ugolino, 18 trous à Grassina **Restaurant** service 20 h/23 h - Menu et carte - Cuisine toscane.

Comment décrire la Suvera sans user de superlatifs ? Villa papale édifiée au XVIᵉ siècle, la propriété appartint ensuite à plusieurs grandes familles italiennes dont les Borghese, puis fut achetée il y a quelques décades par Lucchino Visconti, qui la céda enfin au marquis Ricci, son actuel propriétaire. Aujourd'hui, la Suvera est à la fois un hôtel de luxe, d'un confort et d'une originalité exceptionnels, et la somptueuse demeure d'un collectionneur passionné. Trois corps de bâtiments ont été aménagés en hôtel : l'Oliviera et les Scuderie offrent des chambres belles et de grand luxe ; quant à la villa papale, le marquis et son épouse y ont créé des suites dont chacune est la reconstitution parfaite d'une période ou d'un personnage historique. Rêve de collectionneur, certes. Enchantement du voyageur aussi. A La Suvera, le service est parfait, la cuisine excellente et les jardins admirables.

Itinéraire d'accès *: (carte n° 14) à 61 km au sud de Firenze par SS Firenze-Siena, sortie Colle di Val d'Elsa-sud, puis direction Grosseto ; après 15 km Pievescola.*

Albergo Borgo Pretale ★★★★

Borgo Pretale
53018 Sovicille (Siena)
Tél. (0577) 34 54 01 - Fax (0577) 34 56 25
M. Ricardini

Fermeture du 15 novembre au 15 mars **Chambres** 35 avec tél. direct, s.d.b., w.c., t.v., minibar **Prix** des chambres : 150/175 000 L (par pers. en chambre double) - +30 000 L par pers. (suite) - Petit déjeuner compris, servi de 7 h 30 à 10 h - Demi-pension et pension : + 50 000L - + 100 000 L (par pers., 3 j. min.) **Cartes de crédit** acceptées **Divers** Chiens non admis - Piscine - Tennis - Tir à l'arc - Fitness Center avec sauna - VTT - Practice de golf et parking à l'hôtel **Possibilités alentour** Villa Cetinale à Sovicille - Abbaye de Torri à Rosia - Abbaye de San Galgano - Abbaye de Monte Oliveto Maggiore et retour par la route des crêtes Asciano-Siena - Siena **Restaurant** service 13 h/14 h - 20 h/21 h 30 - Menu : 50 000 L - Carte - Cuisine toscane et italienne.

À dix-huit kilomètres de Siena, dans un village qui a gardé toute son authenticité et ses couleurs toscanes, la Torre Borgo Pretale, qui assume à merveille ses neuf siècles d'histoire, a été transformée en hôtel. En tout, trente-cinq merveilleuses chambres mais aussi une suite au dernier étage de la tour et quelques appartements de plain-pied avec le jardin. L'aménagement intérieur est d'un grand confort et d'un goût exquis, le service attentif. En été, le club-house, la piscine (où l'on dresse le buffet du déjeuner de juin à août), le tennis et autres divertissements sont très appréciables même pour ceux qui viennent faire le pèlerinage du Quattrocento. Borgo Pretale est en effet situé au cœur de la Toscane historique.

Itinéraire d'accès : (carte n° 14) à 18 km au sud-est de Siena par S 73 direction Rosia, puis suivre le fléchage.

Relais Fattoria Vignale ★★★★

53017 Radda in Chianti (Siena)
Via Pianigiani, 15
Tél. (0577) 73 83 00 - Fax (0577) 73 85 92
Mme Kummer

Ouverture du 15 mars au 15 novembre **Chambres** 25 climatisées avec tél. direct, s.d.b.,w.c., minibar **Prix** des chambres : 160/175 000 L (simple) - 250/305 000 L (double) - Petit déjeuner-buffet compris, servi de 7 h 30 à 10 h 30 **Cartes de crédit** acceptées **Divers** Chiens non admis - Piscine - Parking à l'hôtel **Possibilités alentour** Siena - Vignoble du Chianti Classico (N 222) - Impruneta (fête des vendanges, foire de Saint-Luc qui est un important marché de chevaux, centre de fabrication de poteries : superbes vases) - Firenze - Golf dell'Ugolino, 18 trous à Grassina **Restaurant** service 13 h/14 h 30 - 19 h 30/21 h - Fermeture du 10 novembre au 3 mars - Menus : 60/80 000 L - Carte - Cuisine toscane et saisonnière.

Cette ancienne maison de riches propriétaires terriens a été rachetée et entièrement rénovée en 1983. La décoration, discrète et homogène, se fond à merveille dans ces pièces où l'on sent un constant souci de fidélité au passé : les voûtes de la cave où l'on prend son petit déjeuner, l'immense cheminée d'un des salons, les murs peints de la bibliothèque, l'austérité des objets qui meublent les chambres. Les amateurs de vins ne manqueront pas de faire une halte dans cet hôtel qui en produit un excellent, et met à la disposition de sa clientèle une bibliothèque de connaisseurs et une œnothèque.

Itinéraire d'accès : (carte n° 14) à 30 km au nord de Siena par S 222 jusqu'à Castellina in Chianti, puis S 429.

Podere Terreno

Volpaia - 53 017 Radda in Chianti (Siena)
Tél. (0577) 73 83 12 - Fax (0577) 73 83 12
Mme Haniez

Ouverture toute l'année **Chambres** 7 avec douche, w.c. **Prix** des chambres en demi-pension : 105/110 000 L (par pers., 2 nuits min. en h. s.) - Petit déjeuner servi de 8 h à 11 h **Divers** Chiens admis - Parking à l'hôtel **Cartes de crédit** Visa, Eurocard, MasterCard **Possibilités alentour** Lac - Siena - Vignoble du Chianti Classico (N 222) - Impruneta (fête des vendanges, foire de Saint-Luc qui est un important marché de chevaux, centre de fabrication de poteries : superbes vases) - San Gimignano - Firenze - Golf dell'Ugolino, 18 trous à Grassina **Restaurant** service 20 h - Menu - Cuisine toscane et méditerranéenne.

Volpaia et Radda font partie de ces jolis villages de la région du Chianti Classico, plantée de bois de chênes et de châtaigniers, de vignes et d'oliveraies. La ferme se trouve au centre d'un grand domaine de plus de cinquante hectares qui produit un bon vin d'appellation contrôlée et une excellente huile d'olive. La maison en belles pierres est accueillante. L'ancienne cuisine traditionnelle toscane a été transformée en un grand salon. Le grand canapé devant la cheminée, les meubles anciens rustiques, les objets, les collections de Marie-Sylvie, qui est française, et de son mari Roberto, créent une atmosphère chaleureuse et conviviale. Les chambres, elles aussi, ont beaucoup de charme, sont confortables et décorées avec goût et simplicité. Marie-Sylvie prépare les confitures qu'elle sert au petit déjeuner, Roberto surveille la cuisine. Les repas se prennent autour d'une grande table d'hôtes ou sous la tonnelle en été, accompagnés du vin de la maison. La salle de billard et la bibliothèque aménagées dans la cave de la ferme permettent de s'isoler si on le désire, à moins qu'on ne préfère l'ombre de la tonnelle du jardin.

Itinéraire d'accès : (carte n° 14) à 30 km au nord de Siena par SS 222 jusqu'à Panzano in Chianti, direction Radda in Chianti. Avant Radda, à gauche, direction Volpaia et Podere Terreno.

T O S C A N E

Hotel Relais Borgo San Felice ★★★★

San Felice
53019 Castelnuovo Berardenga (Siena)
Tél. (0577) 35 92 60 - Fax (0577) 35 90 89
M. Righi

Fermeture de novembre à février **Chambres** 50 dont 12 suites climatisées avec tél. direct, s.d.b., w.c., t.v., minibar **Prix** des chambres : 250 000 L (simple) - 360 000 L (double) - 470 000 L (suite) - Petit déjeuner compris, servi de 7 h 30 à 10 h 30 - Demi-pension et pension : 275/330 000 L - 335/390 000 L **Cartes de crédit** acceptées **Divers** Chiens admis - Piscine - Tennis et parking à l'hôtel **Possibilités alentour** Castello delle quattro torri près de Due Ponti - Castello di Brolio et le vignoble du Chianti par Meleto, Gaiole, Badia Coltibuono, Radda et Castellina in Chianti **Restaurant** service 12 h 30/14 h 00 - 19 h 30/21 h 30 - Menus : 75/100 000 L - Carte - Cuisine toscane et italienne.

Une petite place devant une chapelle de carte postale, des ruelles pavées bordées de maisonnettes abondamment fleuries, des jardinets, des escaliers de pierre, de belles façades couvertes de vigne vierge : ainsi se présente Borgo San Felice, un village médiéval toscan, entièrement restauré et aménagé en hôtel de luxe et de charme. Entreprise réussie : on a bel et bien le sentiment d'être dans un village qui a, du reste, conservé une activité agricole (production excellente de vin et d'huile d'olive), et l'aménagement intérieur des maisons est du meilleur goût : de beaux volumes, des tons ocrés, de jolis meubles et un grand confort. Une belle piscine, un accueil et un service très professionnels, un excellent restaurant enfin, font de Borgo San Felice, un hôtel que nous vous recommandons vivement.

Itinéraire d'accès : (carte n° 14) à 17 km à l'est de Siena - A Siena, SS Siena-Perugia direction Arezzo, puis à 7 km à gauche, direction Montaperti.

259

Hotel l'Antico Pozzo

53037 San Gimignano (Siena)
Via San Matteo, 87
 Tél. (0577) 94 20 14 - Fax (0577) 94 21 17
M. Marro et M. Caponi

Ouverture toute l'année **Chambres** 18 climatisées avec tél. direct, s.d.b. ou douche, t.v. satellite, minibar **Prix** des chambres : 100 000 L (simple) - 140 000 L (double) - 190 000 L (suite) - Petit déjeuner : 15 000 L - Demi-pension : 100 000 L (par pêrs.) **Cartes de crédit** acceptées **Divers** Chiens non admis **Possibilités alentour** à San Gimignano : Collégiale, Piazza del duomo, Piazza de la Cisterna ; manifestations : défilé du carnaval, Eté de San Gimignano - Nécropole étrusque de Pieve di Cellole - Couvent de S. Vivaldo - Certaldo par le boulevard périphérique depuis San Gimignano - Pinacothèque, chapelle de la Visitation (fresques de B. Gozzoli) à Castelfiorentino - Firenze - Siena - Volterra - Golf Castelfalfi, 18 trous **Pas de restaurant** à l'hôtel (voir notre sélection de restaurants p. 404).

En plein cœur de San Gimignano, deux jeunes gens de talent et de goût ont ressuscité une très belle demeure du XVe siècle. Leur talent ils l'ont mis dans la restauration de cette maison où l'on a conservé l'architecture initiale, les fresques et jusqu'à l'ancien puits, à l'intérieur même de la maison qui a donné son nom à l'hôtel. Le goût, on le retrouve dans la décoration, qui est parfaite, avec de jolis meubles anciens, de beaux tissus, créant une atmosphère élégante et raffinée. Certaines donnent sur le petit patio, d'autres sur la rue, mais le départ des touristes le soir et la climatisation permettent dans tous les cas d'avoir des nuits calmes. Vous pouvez aussi demander la chambre des fresques qui, malheureusement, donne sur l'escalier de secours mais sécurité oblige. Salon et salle de petits déjeuners sont tout aussi plaisants à vivre. L'hôtel de charme de San Gimignano.

Itinéraire d'accès : (carte n° 14) à 38 km au nord-est de Siena, dans le centre ville. Parking de la Porta San Matteo à 100 mètres.

Hotel La Cisterna ★★★

53037 San Gimignano (Siena)
Piazza della Cisterna, 24
Tél. (0577) 94 03 28 - Fax (0577) 94 20 80
M. Salvestrini

Fermeture du 11 janvier au 9 mars **Chambres** 49 dont 2 suites avec tél. direct, s.d.b. ou douche, w.c., t.v. satellite, coffre-fort **Prix** des chambres : 92 000 L (simple) - 124/149 000 L (double) - 184 000 L (suite) - Petit déjeuner : 12 000 L, servi de 7 h 30 à 10 h - Demi-pension et pension : 100/120 000 L - 136/156 000 L (par pers.) **Cartes de crédit** acceptées **Divers** Chiens non admis - Parking à 200 m (15 000 L) **Possibilités alentour** à San Gimignano : Collégiale, Piazza del duomo, Piazza de la Cisterna ; manifestations : défilé du carnaval, Eté de San Gimignano -Nécropole étrusque de Pieve di Cellole - Couvent de S. Vivaldo - Certaldo par le boulevard périphérique depuis San Gimignano - Pinacothèque, chapelle de la Visitation (fresques de B. Gozzoli) à Castelfiorentino - Firenze - Siena - Volterra - Golf Castelfalfi, 18 trous **Restaurant** service 12 h 30/14 h 30 - 19 h 30/21 h 30 - Fermeture le mardi et le mercredi midi - Menus : 45/65 000 L - Spécialités : Intercosta scaloppata al chianti - Specialita' ai funghi e ai tartufi.

Cet ancien couvent, au cœur de la jolie ville de San Gimignano, a été transformé, au début du siècle, en hôtel-restaurant. D'un côté, il donne sur la place, de l'autre il domine le Val d'Elsa et les somptueux paysages de Toscane. Le mobilier appartient au XVIIIe florentin et s'harmonise parfaitement avec l'élégance architecturale du lieu. *Le Terrazze*, le restaurant de l'hôtel, est réputé pour sa cuisine régionale raffinée et ses vins du terroir, dont le Vernaccia di San Gimignano.

Itinéraire d'accès : (carte n° 14) à 38 km au nord-est de Siena, dans le centre ville.

Hotel Bel Soggiorno ★★★

53037 San Gimignano (Siena)
Via San Giovanni, 91
Tél. (0577) 94 03 75 - Fax (0577) 94 03 75 - M. Gigli

Ouverture toute l'année **Chambres** 21 avec tél. direct, s.d.b., w.c., t.v. (17 climatisées et 4 avec minibar) **Prix** des chambres : 105/115 000 L (double) - 160 000 L (suite) - Petit déjeuner : 10 000 L, servi de 8 h à 10 h – Demi-pension et pension : à partir de 100 000 L - à partir de 140 000 L (par pers.) **Cartes de crédit** acceptées **Divers** Chiens non admis - Parking gardé ou garage (15 000 L) à l'hôtel **Possibilités alentour** à San Gimignano : Collégiale, Piazza del duomo, Piazza de la Cisterna ; manifestations : défilé du carnaval, Eté de San Gimignano - Nécropole étrusque de Pieve di Cellole - Couvent de S. Vivaldo - Certaldo par le boulevard périphérique depuis San Gimignano - Pinacothèque, chapelle de la Visitation (fresques de B. Gozzoli) à Castelfiorentino - Firenze - Siena - Volterra - Golf Castelfalfi, 18 trous **Restaurant** service 12 h 15/14 h 30 - 19 h 30/21 h 30 - Fermeture du 10 janvier au 10 février - Menu : 80 000 L - Carte - Cuisine traditionnelle de San Gimignano.

Cette très belle maison du XIIIe siècle, en plein cœur de San Gimignano, est la propriété, depuis cinq générations, de la famille qui dirige aussi Le Pescille. Un accueil chaleureux vous y sera réservé. Les chambres sont d'un agrément inégal. Certaines donnent sur la rue, d'autres ont un magnifique balcon qui domine la campagne (les numéros 1, 2 et 6). Les deux suites enfin (n° 11 et 21) sont les plus belles avec une petite terrasse qui donne sur la vallée. Le restaurant offre également cette vue exceptionnelle et vous pourrez y apprécier une excellente cuisine traditionnelle qui fait la réputation du Bel Soggiorno depuis de nombreuses générations.

Itinéraire d'accès : (carte n° 14) à 38 km au nord-est de Siena, dans le centre ville.

Villa San Paolo ★★★★

53037 San Gimignano (Siena)
Tél. (0577) 95 51 00 - Fax (0577) 95 51 13
Mme Sabatini-Volpini - M. Squarcia

Fermeture du 10 janvier au 10 février **Chambres** 15 climatisées avec tél. direct, s.d.b., w.c., t.v. satellite, minibar **Prix** des chambres : 165 000 L (simple) - 200 000 L (double) - Petit déjeuner compris, servi de 7 h 30 à 10 h 30 **Cartes de crédit** acceptées **Divers** Chiens non admis - Piscine, tennis, ping-pong à l'hôtel **Possibilités alentour** à San Gimignano la collégiale, piazza del duomo, piazza de la Cisterna ; manifestations : défilé du carnaval, Eté de San Gimignano - Nécropole étrusque de Pieve di Cellole - Couvent de S. Vivaldo - Certaldo par le boulevard périphérique depuis San Gimignano - Pinacothèque, chapelle de la Visitation (fresques de B. Gozzoli) à Castelfiorentino - Firenze - Siena - Volterra - Golf Castelfalfi, 18 trous **Restaurant** "Leonetto" de l'Hotel Le Renaie p. 264 - Menu et carte.

Une nouvelle adresse dans la campagne de San Gimignano. Les propriétaires de l'hôtel voisin, Le Renaie, ont aménagé cette belle villa en un très agréable petit hôtel. Peu de chambres, toutes climatisées et d'un confort sans reproche. La décoration très "jardin d'hiver" est gaie et accueillante. Dans le grand jardin planté de pins et d'oliviers, une superbe piscine avec service snack jouit d'une vue inoubliable sur la campagne et les tours de San Gimignano. Les alentours permettent, outre la visite des sites historiques, de nombreuses promenades à pied ou à cheval (club à quelques kilomètres). Pas de restaurant, mais on peut profiter des services de restauration du "Leonetto".

Itinéraire d'accès : (carte n° 14) à 38 km au nord-est de Siena ; à 5 km au nord de San Gimignano, sur la route de Certaldo .

Hotel Le Renaie ★★★

53037 San Gimignano - Pancole (Siena)
Tél. (0577) 95 50 44 - Fax (0577) 95 51 26
M. Sabatini

Ouverture toute l'année sauf du 5 novembre au 5 décembre **Chambres** 25 avec tél. direct, s.d.b.,w.c., t.v. **Prix** des chambres : 82 000 L (simple) - 110/134 000 L (double) - Petit déjeuner : 11 000 L, servi de 8 h à 10 h - Demi-pension et pension : 100/110 000 L - 130/140 000 L (par pers., 3 j. min.) **Cartes de crédit** acceptées **Divers** Chiens admis - Piscine - Tennis et parking à l'hôtel **Possibilités alentour** à San Gimignano : Collégiale, Piazza del duomo, Piazza de la Cisterna ; manifestations : défilé du carnaval, Eté de San Gimignano - Nécropole étrusque de Pieve di Cellole - Couvent de S. Vivaldo - Certaldo par le boulevard périphérique depuis San Gimignano - Pinacothèque, chapelle de la Visitation (fresques de B. Gozzoli) à Castelfiorentino - Firenze - Siena - Volterra - Golf Castelfalfi, 18 trous **Restaurant** service 12 h 30/14 h 30 - 19 h 30/22 h - Fermeture le mardi - Menus : 30/50 000 L - Carte - Spécialités : Coniglio alla vernaccia - Piatti al tartufi - Piatti agli asparagi e ai funghi.

A la campagne, tout près de San Gimignano, Le Renaie est de construction récente mais il a été conçu dans le respect des matériaux et des couleurs de la Toscane traditionnelle. Tuiles, brique, terre cuite et bois s'amalgament, formant un ensemble harmonieux où le blanc cassé et le rose pâle dominent. Le salon contemporain avec sa grande cheminée et un joli petit bar ouvrent sur une galerie où il est particulièrement agréable de prendre son petit déjeuner ou un apéritif, environné de plantes et de fleurs. Les chambres sont confortables et agréables, mais essayez d'obtenir celles qui ont, en plus, une terrasse donnant sur la campagne.

Itinéraire d'accès : (carte n° 14) à 38 km au nord-est de Siena ; à 6 km au nord-ouest de San Gimignano jusqu'à Pieve di Cellole, puis Pancole.

Hotel Pescille ★★★

53037 San Gimignano (Siena)
Tél. (0577) 94 01 86 - Fax (0577) 94 01 86
Fratelli Gigli

Ouverture de mars à décembre **Chambres** 40 avec tél. direct, s.d.b., w.c., 7 avec t.v., minibar **Prix** des chambres : 90 000 L (simple) - 120 000 L (double) - 170 000 (suite) - Petit déjeuner : 15 000 L, servi de 8 h à 9 h 30 - Demi-pension : 110/135 000 L **Cartes de crédit** acceptées **Divers** Chiens non admis - Piscine - Tennis (10 000 L) - Parking à l'hôtel **Possibilités alentour** à San Gimignano : Collégiale, Piazza del duomo, Piazza de la Cisterna ; manifestations : défilé du carnaval, Eté de San Gimignano - Nécropole étrusque de Pieve di Cellole - Couvent de S. Vivaldo - Certaldo par le boulevard périphérique depuis San Gimignano - Pinacothèque, chapelle de la Visitation (fresques de B. Gozzoli) à Castelfiorentino - Firenze - Siena - Volterra - Golf Castelfalfi, 18 trous **Pas de restaurant** à l'hôtel (voir notre sélection de restaurants p.404).

S urmontant une colline qui domine la belle ville de San Gimignano, l'Hotel Pescille, ancienne ferme toscane réaménagée, a conservé ses grandes cheminées pleines de charme qu'accompagnent, en un subtil mélange, mobiliers d'époque et contemporain. La piscine bordée d'oliviers, la terrasse ombragée, la qualité du service, les prix raisonnables et la gentillesse des propriétaires font de l'Hotel Pescille une étape particulièrement agréable.

Itinéraire d'accès : (carte n° 14) à 38 km au nord-est de Siena ; à la sortie sud de la ville vers Castel San Gimignano.

1995

Il Casolare di Libbiano

Libbiano 53037 San Gimignano (Siena)
Tél. (0577) 95 51 02 - Fax (0577) 95 51 02
M. Bucciarelli - Mme Mateos

Fermeture de novembre à mars **Chambres** 5 et 1 suite avec douche, w.c. **Prix** des chambres : 150/170 000 L, suite : 190/210 000 L - Petit déjeuner compris, servi de 8 h 30 à 10 h - Demi-pension : 105/115 000 L **Cartes de crédit** non acceptées **Divers** Chiens admis - Piscine - Parking à l'hôtel **Possibilités alentour** San Gimignano (Eté de San Gimignano) - Nécropole étrusque de Pieve di Cellole - Couvent de S. Vivaldo - Certaldo par le boulevard périphérique depuis San Gimignano - Pinacothèque, chapelle de la Visitation (fresques de B. Gozzoli) à Castelfiorentino - Firenze - Siena - Volterra - Golf Castelfalfi, 18 trous **Restaurant** service à 19 h - Menu : 30 000 L - Cuisine toscane traditionnelle.

Dans un isolement aride, au bout d'une route poudreuse qui talque quelques buissons furtifs, se trouve Libbiano dont l'une de ses anciennes maisons a été rénovée de main de maître. Utilisation de matériaux traditionnels, pierre et terre cuite dans les salons et dans les chambres nettes, adorables, spacieuses, mêlant vieux meubles et superbe confort ; mais aussi, oliviers, lauriers roses et citronniers au bord d'une piscine bienvenue. Le jeune homme qui s'occupe de la maison est d'une grande gentillesse et d'une discrétion attentive. On y dîne bien, les petits déjeuners sont merveilleusement composés : salades de fruits, jambon et pain toscans servis sur un *tagliere* en bois. Les parties communes, que ce soit dans le salon près de la cheminée, ou sur les terrasses, créent autant d'espaces propices à la lecture, à la contemplation ou plus simplement au *farniente*.

Itinéraire d'accès : *(carte n° 14) à 8 km de San Gimignano, direction Gambassi, sur la gauche chemin pour Libbiano.*

Hotel Villa Arceno ★★★★

53010 San Gusmé - Castelnuovo Berardenga (Siena)
Tél. (0577) 35 92 92 - Fax (0577) 35 92 76
M. Mancini

Ouverture toute l'année **Chambres** 16 avec tél. direct, s.d.b., t.v., minibar **Prix** des chambres : 220 000 L (simple) - 374 000 L (double) - 474 000 (suite) - Petit déjeuner compris, servi de 7 h 30 à 10 h 30 - Demi-pension et pension : 200 000 L - 260 000 L (par pers.) **Cartes de crédit** acceptées **Divers** Chiens non admis - Piscine - Tennis et parking à l'hôtel **Possibilités alentour** Siena - Arezzo - Monte San Savino - Abbaye de Monte Oliveto et retour par la route des crêtes d'Asciano à Siena **Restaurant** service 13 h/14 h 30 - 20 h/22 h - Menus à partir de 60 000 L - Carte - Cuisine toscane et italienne.

En quittant Sienne, aller jusqu'à Castelnuovo Berardenga n'est pas un problème et l'on se réjouit de retrouver les paysages et la lumière de la peinture siennoise. Trouver le petit hameau de San Gusmé, à la sortie du village, passe encore, mais y trouver la Villa Arceno est impossible. En effet, n'essayez pas d'apercevoir la maison, mais, sur la route, repérez une grande arche avec l'inscription "Arceno". Passez le porche, suivez la route, traversez les bois, les vignes et les oliviers et, si vous n'avez pas rebroussé chemin pensant vous être perdu, vous arriverez jusqu'à la villa. En effet cette belle maison construite au XVIIe, ancien relais de chasse d'une riche famille italienne jusqu'à il y a deux ans, se trouve dans un domaine de mille hectares... On a transformé le relais en un très bon hôtel et les dix-neuf fermes de la propriété sont respectueusement restaurées pour le bonheur de quelques privilégiés. La décoration est très soignée. On a choisi de beaux matériaux et de beaux tissus. Les chambres sont spacieuses et de grand confort. L'accueil est très gentil.

Itinéraire d'accès : (carte n° 14) à 25 km à l'est de Siena par A 1, sortie Valdichiana ou Monte San Savino, direction Monte San Savino jusqu'à Castelnuovo Berardenga, lieu dit San Gusmé.

Locanda dell'Amorosa ★★★★

L'Amorosa
53048 Sinalunga (Siena)
Tél. (0577) 67 94 97 - Fax (0577) 67 82 16
M. Citterio

Ouverture toute l'année sauf du 20 janvier au 28 février **Chambres** 11 et 4 suites climatisées avec tél., s.d.b., w.c., t.v., minibar **Prix** des chambres : 210/260 000 L (simple) - 270/350 000 L (double) - 380/490 000 L (suite) - Petit déjeuner compris, servi de 7 h 30 à 10 h - Demi-pension et pension : 245/275 000 L - 285/320 000 L (par pers., 3 j. min.) **Cartes de crédit** acceptées **Divers** Chiens admis dans les chambres - Parking à l'hôtel **Possibilités alentour** Collegiata di San Martino et église de S. Croce de Sinalunga - Museo Civico, Palazzo Comunale, Eglise Madonna delle Averce à Lucignano - Monte San Savino (loggia) - Arezzo - Siena **Restaurant** service 12 h 30/14 h 30 - 20 h/21 h 45 - Fermeture le lundi et le mardi midi - Carte - Nouvelle cuisine régionale - Très bonne cave de vins italiens.

Après avoir cheminé dans cette plaine qui vit naître Piero della Francesca, une longue allée de cyprès conduit jusqu'à l'entrée de la Locanda. Passé la voûte, on ne peut que subir l'enchantement de ces vieilles bâtisses où se mêlent la pierre, la brique et les terres cuites roses de Sienne. On est ici dans une des plus belles auberges d'Italie, à la frontière de la Toscane et de l'Ombrie. Calme et bon goût sont le luxe de cette auberge qui ne manque, bien sûr, pas de confort. La cuisine y est excellente, de nombreux produits provenant de la *fattoria* elle-même, les vins de la région bien sélectionnés. A ne pas manquer si vous pouvez vous l'offrir.

Itinéraire d'accès : (carte n° 15) à 50 km au sud-est de Siena par S 326 ; par A 1, sortie Val di Chiana ; à 2 km au sud de Sinalunga au lieu-dit L'Amorosa.

La Frateria ★★★★

53040 Cetona (Siena)
Convento San Francesco
Tél. (0578) 23 80 15 - Fax (0578) 23 82 61

Fermeture en février sur réservation **Chambres** 7 avec s.d.b., w.c. **Prix** des chambres : 220 000 L (simple) - 280 000 L (double) - 380 000 L (suite) - Petit déjeuner compris, servi de 7 h 30 à 9 h **Carte de crédit** Amex (au restaurant), Visa, Eurocard, MasterCard **Divers** Chiens non admis **Possibilités alentour** Montepulciano - Monticchiello - Montalcino - Terme de Bagno Vignoli - Villages du Val d'Orcia (Castiglione d'Orcia, Rocca d'Orcia, Ripa d'Orcia, Campiglia d'Orcia) - Pienza - Collegiale San Quirico d'Orcia - Museo Nazionale Etrusco à Siusi - Chianciano Terme - Siena **Restaurant** service 13 h - 20 h - Fermeture : mardi sauf réservation - Menu : 110 000 L - Cuisine traditionnelle créative.

À l'origine de la Frateria, un père franciscain, Padre Eligio, qui décide de restaurer un couvent abandonné avec l'aide d'une communauté, "Mondo X", composée de jeunes en difficulté. Le résultat est extraordinaire, sans doute à la mesure de l'enjeu. Après des travaux considérables, le couvent a retrouvé ses chapelles, ses cloîtres fleuris de lauriers, ses salles de méditation et son réfectoire. Le jardin croule sous les clématites, les camélias et les azalées. En été, les roses et les arbres à kiwis prennent le relais. Un restaurant et quelques chambres haut de gamme ont été installés. La cuisine, qui n'est faite qu'avec les produits de la ferme de la Frateria, propose d'excellentes spécialités toscanes. Les quelques chambres, très bien décorées, offrent un confort qui n'a rien de monacal. Si l'on ne savait pas que le fondateur de l'ordre, saint François d'Assise, aimait les bonnes choses, on serait un peu étonné par tant de raffinement. Cela étant, on vit ici dans l'harmonie, tant se mêle au calme la beauté de la nature.

Itinéraire d'accès : (carte n° 15) à 89 km au sud de Siena, par A 1, sortie Chiusi ; Chianciano Terme et S 428 jusqu'à Sarteano, direction Cetona.

La Palazzina

Le Vigne 53040 Radicofani (Siena)
Tél. (0578) 55.771 - Fax (0578) 53.553
M. Innocenti

Fermeture 2ᵉ semaine de novembre et 3ᵉ semaine de mars **Chambres** 10 avec s.d.b., w.c.
Prix des chambres en demi-pension et pension : 88/92 000 L, 102/114 000 L (par pers., 3 j.
min.) - Petit déjeuner compris, servi de 8 h à 10 h **Cartes de crédit** Amex, Visa, Eurocard,
MasterCard **Divers** Chiens admis avec 15 000 L de supplément - Piscine - Parking à l'hôtel
Possibilités alentour Montepulciano - Monticchiello - Montalcino - Terme de Bagno
Vignoli - Villages du Val d'Orcia (Castiglione d'Orcia, Rocca d'Orcia, Ripa d'Orcia, Campiglia
d'Orcia) - Pienza - Collegiale San Quirico d'Orcia - Museo Nazionale Etrusco à Siusi -
Chianciano Terme - Siena **Restaurant** service 12 h 45/13 h 30 - 20 h/20 h 30 - Menus :
35/45 000 L - Spécialités : Zuppe e vellutate di stagioni - Pici - Gnochetti agli aromi -
Tagliolini d'orticaarrosto alla cannella o alla mentta - Mousse al limone, - Bianco mangiare alle
mandorle.

A Radicofani, l'entrée de cette villa médicéenne fait face à une fontaine
dont on dit que son eau aurait la vertu de donner l'éternelle jeunesse ;
cette jeunesse, voire l'immortalité de l'esprit Medicis se retrouve ici à la
Palazzina : maison parfaitement harmonieuse dans ses volumes extérieurs
et intérieurs, qui a conservé toute sa grâce et sa simplicité aristocratiques.
L'excellente cuisine est aussi attentive à la qualité "bio" des produits de ses
terres, qu'à l'authenticité des anciennes recettes médicéennes. La nature ici
plus austère que chez sa riante sœur florentine encadre idéalement cette
demeure aux chambres spacieuses, belles et parfumées. Ouvrez votre
balcon le matin et goûtez-y.

*Itinéraire d'accès : (carte n° 15) à 80 km au sud de Siena par la via
Cassia, jusquà la déviation pour Radicofani. A Radicofani, direction
Sarteano, puis direction Celle sul Rigo. A 1, 5 km allée de cyprés pour la
Palazzina.*

Hotel Villa San Michele ★★★★

55050 San Michele in Escheto - Lucca
Via della Chiesa, 462
Tél. (0583) 37 02 76 - Fax (0583) 37 02 77
M. Santarelli

Fermeture du 1er janvier au 10 février **Chambres** 22 avec tél. direct, s.d.b. ou douche, w.c., t.v. et minibar **Prix** des chambres : 100/160 000 L (simple) - 180/270 000 L (double) - 230/330 000 L (suite) - Petit déjeuner : 20 000 L, servi de 8 h 30 à 10 h **Cartes de crédit** acceptées **Divers** Chiens non admis - Parking à l'hôtel **Possibilités alentour** à Lucca : Duomo, S. Michele in Foro, S. Frediano, via Fillungo et via Guinigi, musée Villa Guinigi ; manifestations : Sagra musicale lucchese (fête musicale au printemps), Estate musicale lucchese (l'Eté musical) - Villa Mansi près de Segromigno Monte - Villa Torrigiani près de Camigliano - Villa Royale à Marlia - Pistoia - Pisa - Golf Club Versiglialia, 18 trous **Pas de restaurant** à l'hôtel (voir notre sélection de restaurants p. 405).

L ucca ne manque pas d'hôtels confortables mais n'a toujours pas d'hôtels de charme dans son centre historique. La Villa San Michele est située hors des remparts, à deux kilomètres. C'est une ancienne villa luquaise du XVIIe siècle (restaurée au XIXe), construite dans un grand parc planté de chênes verts, de chênes-lièges, d'oliviers et fleuri de lauriers. Les pièces sont vastes avec de hauts plafonds en ogives et le mobilier XIXe siècle massif convient assez bien. Les chambres, qui sont dotées de tout le confort, ont une décoration un peu provinciale. Il reste néanmoins un hôtel d'atmosphère pour une ville qui mérite qu'on y séjourne.

Itinéraire d'accès : (carte n° 14) à 4 km de Lucca, sur A 11 (direction Firenze), sortie Lucca, puis repasser sous l'autoroute direction San Giuliano, puis Pisa - Prendre la route sur la droite.

Villa La Principessa ★★★★

Massa Pisana - 55050 Lucca
Via Nuova per Pisa, 1 616
Tél. (0583) 37 00 37/38/39 - Fax (0583) 37 90 19
M. Mugnani

Fermeture du 7 janvier au 9 février **Chambres** 44 climatisées, avec tél. direct, s.d.b., w.c,
t.v. ; ascenseur ; accès handicapés **Prix** des chambres : 200/250 000 L (simple) -
290/330 000 L (double) - 320/360 000 L (suite) - Petit déjeuner-buffet : 20 000 L, servi de
7 h 30 à 10 h 30 - Demi-pension et pension : 260 000 L - 310 000 L (par pers., 3 j. min.)
Cartes de crédit acceptées **Divers** Petits chiens admis sauf au restaurant - Piscine à l'hôtel
Possibilités alentour à Lucca : Duomo, S. Michele in Foro, S. Frediano, via Fillungo et via
Guinigi, musée Villa Guinigi ; manifestations : Sagra musicale lucchese (fête musicale au
printemps), Estate musicale lucchese (l'Eté musical) - Villa Mansi près de Segromigno
Monte - Villa Torrigiani près de Camigliano - Villa Royale à Marlia - Pistoia - Pisa - Golf Club
Versiglialia, 18 trous **Restaurant** service 13 h/14 h 30 - 20 h/22 h - Fermeture le dimanche -
Menus : 45/65 000 L - Carte - Spécialités : Tortelli di radicchio - Carpaccio di salmone -
Ravioli di mare.

C'est en 1805 que Napoléon donna Lucques à sa sœur, Elisa Bacchioci
qui donna un grand essor à la ville tant au point de vue économique
que culturel (c'est elle qui fit tracer la piazza Napoleone). Ce duché fut
ensuite donné en 1815 à la famille de Bourbon-Parme, et c'est eux qui
transformèrent La Principessa en demeure de prestige pour hôtes illustres.
Au milieu d'un parc et d'un jardin aménagés avec élégance, cette villa,
dévorée par les plantes grimpantes, a préservé au fil du temps son
caractère prestigieux. Décoration baroque qui ne sera peut-être pas du goût
de tous, mais grand confort dans toutes les chambres et les salons. Séjour
de grand luxe.

*Itinéraire d'accès : (carte n° 14) à 3, 5 km au sud de Lucca par SS 12 bis
(direction Pisa) sortie Massa Pisana.*

Villa La Principessa Elisa★★★★★

Massa Pisana - 55050 Lucca
Via nuova per Pisa
Tél. (0583) 37 97 37 - Fax (0583) 37 90 19 - M. Mugnani

Ouverture toute l'année **Chambres** 2 et 8 suites climatisées avec tél. direct, s.d.b., w.c et t.v. **Prix** des chambres : 220 000 L (simple) - 260/300 000 L - (suite pour 1 pers.) 350/450 000 L (suite) - Petit déjeuner : 22 000 L, servi de 7 h 30 à 10 h 30 - Demi-pension : +90 000 L (par pers., 3 j. min.) **Cartes de crédit** acceptées **Divers** Petits chiens admis sauf au restaurant - Piscine à l'hôtel **Possibilités alentour** à Lucca : Duomo, S. Michele in Foro, S. Frediano, via Fillungo et via Guinigi, musée Villa Guinigi ; manifestations : Sagra musicale lucchese (fête musicale au printemps), Estate musicale lucchese (l'Eté musical) - Villa Mansi près de Segromigno Monte - Villa Torrigiani près de Camigliano - Villa Royale à Marlia - Pistoia - Pisa - Golf Club Versiglialia, 18 trous **Restaurant** service 13 h/14 h 30 - 20 h/22 h - Fermeture le mercredi - Menus : 45/65 000 L - Carte - Spécialités : Tortelli di radicchio - Carpaccio di salmone - Ravioli di mare.

Les propriétaires de La Principessa ont ouvert récemment à moins de cent mètres, l'Hotel Principessa Elisa. Cette ancienne villa semble avoir été restaurée au début du XIXᵉ siècle par un fonctionnaire napoléonien qui aurait suivi à Lucques Elisa Baciocchi, duchessa di Lucca. Respectant la décoration antérieure, suites et salons ont été décorés de meubles en acajou du XIXᵉ, de tissus et moquettes inspirés d'illustrations et de cartons de l'époque fabriqués chez P. Frey ou Braquenié et de boiseries refaites à partir d'éléments anciens retrouvés dans une dépendance du jardin. La salle à manger installée dans une véranda de style victorien donne sur le jardin luxuriant. Un jardin lui aussi entièrement repensé et replanté où fleurs et arbustes abondent, se mêlant aux plantes aquatiques qui poussent au bord du ruisseau. Raffinement et confort habitent toute la maison. Une très belle rénovation.

Itinéraire d'accès : (carte n° 14) à 3, 5 km au sud de Lucca par S 12 bis (direction Pisa) sortie Massa Pisana.

Hotel Tirreno ★★★

55042 Forte dei Marmi (Lucca)
Viale Morin, 7
Tél. (0584) 78 74 44 - Fax (0584) 787 137
Mme Daddi Baralla

Ouverture d'avril à septembre **Chambres** 59 avec tél. direct, s.d.b. ou douche, w.c. **Prix** des chambres : 85 000 L (simple) - 140 000 L (double) - Petit déjeuner : 16 000 L, servi de 8 h à 11 h - Demi-pension et pension : 130/145 000 L - 160/185 000 L (par pers., 2 j. min.) **Cartes de crédit** acceptées **Divers** Chiens non admis **Possibilités alentour** Duomo de Carrara - Carrières de marbre : cave di marmo di Colonnata, cava dei Fantiscritti - Lucca - Pisa **Restaurant** service 13 h/14 h - 20 h/21 h - Menus : 45/65 000 L - Carte - Cuisine toscane.

L a partie de l'hôtel visible de la rue est un peu déconcertante : délicieusement années soixante-dix avec tout ce que cela comporte de "tape-à-l'œil"... La surprise est au fond du jardin : c'est la dépendance, une ancienne villa d'été XIXᵉ siècle, aménagée en hôtel depuis presque vingt ans. Il ne faut pas envisager un séjour au Tirreno ailleurs que dans cette annexe, dans une des chambres avec balcon donnant sur le joli jardin (les n° 57, 58 et 60) ou sur la mer. L'hôtel, qui bénéficie d'un emplacement en plein centre et, à la fois, à deux pas de la plage, offre également comme autres avantages, un accueil soigné et une bonne cuisine toscane.

Itinéraire d'accès : (carte n° 13) à 35 km de Pisa par A 12 (Genova/Livorno), sortie Versilia - Forte dei Marmi.

Azienda Capobianco

55042 Albavola - Madonna dell'Acqua (Pisa)
Via Vecchia Pietrasantina, 11
Tél. (050) 89 06 71 - Fax (050) 89 06 71
Mme Russo

Ouverture toute l'année **Chambres** 8 (4 avec s.d.b.) **Prix** des chambres : 30/35 000 L
(par pers.) - Petit déjeuner : 7/8 000 L, servi à partir de 8 h 30 - Demi-pension : 57/63 000 L
(par pers.) **Cartes de crédit** non acceptées **Divers** Chiens admis - Equitation - Tir à l'arc -
VTT et parking à l'hôtel **Possibilités alentour** Pisa - San Piero a Grado - Marina di Pisa -
Calci et la chartreuse de Pisa **Restaurant** service à partir de 20 h - Menus : 25/35 000 L -
Carte - Cuisine familiale toscane.

L'Azienda Capobianco est l'équivalent de ce qu'en France on appelle
une ferme-auberge. Située dans la campagne de Pise, dans le Parc
Naturel de Migliarino et de San Rossore, sur les bords du Serchio,
l'Azienda Capobianco vous propose des vacances nature à des prix
imbattables a condition d'accepter d'être rustique. Ici, aucun luxe, des
chambres simples au confort militaire mais bien tenues (quelques-unes
seulement avec des salles de bains). Un centre équestre bien équipé
propose un manège ou des randonnées dans la réserve toute voisine. Le
soir vous pourrez goûter à la cuisine maison qui vous offrira des recettes
du pays. A conseiller à ceux qui veulent retrouver des saveurs et des
odeurs d'enfance campagnarde. Grande gentillesse de l'accueil.

*Itinéraire d'accès : (carte n° 14) à 3 km au nord-ouest de Pisa, direction
La Spezia.*

Hotel Buriano ★★

56040 Buriano - Montecatini Val di Cecina (Pisa)
Castello, 10
Tél. (0588) 37 295 - Fax (0588) 37 295
M. Clamer

Ouverture de mars à décembre **Chambres** 13 dont 6 avec s.d.b. **Prix** des chambres : 42 000 L (simple) - 60/84 000 L (double) - Petit déjeuner : 9 000 L, servi de 8 h à 10 h - Demi-pension : 74/86 000 L (par pers., 3 j. min.) **Cartes de crédit** Eurochèques **Divers** Chiens admis - Parking **Possibilités alentour** Volterra - San Gimignano - Siena - Lucignano - Marina di Cecina (mer) - Pisa **Restaurant** service 12 h 30 - 19 h30 - Menus : 35/40 000 L - Carte - Spécialités : Selvaggina - Pasta - Dolce e cucina casalinghe.

Dans cette campagne très préservée où peu de touristes s'aventurent vous découvrirez une Toscane plus authentique, à moins de cinquante kilomètres des sites les plus prestigieux. Isolée, cette ancienne ferme a été transformée en une bonne auberge. Le seuil passé, la maison est moins rustique qu'on s'y attendait. La grande salle à manger qui prolonge la cuisine est coquette et chaque table est fleurie. Les gros pots d'antipasti laissent présager une cuisine appétissante. Les chambres, si elles n'ont pas toutes des salles de bains, sont impeccablement tenues avec, pour certaines, de charmantes peintures naïves en tête de lit ou en frise, peintes à même le mur. Toutes ont une belle vue sur la campagne environnante, certaines sur Volterra.

Itinéraire d'accès : (carte n° 14) à 60 km au nord-ouest de de Siena sur SS (direction Florence) sortie Colle di Val d'Elsa-sud, direction Volterra jusqu'à Saline di Volterra. Buriano est ensuite à 7 km.

T O S C A N E

Il Frassinello

56040 Montecatini Val di Cecina (Pisa)
Tél. (0588) 300 80 - Fax (0588) 300 80
Mme Sclubach Giudici

Ouverture de pâques à fin septembre **Chambres** 4 et 2 appartements avec douche **Prix** des chambres : 90/120 000 L (pour 2 pers.) - Petit déjeuner : 6 000 L, servi de 8 h à 9 h 30 **Cartes de crédit** non acceptées **Divers** Chiens admis - Parking à l'hôtel **Possibilités alentour** Volterra - San Gimignano - Siena - Lucignano - Marina di Cecina (mer) - Pisa **Pas de restaurant** à l'hôtel (voir notre sélection de restaurants pp. 4).

Une dame charmante qui s'est retirée du monde a créé ici son univers. Un chemin poussiéreux et qui n'en finit plus vous mène, lacets après lacets, à cette ancienne ferme aux charmes faussement rustiques et réellement confortable. Peu à peu elle s'est entourée aussi d'un décor à son image : un ange en bronze sur la porte de la cuisine, un incroyable lustre allemand au-dessus d'une table en bois, une terrasse sous une glycine pour le petit déjeuner, une vasque ruisselante d'eau qui sent bon la montagne et surtout, un incroyable élevage de cerfs dont on attend quarante petits cette année. A quelques kilomètres de Volterra, le Frassinello n'est pas une halte mais un lieu de séjour ; et vous quitterez sans doute, comme nous, à regret ces familles de cerfs qui vous regarderont repartir, tranquillement, sans même bouger une oreille. Vous pourrez prendre vos repas à l'Hotel Buriano tout proche.

Itinéraire d'accès : (carte 14) à 60 km au nord-ouest de de Siena sur SS (direction Florence) sortie Colle di Val d'Elsa-sud, direction Volterra jusqu'à Saline di Volterra.

Casetta delle Selve

56 010 Pugnano - San Giuliano Terme (Pisa)
Tél. (050) 85 03 59
Mme Nicla Menchi

Ouverture toute l'année **Chambres** 6 avec s.d.b. ou douche, w.c. **Prix** des chambres :
90 000 L (double) - Petit déjeuner : 12 000 L, servi à partir de 9 h **Cartes de crédit**
Eurochèques **Divers** Chiens admis - Parking à l'hôtel **Possibilités alentour** Certosa di
Calci - Pisa - Lucca - Mer et plages **Pas de restaurant** à l'hôtel (voir notre sélection de
restaurants p. 444).

D'apparence modeste, la Casetta saura vous conquérir par sa situation imprenable et son ambiance proprement familiale. Au cri de "Viva la Libertà", la chaleureuse Nicla vous servira vos petits déjeuners sur une merveilleuse terrasse ayant vue sur la mer, avec dans le lointain les vallons toscans, la Corse et la Gorgona... Les chambres sont décorées avec amour dans une tonalité à chaque fois spécifique. La propriétaire, hôtelière par raison mais artiste dans l'âme (ses peintures ornent les murs des chambres), est allée jusqu'à confectionner elle-même les plus infimes détails de sa décoration (des tapis aux taies d'oreillers). Une bonne adresse pour visiter Pisa et Lucca toutes proches.

Itinéraire d'accès : (carte n° 14) à 10 km de Lucca, sur A 11, sortie Lucca, puis SS 12 et 12 bis direction San Giuliano Terme ; à Pugnano petite route sur la colline fléchée.

Hotel Villa di Corliano ★★★

Rigoli 56010 San Giuliano Terme (Pisa)
Via Statale, 50
Tél. (050) 81 81 93 - Fax (050) 81 83 41
M. Agostini della Seta

Ouverture toute l'année **Chambres** 18 avec tél. direct (8 avec s.d.b., w.c.) **Prix** des chambres : 100/150 000 L (double) - 250 000 L (suite pour 4 pers.) - Petit déjeuner : 16 000 L, servi de 8 h à 10 h **Cartes de crédit** Visa, Eurocard, MasterCard **Divers** Chiens admis **Possibilités alentour** Santa Maria del Giudice - Pisa - Lucca **Restaurant** dans la propriété - Spécialités : Pesce.

Entourée d'un vaste parc, la Villa di Corliano offre une décoration d'une étonnante beauté. Les salons avec fresques, lustres et meubles rares produisent une atmosphère de musée que l'on rencontre rarement aujourd'hui. L'actuel propriétaire a transformé sa villa en hôtel pour la préserver de l'usure du temps et pour continuer à y vivre. Les chambres, grandes et confortables, jouissent d'un calme inégalable ; les salles de bains sont cependant un peu vieillottes. Ambiance étrange et surannée, mais le charme et la grande gentillesse de l'accueil auront raison de ces quelques réticences. Le restaurant réputé de Pise "Sergio" s'est installé dans une dépendance du château ; un menu dégustation vous permet de goûter depuis les antipasti jusqu'aux desserts, les meilleures spécialités de la région et de la maison. Une adresse dont le charme fait l'unanimité.

Itinéraire d'accès : (carte n° 14) à 8 km de Pisa par SS 12 bis jusqu'à San Giuliano Terme, puis S 12 vers nord-ouest jusqu'à Rigoli.

Albergo Villa Nencini

56048 Volterra (Pisa)
Borgo San Stefano, 55
Tél. (0588) 86 386 - Fax (0588) 80 601
M. Nencini

Ouverture toute l'année **Chambres** 14 avec tél., 11 avec douche, w.c. (t.v. sur demande) **Prix** des chambres : 75 000 L (simple) - 100 000 L (double) - Petit déjeuner : 10 000 L, servi de 7 h à 11 h **Cartes de crédit** Visa, Eurocard, MasterCard **Divers** Piscine - Chiens admis **Possibilités alentour** a Volterra : Piazza dei Priori, Duomo, Museo Etrusco Guarnacci ; Les Balze (éboulement chaotique à 2 km) - San Gimignano - Lucignano - Siena - Firenze - Pisa **Pas de restaurant** à l'hôtel (voir notre sélection de restaurants p. 406).

Au cœur d'une Toscane différente de celle de Florence et du Chianti mais tout aussi belle et plus protégée, aventurez-vous jusqu'à Volterra, antique cité étrusque (le Museo etrusco Guarnacci conserve une étonnante collection d'urnes cinéraires). Romaine puis médiévale, elle a aussi conservé son enceinte de remparts et la Piazza du Priori "une des plus belles places médiévales de l'Italie". La Villa Nencini se trouve hors les murs, en bordure du village, ce qui lui vaut un admirable point de vue sur la vallée. La maison est ancienne, l'intérieur sans prétention mais accueillant. D'importants travaux ont permis d'ajouter une aile à la maison pour y faire des chambres modernes et plus confortables. Celles de la villa ont un cachet plus traditionnel et plus authentique. Un très joli jardin et une piscine en aplomb sur la vallée permettent de profiter du très beau panorama.

Itinéraire d'accès : (carte n° 14) à 60 km au nord-ouest de Siena - Sur la SS ou la A 1, sortie Colle di Val d'Elsa.

Hotel Grotta Giusti ★★★★

51015 Monsummano Terme (Pistoia)
Via Grotta Giusti, 17
Tél. (0572) 51 165 / 6 - Fax (0572) 51 269
M. Mati

Ouverture de mars à novembre **Chambres** 70 climatisées avec tél. direct, s.d.b., w.c., t.v. ; ascenseur **Prix** des chambres : 110/130 000 L (simple) - 190/210 000 L (double) - Petit déjeuner compris, servi de 7 h 30 à 10 h - Demi-pension et pension : 140/160 000 L - 150/170 000 L (par pers., 3 j. min.) **Cartes de crédit** acceptées **Divers** Chiens admis - Piscine - Tennis - Sauna - Piscine thermale, physiothérapie, centre de gymnastique - Parking à l'hôtel **Possibilités alentour** Montecatini - Serra Pistoiese - Pistoia - Villa Mansi près de Segromigno Monte - Lucca - Golf de Pievaccia et de Monsummano Terme, 18 trous **Restaurant** service 12 h 30/14 h - 19 h 30/21 h - Menu : 50 000 L - Carte - Cuisine toscane et italienne.

Cette ancienne demeure du riche poète Giusti est bâtie autour d'une grotte surprenante où coule un ruisseau d'eau bleue, chaude. Giuseppe Verdi fut souvent l'hôte de cette maison, aujourd'hui transformée en hôtel couplé à un centre de thalassothérapie. Si les pièces de la réception ont conservé le décor des fastes d'antan dont témoignent les splendides peintures aux plafonds, les chambres sont fonctionnelles. Certaines sont équipées d'une baignoire avec eau thermale. Celles de l'ancien bâtiment, donnant sur le parc, sont de loin les plus agréables. De plus, un très beau parc, doté d'une piscine d'eau thermale, d'un tennis et d'un parcours de santé, fait de cet hôtel, où règne une atmosphère de calme et de bon professionnalisme, un lieu de séjour idéal de détente.

Itinéraire d'accès : (carte n° 14) à 37 km de Firenze ; à 13 km à l'ouest de Pistoia par A 11, sortie Montecatini, puis S 435 jusqu'à Monsummano Terme.

Grand Hotel e La Pace ★★★★★

51016 Montecatini Terme (Pistoia)
Viale della Toretta, 1
Tél. (0572) 758 01 - Fax (0572) 784 51
M. Tongiorgi

Ouverture du 1er avril au 31 octobre **Chambres** 150 et 14 appartements climatisés avec tél. direct, s.d.b., w.c., t.v., minibar ; ascenseur **Prix** des chambres : 220/260 000 L (simple) - 350/450 000 L (double) - Petit déjeuner : 25 000 L, servi de 7 h 30 à 10 h 30 (salle) **Cartes de crédit** acceptées **Divers** Chiens admis avec supplément - Piscine chauffée - Sauna - Tennis - Health Center et parking à l'hôtel **Possibilités alentour** Pescia - Eglise de Castelvecchio - Collodi - Lucca - Pistoia - Firenze - Pisa - Golf de Pievaccia et de Monsummano Terme, 18 trous **Restaurant** service 12 h 30/14 h - 20 h/21 h 30 - Carte - Cuisine toscane.

La restauration récente de La Pace n'a rien enlevé au faste traditionnellement offert par ce palace depuis 1870. Somptueux salons, grande salle à manger très classe avec ses doubles fenêtres en demi-cercle, chambres plus que confortables dans une harmonie de couleurs pastel. Atmosphère feutrée et chaleureuse de l'ensemble. Dans le superbe parc de deux hectares, une grande piscine chauffée et un tennis peuvent compléter le programme du centre de remise en forme de l'hôtel ; toute une série de traitements sous surveillance médicale : bains de boue, sauna, massages, bains ozonisés, esthétique aux algues.

Itinéraire d'accès : (carte n° 14) à 49 km de Firenze ; à 15 km à l'ouest de Pistoia par A 11, sortie Montecatini.

Villa Lucia

51010 Montevettolini (Pistoia)
Via dei Bronzoli, 144
Tél. (0572) 62 8817
Mmes Vallera et Chuck

Fermeture du 15 novembre au 15 avril **Chambres** 7, 1 avec s.d.b., 6 avec douche, 6 avec w.c., 3 avec t.v. **Prix** des chambres : 100 000 L (simple) - 150 000 L (double) - 225 000 L (suite) - Petit déjeuner compris **Cartes de crédit** non acceptées **Divers** Chiens non admis **Possibilités alentour** Firenze - Montecatini - Serra Pistoiese - Pistoia - Villa Mansi près de Segromigno Monte - Lucca - Golf de Pievaccia et de Monsumanno Terme, 18 trous **Restaurant** service 13 h et 20 h 30 - Menu : 15/25 000 L - Polenta - Grilliata - Risotto con verdure - Pizze al forno.

Un B. and B. à l'italienne, c'est tout l'esprit de cette maison, mélange étonnant d'un bed and breakfast et d'une auberge toscane. C'est une dame charmante et amusante qui régit ce lieu où tout est coquet, choisi, authentiquement toscan mais avec tout de même une petite nuance californienne. Il faut dire que la villa compte une importante clientèle américaine qui aime le convivial, le vrai, les lits en cuivre, les meubles régionaux, qui apprécie un verre de *vino santo* avec des *cantuccini* (biscuits aux amandes)... La cuisine est savoureuse avec des recettes maison et certains soirs d'été, on organise même des fêtes sur la pelouse. A défaut d'apprendre l'italien vous apprendrez un américain *perfect,* et en tout état de cause vous passerez un très agréable séjour.

Itinéraire d'accès : (carte n° 14) à 40 km de Firenze ; à 13 km à l'ouest de Pistoia par A 11, sortie Montecatini, puis S 435 jusqu'à Monsummano Terme puis petite route pour Montevettolini.

Villa Vannini ★★★

51030 Piteccio (Pistoia)
Villa di Piteccio, 6
Tél. (0573) 42 031 - Fax (0573) 26 331
Mme Vannini

Ouverture toute l'année **Chambres** 8 avec s.d.b. ou douche, w.c. **Prix** des chambres : 90 000 L (double) - Petit déjeuner compris (possibilité d'un buffet à la carte), servi de 8 h à 10 h - Demi-pension et pension : 80 000 L - 115 000 L (par pers., 3 j. min.) **Cartes de crédit** Visa, Eurocard, MasterCard **Divers** Chiens non admis **Possibilités alentour** Pistoia - Promenade en montagne à Abetone ; de Maresca, excursions au lago Scaffaiolo et au Corno alle Scale (1 945 m) - Firenze - Lucca - Golf de Pievaccia et de Monsummano Terme, 18 trous **Restaurant** service 12 h 30/14 h - 20 h/22 h 30 - Menus : 40/50 000 L - Carte - Cuisine toscane.

S ur une des collines de Pistoia, à 350 m d'altitude, la villa Vannini est un vrai havre de paix. La terrasse, bordée de tilleuls, domine la campagne alentour. Maria Rosa Vannini, la propriétaire, accueille ses hôtes avec un rare raffinement : les chambres sont fleuries et les lits parfumés. Confitures maison au petit déjeuner. Dîners simples et somptueux à la fois. Ambiance privilégiée et accueil sympathique, au cœur d'une partie de la Toscane qui reste encore à découvrir.

Itinéraire d'accès : (carte n° 14) à 6 km de Pistoia par S 66 jusqu'au lieu-dit Ponte Calcaiola, puis direction Piteccio ; suivre fléchage. A 10 km de l'autoroute Firenze-Viareggio.

Il Convento

51030 Pontenuovo (Pistoia)
Via San Quirico, 33
Tél. (0573) 45 26 51 / 2 - Fax (0573) 45 35 78
M. Petrini

Ouverture toute l'année **Chambres** 24 avec tél., s.d.b., w.c., t.v. **Prix** des chambres :
80 000 L (simple) - 105 000 L (double) - Petit déjeuner : 12 000 L, servi de 7 h 30 à 9 h 30 -
Demi-pension et pension : 98 000 L - 120 000 L (par pers., 3 j. min.) **Cartes de crédit** Visa,
Eurocard, MasterCard **Divers** Chiens non admis - Piscine et parking à l'hôtel **Possibilités
alentour** Pistoia - De Maresca, excursions au lago Scaffaiolo et au Corno alle Scale
(1 945 m) - Firenze - Lucca - Golf de Pievaccia et de Monsummano Terme, 18 trous
Restaurant service 12 h 30/14 h 30 - 19 h 30/22 h - Fermeture le lundi de janvier à Pâques -
Menus : 45/55 000 L - Carte - Cuisine toscane.

Cet ancien couvent franciscain, transformé en hôtel, a conservé outre
son nom, une petite chapelle et un grand calme. Entouré d'un vaste
jardin fleuri qui domine la plaine, l'hôtel, quoique un peu vieillot, ne
manque pas de charme et, s'il mériterait quelques travaux de
modernisation, il constitue néanmoins une base agréable pour visiter
Pistoia et le nord de la Toscane si riche en somptueuses villas florentines
Renaissance. Une piscine bien intégrée au-dessus du jardin est à la
disposition des clients. Le restaurant, enfin, offre une cuisine toscane
traditionnelle tout à fait sympathique.

*Itinéraire d'accès : (carte n° 14) à 40 km de Firenze ; à 5 km à l'est de
Pistoia jusqu'au lieu-dit Pontenuovo.*

Hotel Villa Ombrosa ★★★

51028 San Marcello Pistoiese (Pistoia)
Via Massimo d'Azeglio, 18
Tél. (0573) 63 01 56/63 23 57
M. Guerrini

Ouverture du 25 juin au 10 septembre **Chambres** 27 avec s.d.b., w.c. **Prix** des chambres :
50/90 000 L - Petit déjeuner : 10 000 L, servi de 8 h à 10 h - Demi-pension et pension :
90 000 L - 110 000 L (par pers., 3 j. min.) **Cartes de crédit** acceptées **Divers** Chiens admis
avec supplément **Possibilités alentour** Appennino Pistoiese : Cutigliano - Abetone
(excursions en montagne) - Pistoia **Restaurant** service 13 h et 20 h - Menus : 35/45 000 L -
Cuisine toscane.

San Marcello Pistoiese est une petite ville de villégiature, située à plus
de 600 m d'altitude dans la vallée du Limestre. La Villa Ombrosa est la
maison idéale pour le plein été si on craint la chaleur des grandes villes ;
nous sommes ici dans l'Appenino Pistoiese qui compte aussi quelques
stations de ski et pourtant nous ne sommes pas très loin de Pistoia et de
Florence. Pistoia qui, soit dit en passant, mérite, malgré l'envahissement de
nouveaux quartiers sans aucun charme, qu'on visite son centre historique,
notamment son Duomo et le baptistère. La décoration intérieure de la villa
rappelle celle des vieilles maisons de famille avec ses meubles anciens à
l'odeur de cire et les tableaux du propriétaire qui lui apportent une touche
nostalgique. Cuisine régionale et accueil chaleureux.

*Itinéraire d'accès : (carte n° 14) à 65 km de Firenze ; à 30 km au nord-
ouest de Pistoia par S 66 jusqu'à San Marcello Pistoiese.*

Albergo Arenella ★★★

Isola del Giglio
58013 Giglio Porto (Grosseto)
Tél. (0564) 80 93 40 - Fax (0564) 80 94 43
M. Monesi

Ouverture toute l'année **Chambres** 26 avec tél., s.d.b., w.c. **Prix** des chambres : 50/70 000 L (simple) - 80/150 000 L (double) - 120/170 000 L (suite) - Petit déjeuner : 7 500 L, servi de 8 h à 10 h - Demi-pension (obligatoire de juin à septembre) : 90/250 000 L (par pers., 3 j. min.) **Cartes de crédit** non acceptées **Divers** Chiens non admis - Parking (5 000 L) à l'hôtel **Possibilités alentour** Plage de l'Arenella - Route panoramique entre Giglio Porto, Giglio Castello et Campesse - Ile de Giannutri **Restaurant** service 13 h/14 h - 20 h/21 h - Fermeture du 1er octobre au 30 mai - Menus : 40/50 000 L - Carte - Spécialités : Cannelloni - Trenette al pesto - Pesce spada - Branzino alla griglia.

Une heure de bateau à partir de cette côte italienne très fréquentée suffit pour retrouver la quiétude ensoleillée de l'Isola del Giglio. Très bien situé sur la côte avec la plage à ses pieds, l'Albergo Arenella est parfaite pour des familles. La formule des appartements, avec une chambre double et une simple partageant une salle de bains, est astucieuse. Grande terrasse. Repas simples mais bons. Plage à quelques mètres. A signaler que les voitures avec plaque étrangère ont libre accès sur l'île, juillet, août inclus. Les voitures avec plaque italienne nécessitent un permis de libre circulation procuré par l'hôtel.

Itinéraire d'accès : (carte n° 14) à 53 km au sud de Grosseto - Service de ferry-boat de Porto San Stefano-Argentario (1 h) ; service de minicar assuré par l'hôtel qui se trouve à 2, 5 km au nord-ouest de Giglio Porto.

Pardini's Hermitage Hotel ★★

Isola del Giglio
58013 Giglio Porto (Grosseto)
Cala degli Alberi
Tél. (0564) 80 90 34 - Fax (0564) 80 91 77 - M. Pardini

Ouverture de mars à septembre **Chambres** 11 climatisées (matin et soir) avec tél., s.d.b., w.c., t.v. (sur demande) **Prix** des chambres en pension complète : 120/165 000 L (par pers.) - Petit déjeuner compris, servi à partir de 8 h **Cartes de crédit** acceptées **Divers** Chiens admis **Possibilités alentour** Plage delle Caldane, delle Cannelle - Route panoramique entre Giglio Porto, Giglio Castello et Campesse - Ile de Giannutri **Restaurant** service 13 h 30/20 h 30 - Cuisine naturelle à base de produits frais.

Cet hôtel, le plus invraisemblable de l'île, se trouve à l'écart des villages (une liaison avec le port est assurée par l'hôtel). Le propriétaire, qui tient cette très jolie maison de son père, vous y accueillera comme si vous étiez des amis de longue date, tout en vous garantissant un service impeccable et une excellente cuisine. Pour se baigner, plusieurs accès à la mer par les rochers sont possibles, mais deux ou trois dériveurs vous permettront d'aller chercher au large plus d'isolement. La clientèle, très mélangée, essentiellement composée d'habitués, contribue à rendre cet endroit très convivial.

Itinéraire d'accès : (carte n° 14) à 53 km au sud de Grosseto - Service de ferry-boat de Porto San Stefano-Argentario (1 h) - Bateau assuré par l'hôtel.

Rifugio Prategiano ★★★

58026 Montieri (Grosseto)
Via Prategiano, 45
Tél. (0566) 99 77 03 - Fax (0566) 99 78 26
M. Paradisi

Ouverture toute l'année **Chambres** 24 avec tél. direct, douche, w.c., t.v. **Prix** des chambres : 88/148 000 L (simple) - 61/103 000 L (double) - Petit déjeuner compris - Demi-pension : 83/129 000 L (par pers., 3 j. min.) **Cartes de crédit** acceptées **Divers** Chiens admis - Piscine - Tennis - Manège - Parking à l'hôtel - Organisation de randonnées, excursions à cheval de 1 jour et plus **Possibilités alentour** Ruines étrusques et romaines de Roselle - Vetulonia - Montepescali - Parc naturel de la Maremma - Volterra **Restaurant** service 13 h et 20 h - Menu varié - Spécialités : Tortelloni - Cinghiale - Acqua Cotta.

Le refuge Prategiano est situé dans la Toscane profonde de la Haute Maremma, la Toscane peu connue de la forêt Métallifère, sur la colline de Montieri, ancienne citadelle médiévale. L'ambiance est celle d'une auberge de montagne. Le décor est très simple, très rustique, l'hôtel recevant surtout des cavaliers. Des cours dans le manège et des promenades à la journée sont organisés pour les enfants et les débutants, mais les passionnés d'équitation pourront galoper à travers les collines toscanes, traverser bois et forêts jusqu'aux plages désertes de Punta Ala pour rejoindre Volterra. L'encadrement est parfait, le sympathique propriétaire se préoccupant beaucoup de la sécurité de ses hôtes. Une adresse précieuse pour ceux qui veulent vivre une petite aventure.

Itinéraire d'accès : (carte n° 14) à 50 km au sud-ouest de Siena par S 73 jusqu'au lieu-dit Bivio del Madonnino, puis S 441 sur 15 km et à droite vers Montieri.

Hotel Il Pellicano ★★★★

58018 Porto Ercole (Grosseto)
Tél. (0564) 83 38 01 - Fax (0564) 83 34 18
M. Emili

Ouverture du 25 mars au 10 janvier **Chambres** 34 climatiséesavec tél., s.d.b., w.c, t.v., minibar. **Prix** des chambres doubles : 170/640 000 L - 510/1 550 000 L (suite) - Petit déjeuner : 30 000 L, servi de 8 h à 10 h 30 - Demi-pension et pension : 200/325 000 L - 290/435 000 L **Cartes de crédit** acceptées **Divers** Chiens non admis - Piscine d'eau de mer - Centre de remise en forme - Tennis - Plage privée - Planche à voile et parking à l'hôtel **Possibilités alentour** Iles de Giannutri et de Giglio - Pinède du Tombolo di Feniglia - Sovona - Sorano - Pitigliano **Restaurant** service 13 h/14 h 30 - 20 h/22 h - Menus : 85/120 000 L - Carte - Spécialités : Risottino alle erbette - Fettuccine con scampi e zucchine - Spaghetti al Pellicano.

Une petite route dans les montagnes autour de Porto Ercole mène à la crique qui abrite Il Pellicano : une grande maison rouge entourée d'un jardin magnifique. Le jardin descend en une succession de terrasses sur la mer. Plage privée sur les rochers et piscine très agréable. A l'intérieur, le raffinement est de mise, autant par la décoration des salons, bars et restaurants, que par celle des chambres, qui ont chacune une petite terrasse privée. La mer à perte de vue d'une part, des collines sauvages de l'autre, font de cet hôtel luxueux, une oasis de tranquillité. A noter que les écarts de prix sont fonction de la saison, Il Pellicano en compte trois. Une très belle adresse.

Itinéraire d'accès : (carte n° 14) à 55 km au sud de Grosseto par SS 51, puis par le bord de mer (par la pinède du Tombolo di Feniglia) jusqu'à Porto Ercole, puis strada panoramica jusqu'à Lo Sbarcabello.

Hotel Cala del Porto ★★★★

58040 Punta Ala (Grosseto)
Via del Porto
Tél. (0564) 92 24 55 - Télex 590 652
Fax (0564) 92 07 16 - M. Moretti

Ouverture de mai à septembre **Chambres** 36 et 5 appartements climatisées avec tél. direct, s.d.b., w.c. t.v., minibar **Prix** des chambres : 140/360 000 L (simple) - 280/700 000 L (double) - 345/800 000 (appartement) - Petit déjeuner : 30 000 l , servi de 7 h 30 à 10 h 30 - Demi-pension et pension : 160/340 000 L - 190/370 000 L (par pers, 3 j. min.) **Cartes de crédit** acceptées **Divers** Chiens non admis - Piscine - Tennis (25 000 L) - Plage privée - Parking à l'hôtel **Possibilités alentour** Pinède du Tombolo - Massa Maritima - Volterra - Parc naturel de Maremma - Golf de Punta Ala, 18 trous **Restaurant** service 13 h/15 h - 19 h 30/21 h 30 - Menus : 45/80 000 L - Carte - Spécialités : Cuisine méditerranéenne - Pesce.

Punta Ala est la station balnéaire chic de Grosseto, à la pointe du golfe de Follonica qui fait face à l'île d'Elbe. Le Cala del Porto est un hôtel moderne de grand confort en bord de mer dans un beau jardin fleuri avec une piscine surplombant le port de plaisance et la mer. Les chambres sont aménagées avec raffinement et ont un balcon avec vue sur l'île historique. Sur la belle terrasse on vous servira une agréable cuisine d'inspiration toscane.

Itinéraire d'accès : (carte n° 14) à 41 km de Grosseto par S 327, par le bord de mer jusqu'à Punta Ala.

Piccolo Hotel Alleluja ★★★★★

58040 Punta Ala (Grosseto)
Via del Porto
Tél. (0564) 92 20 50 - Fax (0564) 92 07 34
M. Moretti

Ouverture toute l'année **Chambres** 37 climatisées et 5 appartements climatisées avec tél. direct, s.d.b., w.c., minibar, coffre-fort ; ascenseur **Prix** des chambres : 180/320 000 L (simple) - 260/570 000 L (double) - Petit déjeuner : 30 000 L, servi de 7 h 30 à 10 h 30 - Demi-pension et pension : 190/410 000 L -340/450 000 L (par pers., 3 j. min., obligatoire en juillet et en août) **Cartes de crédit** acceptées **Divers** Chiens non admis - Piscine - Tennis - Plage privée - Parking à l'hôtel **Possibilités alentour** Pinède du Tombolo - Massa Maritima - Volterra - Parc naturel de Maremma - Golf de Punta Ala, 18 trous **Restaurant** service 13 h/14 h 30 - 19 h 30/21 h 30 - Menus : 75/85 000 L - Carte - Cuisine régionale et internationale - Pesce.

Cet hôtel est de construction récente, mais l'architecte a respecté l'identité régionale : murs de crépi rose, toits de tuiles et poutres apparentes. Un volume aéré est ouvert sur le parc aux pelouses impeccablement entretenues. Simplicité et sobriété dans l'ameublement des pièces de réception ainsi que des chambres qui possèdent une terrasse "à l'italienne" ou un petit jardin donnant sur le parc. La plage privée, la piscine, les tennis, le parcours de golf à proximité, comptent parmi les nombreux avantages de cet hôtel.

Itinéraire d'accès : (carte n° 14) à 41 km de Grosseto par S 327, par le bord de mer jusqu'à Punta Ala.

292

Grand Hotel Villa Parisi ★★★★

57012 Castigliocello (Livorno)
Via della torre, 6
Tél. (0586) 75 16 98 - Fax (0586) 75 11 67
Mme Acerbi

Ouverture toute l'année **Chambres** 22 climatisées avec tél. direct, s.d.b., w.c., minibar **Prix** des chambres : 110/250 000 L (simple) - 150/330 000 L (double) - Petit déjeuner compris, scrvi dc 8 h à 10 h - Demi-pension et pension : +40 000 L - +70 000 L (par pers.) **Cartes de crédit** acceptées **Divers** Petits chiens admis - Piscine - Tennis - Parking à l'hôtel **Possibilités alentour** Livorno (monumento dei quattri mori, via grande) - Sanctuaire de Montenero **Restaurant** service 12 h/14 h - 20 h/22 h - Menu : 40 000 L - Carte - Cuisine régionale et italienne.

Villa Parisi est une villa fin de siècle dans une station balnéaire qui en a gardé le goût et les couleurs. Dans les pins, au bord de la mer, elle a pour elle le calme, la route se terminant en a-pic sur les rochers, une sorte de temps arrêté scandé par les vagues. Ici c'est un tourisme riche ; le village semble appartenir aux enfants, aux adolescents orgueilleux qui vous regardent comme si vous n'aviez pas tout à fait le droit d'être là. C'est qu'ils passent leur été dans la villa de leurs grands-parents, c'est aussi qu'ils connaissent la chance qu'ils ont d'être à Castiglioncello, et pas à un kilomètre de plus ou de moins, sur cette côte détruite par un urbanisme féroce et laid. La Villa Parisi est un oasis : des chambres claires, pastel, paisibles ; des fauteuils Thonet face au bleu. Mélancolique ? Juste un nuage.

Itinéraire d'accès : (carte n° 14) à 20 km au sud de Livorno, sur A 12 sortie Rosignano Marittimo.

Park Hotel Napoleone ★★★★

Isola d'Elba
57037 San Martino di Portoferraio (Livorno)
Tél. (0565) 91 85 02 - Télex 501 538
Fax (0565) 91 78 36 - M. de Ferrari

Ouverture du 20 mars au 15 octobre **Chambres** 64 climatisées avec tél. direct, s.d.b., w.c., t.v., minibar **Prix** des chambres : 180 000 L (simple) - 340 000 L (double) - Petit déjeuner compris, servi de 8 h à 10 h - Demi-pension et pension : 155/210 000 L - 195/250 000 L (par pers., 3 j. min.) **Cartes de crédit** acceptées **Divers** Chiens non admis - Plage privée - Piscine - 2 Tennis - Minigolf - Equitation et parking à l'hôtel **Possibilités alentour** Casa di Napoleone à Portoferraio - Villa Napoleone à San Martino - Madonna del Monte à Marciana - Golf dell'Acquabona, 9 trous **Restaurant** ouverture d'avril à octobre - Service 12 h 30/14 h - 20 h/21 h 30 - Menu : 60 000 L - Cuisine italienne et internationale.

Le Park Hotel Napoleone jouxte presque la villa de l'Empereur que l'on aperçoit de certaines fenêtres. L'établissement est lui-même une demeure historique, édifiée à la fin du siècle dernier par une célèbre et aristocratique famille romaine. Il a été récemment transformé en un luxueux hôtel de charme, entouré d'un jardin luxuriant où s'éparpillent des fauteuils de toile blanche. Les chambres viennent d'être redécorées et meublées avec beaucoup de goût. L'hôtel dispose d'une belle piscine, de quelques chevaux et d'une plage privée à quelques kilomètres. La proximité de la Villa Impériale a quelques inconvénients, l'allée se borde de petites boutiques de souvenirs, mais le soir venu tout cela disparaît.

Itinéraire d'accès : *(carte n° 13) traversées depuis Livorno (2 h 50) ou Piombino (1 h), l'hôtel est à 6 km au sud-ouest de Portoferraio.*

Villa Ottone ★★★★

Isola d'Elba
Ottone - 57037 Portoferraio (Livorno)
Tél. (0565) 93 30 42 - Fax (0565) 93 32 57
M. Di Mario

Ouverture du 15 mai au 30 septembre **Chambres** 70 climatisées avec tél. direct, s.d.b., w.c., t.v., minibar ; ascenseur **Prix** des chambres : 90/180 000 L (simple) - 180/320 000 L (double) - Petit déjeuner : 20 000 L, servi de 7 h à 9 h 30 - Demi-pension et pension : 100/210 000 L - 115/230 000 L (par pers., 3 j. min.) **Cartes de crédit** acceptées **Divers** Chiens admis avec 10 000 L de supplément - Piscine - Tennis - Plage privée à l'hôtel - Piano-bar **Possibilités alentour** Casa di Napoleone à Portoferraio - Villa Napoleone à San Martino - Madonna del Monte à Marciana - Golf dell'Acquabona, 9 trous **Restaurant** service 12 h 45/13 h 45 - Grill à la piscine 13 h/16 h - 19 h 45/20 h 45 - Carte - Menus : 35/60 000 L - Cuisine italienne et régionale.

C'est sans nul doute le plus charmant des hôtels de plage de l'île d'Elbe. Perdue dans son parc où eucalyptus et lauriers apportent fraîcheur et ombrage, c'est une vieille demeure du siècle dernier qui prend de petits airs coloniaux du vieux Sud. Sur le devant, se trouvent une terrasse, puis la plage de l'hôtel et enfin la mer et la baie. Atmosphère surannée dans la respectable demeure : un salon aux plafonds armoriés, un autre aux belles proportions. Les chambres de la maison principale donnent directement sur la mer ; celles de la partie la plus récente sont d'un très bon confort, meublées avec des lits et des canapés de bambou, et ont de petites terrasses donnant sur le parc.

Itinéraire d'accès : (carte n° 13) traversées depuis Livorno (2 h 50) ou Piombino (1 h) ; l'hôtel est à 11 km à l'est de Portoferraio.

Hotel Castel Freiberg ★★★★

39012 Merano (Bolzano)
Freiberg - Via Labers
Tél. (0473) 24 41 96 - Fax (0473) 24 44 88
Mme Bortolotti

Ouverture du 13 avril au 31 octobre **Chambres** 35 avec tél. direct, s.d.b., w.c. (t.v. sur demande) **Prix** des chambres : 180/200 000 L (simple) - 290/340 000 L (double) - Petit déjeuner : 20 000 L, servi de 8 h à 10 h 30 - Demi-pension : 220/250 000 L (par pers., 3 j. min.) **Cartes de crédit** acceptées **Divers** Chiens non admis - Piscines couverte et découverte - Tennis (15 000 L) - Gymnase - Parking et garage à l'hôtel **Possibilités alentour** Castel Tirolo - Castel Scena - Castel Coira à Sluderno - Glorenza - Abbaye bénédictine de Monte Maria près de Malles Venosta - Golf de Petersberg, à Karersee **Restaurant** service 12 h 30/14 h - 19 h 30/21 h - Menus : 70/95 000 L - Carte - Cuisine italienne.

Ce château médiéval est situé au sommet d'une colline qui domine la vallée de Merano. Palmiers, pelouses et bosquets de fleurs décorent le jardin menant jusqu'au hall d'entrée. Castel Freiberg, restauré avec soin et amour par son propriétaire, est sans doute l'un des meilleurs hôtels d'Italie. Dans la salle à manger tapissée de boiseries, on peut déguster une excellente cuisine, avant de se rendre dans un salon aux voûtes peintes et aux fauteuils confortables. Des chambres meublées d'ancien, sobres et élégantes, on peut admirer le superbe panorama donnant sur la vallée de Merano. Castel Freiberg est un lieu idéal pour les amoureux de calme, de nature et de montagne.

Itinéraire d'accès : (carte n° 4) à 28 km au nord-ouest de Bolzano par A 22, sortie Bolzano-sud puis S 38 jusqu'à Merano - Sinigo, puis direction Scena, puis via Labers pendant 5 km.

Hotel Castel Labers ★★★

39012 Merano (Bolzano)
Via Labers, 25
Tél. (0473) 23 44 84 - Fax (0473) 234 146
M. G. Stapf-Neubert

Ouverture du 8 avril au 1er novembre **Chambres** 32 avec tél. direct, s.d.b. ou douche, w.c. (t.v. et minibar sur demande) **Prix** des chambres : 100/140 000 L (simple) - 160/260 000 L (double) - Petit déjeuner compris, servi de 7 h 30 à 10 h - Demi-pension : 100/155 000 L (par pers., 3 j. min.) **Cartes de crédit** Amex, Visa, Eurocard, MasterCard **Divers** Chiens admis (15 000 L de supplément) - Piscine - Tennis (15 000 L) - Parking et garage à l'hôtel **Possibilités alentour** Castel Tirolo - Castel Scena - Castel Coira à Sluderno - Glorenza - Abbaye bénédictine de Monte Maria près de Malles Venosta - Golf de Petersberg, à Karersee **Restaurant** service 12 h /14 h - 19 h 30/21 h - Menus : 35/50 000 L - Carte - Cuisine italienne et tyrolienne.

Entouré de vignobles, dans un site où l'on bénéficie d'un calme absolu, Castel Labers est l'un de ces jolis châteaux des Dolomites. Ambiance intime et accueil d'une qualité rare attendent le voyageur. Des meubles et tableaux anciens décorent les salons et le hall d'entrée, et l'on accède aux chambres par un charmant escalier ou un joli ascenseur. Celles-ci, confortables, au charme un peu vieillot, s'ouvrent sur un panorama unique et éblouissant. Le service est attentionné et efficace. Les propriétaires de Castel Labers, en véritables amoureux des arts et de la musique, organisent parfois quelques concerts pour les clients de l'hôtel.

Itinéraire d'accès : (carte n° 4) à 28 km au nord-ouest de Bolzano par A 22, sortie Bolzano-sud, puis S 38 jusqu'à Merano - Sinigo, direction Scena, puis via Labers pendant 5 km.

Hotel Pünthof ★★★

39022 Merano - Lagundo (Bolzano)
Steinachstrasse, 25
Tél. (0473) 44 85 53 - Fax (0473) 44 99 19
Mme Wolf

Ouverture du 15 mars au 15 novembre **Chambres** 15 avec tél. direct, s.d.b. ou douche, w.c., t.v.,minibar. **Prix** des chambres en demi-pension : 137/150 000 L (simple) - 110/130 000 L (double ; par pers.) - Petit déjeuner : 20 000 L, servi de 7 h 30 à 11 h **Carte de crédit** : Diners **Divers** Chiens non admis - Piscine et 2 courts de tennis (7/13 000 L) - Sauna (30 000 L) - Parking à l'hôtel **Possibilités alentour** Castel Tirolo - Castel Scena - Castel Coira à Sluderno - Glorenza - Abbaye bénédictine de Monte Maria près de Malles Venosta - Golf de Petersberg, à Karersee **Restaurant** service 19 h/24 h - Menu : 25 000 L - Carte - Cuisine tyrolienne et italienne.

L'Hotel Pünthof est situé sur la célèbre voie romaine Claudia Augusta et à quelques kilomètres seulement du centre de cure de Merano. Cette ancienne maison de campagne (appartenant à la même famille depuis le XVIIe siècle) située au milieu des vignes et des arbres fruitiers est une merveille de bon goût, de tradition et de confort. Les chambres sont spacieuses, décorées à l'ancienne avec plancher ciré et meubles anciens régionaux. Situé dans une petite localité qui fait encore partie de Merano, ce charmant hôtel est le lieu idéal pour un séjour de *villegiatura* dans le sud Tyrol.

Itinéraire d'accès : (carte n° 4) à 28 km au nord-ouest de Bolzano par A 22, sortie Bolzano-sud, puis S 38 jusqu'à Merano. Lagundo est à 2 km de Merano.

Hotel Castel Rundegg ★★★★

39012 Merano-Maia alta (Bolzano)
Tél. (0473) 23 41 00 - Fax (0473) 23 72 00
M. Sinn

Fermeture du 9 au 31 janvier **Chambres** 30 avec tél. direct, s.d.b. et w.c., t.v., minibar ; ascenseur **Prix** des chambres : 147/163 000 L (simple) - 242/325 000 L (double) - 294/325 000 L (suite) - Petit déjeuner compris, servi de 7 h 30 à 10 h - Demi-pension : 220/250 000 L (par pers., 3 j. min.) **Cartes de crédit** acceptées **Divers** Chiens admis - Piscine, sauna (18 000 L), centre de remise en forme, fitness - Parking à l'hôtel **Possibilités alentour** Castel Tirolo - Castel Scena - Castel Coira à Sluderno - Glorenza - Abbaye bénédictine de Monte Maria près de Malles Venosta - Golf de Petersberg, à Karersee **Restaurant** service 12 h/13 h - 19 h/20 h - Menus : 70/120 000 L - Carte - Cuisine du Tyrol.

Castel Rundegg est un château typique du Trentino, avec un corps robuste et des toits pointus, qui a été transformé en "Beauty farm" et hôtel de charme. Deux anges musiciens vous accueillent à la réception. Les chambres les plus belles sont dans le château lui-même, ouvertes sur le splendide paysage de Merano. Les autres, dans les dépendances sont aussi confortables avec des terrasses et un accès direct, par de luxeux couloirs rouges et veloutés, à la piscine et au sauna. Les chaises longues installées dans le jardin invitent au repos tout comme les installations de remise en forme dont vous pouvez profiter à l'hôtel. Tout ceci est assez cher, ce qui explique la clientèle d'un certain âge qui fréquente les lieux ; mais pourquoi ne pas se laisser chouchouter un ou deux jours, même si l'on est dans la fleur de l'âge ?

Itinéraire d'accès : (carte n° 4) à 28 km au nord-ouest de Bolzano par A 22, sortie Bolzano-sud puis S 38 jusqu'à Merano.

Hotel Oberwirt ★★★★

39020 Merano - Marling (Bolzano)
Casa di Salute Raphael
Tél. (0473) 47 111 - Fax (0473) 47 130 - M. Joseph Waldner

Ouverture du 15 mars au 10 novembre **Chambres** 40 avec tél. direct, s.d.b. et douche, w.c., t.v., minibar **Prix** des chambres en demi-pension : 110/150 000 L en simple - 110/145 000 L en double - 155/175 000 L en suite (par pers., 3 j. min.) - Petit déjeuner : 15 000 L, servi de 7 h à 10 h **Cartes de crédit** acceptées **Divers** Chiens admis (10 000 L de supplément par j.) - Piscines couverte et de plein air - Sauna -Tennis (7 dont 2 couverts) - Equitation - Parking à l'hôtel **Possibilités alentour** Castel Tirolo - Castel Scena - Castel Coira à Sluderno - Glorenza - Abbaye bénédictine de Monte Maria près de Malles Venosta - Golf de Petersberg, à Karersee **Restaurant** Menus : 42/62 000 L - Carte.

Marlengo (Marling) est un village des proches alentours de Merano, près de l'hippodrome, sur les collines de la ville. L'Hotel Oberwirt a une longue tradition familiale puisque géré par la même famille depuis deux siècles, c'est dire qu'ici le professionnalisme ne manque pas. L'hôtel n'est pas très grand et ne compte qu'une quarantaine de chambres confortablement installées dans un style traditionnel ou plus moderne. Notre préférée est la suite qui occupe la tour. Le traditionnel *Stube* et les salons ont la chaleur du style tyrolien. L'un d'eux, le salon Franz Liszt servit de lieu de travail au célèbre musicien, un été de 1874... Agréable lieu de séjour, l'hôtel, outre ses deux piscines, chauffée et couverte, organise des semaines tennis sur ses terrains (environ 3 700 F en demi-pension par semaine et par personne) et s'est agrandi d'une ferme où l'on peut pratiquer l'équitation. La région offre d'admirables promenades de nature. Une jolie maison où vous passerez d'agréables vacances.

Itinéraire d'accès : (carte n° 4) à 28 km au nord-ouest de Bolzano par A 22, sortie Bolzano-sud, puis S 38 jusqu'à Merano. Marlengo est à 4 km au sud de Merano, près de l'hippodrome.

Hotel Schloss Korb ★★★★

Missiano
39050 San Paolo Appiano (Bolzano)
Tél. (0471) 63 60 00 - Fax (0471) 63 60 33
Famille Dellago

Ouverture du 1er avril au 5 novembre **Chambres** 56 avec tél., s.d.b., w.c., t.v. ; ascenseur **Prix** des chambres : 190/220 000 L (double) - Petit déjeuner compris, servi de 7 h 30 à 10 h - Demi-pension et pension : 125/160 000 L - 145/180 000 L (par pers.) **Cartes de crédit** non acceptées **Divers** Chiens admis - 2 piscines dont une couverte - Sauna - Tennis - Parking et garage (15 000 L) à l'hôtel **Possibilités alentour** La route du vin (N 42) d'Appiano jusqu'au lac de Caldaro **Restaurant** service 12 h/14 h - 19 h/21 h 30 - Menu : 60 000 L - Carte - Cuisine régionale et italienne.

Situé au sommet d'une colline, le Schloss Korb est un ancien château transformé en hôtel-restaurant par ses actuels propriétaires. Entouré de vignes qui assurent un calme absolu et jouissant d'une vue superbe, l'hôtel est décoré dans un style baroque rappelant le Tyrol. Couleurs, objets d'art populaire, profusion de bois dorés et bouquets de fleurs donnent à l'ensemble une image de luxe confortable. Il est possible de faire une agréable promenade menant aux ruines d'un château voisin où sont servis des repas froids, que l'on déguste avec un vin de la propriété, dans un petit refuge aménagé pour les clients de l'hôtel.

Itinéraire d'accès : (carte n° 4) à 13 km à l'ouest de Bolzano par S 42 jusqu'à San Paolo, puis vers Missiano (l'hôtel est à 3 km au nord, au lieu-dit Missiano).

Schloss Freudenstein

39057 Appiano (Bolzano)
Via Masaccio, 6
Tél. (0471) 66 06 38 - Fax (0471) 66 01 22

Ouverture du 1er avril au 10 novembre **Chambres** 15 avec tél. direct, s.d.b., w.c. **Prix** des chambres en demi-pension : 100/140 000 L - Petit déjeuner compris **Cartes de crédit** non acceptées **Divers** Chiens non admis - Piscine - Parking à l'hôtel **Possibilités alentour** La Route du Vin - Caldaro Ville (du quartier S. Antonio par le funiculaire pour le Passo della Mendola) - Lac de Caldaro (castel Ringberg et museo Atesino del vino) - Termeno - Lac de Santa Giustina - Sanctuaire de San Romedio et lac de Tavon **Restaurant** réservé aux résidents : Service 12 h 30/13 h - 19 h 30/20 h - Menus - Cuisine régionale.

Très belle région que cet arrière-pays de Bolzano aux collines plantées de vignes bordant le lac de Caldaro. Le château surplombe ce beau paysage du Tyrol méridional. L'architecture du castel est accueillante et pas du tout militaire : les arches, les colonnes, les loggias, constituent les élégants volumes qui entourent la petite cour pavée. A l'intérieur, la sobriété de la décoration, faite de meubles, tapis et tableaux anciens, conserve l'esprit original du château. On n'a pas négligé le confort dans les chambres et les salles de bains, et il y a une piscine dans le jardin. Petit déjeuner et dîner traditionnels, vin de la région, pour des prix incomparables.

Itinéraire d'accès : (carte n° 4) à 10 km au sud-ouest de Bolzano.

Pensione Leuchtenburg ★★

39052 Caldaro sulla Strada del Vino (Bolzano)
Klughammer, 100
Tél. (0471) 96 00 93 - Fax (0471) 96 00 01
M. Sparer

Ouverture de mars à novembre - Fermeture le mercredi **Chambres** 17 et 1 suite avec douche, w.c. **Prix** des chambres : 96 000 L (double) - 200 000 L (suite) - Petit déjeuner compris - Demi-pension : +15 000 L (par pers.) **Cartes de crédit** Eurochèques **Divers** Chiens admis - Plage privée, planche à voile - Gymnastique - VTT - Parking à l'hôtel **Possibilités alentour** Musée du vin (N 42) - Appiano - Lac de Caldaro - Merano - Golf à Petersberg, à Karersee **Petite restauration** le soir à l'hôtel pour les résidents.

Peu de chance de rencontrer beaucoup de Français dans cette partie de l'Italie. C'est pourtant une très belle région qui mérite d'être découverte. Après avoir quitté l'autoroute de Bolzano et franchi enfin le labyrinthe des petites routes bordées de pommiers nains qui embaument l'atmosphère, on surplombe le lac de Caldaro. Ici la montagne est riante, couverte de prés et de vignes. La pension occupe les dépendances du château Leuchtenburg. C'est une très agréable maison avec de jolies cours couvertes de tonnelles et qui possède une grande terrasse fleurie sur le lac. L'intérieur, malgré sa simplicité, a beaucoup de charme : la taverne est typique et les chambres sont décorées de jolis meubles en bois peint. Une plage privée, des planches à voile et des VTT sont mis gratuitement à la disposition des clients. Des vacances agréables pour des prix intéressants.

Itinéraire d'accès : (carte n° 4) à 25 km au sud de Merano, par A 22, sortie Ora - Lac de Caldaro (Kaltern), avant d'arriver à Caldaro, prendre sur la gauche la route du bord du lac.

Hotel Monte San Vigilio

Pawigl 37
San Vigilio 39011 Lana (Bolzano)
Tél. (0473) 51 236 - Fax (0473) 51 410
M. Gapp

Ouverture du 20 décembre au 8 novembre **Chambres** 40 avec tél., s.d.b. ou douche, w.c. **Prix** des chambres en demi-pension et en pension : 65/93 000 L - 75/98 000 L - Petit déjeuner compris, servi de 8 h à 10 h **Cartes de crédit** non acceptées **Divers** Chiens non admis - Piscine chauffée - Equitation - Boccia à l'hôtel - Parking (5 000 L) **Possibilités alentour** Ski - Castel Tirolo - Castel Scena - Castel Coira à Sluderno - Glorenza - Abbaye bénédictine de Monte Maria près de Malles Venosta - Golf de Petersberg, à Karersee **Restaurant** service 12 h/14 h - 19 h/20 h 30 - Menus : 27/38 000 L - Carte - Spécialités : Filetto al funghi - Trute.

À recommander absolument aux amoureux de la montagne. L'accès obligatoire par funiculaire rassurera les plus méfiants des inconditionnels du repos et du grand air. Ce chalet, tout de lambris et décoré de peintures naïves, est sans conteste une des adresses les plus charmantes de ce guide. Ambiance très familiale, chaleureusement entretenue par le gérant, qui sert volontiers de guide aux clients désireux de découvrir un des très nombreux circuits de randonnée. Des télésièges, fonctionnant aussi en été, permettent l'approche de sites sauvages d'une grande beauté et de refuges où il est agréable de se reposer. Les chambres bénéficient toutes de ce superbe panorama. La cuisine est simple mais bonne. Idéal pour des vacances familiales.

Itinéraire d'accès (voir carte n° 4) : à 30 km au nord-ouest de Bolzano par S 38, direction Merano jusqu'à Postal, puis Lana ; à Lana prendre le funiculaire, (l'été de 8 h/19 h, l'hiver de 8 h/18 h).

Park Hotel Laurin ★★★★

39100 Bolzano
Via Laurin, 4
Tél. (0471) 31 10 00 - Fax (0471) 21 11 48
M. Havlik

Ouverture toute l'année **Chambres** 96 climatisées avec tél. direct, s.d.b., w.c., t.v. cablée, minibar ; ascenseur **Prix** des chambres : 168/240 000 L (simple) - 245/355 000 L (double) - Petit déjeuner compris, servi de 7 h 30 à 10 h 30 **Cartes de crédit** Amex, Visa, Eurocard, MasterCard **Divers** Chiens admis avec 17 000 L de supplément - Piscine chauffée et parking à l'hôtel **Possibilités alentour** La route du vin (N 42) d'Appiano jusqu'au lac de Caldaro - Castel Roncolo et val Sarentina jusqu'à Vitipeno **Restaurant** service 12 h/14 h - 19 h/22 h - Menus : 38/56 000 L - Fermeture dimanche midi - Carte - Cuisine régionale et italienne.

Cet ancien palace, situé en plein centre de Bolzano à 200 mètres de la gare, est resté, encore aujourd'hui, l'adresse très prisée d'une clientèle d'hommes d'affaires et de familles très bourgeoises. La salle à manger, les salons et les chambres sont grands, dans le goût "palace international". L'ensemble est bien entendu doté de tout le confort moderne et d'un personnel très attentif. Le restaurant *La Belle Epoque* est une des tables les plus connues de la région. Les chambres donnent sur le parc ; entièrement rénovées elles sont encore plus confortables avec des salles de bains en marbre et plus fonctionnelles avec prise fax et PC. Toutes sont décorées de peintures contemporaines, collections particulières de l'hôtel. La piscine cachée dans un écrin de verdure et de fraîcheur est très agréable. Un établissement qui confirme les avantages de la tradition.

Itinéraire d'accès : (carte n° 4) à 140 km au nord de Verona par A 22, sortie Bolzano-sud ou nord, direction stazione.

Hotel Castel Guncina

39100 Bolzano
Via Miramonti, 9
Tél. (0471) 28 57 42 - Fax (0471) 463 45
M. Lanthaler

Ouverture toute l'année sauf en janvier **Chambres** 18 avec tél. direct, douche, w.c. **Prix** des chambres : 77/176 000 L (double) - Petit déjeuner compris, servi de 7 h à 10 h **Cartes de crédit** non acceptées **Divers** Chiens non admis - Piscine et tennis (15 000 L) à l'hôtel **Possibilités alentour** La route du vin (N 42) d'Appiano jusqu'au lac de Caldero - Castel Roncolo et val Sarentina jusqu'à Vitipeno **Restaurant** service 11 h/13 h - 19 h/21 h - Fermeture le mardi - Menu - Carte.

Étape romantique s'il en est, le Castel Guncina domine Bolzano et la vallée. Entourée de vignobles, paysage typique de cette région, cette curieuse bâtisse, à l'allure de demeure seigneuriale, abrite un hôtel confortable et cossu, à la décoration un peu chargée. Le restaurant est fréquenté par une clientèle d'habitués qui vient aussi pour profiter de la piscine et du tennis. Les chambres offrent toutes le même décor mais sont plus ou moins spacieuses selon leur emplacement. Préférez celles du dernier étage donnant sur la vallée : difficile d'imaginer que Bolzano, qui paraît si lointaine, n'est pourtant qu'à 3 kilomètres.

Itinéraire d'accès : (carte n° 4) à 154 km au nord de Verona par A 22, sortie Bolzano-sud à 2 km à l'ouest du centre ville par via Cardone.

Hotel Turm ★★★★

39050 Fié Allo Sciliar (Bolzano)
Tél. (0471) 72 50 14 - Fax (0471) 72 54 74
M. Pramstrahler

Ouverture du 20 décembre au 15 novembre **Chambres** 23 avec tél. direct, s.d.b., w.c., t.v.
Prix des chambres : 81/120 000 L (simple) - 152/250 000 L (double) - 172/250 000 L
(suite) - Petit déjeuner compris, servi de 8 h à 10 h - Demi-pension et pension :
96/145 000 L - 117/168 000 L (par pers) **Cartes de crédit** Visa, Eurocard, MasterCard
Divers Chiens admis avec 10 000 L de supplément - Piscine - Sauna - Garage (4 000 L par
jour) à l'hôtel **Possibilités alentour** Ski à Alpe di Siusi à 16 km - Bolzano **Restaurant**
service : 12 h/14 h - 19 h/21 h - Fermeture le jeudi - Menu : 37 /54 000 L - Carte - Spécialités
: Soupe d'orties - Chevreuil - Parfait à la rose.

Fié est un petit village du Val Gardena situé dans cette superbe région
dominée par l'impressionnant et spectaculaire mont Sciliar. L'hôtel est
l'ancien palais public, situé au cœur même du village, dirigé depuis trois
générations par la même famille. L'intérieur remodelé au fil des années est
très confortable et bien décoré de meubles anciens et d'une importante
collection de tableaux. La plupart des chambres, douillettes et meublées
avec goût, offrent une vue superbe sur les montagnes. C'est le fils Stefano,
excellent cuisinier, qui a repris la direction du restaurant ; sa cuisine
raffinée est pleine d'inventions. Il associe avec goût les particularités de la
cuisine régionale et la sophistication de quelques recettes de grands
cuisiniers français. En été, c'est un lieu merveilleux pour les randonnées
autour du lac ; en hiver, on y fait du ski de fond, du patinage, et du ski de
piste à Alpe di Siusi, à vingt minutes de Fié.

*Itinéraire d'accès : (carte n° 5) à 16 km à l'est de Bolzano (sur A 22 sortie
Bolzano nord) par S 49 jusqu'à Prato all'Isarco, puis Fié.*

Hotel Cavallino d'Oro ★★★★

39040 Castelrotto (Bolzano)
Piazza Kraus
Tél. (0471) 706 337 - Télex 400 877
Fax (0471) 707 172 - M. et Mme Urthaler

Ouverture toute l'année - Fermeture le mardi **Chambres** 23 avec tél. direct, s.d.b. ou douche, w.c., t.v., coffre-fort **Prix** des chambres : 55/80 000 L (simple) - 80/120 000 L (double) - Petit déjeuner compris, servi de 7 h 30 à 11 h - Demi-pension et pension : 50/78 000 L - 85/135 000 L **Cartes de crédit** acceptées **Divers** Chiens admis avec supplément **Possibilités alentour** Le Val Gardena - Ortisei - Alpe di Siusi - Ski **Restaurant** service 11 h 30/14 h - 18 h/21 h - Menus : 19/37 000 L - Carte - Cuisine italienne et régionale.

Castelrotto est un des villages du Val Gardena où l'on parle encore le langage ladin, où les habitants aiment encore porter le costume traditionnel, et où les maisons ont de jolies façades peintes. Le Cavallino d'Oro est l'auberge traditionnelle du Sud Tyrol : le *Stube* est accueillant et le restaurant prépare surtout des spécialités locales. Les chambres sont très bien tenues. En été une petite terrasse est installée sur la place qui est l'endroit le plus joli du village. Les prix méritent, en plus, que l'on parte à la découverte d'une région peu fréquentée par le tourisme français.

Itinéraire d'accès : *(carte n° 5) à 26 km au nord-est de Bolzano par S 12 jusqu'à Ponte Gardena, puis vers le sud jusqu'à Castelrotto.*

Hotel Adler ★★★★

39046 Ortisei (Bolzano)
Via Rezia, 7
Tél. (0471) 79 62 03 - Fax (0471) 79 62 10
Famille Sanoner

Ouverture du 15 mai au 20 octobre et du 15 décembre au 15 avril **Chambres** 100 avec tél. direct, s.d.b., w.c., t.v., minibar ; ascenseur **Prix** des chambres : 200/218 000 L (simple) - 203/400 000 L (double) - Petit déjeuner compris, servi de 7 h à 10 h - Demi-pension et pension : + 21 000 L - + 42 000 L (par pers.) **Cartes de crédit** Amex, Visa, Eurocard, MasterCard **Divers** Chiens admis - Piscine couverte - Tennis (16 000 L) - Sauna - Centre de remise en forme - Parking et garage à l'hôtel **Possibilités alentour** Alpe di Siusi (1 996 m) et Seceda (2 500 m) par téléphérique - Castelrotto - Val Gardena - Bolzano **Restaurant** service 12 h/14 h - 19 h/21 h 30 - Menus : 25/35 000 L - Carte - Cuisine tyrolienne.

Situé en plein centre d'Ortisei, cet hôtel est né de la fusion de deux bâtiments très différents sur le plan architectural. C'est un îlot de verdure et de calme, qui est le lieu de rendez-vous obligatoire des touristes, pour la plupart d'origine italienne et allemande, qui séjournent dans la région. La piscine chauffée ouvre de plain-pied sur la pelouse. L'hôtel est fréquenté, hiver comme été, par une clientèle d'habitués pour laquelle isolement et proximité des pistes ne sont pas des atouts indispensables et qui aiment l'ambiance animée du petit village d'Ortisei. Toutes les chambres ont été refaites. C'est un hôtel confortable.

Itinéraire d'accès : (carte n° 5) à 35 km à l'est de Bolzano par A 22, sortie Chiusa (ou S 12 jusqu'à Ponte Gardena), puis S 242 jusqu'à Ortisei.

TRENTINO - HAUT ADIGE

Uhrerhof Deur ★★★

Bulla 39046 Ortisei (Bolzano)
Tel (0471) 79 73 35 - Fax (0471) 79 74 79
Fam. Zemmer

Ouverture toute l'année **Chambres** 7 et 3 appartements non fumeurs avec tél. direct, s.d.b. ou douche, w.c., t.v. **Prix** des chambres : 100/130 000 L (double) - Petit déjeuner compris - Demi-pension : 110/140 000 L (par pers, 3 j. min.) **Cartes de crédit** Visa, Eurocard, MasterCard **Divers** Chiens non admis - Sauna, hammam, solarium (15 000 L) - Parking à l'hôtel **Possibilités alentour** Alpe di Siusi (1 996 m) et Seceda (2 500 m) par téléphérique - Castelrotto - Val Gardena - Bolzano **Restaurant** sur réservation - Fermeture le mercredi - Service 19 h - Menus : 30/50 000 L.

L'instinct du chercheur est récompensé lorque l'on découvre par hasard, en haut d'une vallée, à la fin d'une route qui se termine en cascade, un endroit tel que celui-ci On se met à rêver qu'on est seul au monde, puis très vite, petite perversion de civilisé, on espère que dans ces deux maisons en bois il y aura tout de même assez de confort... Non seulement il y a assez mais il y a plus : des chambres ouvertes sur une vue superbe, des biches qui couchent sous les fenêtres, mais aussi le sauna, le hammam, le *stube* ancien, des nappes en lin, sans oublier une très bonne cuisine. Une attention permanente fait de vous un roi... à une condition toutefois : fumeurs, s'abstenir !

Itinéraire d'accès : (carte n° 5) à 35 km à l'est de Bolzano par A 22, sortie Chiusa ou Bolzano-nord (ou S 12 jusqu'à Ponte Gardena), puis S 242 jusqu'à Ortisei. Bulla est à 5 km d'Ortisei.

Hotel Elephant ★★★★

39042 Bressanone (Bolzano)
Via Rio Bianco, 4
Tél. (0472) 83 2750 - Fax (0472) 83 65 79
M. Falk

Ouverture du 1er mars au 10 novembre et du 25 décembre au 7 janvier **Chambres** 44 avec tél. direct., s.d.b., w.c., t.v. **Prix** des chambres : 90/110 000 L (simple) - 180/220 000 L (double) - Petit déjeuner : 22 000 L - Demi-pension et pension : 165 000 L - 210 000 L (par pers., 3 j. min.) **Cartes de crédit** Diners, Visa, Eurocard, MasterCard **Divers** Chiens admis avec 11 000 L de supplément, sauf au restaurant - Piscine chauffée - Tennis - Parking à l'hôtel (10/12 000 L) **Possibilités alentour** La cime de la Plose (2 504 m) - Couvent de Novacella - Val Gardena : château de Velturno, Chiusa, Ortisei **Restaurant** climatisé, service 12 h/14 h 15 - 19 h/21 h 15 - Fermeture le lundi - Menu : 55 000 L - Carte - Spécialité : Piatto Elefante.

L es nombreux couvents et châteaux épiscopaux aux alentours de Bressanone témoignent encore du rayonnement artistique, culturel et spirituel de cette ville au XVIIIe siècle. Pour découvrir cette région, l'Hotel Elephant est l'étape idéale. Meubles anciens, tapisseries, tapis, lambris décorent les pièces de réception. Les chambres, toutes très confortables, ouvrent pour la plupart sur le parc et la piscine ou sur la montagne (seules quelques-unes sont au nord). La cuisine, quant à elle, y est remarquable. Le tout servi par un personnel très stylé. Un hôtel qui n'a jamais failli à sa réputation depuis le temps, où, en 1550, il hébergea le convoi et l'éléphant lui-même, que le roi du Portugal offrait à l'empereur Ferdinand de Habsbourg.

Itinéraire d'accès : (carte n° 5) à 40 km au nord-est de Bolzano par A 22, sortie Bressanone (l'hôtel est au nord-ouest du centre ville, par via Fichini puis via Rio Bianco en partant de via Roma).

Hotel La Perla ★★★★

39033 Corvara in Badia (Bolzano)
Via Centro, 44
Tél. (0471) 83 61 32/3 - Télex 401 685
Fax (0471) 83 65 68 - Famille Costa

Ouverture du 3 décembre au 17 avril et du 30 juin au 30 septembre **Chambres** 52 avec tél. direct, s.d.b., w.c., t.v. **Prix** des chambres : 130/260 000 L (simple) - 220/480 000 L (double) - 280/580 000 L (suite) - Petit déjeuner compris, servi de 7 h 30 à 12 h - Demi-pension : 125/258 000 L (par pers., 3 j. min.) **Cartes de crédit** Visa, Eurocard, MasterCard, **Divers** Petits chiens admis - Piscine chauffée - Tennis (12/28 000 L) - Sauna, fitness, massage - Garage et parking à l'hôtel **Possibilités alentour** Ski - Val Badia - Grande Route des Dolomites (N 48) de Cortina d'Ampezzo à Bolzano - Ortisei **Restaurant** "La Stüa de Michil" service 12 h/14h - 19 h/22 h - Menus : 42/62 000 L - Carte - Spécialités : Rotolo di salmone e rombo con salsetta al limone - Mezzelune di crauti e speck con burro dorato - Sella di capriolo in salsa di maggiorana - Terrina di ricotta con fruti freschi.

Cet hôtel mérite bien son nom. En effet, ce beau chalet, situé dans une zone tranquille du centre de Corvara, est en tout point parfait. Décoration et atmosphère de montagne plus raffinées que rustiques. L'aménagement intérieur préserve une grande intimité malgré les nombreuses prestations dignes d'un grand hôtel (sauna, coiffeur, cave de dégustation, piscine chauffée...). A 45 km de Cortina d'Ampezzo, cet hôtel est à recommander été comme hiver.

Itinéraire d'accès : (carte n° 5) à 65 km à l'est de Bolzano par A 22, sortie Chiusa (ou S 12 jusqu'à Ponte Gardena), puis S 242 jusqu'à Corvara par Ortisei.

Hotel Armentarola ★★★

Via Prè de Vi, 78
39030 San Cassiano (Bolzano)
Tél. (0471) 84 95 22 - Fax (0471) 84 93 89
Famille Wieser

Ouverture du 8 décembre au 14 avril et du 14 juin au 8 octobre **Chambres** 50 avec tél., s.d.b. ou douche, w.c., coffre-fort, t.v. **Prix** des chambres en demi-pension : 160/200 000 L (en simple) - 280/400 000 L (en double) - 320/440 000 L (en suite) - Petit déjeuner compris, servi de 7 h 30 à 11 h - **Cartes de crédit** non acceptées **Divers** Chiens admis (20 000 L de supplément) - Piscine couverte - Tennis - Equitation - Sauna - Solarium - Garage (10 000 L) à l'hôtel **Possibilités alentour** Ski - Cortina d'Ampezzo **Restaurant** service 11 h/13 h 30 - 19 h/21 h - Menus : 35/60 000 L - Carte - Cuisine régionale.

L'histoire de l'Armentarola commence avec l'histoire de la famille Wieser en 1938, quand Paolo et Emma transforment le chalet familial en auberge. Isolé, à 1 600 mètres d'altitude dans un paysage enchanteur fait de pâturages et de bois avec les Dolomites pour horizon, l'Armentarola, qui n'a cessé de s'adapter au confort moderne, n'a rien perdu de son charme. Le bois est la décoration de base, patiné dans les parties anciennes, coloré dans les parties plus récentes et dans la grande salle à manger. En toutes saisons les loisirs sont bien organisés ; en été, tennis et cheval. En hiver, on peut également profiter de la piscine couverte, sans compter le remonte-pente de l'hôtel, relié au grand carousel de ski de la haute vallée de Badia. A seulement quelques kilomètres de Cortina d'Ampezzo, un hôtel qui permet de profiter de la nature grandiose.

Itinéraire d'accès : *(carte n° 5) à 75 km à l'est de Bolzano par S 12, S 242d et S 242 direction Selva di Valgardena, puis S 243 jusqu'à Corvara et S 244 sur 11 km.*

Ansitz Heufler Hotel ★★★

39030 Rasun di Sopra (Bolzano)
Tél. (0474) 46 288 - Fax (0474) 48 199
M. Pallhuber

Ouverture du 20 juin au 5 novembre et du 5 décembre au 15 mai **Chambres** 8 avec tél. direct, s.d.b. ou douche, w.c. **Prix** des chambres : 110/180 000 L (double) - Petit déjeuner compris, servi de 8 h à 11 h - Demi-pension et pension : + 18 000 L - +32 000 L (par pers., 3 j. min.) **Cartes de crédit** acceptées **Divers** Chiens admis avec 8 000 L de supplément - Parking à l'hôtel **Possibilités alentour** Lac d'Anterselva - Monguelfo - Lac de Braeies - Cortina d'Ampezzo par Carbonin (N51) - Ski à Plan de Corones (navette de l'hôtel) **Restaurant** service 12 h/14 h - 18 h/ 21 h 30 - Fermeture le mercredi - Menus : 40/50 000 L - Carte - Spécialités : Cuisine régionale.

Un des plus beaux hôtels de ce guide. S'il est courant de rencontrer dans cette région sur les bords d'une route, un petit château du XIVe siècle, il est par contre très étonnant de trouver, à l'intérieur, des aménagements qui au cours des siècles ont été aussi bien conservés. Etonnant encore que l'on se trouve si bien dans un château où, le plus souvent, le côté grandiose et imposant ne crée pas une atmosphère très chaleureuse. Ici, les pièces ne sont pas très grandes, les plafonds pas très hauts, les chambres intimes, douillettes, meublées en ancien. Le salon, aux murs recouverts de bois blond, avec son grand canapé et son poêle en faïence, est particulièrement convivial et accueillant. En face se trouve le bar à vins traditionnel. Une très jolie adresse.

Itinéraire d'accès : (carte n° 5) à 87 km au nord-est de Bolzano par A 22, sortie Bressanone, puis S 49 jusqu'au-delà de Brunico, prendre ensuite la route pour le Val di Anterselva.

Parkhotel Sole Paradiso ★★★★

39038 San Candido - Innichen (Bolzano)
Via Sesto, 13
Tél. (0474) 73 120 - Fax (0474) 73 193
Famille Ortner

Ouverture du 23 décembre au 9 avril et de juin au 3 octobre **Chambres** 41 avec tél. direct, s.d.b. ou douche, w.c., t.v. **Prix** des chambres : 75/160 000 L (simple) - 150/320 000 L (double) - Petit déjeuner-buffet compris, horaire 8 h/10 h 30 - Demi-pension et pension : 95/150 000 L - 120/220 000 L (par pers., 3 j. min.) **Cartes de crédit** Visa - Bank Americard - CartaSi - Eurocard - MasterCard **Divers** Petits chiens admis - Piscine couverte - Tennis (15 000 L) - Sauna - Garage (20 000 L en été) à l'hôtel **Possibilités alentour** Lago di Braeies - Lago di Misurina - Croda Rossa - Tre cime di Lavaredo - Cortina d'Ampezzo **Restaurant** : service 12 h 30/13 h 30 - 19 h/20 h 30 - Menus : 40/50 000 L - Carte - Spécialités : Schlutzkrapfen - Maccheroni alla boscaiola - Trota del vivaio Kaiserschmarrn.

L'architecture et les couleurs jaune et rouge de ce grand chalet nous rappellent, si besoin en était, que nous sommes à quelques kilomètres de la frontière autrichienne. Dans toute la maison règne la chaleureuse ambiance des intérieurs de montagne : les murs sont recouverts de bois blond, les lustres et les lampadaires ont d'étonnantes sculptures en bois, les chambres ont toutes de grands lits à baldaquin et de lourdes tentures. Toutes ont de jolis balcons fleuris et une belle vue sur le Val Pusteria. L'hôtel est très bien équipé pour les divertissements : un tennis, une piscine chauffée été comme hiver, des pistes de ski de fond et un skibus qui passent juste devant l'hôtel.

Itinéraire d'accès : (carte n° 5) à 110 km au nord-est de Bolzano par A 22, sortie Bressanone, puis S 49 jusqu'à San Candido.

1995

Ansitz Steinbock

39040 Villandro (Bolzano)
38, San Stefano
Tél. (0472) 84 31 11 - Fax (0472) 84 31 11
M. et Mme Kirchbaumer

Fermeture du 11janvier au 9 mars **Chambres** 17 avec tél. direct, s.d.b. ou douche, w.c., (3 avec t.v.) **Prix** des chambres : 55 000 L (simple) - 90 000 L (double) - Petit déjeuner compris, servi de 8 h à 11 h - Demi-pension : 65 000 L (par pers., 3 j. min.) **Cartes de crédit** acceptées **Divers** Chiens admis - Parking à l'hôtel **Possibilités alentour** Bressanone - La cime de la Plose (2 504 m) - Couvent de Novacella - Val Gardena : château de Velturno, Chiusa, Castelrotto, Ortisei **Restaurant** service 12 h/14 h - Fermeture le lundi - Menus et carte - Spécialités : Cuisine régionale.

De l'autoroute qui va au Brenner, on aperçoit, sur les hauteurs, des petits villages ponctués de châteaux. Si l'envie d'y aller voir est trop forte, en sortant de Chiusa, une route assez raide vous emmènera rapidement sur les sommets. Villandro est une de ces petites stations, jolies, sans prétention dont le château accueille aussi bien le voyageur de passage que des familles en saison. La tradition a conduit la décoration, le confort a conduit l'aménagement des chambres. Simple, simple, mais adorable, authentique et bien soigné par des jeunes gens du métier. Cette adresse est une bonne étape, une bouffée d'oxygène aux parfums de résine sur votre route.

Itinéraire d'accès : (carte n° 5) à 27 km au nord-est de Bolzano par A 22, sortie Chiusa.

Albergo Accademia ★★★★

38100 Trento
Vicolo Colico, 4-6
Tél. (0461) 23 36 00 - Fax (0461) 23 01 74
Mme Fambri

Ouverture toute l'année **Chambres** 43 avec tél. direct, s.d.b. ou douche, w.c., t.v., minibar ; ascenseur **Prix** des chambres : 170 000 L (simple) - 240 000 L (double) - Petit déjeuner compris, servi de 7 h 30 à 10 h 30 **Cartes de crédit** acceptées **Divers** Chiens admis **Possibilités alentour** Lac de Garde - Les Dolomites - Trento - La Paganella - Les "Ormeri" di Segonzaro (cheminées de fées) **Restaurant** service 12 h 30/14 h 30 - 19 h 30/22 h 30 - Fermeture le dimanche - Menus : 45/55 000 L - Carte - Spécialités : Storione affumicato con finferli crudi - Ravioli fatti in casa - Carrello dei bolliti - Panna cotta al caffè.

S itué dans la vieille ville, l'Albergo Accademia occupe une ancienne maison du Moyen Age sur une toute petite place de ce joli quartier de Trento. Si à l'intérieur on a gardé certains éléments de l'architecture ancienne, la décoration est résolument moderne, mettant en valeur quelques meubles anciens. Les chambres sont grandes, claires, calmes et d'un grand confort. Le restaurant de l'hôtel est réputé pour sa cuisine inventive, sans pour autant négliger les spécialités locales. L'ancienne cour intérieure de la maison a été transformée en jardin où l'on sert le petit déjeuner, et la terrasse a été aménagée pour profiter de la vue sur les toits, les tours et les clochers de Trento. Une adresse de charme dans une ville qui mérite le voyage.

Itinéraire d'accès : (carte n° 4) à 101 km au nord de Verona par A 22, sortie Trento, suivre fléchage en ville.

Lido Palace Hotel ★★★★

Lago di Garda
38066 Riva del Garda (Trento)
Viale Carducci, 10
Tél. (0464) 55 26 64 - Télex 401 314
Fax (0464) 55 19 57 - M. Jacopino

Ouverture du 1er avril au 31 octobre **Chambres** 62 avec tél. direct, s.d.b. ou douche w.c.,
t.v. ; ascenseur **Prix** des chambres : 180/240 000 L (double) - Petit déjeuner compris, servi de
7 h 30 à 10 h - Demi-pension et pension : 110/140 000 L - 130/160 500 L (par pers., 3 j. min.)
Cartes de crédit acceptées **Divers** Petits chiens admis avec 9 000 L de supplément -
Piscine - Tennis - Parking à l'hôtel **Possibilités alentour** Monte Bastione (1 502 m) par
télésiège - Cascade du Varone - Lac de Tenno - Trento **Restaurant** climatisé, service
12 h 30/14 h - 19 h 30/21 h - Menu : 38 500 L - Carte - Cuisine italienne et internationale.

L'atout principal du Lido Palace est sa situation, à deux pas du petit port
de Riva del Garda. Son parc jouxte le jardin public et les quais du bord
du lac où l'on retrouve l'atmosphère des stations thermales du XIXᵉ siècle.
Le bâtiment, de la même époque, a été rénové avec beaucoup de goût et de
sobriété. Des chambres, très lumineuses et d'une grande simplicité, on
aperçoit le lac derrière les frondaisons des cèdres. Une ambiance familiale
règne dans cet hôtel malgré son apparence classique et conventionnelle.

*Itinéraire d'accès : (carte n° 4) à 50 km au sud-ouest de Trento - A 87 km
au nord de Verona par A 22, sortie Marco, puis S 240.*

Hotel Saint Hubertus ★★★

38084 Madonna di Campiglio (Trento)
Viale Dolomiti di Brenta, 7
Tél. (0465) 411 44 - Télex 400 882
Fax (0465) 400 56 - M. Ruppert

Ouverture du 1er juillet au 15 septembre et du 1er décembre au 15 avril **Chambres** 32 avec tél. direct, s.d.b. ou douche, w.c., t.v. **Prix** des chambres : 62/88 000 L (simple) - 107/139 000 L (double) - Petit déjeuner : 22 500 L, servi de 7 h 30 à 10 h - Demi-pension et pension : 110/175 000 L - 175/230 000 L (par pers.) **Cartes de crédit** acceptées **Divers** Chiens admis avec supplément - Piscine chauffée - Parking et garage à l'hôtel (10 000 L) **Possibilités alentour** Ski - Monte Spinale - Golf 9 trous, à Carlo Magno **Restaurant** service 12 h 30/14 h 30 - 19 h 30/21 h 30 - Menus : 46/56 000 L - Carte - Spécialités : Risotto ai mirtilli - Strangolapreti.

En plein centre du village, mais sans doute un peu éloigné des pistes de ski en hiver, l'Hotel Saint Hubertus accueille une clientèle à la recherche du confort et de l'ambiance qui font parfois défaut aux palaces des neiges. Voici la preuve qu'un établissement de petite taille et sans prétention peut être très confortable et cossu. Le décor joue sur une harmonie de couleurs automnales et le bois concourt à réchauffer encore l'atmosphère. Depuis les chambres, en été, on entend le bruit du torrent qui passe au pied de l'hôtel. La station de Madonna di Campiglio est à conseiller hiver comme été.

Itinéraire d'accès : (carte n° 4) à 74 km au nord-ouest de Trento par N 237 jusqu'à Tione di Trento, puis N 239.

Albergo Castel Pergine ★

38057 Pergine Valsugana (Trento)
Tél. (0461) 53 11 58
M. et Mme Schneider-Neff

Ouverture du 1er mai au 15 octobre **Chambres** 21 avec tél. direct (12 avec douche, w.c.)
Prix des chambres : 42/46 000 L (simple) - 72/80 000 L (double) - Petit déjeuner : 8 000 L,
servi de 8 h à 9 h 30 - Demi-pension et pension : 70/75 000 L - 75/80 000 L (par pers., 3 j.
min.) **Cartes de crédit** non acceptées **Divers** Chiens admis - Parking à l'hôtel
Possibilités alentour San Cristoforo al Lago sur le lac de Caldonazzo - Canal de Brenta
(défilé) par N 47 après Primolano - Trento **Restaurant** service 12 h/14 h 30 - 19 h/21 h 30 -
Fermeture le lundi - Menus : 35/55 000 L - Carte - Spécialités : Fegato di vitello àlla polenta e
ai funghi - Maccheroni alla "château".

Unique par sa situation, au sommet d'une colline boisée qui domine la
ville, encadrée par les Dolomites et le lac de Caldonazzo, cette
ancienne demeure des évêques de Trento, construite au XIIIe siècle, assure
des vacances calmes et reposantes. Le parc, caché derrière les hauts murs
de l'enceinte, est propice à la lecture. L'ameublement des chambres est
d'époque. La proximité du lac permet la pratique des sports nautiques.
A noter un bon restaurant qui a fait la réputation du Castello.

*Itinéraire d'accès : (carte n° 4) à 11 km à l'est de Trento par S 47 (l'hôtel
est à 2 km à l'est du centre ville).*

Palace Hotel ★★★★

38050 Roncegno (Trento)
Casa di Salute Raphael
Tél. (0461) 76 40 12 - Télex 400 256
Fax (0461) 76 45 00 - M. Quaiatto

Ouverture d'avril à octobre **Chambres** 85 avec tél. direct, s.d.b. ou douche, w.c., t.v. ; ascenseur **Prix** des chambres : 130 000 L (simple) - 190 000 L (double) - Petit déjeuner compris, servi de 7 h 30 à 10 h - Demi-pension et pension : 145 000 L - 160 000 L (par pers, 3 j. min.) **Cartes de crédit** Amex, Visa, Eurocard, MasterCard **Divers** Chiens non admis - Piscine couverte - Tennis - Squash - Salle de remise en forme - Parking à l'hôtel **Possibilités alentour** Ruines des châteaux de Borgo Valsugana - Canal de Brenta (défilé) par N 47 après Primolano - Trento **Restaurant** service 12 h 30/14 h - 19 h 30/21 h 30 - Menus : 35/50 000 L - Carte - Spécialités : Tronco de pontesel - Cumel alla paesana.

Construit au début du siècle dans un parc de cinq hectares, le Palace Hotel a conservé l'élégance et le pittoresque de cette époque. Il a été longtemps le rendez-vous estival de l'aristocratie italienne. Les salons, et plus particulièrement la salle à manger, témoignent de ce passé. Aujourd'hui entièrement rénové, cet établissement a été doté non seulement de tout le confort requis pour cette catégorie d'hôtel, mais aussi d'aménagements inattendus comme un squash et un centre de remise en forme avec piscine couverte, sauna, etc. Cette alliance de la tradition et du savoir-vivre contemporain est l'atout majeur du Palace Hotel. La direction allie élégance un peu désuète et efficacité.

Itinéraire d'accès : (carte n° 5) à 33 km à l'est de Trento par S 47.

Hotel Cipriani et Palazzo Vendramin ★★★★★

30133 Venezia
Isola della Giudecca, 10
Tél. (041) 520 77 44 - Télex 410 162
Fax (041) 520 39 30 - M. Rusconi

Ouverture toute l'année **Chambres** 104 climatisées avec tél. direct, s.d.b., w.c., t.v., minibar ; ascenseur **Prix** des chambres + 19 % : 550/680 700 L (simple) - 720/990 600 L (double) - Petit déjeuner compris, servi de 7 h à 10 h 30 (buffet à l'américaine) - Demi-pension : +125 000 L (par pers.) **Cartes de crédit** acceptées **Divers** Petits chiens admis - Piscine - Tennis (25 000 L) - Sauna (22 000 L) - Bain turc - Port pour yachts à l'hôtel **Possibilités alentour** Manifestations : Carnaval de Venise, La Regata Storica (1er dim. de sept.), Mostra de Venise (août-sept.), Biennale de Venise - Murano - Torcello (cathédrale S. M. Assunta, S. Fosca) - Burano - Cimetière de San Michele - Villa Foscari à Fusina - Villas vénitiennes - Croisière sur la Brenta à bord du Burchiello - Golf al Lido Alberoni, 18 trous **Restaurant** service 12 h 30/15 h - 19 h 30/ 22 h 30 - Carte - Spécialités : Vitello Cipriani - Scampi .

Idéalement situé sur l'île de la Giudecca, faisant face à Venise et à la lagune, le Cipriani est un hôtel d'un luxe inouï. Tout est plus que parfait : les salons somptueux, les terrasses-bars donnant sur les jardins merveilleusement entretenus, les chambres d'un extrême confort avec leurs salles de bains de marbre rose (on hésite entre les chambres avec vue sur l'île San Giorgio Maggiore et celles avec leur petit patio dans le fond du jardin...) Il faut aussi mentionner le service impeccable et l'amabilité du personnel, la cuisine raffinée et renommée servie aux chandelles sur les terrasses au bord de l'eau, face à la lagune, et la piscine d'eau de mer spectaculaire. A noter que mitoyen de l'hôtel, Le Palazzo Vendramin offre des suites au luxe tapageur qui ont beaucoup moins de charme.

Itinéraire d'accès : (carte n° 5) navette de l'hôtel toutes les heures de San Marco.

Bauer Grünwald et Grand Hotel ★★★★★

30124 Venezia
Campo San Moise, 1459
Tél. (041) 520 70 22 - Télex 410 075
Fax (041) 520 75 57 - M. Puppo

Ouverture toute l'année **Chambres** 215 climatisées avec tél. direct, s.d.b. ou douche, w.c., t.v., minibar (certaines avec salon) ; ascenseur **Prix** des chambres : 143/298 000 L (simple) - 274/524 000 L (double) - Petit déjeuner compris, servi de 7 h à 10 h 30 **Cartes de crédit** acceptées **Divers** Chiens admis avec 40 000 L de supplément **Possibilités alentour** manifestations : Carnaval de Venise, La Regata Storica (1er dim. de sept.), Mostra de Venise (août-sept.), Biennale de Venise - Murano (musée du verre) - Torcello (cathédrale S. M. Assunta, S. Fosca) - Burano - Cimetière de San Michele - Villa Foscari à Fusina - Villas vénitiennes - Croisière sur la Brenta à bord du Burchiello - Golf al Lido Alberoni, 18 trous **Restaurant** service 12 h 30/14 h 30 - 19 h/22 h 30 - Menu : 70 000 L - Carte - Spécialités : Risotto alla torcellana - Fegato alla veneziana.

Le Bauer Grünwald est né de l'Unité Italienne, quand un jeune Vénitien, Jules Grünwald, épousa Mlle Bauer. Ils ouvrirent d'abord une taverne, qui connut un grand succès, pour faire enfin construire ce Grand Hotel. Ce qui fait la différence du Bauer avec les autres palaces de Venise, c'est la "classe" qu'il a en plus. Ici règne un luxe discret, un luxe "patiné", un luxe de tradition. Très bien situé, puisqu'à quelques pas de la Piazza San Marco, il offre aussi l'avantage d'avoir une terrasse sur le Grand Canal, où l'on dîne aux chandelles, face à la Salute et à l'île San Giorgio.

Itinéraire d'accès : (carte n° 5) près de la Piazza San Marco, sur le Grand Canal entre l'église de la Salute et l'île San Giorgio.

Gritti Palace Hotel ★★★★★

30124 Venezia
Campo Santa Maria del Giglio, 2467
Tél. (041) 79 46 11 - Télex 410 125
Fax (041) 520 09 42 - M. Danieli

Ouverture toute l'année **Chambres** 88 et 9 suites climatiséesavec tél. direct, s.d.b. ou douche, w.c., t.v., minibar ; ascenseur **Prix** des chambres : 471 210/539 010 L (simple) - 710 770/767 270 L (double) - 1 643 020/2 773 020 L (suite) - Petit déjeuner compris, servi de 7 h 30 à 10 h 30 en salle, servi à toute heure dans les chambres **Cartes de crédit** acceptées **Divers** Petits chiens admis (sauf au restaurant) **Possibilités alentour** Manifestations : Carnaval de Venise, La Regata Storica (1er dim. de sept.), Mostra de Venise (août-sept.), Biennale de Venise - Murano (musée du verre) - Torcello (cathédrale S. M. Assunta, S. Fosca) - Burano - Cimetière de San Michele - Villa Foscari à Fusina - Villas vénitiennes - Croisière sur la Brenta à bord du Burchiello - Golf al Lido Alberoni, 18 trous **Restaurant** service 12 h 30/15 h - 19 h 30/ 22 h 30 - Menus : 100/140 000 L - Carte - Spécialités : Bresaola Gritti Palace - I Risotti del Gritti - Scampi fritti in erbaria.

Le Gritti Palace Hotel est probablement le nec plus ultra des palaces vénitiens. De ce palais, bâti au XVᵉ siècle par Andrea Gritti, doge de Venise, Ernest Hemingway disait : "le meilleur hôtel de Venise qui est une ville faite de grands hôtels". Sa splendide et célébrissime terrasse en bordure du Grand Canal est un lieu magique. Tout ici, des chambres et des suites en passant par les salons et les salles à manger, respire le luxe et atteint au plus haut degré de confort et de raffinement. Le restaurant est également l'un des meilleurs de Venise. Si vous envisagez de séjourner au Gritti, essayez d'obtenir une chambre sur le Canale Grande pour profiter du spectacle quelques heures de plus.

Itinéraire d'accès : (carte n° 5) sur le Grand Canal.

Hotel Monaco e Grand Canal ★★★★

30124 Venezia
San Marco - Calle Vallaresso, 1325
Tél. (041) 520 02 11 - Fax (041) 520 05 01
M. Zambon

Ouverture toute l'année **Chambres** 72 climatisées, avec tél. direct, s.d.b. ou douche., w.c., t.v., minibar ; ascenseur **Prix** des chambres : 230/300 000 L (simple) 330 000 L (sur le canal) - 340/440 000 L (double) - 490/520 000 L (sur le canal) - Petit déjeuner compris, servi de 7 h à 11 h en chambre, de 8 h à 10 h 30 au restaurant **Cartes de crédit** acceptées **Divers** Petits chiens admis **Possibilités alentour** Taditions : Carnaval de Venise, La Regata Storica (1er dim. de sept.), Mostra de Venise (août-sept.), Biennale de Venise - Murano (musée du verre) - Torcello (cathédrale S. M. Assunta, S. Fosca) - Burano - Cimetière de San Michele - Villa Foscari à Fusina - Villas vénitiennes - Croisière sur la Brenta à bord du Burchiello - Golf al Lido Alberoni, 18 trous **Restaurant** service 12 h 30/15 h - 19 h 30/22 h - Carte - Spécialités : "Cape sante" gratinate - Ravioli di magro al burro e salvia - Scampi Ca' d'Oro e riso pilaf - Fegato alla veneziana con polenta - Zabaglione con amaretti.

L'Hotel Monaco e Grand Canal est situé dans l'un des plus beaux endroits de la cité lacustre. Salons confortables et élégants, patio fleuri, atmosphère feutrée et raffinée, des chambres petites mais très bien aménagées, en font l'un des bons hôtels de Venise. Autre avantage de cet hôtel, sa superbe terrasse sur les bords du Grand Canal où l'on peut déjeuner et dîner. Une bonne table, mais hors de prix. En été, il est préférable d'avoir une chambre sur le patio intérieur ; mais si vous tenez à avoir la vue sur le Grand Canal, essayez d'obtenir celles qui sont éloignées de la station du vaporetto au pied même de l'hôtel. (Notre préférée, la 308.) Très bon rapport qualité-prix, surtout hors saison.

Itinéraire d'accès : (carte n° 5) près de la Piazza San Marco.

Londra Palace ★★★★

30124 Venezia
San Marco - Riva degli Schiavoni, 4171
Tél. (041) 520 05 33 - Fax (041) 522 50 32
M. Samueli

Ouverture toute l'année **Chambres** 68 climatisées avec tél. direct, s.d.b., w.c., t.v. satellite, coffre-fort, minibar ; ascenseur **Prix** des chambres : 140/390 000 L (double) - 400/500 000 L (suite) - Petit déjeuner compris, servi de 7 h à 11 h **Cartes de crédit** acceptées **Divers** Chiens non admis **Possibilités alentour** Manifestations : Carnaval de Venise, La Regata Storica (1er dim. de sept.), Mostra de Venise (août-sept.), Biennale de Venise - Murano (musée du verre) - Torcello (cathédrale S. M. Assunta, S. Fosca) - Burano - Cimetière de San Michele - Villa Foscari à Fusina - Villas vénitiennes - Croisière sur la Brenta à bord du Burchiello - Golf al Lido Alberoni, 18 trous **Restaurant** Fermeture mardi soir - service 11 h 30/16 h - 19 h/24 h - Buffet : 35 000 L - Menus : 70/93 000 L - Carte - Cuisine italienne et spécialités vénitiennes.

Situé en bordure du bassin de San Marco, mitoyen de quelques grands palaces, le Londra Palace a retrouvé, grâce à une rénovation récente, sa place parmi les grands hôtels de Venise. En effet, ce palais de style néogothique, construit dans la seconde moitié du XIXᵉ siècle, qui accueillit d'Annunzio et Tchaïkovsky, a retrouvé son charme. Toutes les chambres ont été aménagées avec des meubles et objets de style vénitien, avec, bien sûr, le confort que se doit d'offrir un grand hôtel. On ne saurait trop vous recommander les chambres donnant sur la lagune, face à l'île San Giorgio Maggiore. L'hôtel compte aussi un bon restaurant *Les Deux Lions* (en référence à Molière et à Goldoni). Compte tenu de tout cela, les prix restent encore raisonnables.

***Itinéraire d'accès** : (carte n° 5) près de la Piazza San Marco.*

Hotel Gabrielli Sandwirth ★★★★

30122 Venezia
San Marco - Riva degli Schiavoni, 4110
Tél. (041) 523 15 80 - Fax (041) 520 94 55
M. Perkhofer

Ouverture du 3 février au 30 novembre **Chambres** 110 avec tél. direct, s.d.b. ou douche, w.c., t.v. **Prix** des chambres : 250 000 L (simple) - 420 000 L (double) - Petit déjeuner compris, servi de 7 h 30 à 12 h - Demi-pension et pension : 520 000 L - 580 000 L **Cartes de crédit** acceptées **Divers** Chiens admis **Possibilités alentour** Manifestations : Carnaval de Venise, La Regata Storica (1er dim. de sept.), Mostra de Venise (août-sept.), Biennale de Venise - Murano (musée du verre) - Torcello (cathédrale S. M. Assunta, S. Fosca) - Burano - Cimetière de San Michele - Villa Foscari à Fusina - Villas vénitiennes - Croisière sur la Brenta à bord du Burchiello - Golf al Lido Alberoni, 18 trous **Restaurant** "Trattoria al Buffet" : service 12 h/14 h 30 - 19 h/21 h 30 - Buffet de spécilités italiennes et vénitiennes : 44 000 L.

Cet ancien palais du XIIIe siècle, construit dans le style vénéto-gothique, voisine sur la riva degli Schiavoni avec quelques-uns des plus luxueux hôtels de Venise. Agrandi de deux autres maisons médiévales, l'intérieur est un véritable labyrinthe. Les chambres, aménagées dans un style classique, sont très confortables et l'idéal est d'occuper celles avec loggia sur le bassin de San Marco, face à l'église San Giorgio. On ne retrouve plus rien de l'ancien palais au bar, décoré de façon plus moderne. Mais, l'hôtel est le seul sur la riva degli Schiavoni, à avoir une cour intérieure, où l'on dîne le soir à la lueur des chandelles et des lanternes vénitiennes, un jardin et une roseraie ombragée de palmiers. Il faut y ajouter une terrasse sur le toit, avec vue sur le Grand Canal et sur la lagune, restés tels que les peignirent Guardi et Canaletto.

Itinéraire d'accès : (carte n° 5) près de la Piazza San Marco sur la riva degli Schiavoni.

Hotel Metropole ★★★★

30122 Venezia
San Marco - Riva degli Schiavoni, 4149
Tél. (041) 520 50 44 - Fax (041) 522 36 79
M. Beggiato

Ouverture toute l'année **Chambres** 73 climatisées avec tél. direct, s.d.b. ou douche, w.c., t.v., minibar, coffre-fort **Prix** des chambres : 165/340 000 L (simple) - 260/440 000 L (double) - 360/480 000 L (suite) - Petit déjeuner compris, servi de 7 à 10 h 30 - Demi-pension et pension : +42 000 L - +84 000 L **Cartes de crédit** acceptées **Divers** Petits chiens admis **Possibilités alentour** Manifestations : Carnaval de Venise, La Regata Storica (1er dim. de sept.), Mostra de Venise (août-sept.), Biennale de Venise - Murano (musée du verre) - Torcello (cathédrale S. M. Assunta, S. Fosca) - Burano - Cimetière de San Michele - Villa Foscari à Fusina - Villas vénitiennes - Croisière sur la Brenta à bord du Burchiello - Golf al Lido Alberoni, 18 trous **Restaurant** Bar-Grill "Zodiaco" service : 12 h 30/15 h - 19 h/22 h - Menu : 40 000 L (formule buffet) - Carte - Cuisine vénitienne et italienne.

D isons-le tout de suite : cet hôtel, qui est situé dans l'un des endroits les plus touristiques de Venise, est plus agréable hors saison. Derrière sa façade un peu banale se cache un vieil hôtel délicieusement désuet et plein de personnalité. Le salon est vaste et agréable, la salle des petits déjeuners, qui donne sur un petit canal, est exquise. Le long des couloirs, on découvre de jolies collections d'objets, de miroirs, et des tableaux de style vénitien. Les chambres, assez spacieuses, ressemblent au reste de l'hôtel et celles qui sont au dernier étage bénéficient de petites terrasses avec une vue insolite sur les toits de Venise. En 92, l'hôtel a reçu une distinction pour l'ensemble de sa gestion.

Itinéraire d'accès : (carte n° 5) sur la lagune, à 100 m de la Piazza San Marco, entrée par la Riva degli Schiavoni et par le Canale di San Marco.

Pensione Accademia - Villa Maravegie

30123 Venezia
Dorsoduro - fondamenta Bollani 1058
Tél. (041) 521 01 88 - 523 78 46 - Fax (041) 523 91 52
M. Dinato

Ouverture toute l'année **Chambres** 27 avec tél. direct, (22 avec s.d.b. ou douche, w.c.) **Prix** des chambres : 100/130 000 L (simple) - 155/200 000 L (double) - Petit déjeuner compris, servi de 7 h 30 à 10 h **Cartes de crédit** acceptées **Divers** Petits chiens admis **Possibilités alentour** Manifestations : Carnaval de Venise, La Regata Storica (1er dim. de sept.), Mostra de Venise (août-sept.), Biennale de Venise - Murano (musée du verre) - Torcello (cathédrale S. M. Assunta, S. Fosca) - Burano - Cimetière de San Michele - Villa Foscari à Fusina - Villas vénitiennes - Croisière sur la Brenta à bord du Burchiello - Golf al Lido Alberoni, 18 trous **Pas de restaurant** à l'hôtel (voir notre sélection de restaurants p. 409/413).

Cette "villa des merveilles" est un des hauts lieux de Venise. Consulat de Russie jusqu'en 1930, elle a conservé la richesse de son passé historique. Une façade du XVIIe siècle, des meubles d'époque, une terrasse couverte de glycines lui donnent tout son charme. Les chambres les plus tranquilles sont celles donnant sur le jardin où est servi le petit déjeuner. Un personnel de grande qualité. Un seul ennui : il faut réserver longtemps à l'avance tant l'hôtel est recherché par une clientèle internationale.

Itinéraire d'accès : (carte n° 5) vaporetto n° 1 arrêt Accademia ; n° 2 arrêt Zattere.

Hotel Bel Sito & Berlino ★★★

30124 Venezia
San Marco - Campo Santa Maria del Giglio, 2517
Tél. (041) 522 33 65 - Télex 420 835
Fax (041) 520 40 83 - M. Serafini

Ouverture toute l'année **Chambres** 38 climatisées avec tél. direct, s.d.b. ou douche, w.c., (30 avec minibar) **Prix** des chambres : 93/140 500 L (simple) - 149/215 500 L (double) - 220 000 L (suite) - Petit déjeuner compris, servi de 8 h à 10 h **Cartes de crédit** Amex, Visa, Eurocard, MasterCard **Divers** Chiens admis **Possibilités alentour** Taditions : Carnaval de Venise, La Regata Storica (1er dim. de sept.), Mostra de Venise (août-sept.), Biennale de Venise - Murano (musée du verre) - Torcello (cathédrale S. M. Assunta, S. Fosca) - Burano - Cimetière de San Michele - Villas vénitiennes - Croisière sur la Brenta à bord du Burchiello - Golf al Lido Alberoni, 18 trous **Pas de restaurant** à l'hôtel (voir notre sélection de restaurants pp. 409/413).

Dans sa catégorie, l'Hotel Bel Sito cumule quelques avantages. Il est d'abord bien situé dans le sestiere de San Marco, près du Gritti, et les chambres meublées en style vénitien sont confortables, climatisées, tranquilles, surtout celles donnant sur le canal. Nos préférées sont cependant celles en façade et notamment les numéros 30 et 40, ensoleillées, avec un balcon fleuri et la vue sur les sculptures baroques de l'église de Santa Maria del Giglio(en restauration à l'heure qu'il est). Le service du petit déjeuner et un service bar sur la terrasse permettent aussi de profiter de ce petit coin magique comme seule Venise sait les créer. La station du vaporetto n'est pas très loin mais si vous voulez jouer le jeu de Venise à votre arrivée, mettez vos valises dans un bateau-taxi et faites vous conduire jusqu'à l'entrée de l'hôtel qui donne sur le canal. L'hôtel compte une chambre de dépannage, si vous acceptez bon gré mal gré de la prendre, sachez qu'elle vous sera facturée au même prix.

Itinéraire d'accès : (carte n° 5) vaporetto arrêt Santa Maria del Giglio.

Hotel Do Pozzi ★★★

30124 Venezia
Via XXII Marzo, 2373 - Calle do Pozzi
Tél. (041) 520 78 55 Fax. (041) 522 94 13
Mme Salmaso

Ouverture toute l'année sauf en janvier **Chambres** 35 climatisées avec tél. direct, s.d.b. ou douche, w.c., t.v., minibar ; ascenseur **Prix** des chambres : 100/150 000 L (simple) - 150/212 000 L (double) - Petit déjeuner compris, servi de 7 h à 10 h 30 - Demi-pension et pension : +30 000 L - +60 000 L (par pers.) **Cartes de crédit** acceptées **Divers** Chiens admis **Possibilités alentour** Manifestations : Carnaval de Venise, La Regata Storica (1er dim. de sept.), Mostra de Venise (août-sept.), Biennale de Venise - Murano (musée du verre) - Torcello (cathédrale S. M. Assunta, S. Fosca) - Burano - Cimetière de San Michele - Villa Foscari à Fusina - Villas vénitiennes - Croisière sur la Brenta à bord du Burchiello - Golf al Lido Alberoni, 18 trous **Restaurant** "Raffaele" service 12/15 h - 18 h 45/22 h 30 - Fermeture décembre, janvier et le jeudi - Menu : 30 000 L - Carte - Cuisine vénitienne et internationale.

Après s'être frayé un chemin dans les ruelles marchandes du quartier San Marco, c'est à peine si l'on remarque cette petite impasse qui mène à l'Hotel Do Pozzi. Caché en effet sur une de ces minuscules places typiques de Venise, l'hôtel est ainsi à l'abri de la foule du centre touristique. Les chambres et les salles de bains sont petites, modernes mais bien équipées. Celles donnant sur le "patio" sont particulièrement calmes. Le charme de cet hôtel, c'est ce *campullo* abondamment fleuri qui donne à l'établissement une allure d'auberge. C'est aussi son restaurant, "Da Raffaele". En été, on dîne le long du canal, en hiver une grande salle décorée d'armes anciennes et de vieux cuivres crée, avec le feu de cheminée, une ambiance pittoresque. La cuisine est bonne et les résidents y bénéficient d'un tarif privilégié.

Itinéraire d'accès : *(carte n° 5) vaporetto arrêt San Marco, derrière le Museo Corer*

Hotel Flora ★★★

30124 Venezia
Via XXII Marzo, 2283 a
Tél. (041) 520 58 44 - Télex 410 401
Fax (041) 522 82 17 - M. Romanelli

Ouverture toute l'année **Chambres** 44 climatisées avec tél. direct, s.d.b. ou douche, w.c. ; ascenseur **Prix** des chambres : 195 000 L (simple) - 260 000 L (double) - Petit déjeuner compris **Cartes de crédit** acceptées **Divers** Chiens admis **Possibilités alentour** Manifestations : Carnaval de Venise, La Regata Storica (1er dim. de sept.), Mostra de Venise (août-sept.), Biennale de Venise - Murano (musée du verre) - Torcello (cathédrale S. M. Assunta, S. Fosca) - Burano - Cimetière de San Michele - Villa Foscari à Fusina - Villas vénitiennes - Croisière sur la Brenta à bord du Burchiello - Golf al Lido Alberoni, 18 trous **Pas de restaurant** à l'hôtel (voir notre sélection de restaurants p. 409/413).

C'est au fond d'une ruelle cachée et pourtant proche de Saint-Marc que l'on trouve l'Hotel Flora, une véritable oasis de calme, de fraîcheur et de verdure. L'architecture ancienne de la maison a conditionné l'aménagement et le confort des chambres. En effet, les salles de bains sont assez exiguës. La décoration est surtout d'inspiration anglaise, souvenir d'une époque où la clientèle était essentiellement britannique. Si vous réservez assez tôt, vous pourrez peut-être avoir la chambre avec vue sur le jardin. Le salon et la salle à manger sont des pièces ravissantes mais rien ne vaut un petit déjeuner dans le jardin verdoyant, autour de la fontaine. L'église San Moïse, proche de l'hôtel, renferme de nombreuses peintures des XVIIe et XVIIIe dont un Tintoret et une "Cène" de Palma le Jeune, mérite une visite.

Itinéraire d'accès : (carte n° 5) vaporetto arrêt San Marco, derrière le Museo Correr.

Hotel La Fenice et des Artistes ★★★

30124 Venezia
Campielo de la Fenice, 1936
Tél. (041) 523 23 33 - Fax (041) 520 37 21
M. Appollonio

Ouverture toute l'année **Chambres** 68 climatisées avec tél. direct, s.d.b. ou douche, w.c., t.v. ; ascenseur **Prix** des chambres : 170 000 L (simple) - 269 000 L (double) - 300/380 000 L (suite) - Petit déjeuner compris, servi de 7 h à 11 h **Cartes de crédit** Amex, Visa, Eurocard, MasterCard **Divers** Chiens admis **Possibilités alentour** Manifestations : Carnaval de Venise, La Regata Storica (1er dim. de sept.), Mostra de Venise (août-sept.), Biennale de Venise - Murano (musée du verre) - Torcello (cathédrale S. M. Assunta, S. Fosca) - Burano - Cimetière de San Michele - Villa Foscari à Fusina - Villas vénitiennes - Croisière sur la Brenta à bord du Burchiello - Golf al Lido Alberoni, 18 trous **Restaurant** "Taverna La Fenice" (voir notre sélection de restaurants p. 409/413.)

L'hôtel se trouve sur une jolie petite place tranquille, derrière le théâtre de la Fenice. Il est constitué de deux jolies maisons réunies par un patio où il fait bon prendre son petit déjeuner et se reposer après les heures de visite dans Venise. Les chambres sont confortables, mais essayez d'obtenir une des trois chambres avec terrasse qui sont les plus agréables (les numéros 354, 355, 406). L'hôtel n'a pas de restaurant mais il est mitoyen de la célèbre *Taverna la Fenice*, un classique de Venise.

Itinéraire d'accès : (carte n° 5) près du théâtre de La Fenice.

Hotel Panada ★★★

30124 Venezia
Calle dei Specchieri, 646
Tél. (041) 520 90 88 - Télex 410 153
Fax (041) 520 96 19

Ouverture toute l'année **Chambres** 48 climatisées avec tél. direct, s.d.b., w.c. ; ascenseur **Prix** des chambres : 120/180 000 (simple) - 160/260 000 L (double) - 210/325 (triple) - 260/390 000 (quatre) - Petit déjeuner compris, servi de 7 h à 11 h **Divers** Chiens admis **Cartes de crédit** acceptées **Possibilités alentour** Manifestations : Carnaval de Venise, La Regata Storica (1er dim. de sept.), Mostra de Venise (août-sept.), Biennale de Venise - Murano (musée du verre) - Torcello (cathédrale S. M. Assunta, S. Fosca) - Burano - Cimetière de San Michele - Villa Foscari à Fusina - Villas vénitiennes - Croisière sur la Brenta à bord du Burchiello - Golf al Lido Alberoni, 18 trous **Pas de restaurant** à l'hôtel (voir notre sélection de restaurants p. 409/413).

Difficile de trouver la calle dei Specchieri, pourtant à quelques mètres de la Basilique San Marco (au nord-est de la Torre dell' Orologio). L'hôtel mérite ce petit effort car on trouvera difficilement mieux (pour le prix) au cœur même de Venise. Dès l'entrée on oublie le bruit et la foule. L'hôtel, qui a été rénové, est calme et confortable. Les chambres sont accueillantes, décorées de meubles de style vénitien dans différents tons pastel. Toutes sont dotées de salles de bains confortables. Pas de restaurant mais un bar "Ai Speci" très fréquenté par les Vénitiens eux-mêmes. Très chaleureux, ses murs tapissés de bois sont recouverts d'une collection de petits miroirs renvoyant les reflets dorés des flacons d'alcool et les rouges des sièges Biedermeier. Lieu de rendez-vous pour l'apéritif, de détente, vous pourrez aussi vous y faire servir une légère collation.

Itinéraire d'accès : (carte n° 5) vaporetto nos 1 et 82, 52, arrêt San Marco (à gauche de la basilique Saint-Marc).

Hotel Pausania ★★★

30123 Venezia
Dorsoduro, 2824
Tél. (041) 522 20 83 - Télex 420 178
M. Gatto

Ouverture toute l'année **Chambres** 26 climatisées avec tél. direct, s.d.b., w.c., t.v., minibar ; ascenseur **Prix** des chambres : 90/170 000 L (simple) - 120/250 000 L (double) - Petit déjeuner compris, servi de 7 h 30 à 10 h 30 **Cartes de crédit** : Amex, Visa, Eurocard, MasterCard **Divers** Petits chiens admis **Possibilités alentour** Manifestations : Carnaval de Venise, La Regata Storica (1er dim. de sept.), Mostra de Venise (août-sept.), Biennale de Venise - Murano (musée du verre) - Torcello (cathédrale S. M. Assunta, S. Fosca) - Burano - Cimetière de San Michele - Villa Foscari à Fusina - Villas vénitiennes - Croisière sur la Brenta à bord du Burchiello - Golf al Lido Alberoni, 18 trous **Pas de restaurant** à l'hôtel (voir notre sélection de restaurants p. 409/413).

A l'écart de l'agitation qui règne dans les rues de Venise, surtout en été, l'Hotel Pausania est un havre de paix. Il est pourtant situé tout près de la Ca' Rezzonico, à deux pas du vaporetto. Les chambres donnent pour la plupart sur un jardin clos délimité par les palais voisins. Le petit déjeuner est servi dans un salon-véranda donnant sur le jardin. L'accueil est aimable. A conseiller surtout pour les périodes où la ville est envahie par les touristes.

Itinéraire d'accès : (carte n° 5) vaporetto n° 1, arrêt Ca' Rezzonico (près du palais Rezzonico).

Hotel San Cassiano Ca' Favretto ★★★

30133 Venezia
S. Croce, 2232
Tél. (041) 524 17 68 - Fax (041) 72 10 33
M. Maschietto

Fermeture en mai **Chambres** 36 climatisées avec tél. direct, s.d.b. ou douche, w.c., t.v., minibar **Prix** des chambres 120/185 000 L (simple) - 200/270 000 L (double) - 250/340 000 L (triple) - Petit déjeuner compris, servi de 7 h 30 à 10 h 30 **Cartes de crédit** acceptées **Divers** Chiens admis **Possibilités alentour** Manifestations : Carnaval de Venise, La Regata Storica (1er dim. de sept.), Mostra de Venise (août-sept.), Biennale de Venise - Murano - Torcello (cathédrale S. M. Assunta, S. Fosca) - Burano - Cimetière de San Michele - Villa Foscari à Fusina - Villas vénitiennes - Croisière sur la Brenta à bord du Burchiello - Golf al Lido Alberoni, 18 trous **Pas de restaurant** à l'hôtel (voir notre sélection de restaurants p. 409/413).

Lorsqu'on prend le vaporetto de la gare jusqu'au Rialto, les exclamations émerveillées des touristes ne se comptent plus. Soi-même, on adopte cent maisons, on habite cents terrasses, on désire se pencher de cent fenêtres. L'hôtel San Cassiano laisse bouche-bée. Ce palais rouge qui borde et s'affiche sur le Grand Canal laisse rêveur. Voilà la résidence qu'on voudrait, juste en face de la Ca' d'Oro. Les Corner, les Bragadin, célèbres familles vénitiennes y ont habité avant ce bon peintre du XIXᵉ, Giacomo Favretto qui lui a laissé son nom. Il reste de cette période romantique, le petit ponton privé et sa terrasse sur Canal Grande, ainsi que quelques chambres plutôt jolies (ne vous privez pas de dormir sur le canal). Mais la décadence est là aussi, qu'on respire dans certains coins un peu poussiéreux. Cet hôtel conviendra à ceux qui acceptent un certain laisser-aller racheté néanmoins par le charme de l'endroit.

Itinéraire d'accès : (carte n° 5) vaporetto n° 1, arrêt St. Stae.

Hotel Marconi ★★★

30125 Venezia
S. Polo, 729
Tél. (041) 522 20 68 - Fax (041) 522 97 00
M. Maschietto

Ouverture toute l'année **Chambres** 28 climatisées avec tél. direct, s.d.b. ou douche, w.c., t.v., minibar **Prix** des chambres 185 000 L (simple) - 270 000 L (double) - 351 000 L (triple) - Petit déjeuner compris, servi de 7 h 30 à 10 h **Cartes de crédit** acceptées **Divers** Chiens admis **Possibilités alentour** Manifestations : Carnaval de Venise, La Regata Storica (1er dim. de sept.), Mostra de Venise (août-sept.), Biennale de Venise - Murano - Torcello (cathédrale S. M. Assunta, S. Fosca) - Burano - Cimetière de San Michele - Villa Foscari à Fusina - Villas vénitiennes - Croisière sur la Brenta à bord du Burchiello - Golf al Lido Alberoni, 18 trous **Pas de restaurant** à l'hôtel (voir notre sélection de restaurants p. 409/413).

Bien situé, à quelques mètres du Rialto sur cette "Riva del Vin", où se trouve quelques bonnes osterie ainsi que les authentiques bacari (bars à vin), l'Hotel Marconi avec sa décoration soignée est un des meilleurs qualité-prix de la ville. Les chambres gardent l'empreinte du style vénitien sans être trop chargé : quelques pampilles, quelques bois dorés, quelques coussins cramoisis mais sans trop... Entièrement rénové en 1991, le confort s'est mêlé au charme de l'hôtel (sans oublier la climatisation bienvenue pour la chaleur et pour le bruit). Il est vrai que la proximité du Rialto et du marché aux poissons en font une rive très fréquentée et très bruyante non seulement par les touristes mais par les vénitiens eux-mêmes venus faire leur marché. En tous les cas ne manquez pas vous non plus cette promenade, une des plus typiques de Venise.

Itinéraire d'accès : (carte n° 5) vaporetto n° 1, arrêt Rialto.

Hotel Agli Alboretti ★★

30123 Venezia
Dorsoduro - Rio Terrà Foscatini, 884
Tél. (041) 523 00 58 - Fax (041) 521 01 58
Mme Linguerri

Ouverture toute l'année **Chambres** 20 climatisées avec tél. direct, s.d.b. ou douche , w.c.
Prix des chambres : 120 000 L (simple) - 180 000 L (double) - Petit déjeuner compris, servi
de 7 h 30 à 9 h 30 - Demi-pension : 135/165 000 L (par pers.) **Cartes de crédit** Amex, Visa,
Eurocard, MasterCard **Divers** Chiens admis **Possibilités alentour** Manifestations :
Carnaval de Venise, La Regata Storica (1er dim. de sept.), Mostra de Venise (août-sept.),
Biennale de Venise - Murano (musée du verre) - Torcello (cathédrale S. M. Assunta,
S. Fosca) - Burano - Cimetière de San Michele - Villa Foscari à Fusina - Villas vénitiennes -
Croisière sur la Brenta à bord du Burchiello - Golf al Lido Alberoni, 18 trous **Restaurant**
service 17 h/24 h - Fermeture le mercredi et 3 semaines entre juillet et août et en janvier -
Menus : 45/65 000 L - Carte - Cuisine vénitienne créative et très bonne cave de vins italiens.

Entre l'Accademia et Zattere, la via Alboretti était à l'origine un canal
que l'on recouvrit à la fin du XIXe siècle, créant ainsi une des rares
rues plantées d'arbres de Venise. L'entrée de l'hôtel, parquetée de bois
blond, est très chaleureuse comme l'accueil de Dina Linguerri. Les
chambres sont plaisantes, certaines plus grandes que d'autres, mais les plus
charmantes donnent sur des jardins intérieurs comme la 18, et surtout la
15, qui a un balcon assez grand pour y prendre son petit déjeuner. La fille
de la maison, Anna, sommelière diplômée, a repris, avec une cuisinière-
chef talentueuse, le restaurant. Son souci, accorder sa cuisine avec de bons
vins que vous pourrez prendre au verre. Les salles à manger sont
accueillantes mais les terrasses intérieures et la pergola ont beaucoup de
charme. Le meilleur petit hôtel de Venise.

Itinéraire d'accès : (carte n° 5) vaporetto n°s 1 et 82, arrêt Accademia.

Hotel Santo Stefano ★★

30124 Venezia
San Marco - Campo San Stefano, 2957
Tél. (041) 520 01 66 - Fax (041) 522 44 60
M. Gazzola

Ouverture toute l'année **Chambres** 11 avec tél. direct, s.d.b., w.c., t.v., coffre-fort, minibar ; ascenseur (air conditionné sur demande) **Prix** des chambres : 80/100 000 L (simple) - 160/200 000 L (double) - 200/260 000 L (suite) - Petit déjeuner compris, servi de 8 h 30 à 10 h **Cartes de crédit** Visa, Eurocard, MasterCard **Divers** Chiens non admis **Possibilités alentour** Manifestations : Carnaval de Venise, La Regata Storica (1er dim. de sept.), Mostra de Venise (août-sept.), Biennale de Venise - Murano (musée du verre) - Torcello (cathédrale S. M. Assunta, S. Fosca) - Burano - Cimetière de San Michele - Villa Foscari à Fusina - Villas vénitiennes - Serenata en gondole - Croisière sur la Brenta à bord du Burchiello - Golf al Lido Alberoni, 18 trous **Pas de restaurant** à l'hôtel (voir notre sélection de restaurants pp. 409/413).

Les prix pratiqués à l'Hotel Santo Stefano en font une adresse particulièrement intéressante. Bien situé sur le charmant campo San Stefano, l'hôtel occupe une maison du XVe siècle, de style gothique. Les chambres accueillantes viennent tout récemment d'être réaménagées dans le style vénitien. Certaines donnent sur le campo San Stefano, qui est certainement une des places les plus vivantes de la ville. On a aussi restructuré le rez-de-chaussée où se trouvent la réception, une agréablesalle des petits déjeuners et un patio fleuri.

Itinéraire d'accès *: (carte n° 5) vaporetto n° 82 arrêt San Samuele - n° 1 arrêt Accademia.*

Pensione Seguso ★★

30123 Venezia
Zattere, 779
Tél. (041) 522 23 40 - Fax. (041) 522 23 40
M. Seguso

Ouverture du 1er mars au 30 novembre **Chambres** 36 avec tél. direct, (16 avec s.d.b. ou douche, 10 avec w.c.), ascenseur, accès handicapés **Prix** des chambres en demi-pension : 230/250 000 L - Petit déjeuner compris, servi de 8 h à 10 h **Cartes de crédit** Amex, Visa, Eurocard, MasterCard **Divers** Chiens admis **Possibilités alentour** Manifestations : Carnaval de Venise, La Regata Storica (1er dim. de sept.), Mostra de Venise (août-sept.), Biennale de Venise - Murano (musée du verre) - Torcello (cathédrale S. M. Assunta, S. Fosca) - Burano - Cimetière de San Michele - Villa Foscari à Fusina - Villas vénitiennes - Croisière sur la Brenta à bord du Burchiello - Golf al Lido Alberoni, 18 trous **Restaurant** service 13 h/14 h - 19 h 30/20 h 30 - Fermeture le mercredi - Menu : 40 000 L - Cuisine familiale vénitienne.

Dans le quartier de Dorsoduro, un peu en retrait des rues touristiques, se trouve la dernière pension de Venise, qui nous l'espérons, restera telle, du moins tant que les Seguso seront là. Ici, pas de grand luxe mais beaucoup d'atmosphère : les chambres ont gardé leurs meubles du début du siècle, les salles de bains sont démodées mais la maison est accueillante et chaleureuse. Qui dit vraie *pensione* dit demi-pension obligatoire avec dîner servi à heure fixe et menu imposé. Mais, loin d'être une contrainte, ce n'est qu'un charme de plus. Cuisine simple et familiale servie par les servantes de la maison en robe noire et tablier blanc, dans deux petites salles à manger très désuètes. La Pensione Seguso reste une des dernières institutions de la Venise d'un autre temps.

Itinéraire d'accès : *(carte n° 5) vaporetto n°s 1, 82, arrêt Accademia - n°s 52 et 82, arrêt Zattere Gesuati.*

La Residenza ★★

30122 Venezia
Campo Bandiera e Moro, 3608
Tél. (041) 528 53 15 - Fax (041) 523 88 59
M. Tagliapietra

Ouverture du 6 janvier au 5 novembre **Chambres** 15 avec douche, w.c., t.v., minibar **Prix** des chambres : 95 000 L (simple) - 140 000 L (double) - Petit déjeuner compris, servi de 7 h 30 à 9 h 30 **Cartes de crédit** acceptées **Divers** Chiens non admis **Possibilités alentour** Manifestations : Carnaval de Venise, La Regata Storica (1er dim. de sept.), Mostra de Venise (août-sept.), Biennale de Venise - Murano (musée du verre) - Torcello (cathédrale S. M. Assunta, S. Fosca) - Burano - Cimetière de San Michele - Villa Foscari à Fusina - Villas vénitiennes - Croisière sur la Brenta à bord du Burchiello - Golf al Lido Alberoni, 18 trous **Pas de restaurant** à l'hôtel (voir notre sélection de restaurants pp. 409/413).

A l'écart des circuits touristiques, située entre la Piazza San Marco et l'ancien Arsenal, la Residenza est un palais du XVe siècle. Sa merveilleuse façade est rehaussée d'un balcon central à cinq fenêtres ouvrant sur une délicieuse place. Le grand salon aux murs décorés de moulures, avec son piano à queue et un joli mobilier ancien, est sans doute le principal attrait de cet hôtel. Les chambres, plus simples, sont toutefois agréables et assez confortables. Un petit hôtel modeste mais à notre avis une adresse intéressante. De plus, la Residenza est à deux pas d'un des meilleurs restaurants de Venise, le *Corte Sconta*.

Itinéraire d'accès : (carte n° 5) Riva degli Schiavoni - Vaporetto n° 1, arrêt Stazione Arsenale n° 17.

Pensione Alla Salute Da Cici

30123 Venezia
Fondamenta Cà Balla, 222
Tél. (041) 523 54 04 - Fax. (041) 522 22 71
M. Cici

Ouverture du carnaval au 7 novembre et 15 jours à Noël **Chambres** 38 avec tél. direct, douche, w.c. **Prix** des chambres : 80/110 000 L (simple) - 90/150 000 L (double) - 170/210 000 L (triple) - Petit déjeuner compris, servi de 7 h 30 à 10 h **Cartes de crédit** non acceptées **Divers** Chiens non admis **Possibilités alentour** Manifestations : Carnaval de Venise, La Regata Storica (1er dim. de sept.), Mostra de Venise (août-sept.), Biennale de Venise - Murano (musée du verre) - Torcello (cathédrale S. M. Assunta, S. Fosca) - Burano - Cimetière de San Michele - Villa Foscari à Fusina - Villas vénitiennes - Croisière sur la Brenta à bord du Burchiello - Golf al Lido Alberoni, 18 trous **Pas de restaurant** à l'hôtel (voir notre sélection de restaurants p. 409/413).

Alla Salute "da Cici" est une des anciennes pensions de Venise. Située dans un des endroits les plus poétiques de la ville, au bord d'un canal, derrière la Salute, la maison a perdu un peu en tradition. Les vieux meubles de famille décorent encore les grandes chambres. Préférez les chambres équipées de salles de bains mais la tenue de l'hôtel est partout irréprochable. N'hésitez pas à demander celles donnant sur le canal, le quartier est très calme. Malgré une cuisine qui ne demande qu'à être utilisée et une cour intérieure, le restaurant ne fonctionne plus. Par contre le service bar dans le jardinet mitoyen est très agréable.

Itinéraire d'accès : (carte n° 5) vaporetto n° 1 arrêt la Salute ; n° 52 arrêt Zattere ; n° 82 arrêt Accademia.

Albergo Quattro Fontane ★★★★

30126 Venezia
Lido - Via delle Quattro Fontane, 16
Tél. (041) 526 02 27 - Fax (041) 526 07 26
Famille Friborg-Bevilacqua

Ouverture du 20 avril au 20 octobre **Chambres** 61 climatisées avec tél. direct, s.d.b., t.v.
Prix des chambres : 200/220 000 L (simple) - 270/300 000 L (double) - Petit déjeuner
compris, servi de 7 h à 10 h 30 - Demi-pension et pension : 180/240 000 L - 225/300 000 L
(par pers., 3 j. min.) **Cartes de crédit** acceptées **Divers** Chiens admis **Possibilités
alentour** Manifestations : Carnaval de Venise, La Regata Storica (1er dim. de sept.), Mostra
de Venise (août-sept.), Biennale de Venise - Murano (musée du verre) - Torcello (cathédrale S.
M. Assunta, S. Fosca) - Burano - Cimetière de San Michele - Villa Foscari à Fusina - Villas
vénitiennes - Croisière sur la Brenta à bord du Burchiello - Golf al Lido Alberoni, 18 trous
Restaurant service 13 h/14 h 30 - 19 h 45/22 h 30 - Menus : 60/80 000 L - Carte -
Spécialités : Pesce.

Pour ceux qui veulent une Venise différente, voici une délicieuse villa au
Lido, tenue par deux sœurs d'une exquise gentillesse, dignes héritières
des grands voyageurs vénitiens. L'une est passionnée par l'Afrique, l'autre
par l'Amérique du Sud. De ces passions et de leurs voyages résulte une
fabuleuse collection disséminée dans les salons de la villa. Tout est parfait
de raffinement et de confort : les jardins superbement entretenus, les
terrasses dallées, ombragées, avec leurs fauteuils en rotin, les chambres
personnalisées donnant sur le jardin... et la cuisine très vénitienne,
impeccablement servie. A signaler : l'annexe, construite dans le style
typique des îles de la lagune où les chambres, plus récentes, sont encore
plus confortables.

*Itinéraire d'accès : (carte n° 5) vaporetto pour le Lido de la Piazza San
Marco.*

Hotel Villa Mabapa ★★★★

30126 Venezia
Lido - Riviera San Nicolo, 16
Tél. (041) 526 05 90 - Fax (041) 526 94 41 - M. Vianello

Ouverture toute l'année **Chambres** 62 climatisées avec tél. direct, s.d.b., w.c., sèche-cheveux, t.v. ; ascenseur **Prix** des chambres : 110/200 000 L (simple) - 180/330 000 L (double) - Petit déjeuner-buffet compris, servi de 7 h 30 à 10 h - Demi-pension et pension : +40 000 L - +75 000 L (par pers., 3 j. min.) **Cartes de crédit** acceptées **Divers** Petits chiens admis sauf au restaurant - Parking et embarcadère privé à l'hôtel **Possibilités alentour** Manifestations : Carnaval de Venise, La Regata Storica (1er dim. de sept.), Mostra de Venise (août-sept.), Biennale de Venise - Murano (musée du verre) - Torcello (cathédrale S. M. Assunta, S. Fosca) - Burano - Cimetière de San Michele - Villa Foscari à Fusina - Villas vénitiennes - Croisière sur la Brenta à bord du Burchiello - Golf al Lido Alberoni, 18 trous **Restaurant** service 12 h 30/14 h - 19 h 30/21 h 30 - Menus : 38 000 L - Carte - Spécialités vénitiennes - Pesce.

La campagne et le calme à Venise, même en plein mois d'août, c'est possible. Ce sont les deux atouts majeurs de cette propriété, construite au Lido en 1930, transformée ensuite en hôtel et toujours gérée par la famille, Mabapa oblige, puisque les premières syllabes de "mamma, papà et bambini" ont donné leur nom à l'hôtel. L'intérieur de la villa a conservé l'allure d'une maison privée. Les chambres les plus "charmantes" sont celles du premier étage de la maison principale. En été on prend les repas dans le jardin donnant sur la lagune. Un peu éloigné du centre ville, mais proche de la plage du Lido et bien desservi par les *vaporetti*, le Mabapa est un refuge pour ceux qui redoutent la frénésie touristique de Venise en été.

Itinéraire d'accès : (carte n° 5) De la gare vaporetto n°s 1, 52, 82 (en été). En voiture, de Tronchetto ferry-boat ligne n° 17 (30 mn) - De l'aéroport, bateau "Cooperativa S. Marco" (40 mn).

Locanda Cipriani ★★★

30012 Venezia
Isola Torcello - Piazza Santa Fosca, 29
Tél. (041) 730 150 - Fax (041) 735 433 - M. Brass

Ouverture du 19 mars au 4 novembre - Fermeture le mardi **Chambres** 6 climatisées avec tél. direct, s.d.b., w.c. **Prix** des chambres en demi-pension ou pension : 260 000 L - 350 000 L (par pers.) - Petit déjeuner : 20 000 L, service de 7 h à 12 h **Cartes de crédit** Amex, Visa, Eurocard, MasterCard **Divers** Chiens non admis **Possibilités alentour** Manifestations : Carnaval de Venise, La Regata Storica (1er dim. de sept.), Mostra de Venise (août-sept.), Biennale de Venise - Murano (musée du verre) - Torcello (cathédrale S. M. Assunta, S. Fosca) - Burano - Cimetière de San Michele - Villa Foscari à Fusina - Villas vénitiennes - Croisière sur la Brenta à bord du Burchiello - Golf al Lido Alberoni, 18 trous **Restaurant** service 12 h/ 15 h - 19 h/22 h - Fermeture du 4 novembre au 19 mars et le mardi - Menus : 60/80 000 L - Carte - Spécialités : Risotto alla torcellana - Zuppa di pesce.

C'est en conduisant un couple de touristes en promenade dans la lagune que Giuseppe Cipriani découvrit dans l'île de Torcello cette vieille auberge. Il en tomba amoureux et en devint propriétaire. Connue surtout pour sa cuisine raffinée et ses spécialités de poissons, la Locanda compte néanmoins quatre chambres. Si l'extérieur a conservé son caractère rustique, les salons et les chambres sont élégamment décorés. Les repas sont servis dans le jardin ou dans la galerie ouverte par des arcades qui le prolongent. Difficile de séjourner très longtemps à Torcello où seuls subsistent l'Eglise de Santa Fosca et la superbe cathédrale de style vénéto-byzantin de Santa Maria Assunta. Mais l'isolement, ajouté au charme de cette ancienne auberge, mérite qu'on y passe au moins une soirée. Réservation indispensable.

Itinéraire d'accès : (carte n° 5) de San Marco, bateau pour Torcello (30/45 mn).

Villa Ducale ★★★

30031 Dolo (Venezia)
Tél. (041) 42 00 94 - Fax (041) 42 00 94

Ouverture toute l'année **Chambres** 11 climatisées et insonorisées avec tél. direct, s.d.b. ou douche, w.c., t.v. satellite, coffre-fort, minibar **Prix** des chambres : 120/160 000 L (simple) - 160/220 000 L - (double) - Petit déjeuner-buffet compris, servi de 7 h à 11 h - Demi-pension et pension : 100/115 000 L - 120/135 000 L (par pers.) **Cartes de crédit** Amex, Visa, Eurocard, MasterCard **Divers** Chiens admis - Parking à l'hôtel **Possibilités alentour** Villas palladiennes par la riviera de Brenta (N 11) entre Padoue et Venise (Villas Ferretti-Angeli à Dolo - Villa Venier-Contarini-Zen à Mira Vecchia - Palais Foscarini à Mira - Villa Widmann) - Golf Ca' della Nave, 18 trous à Martellago **Restaurant** Fermeture le mardi - Menu et carte - Spécialités : Pesce.

Hier villa patricienne, aujourd'hui hôtel entouré d'un beau parc peuplé de statues superbes, la Villa Ducale est hélas située dans un environnement quelconque, en bordure d'une route assez bruyante. Le bâtiment est majestueux et la villa a été complètement restaurée et réaménagée. Le hall d'entrée est très élégant avec de ravissants plafonds décorés. Les chambres sont à présent très confortables, agencées avec des meubles d'époque et on a remédié au bruit de la route en climatisant et insonorisant bien les pièces. Le service est raffiné et assuré 24 heures sur 24. L'hôtel s'est de plus doté d'un bon restaurant. Dans ce cadre sublime on rêve éveillé, surtout si par bonheur vous obtenez une chambre avec terrasse sur le parc..."ô jardins, ô statues".

Itinéraire d'accès : (carte n° 5) à 22 km à l'ouest de Venezia par A 4, sortie Dolo-Mirano, puis direction Dolo - A 2 km à l'est du centre par S 11, direction Venezia.

Hotel Villa Margherita ★★★★

30030 Mira Porte (Venezia)
Via Nazionale, 416/417
Tél. (041) 426 58 00 - Fax (041) 426 58 38
Famille Dal Corso

Ouverture toute l'année **Chambres** 19 avec tél. direct, s.d.b. ou douche, w.c., t.v., minibar **Prix** des chambres : 120/140 000 L (simple) - 170/260 000 L (double) - Petit déjeuner compris, servi de 7 h 30 à 10 h 30 - Demi-pension et pension : 165 000 L - 190 000 L (par pers.) **Cartes de crédit** acceptées **Divers** Petits chiens admis - Parking à l'hôtel **Possibilités alentour** Villas palladiennes sur les bords de la Brenta - Venezia - Padova **Restaurant** service 12 h/14 h 30 - 19 h/22 h - Fermeture le mardi soir et le mercredi - Carte - Spécialités : Cuisine vénitienne - Pesce.

Cette ancienne villa patricienne du XVIIe siècle est idéalement située sur le circuit touristique des villas que construisirent les riches Vénitiens sur les rives de la Brenta. Elle a été luxueusement aménagée et un soin particulier a été apporté aux travaux de finition : qualité des matériaux, choix étudié du mobilier mêlant l'ancien et le moderne, richesse du décor avec fresques, trompe-l'œil, tentures et tissus. Entouré par des champs et disposant d'un petit nombre de chambres, cet hôtel est un endroit très calme, d'autant que le restaurant est situé dans un autre bâtiment à environ 50 mètres. L'accueil est charmant, le personnel très discret, le prix justifié.

Itinéraire d'accès : (carte n° 5) à 15 km à l'ouest de Venezia par A 4, sortie Dolo-Mirano, puis S 11 direction Mira Porte.

VENETIE-FRIOUL

1995

Hotel Bellevue ★★★★

32043 Cortina d'Ampezzo (Belluno)
Corso Italia, 197
Tél. (0436) 88 34 00 - Fax (0436) 86 75 510
Famille Melon

Ouverture de décembre à mars **Chambres** 20 et appartements avec tél. direct, s.d.b. ou douche, w.c., t.v. satellite, coffre-fort, minibar ; ascenseur **Prix** des chambres : 330/480 000 L (double) - Petit déjeuner compris - Demi-pension : 300/330 000 L - (par pers.) **Cartes de crédit** acceptées **Divers** Chiens non admis - Garage à l'hôtel **Possibilités alentour** Ski - Excursions en téléphérique (le Tofane, le Cristallo) - Lac Ghedina - Lac de Misurina - Maison du Titien à Pieve di Cadore **Restaurant** "Il Meloncino al Bellevue", via del Castello - Fermeture à midi, juin et novembre - Service 12 h 30/14 h - 19 h 30/21 h - Menus : 30/65 000 L - Carte - Cuisine italienne.

L'Hotel Bellevue qui est depuis le début du siècle une des auberges historiques de Cortina où les personnalités se sont succédées, vient de procéder à une complète rénovation, pour devenir l'hôtel de charme de Cortina. L'idée fut d'utiliser comme principal élément de décoration le bois, partout aussi bien dans les salons que dans les chambres : pannelé, lambrissé, peint, parqueté ou sculpté, le résultat est magnifique. La tradition et les techniques anciennes ont été utilisées et cela donne une atmosphère de confort et de chaleur très raffinée dans tout l'hôtel. De beaux tissus de Pierre Frey, de Rubelli... s'harmonisent avec beaucoup d'élégance aux meubles anciens régionaux. Au restaurant, même ambiance avec aussi une cuisine excellente. Une leçon de sobriété et de bon goût qui sont toujours la recette de ce que l'on appelle "la classe".

Itinéraire d'accès : (carte n° 5) à 168 km au nord de Venezia par A 27 jusqu'à Alemagna, puis S 51 jusqu'à Cortina d'Ampezzo.

Hotel Pensione Menardi ★★★

32043 Cortina d'Ampezzo (Belluno)
Via Majon, 110
Tél. (0436) 24 00 - Fax (0436) 86 21 83
Famille Menardi

Ouverture du 22 décembre à fin avril et du 17 juin au 18 septembre **Chambres** 51 avec tél. direct, s.d.b. ou douche, w.c., t.v. satellite **Prix** des chambres : 60/135 000 L (simple) - 100/230 000 L (double) - Petit déjeuner : 10 000 L, servi de 7 h 30 à 10 h - Demi-pension et pension : 80/165 000 L - 90/185 000 L - (par pers.) **Cartes de crédit** Visa, Eurocard, MasterCard **Divers** Chiens non admis - Garage à l'hôtel **Possibilités alentour** Ski - Excursions en téléphérique (le Tofane, le Cristallo) - Lac Ghedina - Lac de Misurina - Maison du Titien à Pieve di Cadore **Restaurant** service 12 h 30/14 h - 19 h 30/21 h - Menu : 35 000 L - Cuisine italienne.

L'Hotel Menardi est un ancien relais de poste. La maison a du charme et, en été, dès l'entrée du village, on remarque cette jolie bâtisse aux balcons de bois vert tendre abondamment fleuris. A l'intérieur, même charme, même chaleur, donnés par une décoration qui privilégie le bois et le style ampezzan. Ne vous laissez pas abuser par sa situation, en bordure de la route, l'hôtel possède en fait un grand parc sur l'arrière. Les chambres les plus tranquilles donnent sur ce jardin, bénéficiant aussi d'une belle vue sur les Dolomites. La gentillesse et le souci de la famille Menardi à bien gérer son établissement a séduit une clientèle de fidèles. Il faut dire aussi que les prix sont particulièrement séduisants, compte tenu de la qualité des services.

Itinéraire d'accès : (carte n° 5) à 168 km au nord de Venezia par A 27 jusqu'à Alemagna, puis S 51 jusqu'à Cortina d'Ampezzo.

Franceschi Park Hotel ★★★

32043 Cortina d'Ampezzo (Belluno)
Via Battisti, 86
Tél. (0436) 86 70 41 - Fax (0436) 2909
Famiglia Franceschi

Ouverture du 23 juin au 24 septembre et du 20 décembre à Pâques **Chambres** 49 avec tél. direct, s.d.b., w.c., t.v. ; ascenseur **Prix** des chambres : 65/370 000 - 250/795 000 (appartements) - Petit déjeuner compris, servi jusqu'à 10 h **Cartes de crédit** acceptées **Divers** Chiens non admis - Tennis - Sauna, bain turc, centre de beauté - Parking à l'hôtel **Possibilités alentour** Ski - Excursions en téléphérique (le Tofane, le Cristallo) - Lac Ghedina - Lac de Misurina - Maison du Titien à Pieve di Cadore **Restaurant** service de 12 h 30/13 h 45 - 19 h 30/20 h 45 - Menus : 35/70 000 L - Cuisine italienne.

Une jolie construction du début du siècle abrite depuis trois générations, l'hôtel de la famille Franceschi. Admirablement situé dans un grand parc et un joli jardin, tout près du centre, il a conservé son caractère ancien. Boiseries, parquets, poutres de bois blond donnent beaucoup de chaleur à la maison tout comme le mobilier et le grand poêle autrichien. Même décor dans les chambres douillettes et confortables. On a aussi créé un espace de détente très complet apprécié aussi bien été comme hiver. Une adresse idéale pour passer des vacances en famille.

Itinéraire d'accès : (carte n° 12) à 168 km au nord de Venezia par A 27 jusqu'à Alemagna, puis S 51 jusqu'à Cortina d'Ampezzo.

Villa Marinotti

Via Manzago, 21
32040 Tai di Cadore (Belluno)
Tél. (0435) 322 31 - Fax (0435) 333 35
M. et Mme Giacobbi de Martin

Ouverture toute l'année **Suites** 5 avec tél. direct, s.d.b., et w.c. **Prix** des suites : 130/150 000 L - Petit déjeuner compris, servi jusqu'à 10 h **Carte de crédit** Amex **Divers** Petits chiens admis - Tennis (10 000 L) - Sauna (20 000 L) - Parking à l'hôtel **Possibilités alentour** Ski à Pieve di Cadore 2 km et à Cortina d'Ampezzo 25 km - Grande route des Dolomites - Maison du Titien à Pieve di Cadore **Restaurant** service 19 h 30/21 h - Cuisine familiale.

Les propriétaires de cette maison ont eu l'heureuse idée de transformer le chalet familial en un petit hôtel qui est encore une adresse confidentielle et précieuse. La maison abrite seulement cinq chambres ou plutôt cinq suites puisque chacune dispose d'un petit salon particulier. Simplicité et bon goût président à la décoration (la suite "Rosa" est la plus charmante). Un grand parc entoure la maison et abrite aussi tennis et sauna. Excellent petit déjeuner. Un restaurant permet à présent de dîner au chalet, ce qui apporte un confort de plus. L'accueil est charmant et chaleureux.

Itinéraire d'accès : (voir carte n° 5) à 34 km au nord de Belluno par la S 51.

Golf Hotel ★★★★

34070 San Floriano del Collio (Gorizia)
Via Oslavia, 2
Tél. (0481) 88 40 51 - Fax (0481) 88 40 52
Comtesse Formentini

Ouverture toute l'année sauf janvier et février **Chambres** 15 avec tél. direct, s.d.b. ou douche, w.c., t.v. **Prix** des chambres : 140 000 L (simple) - 250 000 L (double) - 360 000 L (suite) - Petit déjeuner compris **Cartes de crédit** acceptées **Divers** Chiens admis - Piscine - Tennis - Golf 9 trous - Parking à l'hôtel **Possibilités alentour** Forteresse de Gradisca d'Isonzo - Château de Gorizia - Trieste - Monastère de Kostanjevica à 2 km de Nova Gorica (Yougoslavie) - Cité médiévale de Cividale - Cathédrales de Grado et Aquileja **Restaurant** service 12 h/14 h 30 - 20 h/22 h - Fermeture le lundi et du 1er janvier au 15 février - Menus : 50/60 000 L - Carte - Cuisine régionale.

L'hôtel a récupéré, pour s'y installer, deux maisons du château de San Floriano. Chacune des chambres porte un nom de cépage réputé de la région. Elles sont toutes meublées d'un mélange de styles, allant du XVIIᵉ siècle au Biedermeier, comme dans les vieilles maisons de famille où chaque génération a laissé sa trace. L'hôtel possède son golf de neuf trous avec practice et putting green. Le restaurant Castello Formentini qui se trouve à côté du château, est une des bonnes tables de la région.

Itinéraire d'accès : (carte n° 6) à 47 km au nord-ouest de Trieste par A 4, sortie Villesse - Gorizia et San Floriano.

Albergo Leon Bianco ★★★

35122 Padova
Piazzetta Pedrocchi, 12
Tél. (049) 65 72 25 - Fax (049) 875 61 84
M. Morosi

Ouverture toute l'année **Chambres** 22 climatisées avec tél. direct, s.d.b. ou douche, w.c., t.v., minibar ; ascenseur **Prix** des chambres : 109/115 000 L (simple) - 138/144 000 L (double) - 148/157 000 L (suite) - Petit déjeuner : 15 000 L, servi de 7 h 30 à 10 h 30 **Cartes de crédit** acceptées **Divers** Chiens admis avec 12 000 L de supplément - Parking public (22 000 L) **Possibilités alentour** à Padova, piazza delle Erbe et le palais della Ragione, basilique Saint Antoine, église des Eremitani et chapelle des Scrovegni (fresques de Giotto) - Villas palladiennes : en voiture de Padoue à Venise par la riviera de la Brenta N 11 (Villa Pisani, Villa "La Barbariga", villa Foscari) ; en bateau à bord du Burchiello - Villa Simes à Piazzola sul Brenta - Villa Barbarigo à Valsanzibio - Abbaye de Praglia - Maison de Pétrarque à Arqua Petrarca - Golf de Valsanzibio, 18 trous, golf Frassanelle **Pas de restaurant** à l'hôtel (voir notre sélection de restaurants p. 414).

On découvre la façade post-moderne de cet hôtel, un des plus anciens de Padoue, derrière le célèbre café Pedrocchi. Les petits déjeuners sont servis sur la terrasse d'où l'on domine la ville. Les chambres aux tons pastel mêlent meubles anciens et modernes avec des gravures contemporaines. Toutes possèdent la télévision et un minibar. Le service y est aussi parfait.

Itinéraire d'accès : (carte n° 5) à 37 km à l'est de Venezia par A 4, sortie Padova-est, puis direction centre ville (dans le centre ville, près du Palazzo della Ragione).

Hotel Regina Margherita ★★★★

45100 Rovigo
Viale Regina Margherita, 6
Tél. (0425) 36 15 40 - Fax (0425) 313 01
M. .Albertin

Ouverture toute l'année **Chambres** 22 climatisées avec tél. direct, s.d.b. ou douche, w.c., t.v., minibar ; ascenseur **Prix** des chambres : 90 000 L (simple) - 120 000 L (double) - 200 000 L (suite) - Petit déjeuner-buffet : 10 000 L, servi de 7 h à 10 h - Demi-pension et pension : 135 000 L - 160 000 L (par pers., 3 j. min.) **Cartes de crédit** acceptées **Divers** Chiens admis - Piano-bar et parking à l'hôtel **Possibilités alentour** Villa Badoer (Palladio), Villa Bragadin, Villa Molin à Fratta Polesine - Abbaye de la Vangadizza à Badia Polesino - Padova - Ferrara **Restaurant** service 12 h/15 h - 19 h 30/ 23 h - Fermeture du 4 au 21 août - Menus : 35/50 000 L -Carte - Spécialités : Pesce - Zuppa di vongole - Filetto di branzino con scampi ed olive.

Une bien jolie villa de style Art déco abrite cet hôtel de charme doublé d'un très bon restaurant. Situé en plein centre de la petite ville de Rovigo, sur une belle avenue résidentielle un rien désuète, l'Hotel Regina Margherita a ouvert tout récemment, et nous lui souhaitons bonne chance car il le mérite. La rénovation de la villa a été faite avec goût ; on a conservé les vitraux en vogue dans les années trente ainsi que certains beaux meubles qui, alliés à de jolis tons chauds, donnent aux salons et à la réception un charme tout particulier. Quant aux chambres, dont certaines donnent sur le jardin, elles sont plaisantes, très confortables et particulièrement soignées. Le restaurant de l'hôtel mérite une mention spéciale : cadre, service, cuisine ; les trois sont remarquables.

Itinéraire d'accès : (carte n° 11) à 45 km au sud de Padova par A 13, sortie Boara.

Hotel Villa Cipriani ★★★★

31011 Asolo (Treviso)
Via Canova, 298
Tél. (0423) 95 21 66 - Télex 41 10 60
Fax (0423) 95 20 95 - M. Kamenar

Ouverture toute l'année **Chambres** 31 climatisées avec tél. direct, s.d.b., w.c., t.v., minibar ; ascenseur **Prix** des chambres : 235/265 000 L (simple) - 300/350 000 L (double) - + 50 000 L (vue sur la vallée, +70 000 L (avec terrasse) - Petit déjeuner : 22/38 000 L, servi de 7 h à 10 h 30 - Demi-pension : 110 000 L (par pers.) **Divers** Chiens admis - Parking à l'hôtel **Possibilités alentour** Possagno (casa et tempio del Canova d'Antonio Canova) - Villa Barbaro à Maser - Villa Rinaldi-Barbini - Villa Emo à Panzolo **Restaurant** service 12 h 30/14 h 30 - 20 h/22 h 30 - Carte - Spécialités : Risotto Asolo - Pasta - Pesce.

La Villa Cipriani est située dans le village d'Asolo, un des plus jolis qui soient en Vénétie. Sa façade ocre aux ouvertures en demi-cercle domine un jardin ravissant : pelouses et bosquets de fleurs s'harmonisent autour d'un puits recouvert de vigne vierge. Des tables sont dispersées sous une tente rayée où l'on peut déjeuner ou dîner aux chandelles, de plats savoureux. C'est dans cet endroit privilégié que vécut et mourut l'actrice italienne Eleonora Duse. Grands lits, tapisseries à fleurs pour des chambres confortables où l'on peut profiter de la vue sur la très belle campagne environnante. Evitez celles trop proches de la rue, et préférez les numéros 101 et 102 qui ont de si belles terrasses. Le petit déjeuner est délicieux et on apprécie les croissants préparés par un maître pâtissier. Une étape de rêve.

Itinéraire d'accès : (carte n° 5) à 65 km au nord-ouest de Venezia - A 35 km au nord-ouest de Treviso par S 348 jusqu'à Montebelluna, puis S 248 jusqu'à Asolo ; direction Bassano, D/Grappa.

Villa Corner della Regina ★★★★

31050 Cavasagra di Vedelago (Treviso)
Via Corriva, 10
Tél. (0423) 48 14 81 - Fax (0423) 45 11 00
Conte de Dona Dalle Rose

Ouverture toute l'année **Chambres** 26 et 10 suites avec tél. direct, s.d.b., w.c., t.v. **Prix** des chambres : 195/275 000 L (simple) - 375 000 L (double) - 275 000 L (double dans l'annexe) - 500 000 L (suite) - Petit déjeuner compris, servi de 7 h 30 à 10 h 30 - Demi-pension : +45 000 L **Cartes de crédit** acceptées **Divers** Chiens admis dans la dépendance - Piscine - Tennis - Sauna et hydromassages - Parking à l'hôtel **Possibilités alentour** Villas Lattes à Istrana - Conegliano : route du vin blanc jusqu'à Valdobbiadene (foire du Spumante en septembre), route du vin rouge dans la plaine du Piave (rive gauche) jusqu'à Roncade - Trevise - Venise - Asolo - Golf 27 trous à 15 km **Restaurant** service 12 h 30/14 h - 20 h/22 h - Menu : 45 000 L - Carte - Cuisine vénitienne et internationale.

Œuvre de l'architecte Preti, élève de Palladio, cette demeure du XVe siècle est une splendeur. Les chambres, aux meubles d'époque, sont immenses. Un sauna, un solarium, une piscine et un tennis permettent de soigner sa forme. En été le service se fait à l'extérieur. La cuisine raffinée utilise les légumes du potager et les vins de la propriété. Service impeccable et raffiné. Promesse d'un séjour enchanteur. Important de se faire bien confirmer les réservations.

Itinéraire d'accès : (carte n° 5) à 50 km au nord-est de Venezia - A 18 km à l'est de Treviso par S 53 jusqu'au-delà d'Istrana, puis à gauche vers Cavasagra.

Hotel Abbazia ★★★

31051 Follina (Treviso)
Via Martiri della Libertà
Tél. (0438) 97 12 77 - Fax (0438) 97 00 01
Mme de Marchi Zanon

Ouverture toute l'année **Chambres** 17 climatisées dont 2 suites avec tél. direct, s.d.b. ou douche, w.c., t.v. satellite, minibar **Prix** des chambres : 95 000 L (simple) - 150 000 L (double) - 200 000 L (suite) - Petit déjeuner : 15 000 L, servi de 8 h à 12 h **Cartes de crédit** acceptées **Divers** Petits chiens admis - Parking à l'hôtel (15 places) **Possibilités alentour** Abbaye de Follina - Conegliano : route du vin blanc jusqu'à Valdobbiadene (foire du Spumante en septembre) - Circuit des villas palladiennes - Treviso - Venezia - Asolo - Golf Pian del Cansiglio, 9 trous à Vittorio Veneto **Pas de restaurant** à l'hôtel (voir notre sélection de restaurants à Miane p. 415 ou Lino à Solighetto p. 362).

Dans la douceur des Préalpes vénétiennes, face à une splendide abbaye cistercienne, l'Hotel Abbazia, une jolie maison du XVIIe récemment transformée en petit hôtel de grand luxe, offre ce que l'on peut rêver de mieux en matière de confort, de service et de raffinement dans la décoration. Les chambres, dont certaines ont une jolie terrasse fleurie, sont vastes et toutes différentes, aménagées avec de beaux meubles anciens, de jolies gravures, et dans des couleurs douces et reposantes. Une villa de style Liberty abrite quant à elle trois autres chambres et les deux suites. Un regret pourtant, cette maison de rêve n'a pas de jardin, mais signalons que Follina se trouve au cœur d'une région ravissante : la province de Trévise, riche en villas et fermes palladiennes encore souvent méconnues. A signaler qu'en juillet et août, pour un week-end de quatre nuits, vous en aurez une gratuite.

Itinéraire d'accès : (carte n° 5) à 40 km au nord de Treviso - A 4, sortie A 27 sortie Vittorio Veneto - Lago Revine - Follina est à 15 km.

Villa Conestabile ★★★

30037 Scorzé (Venezia)
Via Roma, 1
Tél. (041) 44 50 27 - Fax (041) 584 00 88
Mme Martinelli

Ouverture toute l'année **Chambres** 20 avec tél. direct, s.d.b. ou douche, w.c., t.v., minibar **Prix** des chambres : 95 000 L (simple) - 145 000 L (double) - Petit déjeuner compris, servi de 7 h à 10 h - Demi-pension : 120 000 L (en chambre simple) - 105 000 L (par pers. en double) **Cartes de crédit** Amex, Visa, Eurocard, MasterCard **Divers** Chiens admis - Parking à l'hôtel **Possibilités alentour** Villas palladiennes par la riviera de la Brenta (N 11) de Padoue à Venise - Golf Ca' della Nave, 18 trous à Martellago **Restaurant** service 12 h 30/14 h - 19 h 30/22 h - Fermeture le dimanche - Menu : 38 000 L - Carte - Cuisine vénitienne.

Maison de villégiature d'une noble famille vénitienne depuis le XVIe siècle, cette villa, grandement endommagée pendant la dernière guerre, a été restaurée en 1960 pour devenir un hôtel. Les chambres sont meublées de façon un peu provinciale et bourgeoise, mais elles sont grandes et calmes. A 20 km de Venise, à 30 km de Padoue, le charme d'un hôtel à la campagne.

Itinéraire d'accès : (carte n° 5) à 28 km au nord-est de Padoue par A 4, sortie Padova-est, direction Treviso.

Villa Stucky ★★★★★

31021 Mogliano Veneto (Treviso)
Via Don Bosco, 47
Tél. (041) 590 4 5 28 - Fax (041) 590 45 66
M. Pianura

Ouverture toute l'année **Chambres** 20 climatisées avec tél. direct, fax, s.d.b. ou douche, w.c., t.v., vidéo, coffre-fort, minibar (7 avec douche jacuzzi) ; ascenseur **Prix** des chambres : 175 000 L (simple) - 280 000 L (double) - 330/380 000 L (suite) - Petit déjeuner : 15 000 L, servi de 7 h 30 à 10 h 30 **Cartes de crédit** acceptées **Divers** Chiens non admis - Parking privé **Possibilités alentour** Venezia - Treviso - Golf Villa Condulmer, 18 trous **Restaurant** service 12 h 30/14 h 30 - 19 h 30/22 h 30 - Carte.

Mogliano Veneto se trouve sur la voie romaine qui relie Venise à Trévise. Soucieuses de lui conserver son identité et de ne pas la laisser devenir un faubourg de Mestre, quelques associations se sont mobilisées pour préserver l'authenticité de cette campagne où fleurirent au XVIIIe siècle les villas vénitiennes. Villa Stucky en est une. Depuis sa construction par la comtesse Seymour, elle s'était malheureusement bien dégradée. Une imposante restauration a permis de sauver la maison transformée aujourd'hui en un luxueux hôtel d'une vingtaine de chambres. Si toutes donnent sur le parc, aucune n'est semblable et chacune accorde sa décoration au nom qu'elle porte : "Princesse Sissi" est précieuse avec des couleurs pastel, d'autres, plus sobres, sont très élégantes, celles du dernier étage permettant même de dormir au clair de lune grâce à un vasistas dont on peut commander l'ouverture. L'hôtel propose une formule week-end avantageuse.

Itinéraire d'accès : (carte n° 5) à 12 km du sud de Treviso par S 13.

Relais El Toula ★★★★★

31050 Ponzano Veneto (Treviso)
Paderno di Ponzano - Via Postumia, 63
Tél. (0422) 96 91 91 - Fax. (0422) 96 99 94
M. Zamuner

Ouverture toute l'année **Chambres** 10 avec tél. direct, s.d.b., w.c., t.v., minibar **Prix** des chambres : 220/275 000 L (simple) - 320/400 000 L (double) - 600 000 L (suite) - Petit déjeuner : 20 000 L, servi de 7 h à 11 h 30 - Demi-pension et pension : 272 000 L - 347 000 L (par pers., 3 j. min.) **Cartes de crédit** acceptées **Divers** Chiens admis - Piscine et parking à l'hôtel **Possibilités alentour** Villas Lattes à Istrana - Villa Barbaro Maser - Villa Emo Fanzolo di Vedelago - Conegliano : route du vin blanc jusqu'à Valdobbiadene (foire du Spumante en septembre), route du vin rouge dans la plaine du Piave rive gauche) jusqu'à Roncade - Treviso - Golf de la Villa Condulmer, 18 trous **Restaurant** service 12 h/14 h 30 - 20 h/22 h - Menus : 80/100 000 L - Carte - Cuisine régionale.

Cette demeure est née des rêves du comte Giorgio, son ancien propriétaire, qui accueillait artistes et gens du monde. On trouve au Relais El Toula l'hospitalité des grandes villas vénitiennes avec un accueil discret mais d'une extrême courtoisie. Le parc avec sa piscine, la décoration des chambres et le restaurant viennent compléter l'agrément des lieux. Restaurant avec spécialités et aussi une cave tout à fait exceptionnelle.

Itinéraire d'accès : (carte n° 5) à 37 km au nord de Venezia - A 7 km au nord de Treviso par S 13 jusqu'à Ponzano Veneto, puis vers Paderno (l'hôtel est à 2 km).

Villa Giustinian ★★★★

31019 Portobuffolé (Treviso)
Via Giustiniani, 11
Tél. (0422) 85 02 44 - Fax (0422) 85 02 60

Ouverture toute l'année **Chambres** 40 climatisées et 8 suites avec tél. direct, s.d.b. ou douche, w.c., t.v., radio, minibar **Prix** des chambres : 110 000 L (simple) - 180 000 L (double) - 250/400 000 L (suite) - Petit déjeuner 14 000 L, servi de 7 h 30 à 10 h 30 **Cartes de crédit** acceptées **Divers** Chiens non admis - Parking privé **Possibilités alentour** Venezia - Conegliano : route du vin blanc jusqu'à Valdobbiadene (foire du Spumante en septembre), route du vin rouge dans la plaine du Piave (rive gauche) jusqu'à Roncade - Treviso **Restaurant** service 12 h 30/14 h 30 - 19 h 30/22 h 30 - Carte.

Portobuffolé est un délicieux village moyenâgeux à la frontière de la Vénétie orientale et du Frioul. C'est ici qu'aux alentours de 1700 une famille noble vénitienne construisit dans un grand parc, cette magnifique villa d'architecture très classique. L'intérieur est somptueusement baroque, stucs, fresques de l'école de Véronèse, trompe-l'œil... tout a été préservé. Dans ce décor grandiose, on est tout de même arrivé à créer une atmosphère intime. Un superbe escalier conduit aux chambres. De tailles différentes, elles sont toutes décorées avec goût et confort. Les suites sont quant à elles, aussi grandes que des salles de bal avec un mobilier vénitien ; la suite présidentielle est surprenante avec son lit dans une alcôve sculptée. Un bon restaurant et une excellente carte de vins finiront de vous combler. Un hôtel à découvrir rapidement car les prix raisonnables sont sûrement dus à la récente inauguration de l'hôtel.

Itinéraire d'accès : (carte n° 5) à 40 km au nord-est de Treviso, direction Oderzo, Mansué et Portobuffolé.

Locanda Da Lino ★★★

31050 Solighetto (Treviso)
Tél. (0438)84 23 77 - Fax. (0438) 98 05 77- M. Lino Toffolin

Fermeture en juillet et le lundi **Chambres** 17 avec tél. direct, s.d.b., w.c., t.v., minibar **Prix** des chambres : 85 000 L (simple) - 105 000 L (double) - 125 000 L (suite) - Petit déjeuner : 15 000 L, servi de 8 h à 11h - Demi-pension et pension : 140 000 L - 170 000 L (par pers., 3 j. min.) **Cartes de crédit** acceptées **Divers** Chiens admis - Parking à l'hôtel **Possibilités alentour** Venezia - Villas Lattes à Istrana - Villa Barbaro Maser - Villa Emo Fanzolo di Vedelago - Conegliano : route du vin blanc jusqu'à Valdobbiadene (foire en septembre), route du vin rouge dans la plaine du Piave, (rive gauche) jusqu'à Roncade - Treviso - Golf de la Villa Condulmer, 18 trous **Restaurant** Fermeture en juillet, lundi et jour de Noël - Service 12 h/15 h - 19 h/22 h - Menus : 50/60 000 L - Carte - Spécialités : Tagliolini alla Lino - Spiedo - Faraona con salsa peverada - Dolci della casa.

Da Lino, c'est avant tout un personnage qui crée régulièrement l'événement depuis son village de Solighetto, dans cette belle campagne du Montello et des collines préalpines, entre Venise et Cortina, réputée pour son Prosecco et son Marzemino chanté par Don Juan. A l'origine, Da Lino ouvre un restaurant qui devient vite une référence. On y apprécie la cuisine vénitienne réinventée. Simple et subtile il accommode à merveille *funghi* et *trevisana*. Ses amis peintres, romanciers et poètes, dont Zanzotto le plus fidèle, ont table ouverte et c'est ici que la grande cantatrice Toti del Monte viendra finir ses jours. En souvenir Lino crée le *Premio Simpatìa*, véritable événement culturel, attribué cette année à Marta Marzotto (la comtesse rouge). Marcello Mastroianni sur la 4e de couverture du livre *Que Bontà* consacré à Lino, vante l'atmosphère de bien-être de la maison. Les chambres qui portent le nom des fidèles et amis "Marcello" "Marta Marzotto" sont confortables, décorées avec fantaisie. Au restaurant, deux salles anciennes fréquentées par les habitués, une plus récente, plus grande et plus touristique.

Itinéraire d'accès : (carte n° 5) à 33 km au nord-ouest de Treviso.

Hotel Villa Condulmer ★★★★

31020 Zerman Mogliano Veneto (Treviso)
Via Zermanese
Tél. (041) 45 71 00 - Fax (041) 45 71 34
M. Zuindavide

Ouverture toute l'année **Chambres** 45 climatisées avec tél. direct, s.d.b., w.c., t.v. **Prix** des chambres : 150 000 L (simple) - 220 000 L (double) - 350 000 L (suite) - Petit déjeuner compris, servi de 7 h 30 à 10 h 30 **Cartes de crédit** acceptées **Divers** Chiens non admis - Piscine - Tennis - Golf 27 trous - Equitation - Parking à l'hôtel **Possibilités alentour** Venezia - Treviso **Restaurant** service 12 h/13 h 30 - 19 h 30/21 h 30 - Menus : 70/80 000 L - Carte - Cuisine régionale.

Cette belle maison du XVIIIe siècle, construite sur les ruines d'un vieux monastère, offre un séjour de rêve. La décoration des salons avec meubles et fresques d'époque, le jardin à l'italienne et la beauté du parc contribuent à l'élégance du lieu. La cuisine se renouvelle à chaque saison avec des chefs différents. Un aménagement sportif, tout aussi exceptionnel, avec tennis, golf, équitation, ajoute encore à l'ambiance agréable et confortable qui règne ici.

Itinéraire d'accès : (carte n° 5) à 18 km au nord de Venezia par A 4, sortie Mogliano Veneto, puis vers Zerman.

1995

Locanda Al Castello ★★★

33043 Cividale del Friuli (Udine)
Via del Castello, 20
Tél. (0432) 73 32 42/73 40 15 - Fax (0432) 70 09 01
M. Balloch

Fermeture du 1er au 15 novembre **Chambres** 10 avec tél. direct, s.d.b. et douche, w.c., t.v. **Prix** des chambres : 65 000 L (simple) - 110 000 L (double) - Petit déjeuner 8 000 L - Demi pension et pension : 70 000 L - 100 000 L (par pers., 3 j. min.) **Cartes de crédit** acceptées **Divers** Chiens admis - Parking à l'hôtel **Possibilités alentour** Tempietto, Duomo et le Musée archéologique de Cividale ; Udine ; Villa Manin à Passariano - Golf de Lignano, 18 trous ; de Tarvisio, 9 trous **Restaurant** service 12 h/ 14 h 30 - 19 h/22 h - Fermeture le mercredi - Menus : 40 000 L - Carte - Spécialités : Antipasti misti di pesce e di selvagigina - Pesce e carne ai ferri.

Dans ce coin du Frioul, le choix d'étapes agréables est restreint. C'est en cela que la Locanda Al Castello présente le double intérêt de quelques chambres douillettes et désuètes, un peu provinciales, et d'un accueil familial d'une grande gentillesse. Si le restaurant vous tente, laissez vous aller, mais seulement en semaine car le dimanche, hormis quelques autrichiens en goguette, la salle se remplit des gens du cru venus en famille pour le déjeuner dominical. Quant à vous, profitez de cette halte agréable pour aller visiter Cividale, à deux pas, qui mérite le détour.

Itinéraire d'accès : (carte n° 6) à 17 km à l'est d'Udine par A 23 sortie Udine, puis direction Cividale (à 1, 5 km de Cividale).

Hotel Gabbia d'Oro ★★★★★

37121 Verona
Corso Porta Borsari, 4a
Tél. (045) 800 30 60 - Fax (045) 59 02 93
Mme Balzarro

Ouverture toute l'année **Chambres** 27 dont 22 suites climatisées avec tél. direct, s.d.b., w.c., t.v., minibar ; ascenseur **Prix** des chambres : 250 000 L (simple) - 350/385 000 L (double) - 410/540 000 L (suite) - Petit déjeuner : 35 000 L, servi de 7 h à 12 h **Cartes de crédit** acceptées **Divers** Petits chiens admis - Parking par voiturier (50 000 L) **Possibilités alentour** à Verona, piazza delle Erbe, piazza dei Signori, les Arènes, maison de Roméo et Juliette, Arche Scaligere, San Zeno, Castelvecchio ; tradition : festival lyrique de Verona dans les arènes mi-juil. mi-août - Villa Boccoli-Serego à Pedemonte - Villa della Torre à Fumane - Soave - Château de Villafranca di Verona - Golf 18 trous, à Sommacampagna **Pas de restaurant** à l'hôtel (voir notre sélection de restaurants p. 413).

Hôtel de charme par excellence, la Gabbia d'Oro, un discret palais du XIVᵉ siècle, récemment transformé en un non moins discret hôtel de luxe, frappe au premier abord par son côté confidentiel : l'entrée qui se distingue à peine dans la rue, puis les deux petits salons aux superbes poutres, où, outre de fort beaux meubles de style, de bons fauteuils encadrent une cheminée ancienne ; la cour enfin, joliment fleurie, autour de laquelle se distribuent les chambres, pas très grandes mais très luxueuses. Et puis, au dernier étage, une paisible terrasse d'où l'on domine les toits de la vieille ville. Tout ici est luxe dans la discrétion. Le service va de pair avec le cadre. Hélas, rien n'est jamais parfait et les prix sont élevés, mais justifiés. A signaler : l'hôtel est situé dans le centre historique piétonnier. Si vous venez en voiture, un taxi aux frais de l'hôtel vous guidera jusqu'à un garage proche. Un souci de moins...

Itinéraire d'accès : (carte n° 4) par A 4, sortie Verona-sud - Par A 22, sortie Verona-ouest.

Hotel Villa del Quar ★★★★

37020 Pedemonte (Verona)
Via Quar, 12
Tél. (045) 680 06 81 - Fax (045) 680 06 04
Mme Acampora Montresor

Ouverture toute l'année **Chambres** 22 avec tél. direct, s.d.b. ou douche, w.c. et t.v., minibar **Prix** des chambres : 150/195 000 L (simple) - 225/280 000 L (double) - 300/380 000 L (suite) - Petit déjeuner compris, servi de 7 h 30 à 10 h **Cartes de crédit** acceptées **Divers** Chiens admis - Piscine - Parking à l'hôtel **Possibilités alentour** Villa Boccoli-Serego à Pedemonte - Verone - Villa della Torre à Fumane - Soave - Château de Villafranca di Verona - lac de Garde - Venise -Tradition : festival lyrique de Verone dans les arènes mi-juil. mi-août - Golf 18 trous, à Sommacampagna **Restaurant** fermeture le lundi sauf en haute saison - service 12 h 30/145 h - 19 h 30/22 h - Menu : 60/70 000 L - Spécialités : Polenta e luccio - Risotto all' amarone - Branzino soto sale - Pesce.

Dans la plaine du célèbre vignoble du Valpolicella, riante et riche, à moins de vingt kilomètres de Vérone, voici une belle adresse : la Villa del Quar, villa du XVIIᵉ remise en état par des propriétaires aimants qui ne veulent pour elle que le meilleur, le très beau, l'exceptionnel. Les volumes respectés, la sobriété de la décoration mettent en valeur les meubles anciens et les objets choisis avec un soin étudié par les propriétaires. Il en est de même dans les chambres raffinées, élégantes, parfaites dans leur simplicité. La cuisine a la même sensibilité subtile. L'accueil et le service est à la hauteur de toutes les qualités précédemment énumérées.

Itinéraire d'accès : (carte n° 4) à 5 km au nord-est de Verona, direction Trento, avant Parona prendre la route Valpolicella, puis direction Pedemonte. Sur A 4, sortie Verona-nord, superstrada (direction S. Pietro in Cariano), à droite en direction de Verona jusqu'à Pedemonte.

1995

Relais Villabella ★★★

Villabella 37047 San Bonifacio (Verona)
Tél. (045) 61 01 777 - Fax (045) 61 01 799
M. Cherubin - M. Arabbi

Fermeture du 1er au 20 août, dimanche et lundi **Chambres** 10 avec tél. direct, s.d.b. ou douche, w.c., t.v., minibar **Prix** des chambres : 130 000 L (simple) - 200 000 L (double) - 240 000 L (suite) - Petit déjeuner compris - Demi-pension et pension : 160 000 L, 195 000 L (par pers., 5 j. min.) **Cartes de crédit** acceptées **Divers** Chiens non admis - Parking à l'hôtel **Possibilités alentour** Verona - Soave - Vicenza - Manifestations : fête du vin à Soave ; festival lyrique de Verone dans les arènes mi-juil. mi-août - Golf 18 trous, à Sommacampagna **Restaurant** Fermeture le dimanche et lundi - Service 12 h/14 h - 20 h/22 h - Carte : 50/80 000 L.

Une construction basse aux ailes latérales appelées ici *barchesse*, élégante, d'un beau rouge végétal et parfaitement intégrée au décor campagnard, tel est le Relais Villabella. Dans cette campagne plaisante et quelque peu rustique, on est heureusement surpris par tant de raffinement et d'harmonie. Les chambres ont reçu des soins maternels pour tout ce qui concerne leur conception et leur décoration : on retrouve dans les rideaux de soie les mêmes nuances de vert, de rose ancien ou de bleu turquoise que sur les jetés de lit ou les passementeries qui encadrent la porte ou qui ourlent les fauteuils. Parfois l'œil s'attache à quelques trouvailles ou souvenirs de voyages. On sert une bonne cuisine dans la charmante salle à manger charmante qui donne sur la campagne odorante. Vous pourrez terminer la soirée au piano-bar qui égrène ses notes dans une belle salle ouverte à la nuit.

Itinéraire d'accès : (carte n° 4) à 20 km à l'ouest de Vierona. Sur A 4, sortie Soave, Villabella est très près de la sortie de l'autoroute.

Hotel Gardesana ★★★

Lago di Garda
37010 Torri del Benaco (Verona)
Piazza Calderini, 20
Tél. (045) 722 54 11 - Fax (045) 722 57 71 - M. Lorenzini

Ouverture du 26 décembre au 15 janvier et du 1er mars au 25 octobre **Chambres** 34 climatisées (juillet/août) avec tél. direct, s.d.b. ou douche, w.c., t.v. ; ascenseur **Prix** des chambres : 50/80 000 L (simple) - 70/140 000 L (double) - Petit déjeuner : 20 000 L, servi de 7 h à 11 h **Cartes de crédit** acceptées **Divers** Chiens non admis - Parking privé à 150 m de l'hôtel **Possibilités alentour** Cap San Vigilio : Site et Villa Guarienti - Verona - Golf Cà degli Ulivi, 18 trous **Restaurant** service 19 h/23 h - Menu : 45/85 000 L - Carte - Spécialités : Pesce.

Cette ancienne capitainerie du XVe siècle fait face aux remparts du château Scaliger construit de l'autre côté du port. Elle a été transformée avec beaucoup de bonheur en un hôtel très accueillant et plein de charme. De la terrasse où sont servis le petit déjeuner et le dîner, on domine le petit port de plaisance qui ouvre sur le lac de Garde. Les chambres ont toutes un décor identique. Préférez cependant celles du troisième étage donnant sur le lac qui sont aussi plus calmes. Le restaurant réputé attire une clientèle extérieure à l'hôtel, certaines soirées il propose des dîners à thème autour de la truffe, de l'huile d'olive, du riz... avec des hôtes de marque choisis dans le monde des arts, de la littérature, du spectacle ou du sport. L'accueil du propriétaire et de sa famille est parfait et Torri del Benaco est sans doute l'un des endroits les plus charmants des bords du lac. André Gide y passa un séjour très heureux, la chambre 123 porte son nom.

***Itinéraire d'accès** : (carte n° 4) à 39 km au nord-ouest de Verona par A 4, sortie Peschiera - Par A 22, sortie Affi-Lago di Garda.*

Villa Michelangelo ★★★★

36057 Arcugnano (Vicenza)
Via Sacco, 19
Tél. (0444) 55 03 00 - Fax (0444) 55 04 90
M. Leder

Ouverture toute l'année **Chambres** 36 climatisées dont 2 suites avec tél. direct, s.d.b. ou douche, w.c., t.v., minibar **Prix** des chambres : 170/190 000 L (simple) - 250/285 000 L (double) - 370/390 000 L (suite) - Petit déjeuner compris, servi de 7 h à 10 h 30 **Cartes de crédit** acceptées **Divers** Petits chiens admis avec 30 000 L de supplément - Piscine et parking à l'hôtel **Possibilités alentour** Villas palladiennes et vénitiennes : Villa Valmarana, La Rotonda (villa de Don Giovanni de Losey), pour les plus célèbres - Circuit de villas de 60 km au nord et à l'ouest de Vicenza - Monts Berici - Golf Colli Berici, 18 trous à Brendola gratuit pour les résidents **Restaurant** service 13 h/14 h 30 - 20 h/22 h - Fermeture le dimanche - Carte.

L a beauté du site dans lequel a été construite la Villa Michelangelo est incontestable. Cette ancienne demeure, toute proche de Vicence, a été entièrement restructurée et décorée avec un luxe rare. Un soin maniaque a été apporté à l'aménagement des chambres spacieuses et très confortables, notamment en ce qui concerne les deux suites. De la piscine, heureusement située à l'écart et en contrebas de l'hôtel, la vue sur les vignobles est superbe. La Villa Michelangelo offre encore l'avantage d'être au cœur de la Vénétie, à égale distance de Venise, Padoue et Vérone. C'est aussi une halte très pratique pour visiter les célèbres villas édifiées par Palladio.

Itinéraire d'accès : (carte n° 5) à 30 km au nord-ouest de Padova par A 4, sortie Vicenza-ouest, puis au sud vers Arcugnano par la Donsale dei Berici.

Relais Ca' Masieri ★★★★

36070 Trissino (Vicenza)
Via Massieri, 16
Tél. (0445) 49 01 22 - Fax (0445) 49 04 55
M. Vassena

Fermeture 3 semaines fin janvier/février **Chambres** 51 avec tél. direct, s.d.b. ou douche, w.c., t.v., minibar **Prix** des chambres : 95/100 000 L (simple) - 130 000 L (double) - 160 000 L (suite) - Petit déjeuner : 14 000 L, servi de 7 h 30 à 11 h **Cartes de crédit** Amex, Visa, Eurocard et MasterCard **Divers** Chiens admis - Parking à l'hôtel **Possibilités alentour** parc de la villa Marzotto à Trissino - De Montecchio Maggiore panorama sur le castello di Bellaguardia et castello della Villa dits de Roméo et de Juliette - Villa Cordellina-Lombardi - Vicenza **Restaurant** fermeture le dimanche et lundi midi - Service 12 h 30/14 h - 19 h 30/22 h - Menu : 70/90 000 L - Spécialités : Insalata di capesante - Bigoli al torchio - Filetto bollito.

Cette maison qui a encore une vocation agricole est idéalement placée sur le circuit des villas palladiennes. La maison est vraiment belle et se montre parfaite jusque dans les détails. Dans les dépendances, ont été créées huit chambres très modernes et extrêmement confortables (excellentes literies, belles salles de bains, éclairages très bien conçus...) permettant de longs et profonds sommeils tant le silence est grand. Le soir, la cuisine simple et délicieuse à la fois vous retiendra à l'hôtel (produits de qualité et cuisson parfaite). Pour finir, un dernier verre de *Torcolato* et le chant des grillons. Le matin, le petit déjeuner sur la terrasse est accompagné d'une vue sur les collines, les vallons et les deux châteaux que le poête L. da Porta attribua pour l'un à Roméo, pour l'autre à Juliette.

Itinéraire d'accès : (carte n° 4) à 20 km au nord-ouest de Vicenza. Sur A 4, sortie Montecchio Maggiore, à 15 km environ direction Valdagno.

Duchi d'Aosta ★★★★

34121 Trieste
Piazza Unità d'Italia, 2
Tél. (040) 73 51 - Fax (040) 36 60 92
M. Forte

Ouverture toute l'année **Chambres** 48 climatisées et 2 suites avec tél. direct, s.d.b. ou douche, w.c., t.v., minibar ; ascenseur **Prix** des chambres : 235/250 000 L (simple) - 310 000 L (double) - 525/548 000 L (suite) - Petit déjeuner compris, servi de 7 h à 10 h 30 **Cartes de crédit** acceptées **Divers** Chiens admis - Garage (35 000 L) à proximité - Parking à proximité **Possibilités alentour** à Trieste piazza dell'Unita, théâtre romain, S. Giusto, le port - Castello di Miramare (son et lumière) - Grotta Gigante - Eglise fortifiée de Monrupino - Extension vers la Yougoslavie : haras de Lipizza, basilique de Porec, grotte de Postojna **Restaurant** service 12 h 30/14 h 30 - 19 h 30/22 h 30 - Menus : 50/70 000 L - Carte - Spécialités : Pesce.

Si Trieste a le charme lointain et nostalgique de ces lieux qui ont fabuleusement vécu et que l'histoire a maintenant quelque peu délaissés, l'hôtel Duchi d'Aosta en est le reflet parfait. C'est un palace d'un autre siècle, et l'on s'attend à tout moment à voir apparaître dans ses salons superbes et feutrés, entre deux fougères arborescentes, quelque riche famille austro-hongroise escortée de sa suite, faisant étape ici un soir avant de gagner Venise. Mais revenons à la réalité : il s'agit d'une excellente adresse dont les chambres, vastes et fort agréables, sont dotées de tout le confort moderne. Le restaurant est excellent. Enfin, le service demeure dans la bonne et trop rare tradition des hôtels internationaux d'autrefois : le personnel bilingue et même trilingue est partout présent, attentif, aimable, discret, efficace. Situation idéale, en plein centre du vieux Trieste, à quelques minutes à pied du fort.

Itinéraire d'accès : (carte n° 6) par A 4, sortie Trieste-Costieza.

R E S T A U R A N T S

BASILICATA
CALABRE

Maratea

Taverna Rovita, via Rovita 13, tél. (0973) 876 588 – fermé du 1er novembre au 15 mars – 35/50 000 L. Joli restaurant dans une des rues étroites du centre historique de

Maratea – cuisine régionale, bonne cave.

Za' Mariuccia, au Port, tél (0973) 876 163 – fermé le jeudi sauf l'été et de décembre à février – 50/80 000 L. Nombreuses spécialités de poissons - réservation conseillée.

Fiumicello

à 5 km de Maratea

La Quercia, tél. (0973) 876 907 – fermé du 1er octobre à Pâques – 30/40 000 L. Cuisine italienne de tradition locale, poisson. On se restaure dans une salle rustique mais élégante,

ou dans le jardin à l'ombre du grand chêne. Atmosphère romantique.

Matera

Il Terrazzino, Bocconcino II, vico San Giuseppe 7, tél. (0835) 332 503 – fermé mardi – 40 000 L. La ville avec ses vestiges étonnants de civilisation troglodyte mérite le détour. Terrazzino est ensuite l'étape idéale, cuisine familiale, le pain de Matera est un des meilleurs en Italie.

SPÉCIALITES LOCALES

Il Buongustaio, piazza Vittorio Veneto 1 – jambon fumé de Lauria, Picerno et Palazzo San Gervasio ; vin l'*Aglianico*.

Potenza

Taverna Oraziana, via Orazio Flacco 2, tél. (0971) 21 851 – fermé dimanche, août – 40/50 000 L. Le restaurant classique fréquenté depuis toujours par les notables de la ville – cuisine régionale généreuse et riche. L'*Aglianico dei Vulture* est un bon vin local.

Altomonte

Barbieri, via San Nicolas 32, tél. (0981) 948 072 – Cuisine régionale nationalement réputée.

Bottega di Casa Barbieri, très bonne sélection de produits régionaux dont le *Ciro classico,* un des meilleurs crus de Calabre.

Cosenza

Da Giocondo, via Piave 53, tél. (0984) 29 810 – fermé dimanche, août – 30 000 L. Très petit, réservation indispensable.

Castrovillari

La Locanda di Alia, via Jetticelle 69, tél. (0981) 46 370 – fermé dimanche – 50/70 000 L. A quelques km de l'antique cité grecque de Sibari. Temple de la cuisine traditionnelle calabraise dans un décor très agréable.

Reggio di Calabria

Bonaccorso, via Nino Bixio 5, tél. (0965) 896 048 – fermé lundi et août 45/50 000 L. Cuisine italienne avec quelques spécialités calabraises, *fettucine cinzia, semifreddi.* et françaises - **Conti**, via Giulia 2, tél (0965) 29 043 - fermé lundi - 45/60 000 L. 2 salles, une élégante, l'autre plus décontractée avec piano-bar.

Gallina

à 2 km de Reggio di Calabria
La Collina dello Scoiattolo, via Provinciale 34, tél. (0965) 682 255 – fermé mercredi, novembre – 35/40 000 L. L'environnement est agréable, mais il y a toujours beaucoup trop de monde. Avalanche d'*antipasti, penne all'imbriacata*, très bons desserts.

Soverato

Il Palazzo, Corso Umberto I 40, tél. (0967) 25 336 – fermé lundi, novembre – 40 000 L. Ancien palais très bien restauré et meublé avec goût – en été on vous sert dans le jardin. Cuisine d'inspiration régionale.

Catanzaro Lido

La Brace, 102 via Melito di Porto Salvo, tél. (0961) 31 340 – fermé lundi et juillet – 40/60 000 L. Jolie salle panoramique avec vue sur le golfe de Squillace. Bonne cuisine raffinée, spaghettis aux fleurs de courgette, raviolis aux poulpes, tartes maison, bonne sélection de vins calabrais.

C A M P A N I E

Napoli

La Cantinella, via Cuma 42, tél. (081) 764 86 84 – fermé lundi, août – 70/120 000 L. Vue sur le Vésuve, cuisine napolitaine de grande tradition, élégant – **La Sacrestia**, via Orazio 116, tél. (081) 7611051 – fermé lundi, août – 70/100 000 L.

Elégante simplicité de ce restaurant où l'on vient déguster religieusement la très bonne cuisine et les grands vins de Campanie – **Amici Miei**, via Monte di Dio 78, tél. (081) 764 6063 – fermé lundi, août – 40 000 L. Bonne cuisine familiale traditionnelle, ambiance conviviale – **Ciro a Santa Brigida**, via Santa Brigida 71,

tél. (081) 5524 072 – fermé dimanche, Noël, août – 60 000 L. On vient ici pour déguster la cuisine napolitaine simple et vraie – **Ciro a Mergellina**, via Mergellina, 21, vendeur ambulant sur la promenade du bord de mer, spécialité les fruits de mer et son *Ostrecaro Ficico* – **Bellini**, via Santa Maria di Costantinopoli 80, tél. (081) 459 774 – fermé mercredi, août – 45 000 L. Bonnes spécialités napolitaines – **Giuseppone a Mare**, via F. Russo 13, tél. (081) 5756002. Très bonne adresse typiquement napolitaine dans une crique du Posilippe, spécialités de poissons – **Dante et Beatrice**, piazza Dante 44, tél. (081) 549 94 38, Trattoria napolitaine typique – **Bersagliera**, Borgo Marino, tél. (081) 764 60 16, face au Castel dell' Ovo, sur le petit port de Santa Lucia, réputé, réservation souhaitée – **Al Poeta**, piazza Giacomo, 134, restaurant à la mode des jeunes

CAFFE' – BARS

Scaturchio, piazza San Domenico Maggiore – fermé jeudi. Le meilleur endroit pour manger le vrai et traditionnel baba au rhum et le *brevetta-ta* (gâteau au chocolat) – **Bar Marino**, via dei Mille, 57 – **Caffe' Latino**, Gradini di Chiesa, 57, pour boire le meilleur *espresso* – **Bilancio-ne**, via Posillipo, 238, fermé le mercredi, pour déguster les meilleures glaces de Naples – **Gambrinus,** via Chiaia 1. Ancien café napolitain fermé par le régime fasciste et transformé en banque. Restauré aujourd'hui dans la meilleure tradition.

SPECIALITES LOCALES, ARTISANAT

Pintauro, angle via S. M. di Constantinopoli et vico d'Affuto, fabrique depuis 1848 les *sfogliatelle* une spécialité maison – **Light**, via Chiaia, 275, la boutique du corail – **Marinella**, via Chiaia, 287 pour trouver les mêmes cravates en soie que Don Corleone.

Pompéi

Il Principe, piazza B. Longo 8, tél. (081) 850 55 66 – fermé lundi, du 1 au 15 août – 60 000 L. Le meilleur, le plus élégant, mais le plus cher - **Zi Caterina**, via Roma – fermé mardi, du 28 juin au 8 juilet. Plus typique et moins cher.

Caserta

Antica Locanda-Massa 1848, via Mazzini, 55, tél. (0823) 321 268 – à seulement une trentaine de kilomètres de Naples, n'oubliez pas d'aller visiter le Palazzo Reale et le Parco-Giardino de Caserta. Spécialités de la région, service dans le jardin en été.

CASERTA VECCHIA (10 km) **La Castellana**, fermé jeudi - 20/50 000 L – rustique, régional, une terrasse fraîche pour l'été.

Capri

CAPRI : **La Capannina**, via Le Botteghe 12 b, tél. (081) 8370 732 – fermé mercredi, du 7 novembre au 15 mars – 50/75 000 L. Classique, élégant, très bon poisson de Capri – **La Pigna**, via Roma 30, tél. (081) 837 0280 – fermé mardi h.s., du 15 octobre à Pâques – 50/60 000 L. Bar à vins en 1876, c'est aujourd'hui un des restaurants les plus courus de l'île. Salle élégante, joli jardin de citronniers avec vue sur la baie de Naples – **Luigi**, ai Faraglioni, tél. (081) 837 0591 – fermé d'octobre à Pâques – 60/80 000 L. Jolie promenade classique aux Faraglioni, célèbres rochers en face de Capri. On s'y rend à pied en une demi-heure, ou en bateau depuis Marina Piccola. Bonne cuisine, terrasse fleurie, très belle vue

Pizzeria Aurora, via Fuorlovado 18, tél. (081) 837 0181 – fermé mardi et du 10 décembre au 10 mars – 40/50 000 L. Très bonne cuisine de Peppino.

ANACAPRI : **Da Gelsomina**, à Migliara 72, tél. (081) 837 14 99 fermé mardi, du 1er au 15 février. De la terrasse, à travers les vignes et les oliviers on voit la mer et le golfe.

ARTISANAT

Capri Flor, via Tragara, pépiniériste ; il est vrai qu'à Capri on se met à rêver de jardins... et de parfums chez **Carthusia**, via Matteotti, 2 – **Massimo Godericci** propose un grand choix de poteries et de majoliques.

Ischia

ISCHIA PONTE
Giardini Eden, via Nuova Portaromana, tél. (081) 993 9091 fermé le soir, d'octobre à avril – 40/50 000 L. A l'écart du flot touristique, venez vous réfugier pour un déjeuner dans ce jardin planté de fleurs exotiques – bonne cuisine d'Italie du Sud – **Gennaro**, via Porto, tél (081) 992 917, animé, convivial, typique.

ISCHIA-FORIO
La Romantica, via Marina 46, tél. (081) 997 345 fermé mercredi et janvier – 30/60 000 L. Classique et élégant, cuisine à base de produits de la mer.

BAGNO-LIDO PORTO-D'ISCHIA, **Alberto** tél. (081) 981 259 – fermé lundi soir, de novembre à mars – 40 000 L. Accueillante trattoria avec une véranda sur la plage – cuisine régionale, bon vin de la maison en carafe.

RAVELLO

Garden, via Boccaccio 4, tél. (089) 857 226 – fermé mardi en hiver – 30/45 000 L. Pittoresque terrasse en été avec vue sur le golfe.

Sorrento

O Parrucchiano Corso Italia 71, tél. (081) 878 13 21, fermé mercredi en hiver 35/50 000 L. L'incontournable adresse de Sorrento depuis un siècle ; ne pas oublier de finir le repas sur un *limoncello*, la liqueur maison – **Il Glicine**, via Sant'Antonio 2, tél. (081) 877 2519 – fermé mercredi h.s., du 15 janvier au 1er mars – 30/50 000 L. Elégant, accueillant, réservation conseillée – **La Pentolaccia**, via Fuorimura 25, tél. (081) 878 5077 fermé jeudi – 35 000 L. Restaurant classique au cœur de la ville, cuisine traditionnelle.

ARTISANAT

Handkerchiefs, via Luigi di Maio 28 vend dans sa petite boutique de ravis-

sants mouchoirs brodés, une des spécialités de Sorrento. Monogrammes à la commande.

Sant'Agata Sui Due Golfi

à 9 km de Sorrento
Don Alfonso 1890, piazza Sant'Agata, tél. (081) 878 0026 – fermé lundi h.s., mardi, du 10 janvier au 25 février – 70/95 000 L. La meilleure table de Campanie, un des bons restaurants d'Italie, cuisine traditionnelle, cuisine de marché. Environnement superbe, sur une petite colline entre Sorrento et Amalfi.

Vico Equense

Pizza A Metro Da Gigino, via Nicotera 10, tél. (081) 879 8426 – 35 000 L. Grande variété de pizzas délicieuses, mais aussi des spécialités locales – **San Vicenzo** à Montechiaro 3 km, tél 802 8001 – fermé mercredi en hiver.

Salerno

Vicolo della Neve, Vicolo della Neve 24, tél. (089) 225 705 – fermé mercredi, Noël – 30 000 L. Bonne cuisine locale traditionnelle préparée avec les produits de la propriété – **Al Fusto d'Oro**, via Fieravecchia 29, pizzas et poissons sans prétention.– **La Brace**, lungomare Trieste 11, tél. 225 159 - fermé vendredi et du 20 au 31 décembre.

Paestum

Nettuno, sur le site archéologique - fermé le soir, lundi sauf juilet, août et Noël – 30/50 000 L. Salle à manger et terrasse avec vue sur les temples.

Palinoro

Da Carmelo, à Isca, tél. (0974) 931
138 – fermé lundi h.s., octobre,
novembre – 30/35 000 L. Salle à
manger rustique, un joli jardin enfoui
dans la verdure, cuisine traditionnelle
avec des spécialités de la mer.

Positano

San Pietro, via Laurito 2, à 2 km sur

la côte, tél. (089) 875 455 – Perché
sur un éperon rocheux le dîner sur la
terrasse est un enchantement. Vue
sublime et cuisine délicieuse – **Chez
Black**, via Brigantino 19, tél. (089)
875 036 – fermé de novembre à janvier – 30/45 000 L. Un endroit de
charme près de la plage. Pizzas, poissons grillés et spaghettis – **Da
Constantino**, via Corvo 95, tél. (089)
875 738 – fermé du 1er novembre au
31 décembre – 20 000 L. A 5 km de
Positano, vue merveilleuse sur la
mer. Un minibus peut vous conduire
jusqu'au restaurant – réservation
indispensable en été.

Praiano
à 9 km de Positano
La Brace, via G. Capriglione, tél.
(089) 874226 – ouvert du 15 mars au
15 octobre, fermé le mercredi h.s. De

sa terrasse on a une superbe vue sur
Positano et les *faraglioni* de Capri.

Amalfi

Da Gemma, via Cavalieri di Malta,
tél. (089) 871 345 – fermé mardi, du
15 janvier au 15 février – 35/45 000
L. Vieux restaurant où l'on mange de
délicieuses spécialités napolitaines
comme le *genovese*, accompagnées
de bons vins de pays – **Il Tari'**, via
Capuano, tél. (089) 871 832 – fermé
mardi, novembre – 20 000 L. Bonnes
spécialités de la mer – **La Caravella**,
via M. Camera, tél/. (089) 871 029,
fermé mardi et novembre. Une autre
adresse classique d'Amalfi, réservation conseillée.

EMILIE ROMAGNE

Bologna

I Carracci, via Manzoni 2, tél. (051)
270 815 – fermé dimanche, août –
60/80 000 L. Cuisine raffinée pour
des soupers élégants – **Il Battibecco**,
via Battibecco 4, tél. (051) 223 298 –
fermé dimanche, entre Noël et jour
de l'an, du 10 au 20 août –
60/90 000 L. Délicieux *risottos*, spaghettis aux clovisses, filet de bœuf en
croûte. **Il Bitone**, via Emilia Levante
111, tél. (051) 546 110 – fermé lundi,
mardi, août – 55 000 L. Le restaurant
préféré des Bolognais. Grand jardin
où l'on sert en été – **Diana**, via
Indipendenza 24, tél. (051) 231 302 –
fermé lundi, août – 50 000 L. Cuisine
et restaurant traditionnels – **Rodrigo**,
via della Zecca 2/h tél 22 04 45 – fermé dimanche, 4 au 24 août. Excellent
Rosteria Da Luciano, via Nazario

Sauro 19, tél. (051) 231 249 – fermé mardi soir, mercredi, août, Noël et jour de l'an – 35/80 000 L. Une des meilleures cuisines de Bologne, réservation – **Torre de' Galluzzi'**, corte de' Galluzzi 5/A, tél. (051) 267

638. Situé à l'intérieur même de l'ancienne tour, spécialités de viandes et de poissons – **Rostaria Antico Brunetti**, via Caduti di Cefalonia 5, tél. (051) 234 441 – 40 000 L. Un très vieux restaurant, pâtes délicieuses, bon *lambrusco* – **Antica Trattoria del Cacciatore**, à Casteldebole, tél. (051) 564 203 fermé lundi, en août et en janvier – 50 000 L. A 7 km à l'ouest de Bologne, une simple trattoria rustique mais très chic, bonne cuisine.

SPECIALITES LOCALES

Bottega del vino Olindo Faccioli, via Altabella 15/B – Grand choix de vins. Parmi la production émilienne, citons le *Lambrusco*, jeune et pétillant et le *Sangiovese* – **Brini**, via Ugo Bassi, 19/C, tous les fromages et bien sûr le fameux *parmigiano regiano* – **Salsamenteria Tamburini**, via Caprarie 1, jambon de Parme, mortadelle et *culatello*,

réputé pour être le meilleur salami italien – **Casa della Sfoglia**, via Rialto 4. On y fait les traditionnelles pâtes bolognaises et les *tagliatelle*, inventées selon la légende pour le mariage de Lucrèce Borgia et du duc de Ferrare en 1487.

Imola

à 30 km de Bologna

San Domenico, via Sacchi 1, tél. (0542) 29 000 – fermé lundi, 1/13 janvier, juillet, 1/22 août – 90/130 000 L. Les gastronomes du monde entier viennent faire le pèlerinage du San Domenico. Interprétation géniale de la cuisine régionale italienne.

Brisighella

La Grotta, via Metelli 1, tél. (0546) 81 829 – fermé mardi, janvier, du 1er au 15 juin – 30/55 000 L. La Grotta se partage avec Gigiolé les honneurs gastronomiques de cette très jolie petite ville - **Gigiolé**, piazza Carducci 5, tél. (0546) 81 209, fermé en février, 1/15 juillet. Quelques chambres.

Ferrara

Grotta Azzurra, piazza Sacrati 43, tél. (0532) 209 152 – fermé mercredi, dimanche soir, 2 au 10 janv., 1 au 15 août 45 000 L. Décor méditerranéen, mais cuisine traditionnelle du nord de l'Italie avec aussi quelques spécialités émiliennes – **Vecchia Chitarra**, via Ravenna 13, tél. (0532) 62 204 – fermé mardi, 1/15 août– 30 000 L. Rustique et familial, pâtes maison – **La Provvidenza**, corso Ercole I d'Este 92, tél. (0532) 205 187 – fermé lundi, août – 40/60 000 L. L'intérieur ressemble à celui d'une ferme, avec un petit jardin pris d'assaut par les habitués – réservation conseillée **Enoteca Al Brindisi**, via degli Adelardi II. Le Guinness Book le déclare comme étant la plus vieille taverne du monde : Benvenuto Cellini, le Titien auraient fréquenté cette "Hostaria del Chinchiolino". Dégustation, vente.

Argenta

à 34 km de Ferrara
Il Trigabolo, piazza Garibaldi 4, tél. (0532) 804 121 – fermé dimanche soir et lundi – 100/130 000 L. Une étape de haute gastronomie en Emilie Romagne.

Modena

Bianca, via Spaccini 24, tél.(059) 311 524 – fermé samedi midi, dimanche, août et période de Noël – 45/65 000 L. Une trattoria à la cuisine authentique comme on les aime –

Fini, rua Frati Minori 54, tél. (059) 223 314 – fermé lundi, mardi, août et fêtes de Noël – 60/75 000 L. Les *tortellini* et les *zamponi* de chez Fini sont presque aussi connus que les Ferrari de Modène.

Ravenna

Tre Spade, via Faentina 136, tél. (0544) 500 5222 – fermé dimanche soir et lundi – 55 000 L. Cuisine italienne de différentes provinces, joli décor – **La Gardèla**, via Ponte Marino 3, tél. (0544) 217 147 – fermé jeudi, du 10 au 25 août. Cuisine savoureuse – **Al Gallo**, via Maggiore 87 tél 213 775 - fermé lundi soir, mardi, Noël, Pâques. Réservation – **Enoteca Ca' de Ven**, via Ricci 24 – fermé le lundi. Bar à vin dans un ancien palais, dégustation, petite restauration, vente.

Parma

La Greppia, via Garibaldi 39, tél. (0521) 233 686 – fermé lundi, mardi, juillet – 50/70 000 L. Près de l'Opéra, très bonne cuisine italienne, décor chaleureux – réservation sou-

haitable – **L'Angiol d'Or**, vicolo Scutellari 1, tél. (0521) 282 632 – fermé dimanche, Noël, du 14 au 15 août, 10 au 20 janvier – 65 000 L. A l'angle de la piazza del Duomo – on a, en plus du plaisir de savourer une très bonne cuisine, celui du baptistère illuminé. Elégant – **Croce di Malta**, Borgo Palmia, tél. 235 643. Petit res-

taurant avec terrasse en été, cuisine originale – **La Filoma**, via XX Marzo 15, tél. (0521) 234 269 – fermé dimanche, août – 40/50 000 L. Atmosphère intime, cuisine régionale personnalisée, un de nos préférés – **Il Cortile**, borgo Paglia 3, tél. 285 779 fermé dimanche, lundi midi, 1 au 22 août – 30/40 000.L. Réservation souhaitable – **Vecchio Molinetto,** viale Milazzo 39, tél 526 72. Trattoria traditionnelle.

LES ENVIRONS DE PARME

Sacca di Colorno, à 15 km de Parme **Le Stendhal**, tél. (0521) 815 493 - fermé mardi, du 1er /15 janvier, du 20 juillet/10 août. Si vous êtes sur les traces de Fabrice del Dongo.

Noceto, à 14 km de Parme : **Aquila Romana**, via Gramsci 6, tél. (0521) 62 398, fermé lundi, mardi, du 15 juillet au 15 août, 30/50 000 L. Ancien relais de poste, réputé pour ses spécialités régionales inspirées de recettes anciennes.

Busseto, à 35 km de Parme, **Ugo** via Mozart 3. Ambiance rustique.

Polesine Parmense, Santa Franca à 6 km de Busseto **: Da Colombo**, tél. (0524) 98 114 – fermé le lundi soir, mardi, janvier, 20 juillet au 10 août - 40 000 L. Renommé, réservez.

Zibello, à 10 km de Busseto : **Trattoria La Buca**, tél. (0524) 99 214, fermé lundi soir, mardi, 1 er au 15 juillet - 45 000 L. Réputé, réservez.

Berceto, à 50 km de Parme **Da Rino**, piazza Micheli 11 tél. (525) 64 306 – fermé lundi et du 20 décembre au 15 février – 30/60 000 L. Maître du champignon en saison, des raviolis de toutes sortes, toute l'année.

Reggio nell'Emilia

5 Pini-da-Pelati, viale Martiri di Cervarolo 46, tél. (0522)5536 63 – fermé mardi soir, mercredi, 1 au 20 août – 45/70 000 L – **La Zucca**, piazza Fontanesi 1/L, tél. 437 222 – fermé dimanche, 5 au 12 janvier, août – **Enoteca Il Pozzo**, viale Allegri 6/A. Dégustation et vente de bons vins. Restaurant avec jardin.

Sant'Arcangelo di Romagna, **Zaghini**, piazza Gramsci – fermé lundi – 30 000 L. Cuisine et ambiance romagnoles.

LATIUM ABRUZZES

Roma

Il Caminetto, viale Parioli 89, tél. (06) 808 3946 – fermé jeudi, août – 50 000 L. Le succès n'a pas entamé la qualité de ce restaurant – **La Campana**, vicolo della Campana 18, tél. (06) 686 7820 – fermé lundi, août – 35/45 000 L. Une des plus vieilles, sinon la plus ancienne trattoria de la capitale, bonne cuisine romaine, bonne cuvée maison – **Il Bacaro**, via degli Spagnoli 27. Près du Panthéon, tél. (06) 686 4110 – fermé le dimanche – 60 000 L. Décor de bistrot raffiné et chic – **L'Eau Vive**, via Monterone 85, tél. (06) 654 1095 fermé dimanche, du 10 au 20 août – 20/70 000 L. Des sœurs missionnaires du monde entier servent chaque jour leurs spécialités (près du Panthéon) – **Nino**, via Borgognona 11, tél. (06) 679 5676 – fermé dimanche – 50 000 L. Près des escaliers de la piazza di Spagna – fréquenté par les artistes et les écrivains du coin qui viennent pour les spécialités toscanes et le Mont Blanc, dessert de la maison – **Osteria Margutta**, via Margutta 82, tél. (06) 679 8190 – fermé dimanche – 40 000 L. Galeries, antiquaires occupent la rue – bonne ambiance dans cette trattoria sympathique à deux pas de la piazza di Spagna où l'on pouvait jadis rencontrer Fellini qui habitait la rue – **Otello alla Concordia**, via della Croce, tél. (06) 679 1178 – fermé le dimanche. Maison charmante, tonnelle en été, cuisine correcte, très mode – **Pino e Dino**, piazza di Montevecchio 22, tél. (06) 686 1319 – fermé lundi, août – 70 000 L. Près de la piazza Navona, caché derrière de lourds rideaux sur cette place Renaissance chère à Raphaël et Bramante, et où Lucrèce Borgia fomenta de nombreuses intrigues. Intime – Réservation – **Quirino**, via delle Muratte 84, tél.

(06) 679 4108 – fermé dimanche et 10 jours en août – 40 000 L – **Majella**, 45 piazza Sant'Appolinare 45, tél. (06) 65 64 174, fermé le dimanche. Le restaurant se trouve dans une belle et ancienne maison. Spécialités des Abruzzes, truffes blanches et noires de la région d'Alba – **Tre Scalini**, piazza Navona, face à la fontaine du Bernin, bien pour le déjeuner, délicieux *tartufo*. Près de la Fontaine de Trévi, atmosphère typiquement italienne, cuisine familiale – **La Rosetta**, via della Rosetta 9, tél. (06) 686 1002 – fermé samedi midi, dimanche, août – 80/100 000 L (près du Panthéon), "roseté" pour ses spécialités de poisson – **Papa' Giovanni**, via dei Sediari 4, tél. (06) 686 1002 – dimanche, août – 80 000 L. Entre Palazzo Madama et Panthéon. Nouvelle cuisine romaine – **Checchino dal 1887**, Via Monte Testaccio 30, tél. (06) 574 63 18 – fermé dimanche soir, lundi, août et Noël – 60/80 000 L. On dîne sous de vieilles voûtes, cuisine romaine

typique, la spécialité : *coda alla vaccinara* ; très bonne cave – **Antica Pesa**, 18, via Garibaldi, tél. (06) 58

09 236, fermé le dimanche – Vous pouvez dîner dans la salle décorée des fresques peintes par les artistes-clients ou aux bougies dans le patio – la spécialité de la maison : *trittico di pastasciutta* – **Il Giardino**, 29 via Zucchelli, fermé le lundi. Des petits prix dans une des meilleures trattorias de la ville, près de la piazza Barberini – **La Carbonara**, piazza Campo dei Fiori, tél. (06) 68 64 783, fermé le mardi. Un des plus beaux marchés de Rome – spécialités de poisson – **Abruzzi**, via del vaccaro 1 tél.(06) 679 38 97 – fermé samedi. Un classique délicieux – **El Tartufo**, vicolo Sciarra, tél. (06) 678 02 26 – fermé dimanche. Une adresse authentique, un menu *Navone* qui vous régalera.

DINERS AU TRASTEVERE

Romolo, via di Porta Settimania, tél. (06) 581 8284 – fermé lundi, août. On dîne le soir aux bougies dans le jardin où venait Raphaël. L'intérieur est aussi très agréable. Charme et atmosphère – **Sabatini I**, piazza Santa Maria in Trastevere 10, tél. (06) 582 026 – fermé mercredi et 2 semaines en août – 60 000 L. Le plus connu, le plus couru dans le Trastevere. Si vous n'avez pas de place, vous pourrez toujours essayer le **Sabatini II**, vicolo di Santa Maria in Trastevere 18, tél. (06) 5818307 – **Checco er Carettiere**, via Benedetta 10, tél. (06) 574 6318 – fermé le dimanche soir, lundi, août et Noël – 50/75 000 L – Osteria typique du Trastevere avec un décor qui rappelle le temps où elle recevait les *curret-*

tieri. Très bonne cuisine romaine avec des recettes anciennes – **La Tana de Noiantri**, via della Paglia 13, fermé mardi. Cuisine simple, tables sur le trottoir en été, sympathique et pas cher – **Alberto Ciarla**, piazza San Cosimato – intime, terrasse l'été – fermé dimanche, aôut, janvier – 50/95 000L.

QUELQUES PIZZERIAS

Baffetto, via del Governo Vecchio 114. La pizza la meilleure du monde qu'il faut aller goûter entre les repas si on veut avoir une chance d'entrer – près de la piazza Navona – **Pizzeria Berninetta**, via Pietro Cavallini 14, tél. (06) 360 3895 – fermé lundi, août, ouvert seulement le soir – 25 000 L. Pizza, *crostini*, pâtes. Aussi très fréquenté – **Pizzeria Da Fieramosca ar Fosso**, piazza de Mercanti 3, tél. (06) 589 0289 – fermé dimanche – ouvert le soir seulement – 20/30 000 L. Meilleure pizzeria du Trastevere – **Pizzeria San Marco**, via Taano 29, tél. (06) 687 8494 – fermé mercredi, août – 20 000 L. On y mange la pizza romaine, fine et craquante, clientèle de yuppies romains qui n'hésitent pas à accorder champagne et pizza – bonne sélection de vins néanmoins – **Ivo a Trastevere**, via di San Francesco a Ripa 150. Délicieuses pizzas dans une salle minuscule.

CAFFE' – BARS

près de la piazza Navona : **Antico Caffe' della Pace**, via della Pace 6. Ambiance artiste fin de siècle, fréquenté le soir par une clientèle intello et branchée – **Tre Scalini**, piazza Navona. En face de la fontaine du Bernin. La meilleure *granita di caffe* et le meilleur *tartufo*.

Enoteca Navona, piazza Navona dégustation de vins et *crostini*.

près de la via Veneto : **Gran Caffe' Doney**, via Veneto 39. Il est né à Florence en 1822, s'est installé à Rome en 1884, à la via Veneto en 1946. Cocktails, salades, pâtisseries – **Harry's Bar**, via Veneto 148. Comme tous ses frères, chic et élégant.

près de la piazza del Popolo : **Casina Valadier**, Pincio, Villa Borghese. Vue superbe au coucher du soleil, bons cocktails, bonnes glaces, le restaurant en terrasse dès les beaux jours est très agréable – chic – **Caffe' Rosati**, piazza del Popolo. La grande terrasse en été est prise d'assaut. Sandwichs, pâtisseries.

près de la piazza di Spagna : **Caffe' Greco**, via Conditi 86. Déjà mentionné par Casanova dans ses Mémoires – depuis Stendhal, Goethe, D'Annunzio, Keats... y sont passés. Beau décor Napoléon III – spécialité de la maison, le *paradiso* – petits sandwichs – **Babington**, sur la piazza di Spagna, une institution pour prendre le thé à l'anglaise.

Le Cornacchie, piazza Rondanini. Mode, sympathique, branché, cuisine familiale.

LE MEILLEUR CAPPUCCINO : **Caffe' San Eustachio**, piazza San Eustachio **La Tazza d'Oro**, via degli Orfani, près de la piazza del Pantheon.
LES MEILLEURS GELATI : **Giolitti**, Offici del Vicario 40.
LA PLUS VIEILLE PATISSERIE DE ROME : **Valzani**, via del Moro 37.

S H O P P I N G   D E   C H A R M E

Gamarelli, via Santa Chiara 34 - fermé samedi, vend tous les accessoires pour le clergé ; les laïques viennent aussi acheter les fameuses chaussettes violettes des évêques, rouges des cardinaux – **La Stelletta**, via delle Stelletta 4, bijoux fantaisies – **Aldo Fefe**, via delle Stelleta 20b fermé samedi, très belles boîtes en carton – **Papirus**, via Capo le case, grand choix de papeterie raffinée **Libreria antiquaria Cascianelli**, largo Febo 14, en face l'hôtel Raphaël, spécialisée dans les ouvrages anciens et modernes sur Rome – **Limentani**, via Portico d'Ottavia 25 (dans le vieux ghetto), en sous-sol, grand choix de linge de maison.

Ai Monasteri, corso Rinascimento 72, diffuse tous les produits des ordres monastiques : liqueurs, élixirs dans un beau décor néo-gothique **Trimani Wine Bar,** via Cernaia 37/B pour goûter et emporter tous les bons produits alimentaires italiens.

Antiquaires via del Babbuino, via dei Coronari, brocante dans le quartier du Corso Emanuele.

Tivoli

Le Cinque Statue, via Quintilio Varo 1, tél. (0774) 20 366 – tél. pour ouverture Agréable quand on va visiter à Tivoli les jardins de la Villa d'Este – **Sibella**, via della Sibella 50, tél. (0774) 20281 – 45 000 L. Un bel intérieur et un beau jardin appréciés déjà par Chateaubriand en 1803.

Villa Adriana

Albergo Ristorante Adriano, , tél. (0774) 529 174 – fermé dimanche soir. Murs en terracotta, colonnes corinthiennes, joli jardin ombragé, une halte très agréable après la visite de la Villa d'Hadrien.

Frascati, à 22 km de Rome,

Cacciani, via Armando Diaz 13, tél. (06) 9420 378 – fermé lundi, du 7 au 17 janvier, 17 au 27 août – 50 000 L. Trente ans de cuisine romaine, le vin de la maison est délicieux, mérite le détour, très belle terrasse en été – **Cantina Comandini**, via E. Filiberto – fermé dimanche. Bar à vins, vente et dégustation – **Pasticceria Renato Purificato**, piazza del Mercato ou **Bar degli Specchi**, via Battisti 3, pour les *biscottini* en forme de dame.
Villa Simone, via Toricella 2 à Monteporzio Catone pour acheter un des meilleurs *Frascati* de la région et de la très bonne huile d'olive.

Castelgandolfo, à 22 km de Rome,

Sor Campana, corso della Repubblica – fermé le lundi. Un des plus vieux restaurants de la région.

Anagni

Del Gallo, Via V. Emanuele 164, tél. (0775) 727 309. Cuisine régionale de longue tradition familiale.

Alatri

La Rosetta, via Duomo, 35, tél. (0775) 43 45 68 – fermé mardi, 5/30 novembre.

L'Aquila

Tre Marie, via Tre Marie, tél. (0862) 413 191 – fermé dimanche soir, lundi. Monument historique, décor

superbe, bonne cuisine et un délicieux dessert "Tre Marie".

Isola di Ponza

Da Mimi, Terrazza Mari, via dietro la Chiesa, tél. (0771) 80 338 – 50 000 L. Un des bons restaurants de l'île – **Eéa**, via Umberto 1 et **La Kambusa**, via Banchina Nuova 15, cuisine régionale.

Viterbo

Il Grottino, via della Cava 7, tél. (0761) 308 188 – fermé mardi, 20 juin au 10 juillet – 50 000 L. Couverts limités, réservation souhaitée – **Aquilanti**, à La Quercia, 3 km, tél. (0761) 341 701 - fermé dimanche soir, mardi et du 1er au 20 août –

50 000 L. Un classique dans la région, réservation souhaitée, une belle "salle étrusque", parmi d'autres plus modernes.

L I G U R I E

Genova

Gran Gotto, via Fiume 11r, tél. (010) 564 344 – fermé samedi midi, dimanche, août – 60/80 000 L. Décor élégant, le restaurant chic de la ville avec une très bonne cuisine ligure classique – **Giacomo**, Corso Italia, tél. (010) 369 67 – fermé dimanche, août – 65/80 000 L. Raffiné, élégant avec une belle vue sur la mer – **Il Cucciolo**, viale Sauli 33, tél. (010) 546 470 – fermé lundi, août – 40/50 000 L. Bonne cuisine toscane – mieux vaut s'y rendre en taxi si on ne connaît pas la ville – **La Buca (di San Matteo)**, via Davide Chiossone 5 r., tél. (010) 29 48 10 – spécialités : pasta e fagioli, pappardelle al sugo, trippe, fiorentine alla brace. Simple et sympathique – **Ferrando** à San Cipriano sur la colline tél. (010) 75 19 25 – fermé dimanche, lund. et mercredi soir. Spécialités de champignons.

CAFFE' DE GENOVA

Caffe' Mangina, via Roma 91, fermé lundi. Café élégant d'où l'on peut admirer la statue équestre de Victor Emmanuel II sur la place Corvetto – **Caffe' Klainguti**, piazza Soziglia 98. Un des cafés historiques d'Italie.

San Remo

Da Giannino, lungomare Trento e Trieste 23, tél. (0184) 504 014 – fermé dimanche soir, lundi, du 15 au 31 mai – 80/90 000 L. Le restaurant chic et gastronomique de la ville – **Pesce d'oro**, corso Cavalotti 300, tél. (0184) 576 332 – fermé du 15 février au 15 mars, lundi – 65 000 L. Une des meilleures nourritures de la Riviera – **Osteria del Marinaio da Carluccio**, via Gaudio 28, tél. (0184) 501 919 – fermé lundi, octobre, décembre – 70/90 000 L. Toute petite osteria qui sert une excellente cuisine de poisson à une clientèle distinguée. Réservation indispensable.

Cervo

à 35 km de San Remo
San Giorgio, dans le centre historique, via Volta 19, tél. (0183) 400 175 – fermé mardi, vacances de Noël – 50/60 000 L. Adorable petit restaurant, *antipasti* de la mer, bonne viande, *zabaione*. Réservation souhaitée.

Finale Ligure

Osteria della Briga, altipiano delle Marie, tél. (019) 698 579 – fermé mardi, mercredi – 20/25 000 L. Ambiance rustique et familiale, les *lasagne alle ortiche* ont beaucoup de succès – pour finir une étonnante *grappa "al latte"*.

Rapallo

Da Monique, lungomare Vittorio Veneto 6, tél. (0185) 50 541 – fermé mardi, février – 45/50 000 L. Le plus connu des restaurants du port – spécialités de la mer – **U Giancu**, à San Massimo 3 km, tél. (0185) 260 505 – fermé mercredi, jeudi midi, 4 au 13 octobre, du 13 novembre au 6 décembre, 30 000 L. Joliment rustique, service en terrasse, réservation.

Santa Margherita Ligure

Trattoria Cesarina, via Mameli 2, tél. (0185) 286 059 – fermé mercredi, décembre – 85 000 L. Une des bonnes tables de la côte ligure, excellent accueil – **Trattoria l'Ancora**, via Maragliano 7, tél. (0185) 280 559 – fermé lundi, janvier, février. Clientèle locale et populaire – les spaghettis marinés sont une des spé-

cialités de la maison.

Portofino

Il Pistoforo, Molo Umberto 1, tél. (0185) 269 020 – fermé mardi, mercredi midi, janvier, février – 70/100 000 L. Soupe de poisson, bouillabaisse, poisson grillé à l'ombre du centenaire pistoforum - **Puny**, piazza M. Olivetta 7, tél. (0185) 269 037 – fermé jeudi – 45/70 000 L. Décor nautique pour ce classique de Portofino, d'où l'on a une belle vue sur le port – **Delfino**, piazza M. dell' Olivetta 40, tél. (0185) 269 081 – fermé jeudi, novembre, décembre 75 000 L.

Restaurants "mode" du port - **Da Ü Batt**i, vico Nuovo 17, tél. (0185) 269 379, mini trattoria de poisson où l'on doit réserver si l'on veut avoir une chance d'y manger - **Splendido Restaurant,** tél. (0185) 269 551 – fermé de novembre à avril – 90 000 L. Un site enchanteur, une vue superbe et une cuisine italienne raffinée.

CAFFE' – BARS

Bar Sole, piazza Olivetta, sandwichs, apéritifs, on vient ici pour voir et pour être vu – **Caffe' Excelsior**, piazza M. Olivetta. Le bar où l'on vient prendre son cappucino et lire la presse du matin.

Ameglia

à 18 km de La Spezia
Paracucchi, à 4,5 km direction Sarzana-Marinella, viale XXV Aprile 60, tél. (0187) 64 391 - 80000 L - fermé lundi, janvier. Une étape gastronomique recommandée sur la route vers Florence ou Milan.

Sestri Levante

Fiammenghilla Fieschi, à Erigox, Riva Trigoso 2 km via Pestella 6, tél. (0185) 481 041 – fermé lundi midi h.s. – 50/85 000 L.Très bonne cuisine traditionnelle, joli jardin – **Portobello**, via Portobello 16, tél. (0185) 415 66 – fermé mercredi – Spécialités à la broche.

Portovenere

La Taverna del Corsaro, lungomare Doria 102, tél. (0187) 900 622 – fermé mardi, mi-nov., 1/22 juin – 60 000 L. On a, de la salle à manger, une jolie vue sur l'île de Palmaria juste en face. Cuisine de marché qui privilégie le poisson, mais aussi spécialités locales.

LOMBARDIE

Milano

Giannino, via Amatore Sciesa 8, tél. (02) 551 955 82 – fermé dimanche, août – 60/100 000 L. Vous goûterez ici une des meilleures cuisines lombardes, gastronomique et chic, un classique de Milan – **Peck**, via Victor Hugo 4, tél. (02) 876 774 fermé dimanche, 1er au 10 janvier, 1er au 10 juillet - 60 000 L .Cuisine traditionnelle et créative, snack au niveau rue, le délicieux restaurant se trouve en sous-sol – **Trattoria Milanese**, via Santa Marta 11 tél.

(02) 864 519 91 – fermé mardi, fidèle à la tradition.– **Trattoria Bagutta**, via Bagutta 14, tél. (02) 7600 27 67 – fermé dimanche, août, période de Noël 60/100 000 L. De grandes caricatures ornent les murs des salles en enfilade de cette trattoria, sans doute la plus célèbre de la ville (on y décerne chaque année un prix littéraire) – **Osteria del Binari**, via Tortona 1, tél. (02) 8940 9428 – fermé à midi, dimanche, 10 au 20 août – 50 000 L. Restaurant d'atmosphère, la salle à manger est très conviviale, le jardin en été très ombragé. Cuisine régionale repensée – **Pizzeria il Mozzo**, via Marghera (angle via Ravizza), tél. (02) 498 4746 – fermé mercredi, août. Ouvert jusqu'à 2 heures du matin. Décor rustique, bonne cuisine maison, clientèle raffinée – **Peppermoon**, via Bagutta 1, près de la Via Spiga et Montenapoleone. Pizzas, risotto – **Trattoria della**

Pesa, via Pasubio, tél. (02) 65 55 74 fermé dimanche, août, 70 000 L – **Le Santa Lucia**, via San Pietro all'orto 3, tél. (02) 760 23155, **Masuelli San Marco**, viale Umbria, tél. 551841 38, fermé dimanche, lundi midi, 25/6 janvier, 15août au 15 sept., 50 000 L, **Alfredo Gran San Bernardo** via Borghese 14 tél. 331 90000L, fermé Noël, août, dimanche, samedi, juin, juillet. Les 4 bonnes adresses de G. Armani pour goûter le *risotto all'osso buco* – **Rigolo**, largo Treves angle via Solferino, tél. (02) 8646 3220 – fermé lundi, août – 30/50 000 L. Dans le quartier de la Brera, restaurant fréquenté par une clientèle fidèle. Autre qualité, ouvert le dimanche – **Don Lisander,** via Manzoni 12, tél. (02) 7602 0130 – 68/105 000 L – fermé samedi soir et dimanche. Fréquenté par une clientèle chic. A recommander surtout en été car le restaurant a une très agréable terrasse bâchée, décorée à l'italienne avec des pots en terre cuite fleuris. Bonne cuisine, réservation souhaitable – **Franco il Contadino**, via Fiori Chiari 20, tél. (02) 8646 3446 – fermé mardi, mercredi midi et juillet – 45/60 000 L. Ambiance conviviale, très fréquenté par les artistes. A noter, ouvert le dimanche – **Torre di Pisa**, via Fiori Chiari 21, tél. (02) 874 877 – fermé le dimanche 40/50 000 L. Restaurant toscan fréquenté par des gens de la mode et du design – **Boeucc**, piazza Belgioioso 2, tél. (02) 760 20224, fermé samedi, dimanche midi, du 23 au 5 janvier, août. 60/80 000 L. Réservation souhaitable ; dès que le temps le permet, on sert en terrasse. Chic.

CAFFE' – BARS

Cova, via Montenapoleone 8, le café le plus chic de Milan, thés, cafés, pâtisseries, champagne, cocktails – **Pozzi**, piazza Cantore 4, glacier. Un festival de crèmes glacées, de sorbets – **Pasticceria Marchesi**, via santa Maria alla Porta, 1. On ne peut qu'y prendre un café avec le croissant italien à la confiture, mais cette maison fabrique depuis 1824 les meilleurs *panettone* de Noël et les *Colombe* de Pâques.
Bar del Comparino, a retrouvé récemment ses fresques et ses mosaïques Liberty. Lieu historique qui fut autrefois le café de Toscanini, Verdi et de Carrà – **Caffè Milano**, via San Fermo, 1 dans le quartier de la Brera, idéal pour le déjeuner, un menu, un prix fixe, 25 000 L.

SALONS DE THÉ

Sant Ambrœus, corso Matteoti 7, spécialité l'Ambrogitto, le salon de thé le plus chic de Milan mais aussi **Biffi**, corso Magenta 87, **Taveggia**, via Visconti di Modrone 2, **Galli**, corso di Porta Romana 2 pour ses marrons glacés.

SHOPPING DE CHARME

Casa del formaggio, via Speronari 3, un festival de fromages de toute l'Italie – **Peck**, via Spadari 9, depuis toujours le "Fauchon" milanais – **La Fungheria di Bernardi**, viale Abruzzi 93, festival de champignons frais et en conserve – **Enoteca Cotti**, via Solferino 32 – **Memphis Design** pour les créations d'Ettore Sottsass – **De Padova** corso Venezia 14, meubles de Vico Magistretti et Gae Aulenti – **High Tech**, piazza 25 Aprile 14, beaux objets plus abordables - **Pratesi**, via Montenapoleone 27, fournit le plus beau linge de maison en lin – **Libreria Rizzoli,** galleria Vittorio Emanuele 79, éditions rares françaises, livres d'art - **Libreria Hoepli**, via Hoepli 5, ouvrages modernes, manuscrits, dessins autographes.

Bergamo

Lio Pellegrini, via San Tomaso 47, tél. (035) 247813 – fermé lundi, mardi midi, du 4 au 11 janvier, du 2 au 24 août – 50/90 000 L. Couverts limités, réservation – **Taverna del Colleoni**, piazza Vecchia 7, tél. (035) 232 596 – fermé lundi, août – 50/70 000 L. Cuisine régionale dans un décor Renaissance. Les *tagliatelle et le filetto alla Colleoni* sont les spécialités de la maison. Sans oublier **Il Gourmet**, via San Vigilio, 1 tél. (035) 25 61 10 - fermé mardi, 1/6 janvier - 40/60 000 L, service en terrasse l'été.

Brescia

La Sosta, via San Martino della Battaglia 20, tél. (030) 295 603 – fermé lundi, août – 50/80 000 L. Bel édifice du XVIIe, la cuisine vaut qu'on s'y arrête.

Cremona

Ceresole, via Ceresole 4, tél. (0372) 23 322 – fermé dimanche soir, lundi, janvier, août – 60/80 000 L. Une institution dans cette ville connue surtout pour ses célèbres violons. Si cela vous intéresse, vous pourrez visiter le musée Antonio Strativari – **Antica Trattoria del Cigno**, via del Cigno 7, tél. (0372) 21 361 – fermé dimanche, janvier, du 20 juillet au 4 octobre – 30 000 L. A l'ombre du campanile del Torrazzo, cette vieille trattoria est l'adresse préférée des habitants de Crémone .

Mantova

San Gervasio, via San Gervasio 13, tél. (0376) 35 05 04 – fermé mercredi, 12/31 août – 40/70 000 L. Service estival dans deux charmants patios - **L'Aquila Nigra**, vicolo Bonacolsi 4, tél. (0376) 350 651, fermé dim., lundi, Noël, août, 45 000L. Beau décor de fresques, vestiges de l'ancien couvent. Cuisine réputée - **Cento Rampini**, p.delle Erbe, tél. 366 349. Sous le portique du Palazzodella Ragione, service en terrasse.

Pavia

Antica Trattoria Ferrari da Tino, via del Mille 111, tél. (0382) 31033 – fermé dimanche soir, lundi, août – 35/70 000 L. Traditionnelle trattoria de campagne, cuisine savoureuse.

Certosa di Pavia

Vecchio Mulino, via al Monumento 5, tél. (0382) 925 894 - fermé dimanche soir, lundi, du 1 au 10 janvier, du 1 au 20 août – 60/80 000 L. La halte gastronomique quand on va visiter la fameuse chartreuse. Réservez.- **Chalet della Certosa**, devant l'entrée de la Certosa - fermé lundi, du 11 au 24 janvier.

MARCHES

Ancona

Passetto, piazza IV Novembre, tél. (071) 33 214 – fermé mercredi, août 45/75 000 L. De la terrasse où l'on sert en été, on a une belle vue sur la mer Adriatique.

Urbino

Il nuovo Coppiere, via Porta Maja 20, tél. (0722) 320 092 – fermé mercredi, février – 30 000 L. Spécialités des Marches – **Self-Service Franco**, via de Possio – fermé dimanche – 15 000 L. Près du musée, très correct **Vecchia Urbino**, via dei Vasari 3, tél. (0722) 4447, fermé mardi en b.s. –

40/60 000 L. Installé dans une salle du palais Viviani, cuisine régionale, à noter un bon *formaggio di fossa*.

Pesaro

Da Teresa, viale Treste 180, tél. (0721) 30 096 – fermé lundi,

novembre – 60 000 L. Salle élégante avec vue sur la mer, poissons.

Ascoli Piceno

Gallo d'Oro Corso V. Emanuele 13, 3 salles modernes - fermé dimanche soir, lundi, août. Près du Duomo. Cuisine régionale – **Tornassaco,** piazza del Popolo 36, fermé vendredi, juillet.
Caffe' Meleni, piazza del Popolo. Sartre, Hemingway y vinrent pour ses pâtisseries.

OMBRIE

Perugia

Osteria del Bartolo, via Bartolo 30, tél. (075) 5731 561 – fermé dimanche, 7/15 janvier, 25 juillet au 7 août – 60 000 L. Bonne cuisine maison, recettes ombriennes anciennes – **La Taverna**, via delle Streghe 8, tél. (075) 5724 128 – fermé lundi – 40 000 L. Grande salle voûtée, cuisine rustique – **Del Sole**, via delle Rupe 1, tél. (075) 65 031 – fermé lundi, 23 décembre au 10 janvier – 35 000 L. Ancienne salle voûtée, en été service sur terrasse panoramique.

CAFFE' – BARS
Caffe' del Cambio, corso Vannucci 29. Beaucoup de monde dans ce café où se pressent les étudiants.

Assisi

Buca di San Francesco, via Brizi 1, tél. (075) 812 204 – fermé lundi, fév., juil. – 30 000 L. Palais médiéval et joli jardin, cuisine traditionnelle – **Medio Evo**, via Arco del Priori 4, tél. (075) 81 3068 – fermé mercredi, janvier, juillet – 45 000 L. Belle architecture, cuisine soignée et raffinée – **La Fortezza**, Vic. Fortezza 2/B, tél. (075) 812 418 – fermé jeudi – 30 000 L. Sur les ruines d'une maison romaine dont il reste des vestiges. Cuisine ombrienne.

SPÉCIALITÉS LOCALES

Bottega del Buongustaio, via S. Gabriele 17. Epicerie fine où l'on trouve la fameuse truffe de Norcia.

Gubbio

Taverna del Lupo, via G. Ansidei 21, tél. (075) 927 43 68 – fermé lundi h. s., janvier. Reconstitution d'un décor de taverne moyenâgeuse. Spécialités locales – **Alle Fornace di Mastro Giogio,** via Mastro Giogio 3, tél 927 55740 – fermé dim. soir, lundi, février 60000 L.

Spello

Il Cacciatore, via Giulia 42 – fermé lundi, 6 au 20 juillet, 35 000 L. Trattoria avec terrasse – **Il Molino**, piazza Matteotti – fermé mardi.

Spoleto

Il Tartufo, piazza Garibaldi 24, tél. (0743) 40 236 – fermé mercredi, 15 au 10 août – 35/70 000 L. Excellente taverne, cuisine régionale, spécialité de la maison : *fettucine al tartufo* – **Tric Trac da Giustino**, piazza del Duomo, tél. (0743) 44 592 – 20/50 000 L. Très fréquenté au moment du Festival des Deux Mondes. A CAMPELLO SUL CLITUNNO, à 9 km de Spoleto – **Casaline**, tél. (0743) 62 213 fermé lundi – 45 000 L. Après votre visite du Tempietto sul Clitunno. Excellente cuisine faite avec des produits locaux. Les *crostini* aux truffes sont une merveille.

Orvieto

Giglio d'Oro, piazza Duomo 8, tél. (0763) 41 903 – fermé mercredi – 40/70 000 L. Classique et bon – **Grotte del Funaro**, v. Ripa Serancia 41, dans une ancienne grotte, typique **Dell'Ancora**, via di Piazza del Popolo 7, tél. (0763) 42 766 – fermé jeudi, janvier – 35 000 L. Cuisine régionale.

SPECIALITES LOCALES

Dai Fratelli, via del Duomo 11, tous les fromages et la réputée charcuterie ombrienne.

PIEMONT
VAL D'AOSTE

Torino

Vecchia Lanterna, corso Re Umberto 21, tél. (011) 537 047 – fermé samedi midi, dimanche et du 10 au 20 août – 80/97 000 L. Un des meilleurs restaurants d'Italie. Le propriétaire, Armando Zanetti, est toujours à la recherche de nouvelles saveurs même s'il cuisine admirablement les recettes traditionnelles. Superbe cave de vins italiens – **Del Cambio**, piazza Carignano 2, tél. (011) 546 690 – fermé le dimanche et août – 85/110 000 L. Situé dans le centre historique de Turin, là où se fit l'unité italienne, ce restaurant a gardé tout le lustre du temps où Cavour venait y déjeuner tous les jours. L'atmosphère, la cuisine, le service sont fidèles aux traditions piémontaises du XIXᵉ siècle – **Al Gatto Nero**, corso Turati 14, tél. (011) 590 414 – fermé dimanche et août – 70 000 L. Délicieuse cuisine toscane. Pour

votre premier repas, nous vous conseillons les *assassini*, assortiments des meilleures spécialités de la maison - **Mina**, via Ellero 36, tél. (011) 696 3608 – fermé dim. soir, lundi, juillet – 50 000 L. Vraie cuisine piémontaise (*antipasti, sformati, finanziera*) – **Trattoria della Posta**, strada Mongreno 16, tél. (011) 8980 193 – fermé dimanche soir, lundi, du 10 juillet au 20 août. Réputé pour ses fromages et sa bonne cave – **Tre Galline,** via Bellezia 37, tél. (011) 436 65 53 - fermé dimanche et lundi

midi - 50 000 L. Cuisine piémontaise typique – **Salsamentario**, via Santorre di Santarosa 7/B – tél. (011) 819 50 75 – fermé dimanche soir, lundi, 15/22 août. Un grand buffet pour 35 000 L, traiteur attenant – **Il Ciacalon** viale 25 Aprile, tél. (011) 661 09 11 – fermé dimanche et du 11 au 24 août, près du parc des expositions, belle salle rustique et conviviale – **Ostu Bacu**, corso Vercelli 226, tél. (011) 265 79 – fermé dimanche. Cuisine piémontaise typique, atmosphère rustique et familiale.

CAFFE' – BARS

Patrie du vermouth, Martini et Cinzano, l'apéritif à Turin est presque un rite.
Caffe' Baratti e Milano, piazza Castello 29. Café Art Nouveau ouvert depuis 1875. Chic – **Caffe' Mulassano**, piazza Castello 15. Beaucoup d'atmosphère dans ce grand café. Délicieux *tramezzini* (petits sandwichs).

Caffe' San Carlo, piazza San Carlo 156. Ouvert en 1822, fut le rendez-vous de l'intelligentsia européenne – **Caffe' Torino**, piazza S. Carlo, a

gardé ses salons feutrés - **C**afé historique qui fut fréquenté par Cesare
Pavese, James Stewart et bien
d'autres célébrités – **Caffe' al
Bicerin**, piazza della Consolata 5. A
reçu des clients célèbres comme
Alexandre Dumas venu peut-être
déguster le célèbre *bicerin*, spécialité
de la maison (chocolat, café, lait,
sirop de canne).

SPECIALITES LOCALES

Stratta, piazza San Carlo 191 pour
ses *caramelle alla gioca di gelati-
nases*, "marrons glacés", *amaretti,
meringhe con panna montata -*
Peyrano, corso Moncalieri 47, labo-
ratoire des chocolats turinois reputés,
givu, diablottini et les plus connus les
giandujotti vendus aussi à la pâtisserie Peyrano-Pfatisch, corso V.
Emanuele II, 76 – **Cantine Marchesi
di Barolo**, via Maria Vittoria pour
acheter tous les vins piémontais
*Barolo Barbera, Barbaresco, Gatti-
nara, l'Asti Spumante* bien sûr et les
grappe.

Asti

Gener Neuv, Lungo Tanaro 4, tél.
(0141) 557 270 – fermé dimanche
soir, lundi, août, Noël – 85 000 L.
Cuisine traditionnelle piémontaise,
une des meilleures adresses -
L'Angolo del Beato, via Guttuari 12,
tél (0141) 531 668, fermé mercredi et
août – 50 000 L. Dans une maison
ancienne, réservation – **Il Cenacolo**,
viale al Pilone 59, tél. (0141) 511 00
fermé lundi et mardi midi du 10 au
20 janvier et 5 au 20 août – 40 000L.
Petite salle intime, saveurs régionales, réservation.

Costigliole d'Asti

à 15 km d'Asti

Guido, Piazza Umberto I 27, tél.
(0141) 966 012 – fermé à midi,
dimanche, du 1 au 24 août, 22
décembre au 10 janvier – 100 000 L.
Sur réservation uniquement, spécialités des *Langhe* réinventées de manière très raffinée.

Cannobio

Del Lago, à Carmine Inferiore à 3
km, tél. (0166) 948 775 – fermé
novembreet février - 60/100 000 L
réservation. Au bord du lac, bonne
cuisine classique.

Aosta

Le Petit Restaurant, Hotel du
Cheval Blanc, via Clavalité, 20, tél.
(0165) 262 214 – fermé mercredi, 20
nov./20 déc. – 80 000 L. Le meilleur
restaurant valdôtain – **Le Foyer**
Corso Ivrea 146, tél. (0165) 32136 -
fermé lundi soir, mardi, 5 au 20
juillet, 15 au 31 janvier – 50 000 L.
Confortable et chaud, spécialités
locales, réservation – à SAINT-
CHRISTOPHE, **"Casale"**, à 12 km
d'Aosta, regione Candemine, tél.
(0165) 541 203, fermé lundi, jours
fériés, janvier – 75 000 L. Mérite le
détour pour ses spécialités et sa cave.

Breuil-Cervinia

Les Neiges d'Antan, à 4 km, tél. (0166) 948 775 – fermé lundi, juillet, octobre, novembre – 35/90 000 L. La meilleure table, la meilleure cave de Cervinia. Les qualités de l'hôtel quant à elles sont mentionnées dans le guide – **Cime Bianche**, tél. (0166) 949 046, sur les pistes en hiver – 30/50 000 L. Cuisine typique dans un joli décor de montagne, vue superbe sur le Cervin – **Le Mattherhorn**, tél. (0166) 948 518. Dans le centre, pizzas, viandes grillées, poisson – **Hostellerie des guides**, ouverte de 7 heures à minuit, très fréquentée pour ses bons irish-coffee.

Courmayeur

Le Vieux Pommier, piazzale Monte Bianco 25, tél. (0155) 842 281, fermé lundi, octobre. Cuisine régionale dans un cadre chaleureux – **Pierre Alexis 1877**, via Marconi 54, tél (0155) 84 35 17, octobre, novembre, lundi (sauf août), mardi midi de décembre à mars – **Al Camin**, via dei Bagni, tél (0155) 841 497 - fermé mardi en b. s., novembre, ambiance montagnarde, cuisine familiale – **Caffe' Della Posta**, via Roma 41. Un bar centenaire, alcools et cocktails des Alpes, bien installé dans de confortables sofas (*Grappas, Genepi* et aussi la *grolla dell'amicizia*).

Entrèves
à 4 km de Courmayeur

La Maison de Filippo, tél. (0165) 89 668 – fermé mardi, de juin jusqu'au 15 juillet, novembre – 50 000 L.

Célèbre taverne valdôtaine, réservation indispensable.

Planpincieux Val Ferret
à 7 km de Courmayeur

La Clotze, tél. (0165) 89 928 – fermé mercredi, juin, novembre – 45 000 L. Bonne cuisine régionale

La Palud Val Ferret
à 5 km de Courmayeur

La Palud-da-Pasquale, tél. (0165) 89 169 – fermé mercredi, novembre 30/40 000 L. Spécialités valdôtaines et de montagne.

Plan–de–Lognan Val Veny
à 12 km de Courmayeur

Le Chalet del Miage, fermé juillet, septembre. Cuisine de montagne.

Cogne

Lou Ressignon, rue des Mines 22, tél. (0165) 74 034. Très bonnes viandes, *fonduta, carbonara* (viande cuite à la bière), et aussi de délicieux fromages et desserts.

Verres

Chez Pierre, via Martorey 43, tél. (0125) 929 376 – fermé lundi et mardi sauf août - 50/80 000 L. Adorable restaurant à 37 km d'Aoste, atmosphère chaleureuse, cuisine typique.

Alberobello

Il Poeta Contadino, via Indipendenza 21, tél. (080) 721 917 – fermé dimanche soir, lundi, janvier, juin 50/80 000 L. Excellente cuisine - **Trullo d'Oro**, via Cavallotti 31, tél. (080) 721 820 – fermé lundi, du 7 janvier au 8 février – 25/60 000 L. Pittoresque, décor rustique, cuisine régionale – **Cucina dei Trulli**, piazza San Fernandino 31, tél. (080) 721 179 – fermé jeudi sauf été – 20 000 L. Cuisine locale variée.

Bari

Nuova Vecchia Bari, via Dante Alighieri 47, tél. (080) 521 64 96 – fermé vendredi., dimanche soir – 50 000 L. Dans un ancien pressoir à huile. Cuisine pugliese – **La Pignata**, corso Vittorio Emanuele 173, tél. 523 24 81 – **Deco',** largo Adua 10, tél. 524 60 70. Elégant.

Lecce

Gino e Gianni, via Adriatica à 2 km, tél. (0832) 45 888 – fermé mercredi – 45 000 L. Ville d'allure théâtrale, baroque et superbe. Cuisine traditionnelle **Il Satirello**, tél (0832) 376 121, à 9 km sur la route vers Torre Chianca – fermé mardi. Dans une ancienne ferme avec un beau jardin pour les beaux jours.

Martina Franca

Da Antonietta, via Virgilio 30, tél. (080) 706 511 – fermé mercredi h. s. 25 000 L. Cuisine savoureuse et parfumée – **Rosticceria Ricci**, via Cavour 19. On mange de bonnes viandes, dans l'arrière-boutique d'une boucherie – **Trattoria delle Ruote**, via Ceglie à 4,5 km, tél. (080) 883 74 73 – fermé le lundi – 30/45 000 L. Une bonne adresse, couverts limités, réservation – **Caffe' Tripoli**, piazza Garibaldi. Vieux café merveilleux, pâtisseries, pâte d'amande – **Bar Derna**, piazza Settembre 4. Délicieuses pâtisseries.

Polignano al Mare

Grotta Polazzese, via Narcisso 59, tél. (080) 740 0677 – 65/90 000 L. En été on sert des langoustes et du poisson dans ce restaurant qui occupe une grotte naturelle.

Alghero

Le Lepanto, via Carlo Alberto 135, tél. (079) 979 116 – fermé lundi h. s.

50 000 L. Après votre visite aux Grottes de Neptune, vous serez sans doute ravi de venir déguster une langouste au Lepanto ou de goûter les spécialités régionales – **Al Tuguri**, via Majorca 113 ou au **Dieci Metri**, vicolo Adami 37.

Santa Teresa Gallura

Canne al Vento, via nazionale 23, tél. (0789) 754 219 – fermé octobre, novembre, samedi b. s. *Zuppa galurese, antipasti del mare*, des spécialités de la mer cuisinées avec bonheur.

Nuoro

Canne al Vento, viale Repubblica 66, tél. (0784) 201 762. Bonne sélection de viandes et de poissons.

Monte Ortobene

à 7 km de Nuoro
Dai Fratelli Sacchi, tél. (0784) 31200. Les frères Sacchi accueillent chaleureusement leurs hôtes avec une cuisine savoureuse.

Dorgali

Il Colibri, via Gramsci 44, tél. (0784) 960 54, fermé de décembre à février, dimanche d'octobre à mai – 20/35 000 L. Une bonne étape sur la route du Dolmen Mottora et des grottes di Ispinigoli pour goûter la cuisine sarde.

Olbia

Ristorante dell' hotel Gallura, corso Umberto 145, tél. (0789) 246 48. Une institution qui dure depuis plus de cinquante ans. Poisson et fruits de mer cuisinés avec une délicieuse simplicité.

Leone et Anna, via Barcelona 90, tél. (0789) 263 33 – fermé janvier, mercredi h.s. Cuisine sarde, poisson, mais aussi spécialités vénitiennes.

Cagliari

Dal Corsaro, viale Regina Margherita 28, tél. (070) 664 318 – fermé dimanche, août – 60 000 L. Si vous devez passer une nuit à Cagliari avant de partir vers des côtes plus attrayantes, vous aurez ici une authentique cuisine sarde de grande qualité – **Antica Hostaria**, via Cavour 60, tél. (070) 665 870 – fermé dimanche, août. Un des restaurants les plus agréables de Cagliari. Antonello Floris adapte avec talent des recettes traditionnelles. Bons desserts préparés par sa femme Lilly.

Isola San Pietro
Carloforte

Al Tonno di Cosa, via Marconi 47, tél. (0781) 855 106. Délicieuse cuisine locale, *tonno alla carlofortina*, *"casca"* couscous régional. Terrasse avec vue sur la mer – **Miramare**, piazza Carlo Emanuele 12, tél. (0781) 85 653, spécialités carlofortina, sardes et arabes.

Porto Cervo

Il Pescatore, sul molo Vecchio, tél. (0789) 92 296 – fermé d'octobre à mai, ouvert seulement le soir – 65 000 L. Dîner aux chandelles sur terrasse fleurie – **Bar degli archi**, piazzetta degli Archi. On y prend son petit déjeuner, son sandwich à midi, l'apéritif le soir – **Pevero Golf Club**, Pevero, tél. (0789) 96 210 – fermé novembre à avril – 80 000 L. Un des plus beaux parcours – le restaurant du Club House sert une cuisine légère et raffinée à l'image de la clientèle élégante.

Isola la Maddalena

La Grotta, via Principe di Napoli 3, tél. (0789) 737 228 - fermé novembre 30/50 000 L. Trattoria typique pour le poisson et les fruits de mer – **Mangana**, via Mazzini, tél (0789) 738 477 – fermé mercredi et du 20 décembre au 20 janvier – 45/60 000 L. Ici aussi des menus tout poisson.

Oristano

Il Faro, via Bellini 25, tél. (0783) 700 02 – fermé dimanche, 11/25 juillet – 60000 L. Cuisine inventive sur fond de spécialités régionales. Réservation indispensable.

Palermo

Charleston, Piazza Ungheria 30, tél

(091) 321 366 – fermé dimanche et de juin à septembre, 80 000 L. Beau décor Liberty, élégant, très bonne cuisine – **Renato l'Approdo**, via Messina Marina 28, tél. (091) 630 2881 – fermé mercredi, 10/25 août – 50/70 000 L. Une des meilleures tables de l'île, anciennes recettes siciliennes – **La Scuderia**, viale del Fante 9, tél. (091) 520 323 – fermé dimanche soir – 55 000 L. Une des plus jolies terrasses de la ville, le dîner y est exquis – **Al Ficondindia**, via Emerico Amari 64, tél. (091) 324 214 – fermé jeudi – 25 000 L. Taverne rustique, cuisine locale - **Gourmand's**, via Libertà 37/E, tél (091) 323 431, élégant, bon poisson fumé maison - A MONREALE, 8 kilomètres de Palerme, **La Botte**, contrada Lenzitti 416, tél. (091) 414 051 – fermé lundi, juillet, août – 45 000 L. La cathédrale est superbe, à ne pas manquer. Délicieuse cuisine – A MONDELLO, à 11 km de Palerme, **Charleston le Terrazze**, viale Regina Elena, tél. (091) 450 171, ouvert de

juin à septembre sur la plage élégante de Palerme. C'est le quartier d'été du *Charleston* de Palerme, élégant, superbe terrasse sur la mer – **Gambero Rosso**, via Piano Gallo 30, tél. (091) 454 685 – fermé lundi, novembre – 45 000 L. Trattoria qui sert de bonnes spécialités de la mer.

C A F F E ' — B A R S
Caffe' Mazzara, via Generale Magliocco 15. Tomaso di Lampedusa y écrivit de nombreux chapitres du *Guépard*. - **Bar du Grand Hotel des Palmes**, supprimé de notre sélection d'hôtels car les chambres n'étaient pas à la hauteur des prix demandés, mais une visite dans les superbes salons s'impose.

Cefalù

La Brace, via XXV Novembre 10, tél. (921) 23 570 – fermé lundi, 15 décembre au 15 janvier. Petite salle proposant une cuisine nationale.

Messina

Alberto, via Ghibellina 95, tél (090) 710 711. Alberto Sardella propose depuis 30 ans, une merveilleuse cuisine. Une de ses spécialités *spiedini di pesce spada*. Plus simple mais cordial **Pippo Nunnari**, via Ugo bassi 157 - fermé lundi, juin – 50 000 L.

Taormina

La Griglia, corso Umberto 54, tél.(0942) 239 80 – fermé mardi, 20 novembre/20 décembre – 40 000 L , rustique, soigné, régional – **Rosticepi**, via S. Pancrazio, 10 – tél (0942) 24149. La trattoria de Taormina – **Giova Rosy Senior**, corso Umberto 38, tél. (0942) 24 411 –

fermé jeudi, janvier, février – 50 000 L. Grand chariot d'*antipasti*, poisson, adorable terrasse couverte de jasmin – **Ciclope**, corso Umberto, tél. (0942) 232 63 – fermé mercredi. 25/35 000 L. Une des meilleures petites trattorias à la sicilienne.

Catania

La Siciliana, via Marco Polo 52/A, tél.(095) 376 400, fermé lundi, 15 au 31 août, 70 000 L. Le *Ripiddu nivicatu*, une de leurs bonnes spécialités est une miniaturisation de l'Etna **Costa Azzura**, via de Cristofaro à Ognina à 4 km, tél. 494 920 - fermé lundi. Une belle terrasse pour l'été. Cuisine de la mer - ACIREALE 16 km, **Panoramico**, Sta Maria Ammalati, vue sur l'Etna avec une formidable *pastasciutta al raguttino di mare*, "le castellane di Leonardo", fermé lundi.

Siracusa

Darsena, riva garibaldi 6, tél. (0931)66 104 – fermé mercredi – 25/50 000 L. Spécialité de poissons, vue sur la mer – **Archimede**, via Gemellaro 8, tél. (0931) 69 701 – 40/60 000 L. Trattoria au cœur de la vieille ville – **Don Camillo**, via Maestranza 92/100, tél (0931) 66 104 – fermé dimanche - 50 000 L - **Amnesye**, une nouvelle bonne adresse à Siracusa.

Agrigente

Le Caprice, strada panoramica dei Tempi 51 – fermé vendredi, 1/15 juillet, vue sur la vallée des temples **Taverna Mosé**, contrada San Biagio

6, la terrasse donne sur le temple de Junon et l'on sert les spaguettis qu'aimait paraît-il Pirandello! – **Trattoria del Vigneto**, via Cavalieri Magazzeni 11, tél. (0922) 414 319 – fermé mardi, novembre – 25/30 000 L. Le meilleur endroit pour goûter quelques spécialités après la visite de la Vallée des Temples.

Eolie-Lipari

Filippino, piazza Municipo, tél. (090) 981 1002 – fermé lundi sauf été, 15 novembre au 15 décembre – 45 000 L. Traditionnel, le meilleur poisson de l'île – **E Pulera**, via Stradale Diana 51, tél. (090) 981 1158 – ouvert de juin à octobre – 35/65 000 L. On dîne sous une pergola de charme, réservation indispensable.

Eolie-Vulcano

Lanterna Bleu, Porto Ponente, via Lentia, tél. (090) 985 2287 – 40 000 L. Le meilleur dans cette petite île sauvage, bons poissons.

TOSCANE

Firenze

Enoteca Pinchiorri, via Ghibellina 87, tél. (055) 242 777 – fermé dimanche, lundi midi, août, février, Noël et jour de l'an – 125/150 000 L. Une des cuisines et une des caves les plus raffinées d'Italie. Très beau décor de la salle à manger, délicieux patio fleuri, chic et cher – **Trattoria**

Coco Lezzone, via del Parioncino 26r, tél. (055) 287 178 – fermé dimanche, mardi soir, août, Noël – 45/80 000 L. La perfection dans la simplicité **Da Gannino**, piazza del Cimatori, tél. (055) 214 125 – fermé dimanche, août. Petite osteria typique près de la Signoria, en été service sur la petite place, réservation – **Il Cibreo**, via dei Macci 118r, tél. (055) 234 1100 – fermé dimanche, lundi, août, Noël – 60 000 L. Près de Santa Croce, ambiance mode, nouvelle cuisine italienne – **l Latini**, via Palchetti, tél. (055) 210 616, fermé dimanche, août – 30 000 L. Caché au

fond d'une ruelle, on fait la queue au comptoir un verre de vin à la main avant de trouver une place. Table d'hôtes, *prosciutto*, et *vitello arrosto*, la spécialité de la maison. Convivial et bruyant – **Trattoria Cammillo**, borgo San Iacopo 57, tél. (055) 212 427 – fermé mercredi, jeudi, 1ère semaine d'août, Noël. Une des trattorias les plus appréciées de Florence – cuisine florentine avec quelques fantaisies comme les *tortellini* au curry **Mamma Gina**, borgo S. Iacopo 37, tél. (055) 296 009 – fermé dimanche, août – 30/40 000 L. Cuisine traditionnelle – **Cantinone del Gallo Nero**, via San Spirito 6, tél. (055) 218 898 – 25 000 L. Installé dans une cave dont on aperçoit difficilement l'entrée mais à quelques mètres et sur le trottoir opposé de Cammillo. *Crostini, Chianti* et *tiramisu* – **Sostanza**, via della Porcellàna, tél. (055) 212 691 – fermé samedi, dimanche, août – 40 000 L. Tout petit restaurant-épicerie où l'on vous sert

de bonnes spécialités locales.

13 Gobbi, Via del Porcellana 9 r, tél. (055) 2398 769. Petites banquettes autour de tables discrètement éclairées, cuisine locale – **Sabatini**, via de Panzani 9/a, tél. (055) 282 802 – fermé lundi – 70 000 L. Les *antipasti* maison sont une bonne entrée pour

goûter une bonne cuisine classique toscane – **Da Noi**, via Fiesolana, 46 r, tél. (055) 242 917 – fermé dimanche, lundi, août, Noël – 50 000 L. Petit restaurant raffiné, cuisine créative, produits de la mer – **Dino**, via Ghibellina 51 r, tél. (055) 241 452 – fermé dimanche soir, lundi, août – 35/50 000 L. Une des plus anciennes adresses de Florence où chaque jour on renouvelle la tradition toscane selon le marché – **Cantinetta Antinori**, piazza Antinori 3, tél. (055) 292 234. Caché dans la cour du palais Antinori, près de l'Hôtel de la Ville, beaucoup viennent ici pour goûter les très bons vins toscans accompagnés d'une cuisine simple – **Buca Lipi**, via del Trebbio 1 r, tél. (055) 213 768 – fermé mercredi et août – 30/50 000 L. Cave pittoresque sous le palais Antinori cité précédemment, bonne cuisine – **Buca Mario**, piazza Ottaviani, 16 l, tél. (055) 214 179 – fermé mercredi et août – 30/50 000 L. Cave typique – cuisine traditionnelle – **Le Fonticine**, via Nazionale 79 r, tél (055) 282 106. Grande salle rustique aux murs couverts de tableaux – cuisine toscane avec quelques spécialités émiliennes – bon grill, le seul reproche : des tables un peu trop près les unes des autres – **Campannina di Sante**, piazza Ravenne, tel (055) 68 8343. La promenade, le soir, le long de l'Arno jusqu'au pont da Verrazzano est très jolie. On sert uniquement du poisson. Jolie vue sur le Ponte Vecchio et la tour de la Signoria – **Antico Fattore**, via Lambertesca 1, tél. (055) 238 12 15 – fermé dimanche, lundi, août – 35 000 L. Spécialités toscanes traditionnelles dans une trattoria familiale proche des Offices – **Fagioli**, Corso Tintori 47 r, tél. (55) 244 285 – fermé samedi, dimanche, août et Noël – 30/40 000 L. Spécialités typiques préparées par un vrai toscan – **Giubbe Rosse**, piazza della Repubblica, 13, restaurant-galerie fort sympathique.

CAFFE' – BARS

Rivoire, piazza della Signoria. Grande terrasse sur la plus belle place du monde. C'est ici que l'on se repose après la visite des Offices. Sandwichs, pâtisseries – connu sutout pour les *gianduiotti* et les *cantucci di Prato* avec *Vino Santo* – **Giacosa**, via Tornabuoni 83. Il y a toujours beaucoup de monde dans ce café élégant. Cappuccino et pâtisseries – **Gilli**, piazza della Repubblica. Grande terrasse protégée de palmiers sur la place la plus populaire de

Florence. Intérieur Belle Epoque. **Vivoli**, via Isola delle Strinche – fermé lundi. Très bon glacier – pâtisseries. **Dolce Vita**, piazza del Carmine. Rendez-vous des jeunes branchés de Florence – **Paszkowski**, piazza della Repubblica 6, café-concert et restauration.

SHOPPING DE CHARME

Pineider, piazza della Signoria 13r, ancien fournisseur de Napoléon et de Verdi continue à faire le papier à lettre, les garnitures de bureau pour les grands de ce monde et les esthètes qui viennent acheter leur encre ou faire monogrammer leur papier – **Taddei**, via Sta Margherita 11, jolie maroquinerie artisanale – **Boutique de la Leather School**, vend aussi des objets de maroquinerie fabriqués dans son école voisine. La joaillerie florentine, c'est au Ponte Vecchio, pour des bijoux plus personnalisés **Bottega Orafa di Cassigoli e Costanza**, via degli Ramaglienti 12, artisan joaillier – **Gusceli Brandimarte**, via Bartolini 18, orfèvrerie artisanale – **Officina Profumo Farmaceutica di Santa Maria Novella**, piazza Sta Maria Novella, eaux de Cologne, parfums, elixirs, savons ; la boutique occupe une chapelle du XIVe, sur rendez-vous on peut visiter les arrières salles, superbes – Chez **Bizzarri**, via Condotta 32r, droguerie-herboristerie. La via de' Tornabuoni est le centre des magasins de mode. Pour les soieries et brocards florentins dans la tradition de la Renaissance, **Antico Sattificio Fiorentini**, via Bartolini. Pour vos mouchoirs ou linge de maison brodés à l'aiguille, **Loretta Caponi**, borgo Ognissanti 10-12r - **Procacci**, via de' Tornabuoni, épicerie fine - **Gastronomia Palmieri**, via Manni 48 r et **Gastrononomia Vera**, piazza Frescobaldi 3r, charcuterie, vins, fromages et autre produits toscans.

Prato

Il Piraña, via Valentini 110, tél. (0574) 25746 – fermé samedi midi, dimanche et août – 70/80 000 L. Elégant, décor moderne, bonne cuisine – **Trattoria Lapo,** piazza Mercatale. Simple et bon marché – **Tonio,** piazza Mercatale 161, tél. (0574) 21 266, fermé dimanche, lundi et août.

Siena

Cane e Gatto - Osteria Castel Vecchio, via Pagliaresi : deux bonnes trattorias dans la ruelle juste en face de la pinacothèque – **Guido,** Vic. Pettinaio, 7 tél. (0577) 28 00 42 – fermé mercredi et du 10 au 25 janvier, 15 au 30 juillet - Vous dégusterez ici la cuisine la plus authentique – **Al Mangia,** ou **Il Campo** piazza del Campo 43 – 45/50 000 L. Sur la célèbre place del Campo, ne serait-ce que pour le site ! ce n'est pas pour autant un piège à touristes – **Nello La Taverna,** via del Porrione 28, tél. (0577) 289 003 – fermé lundi et février – 25/ 50 000 L. Taverne fréquentée par les familles siennoises, bonne cuisine, bonne sélection de vins de Toscane – **Osteria Le Logge,** via del Porrione 33, tél. (0577) 480 13 – fermé dimanche – 40/50 000L. Occupe une ancienne épicerie, propose à présent une excellente cuisine, vin et huile d'olive de la propriété – **Grotta Santa Caterina da Bogoga,** via della Galluzza 26, tél. (0577) 282 208 – fermé dimanche soir, lundi, juillet – 30 000 L. Ambiance et cuisine rustiques – **Antica Trattoria**

Bottleganova, strada Chiantigiana, tél. (0577) 284 230 – fermé dimanche, lundi midi, 20 jours entre juillet et août – 40 000 L. Très agréable, mérite ce petit détour : tout y est très soigné, cuisine et accueil.

LA CAMPAGNE TOSCANE ENTRE FIRENZE ET SIENA

Fiesole

à 5 km de Firenze
Trattoria Cave di Maiano, à Maiano 3 km, via delle cave 16, tél. (055) 591 33 – fermé jeudi, dimanche soir, août – 35 000 L. On déjeune en été sur les grandes tables en bois de la terrasse ombragée – en hiver dans un décor de taverne pittoresque.

Bagno a Ripoli

à 9 km de Firenze
Cent'Anni, via Centanni 7, tél. (055) 630 122 – fermé samedi midi, dimanche, août – 50 000 L. Un adorable jardin, une jolie salle à manger, des recettes traditionnelles toscanes préparées en famille : Mamma Luciana fait la cuisine, son fils Luciano la pâtisserie et Silvano s'occupe des vins.

Settignano

à 7 km de Firenze
Caffe' Desiderio. Vieux café datant de la fin du XIXe siècle – cafés, chocolat, pâtisserie, cocktails avec en plus une superbe vue sur les collines de Fiesole.

Serpiolle

à 8 km de Firenze

Lo Strettoio , via di Serpiolle 7, tel (055) 4250 044 – fermé à midi, dimanche, lundi, août. Une belle salle dans une ancienne villa qui a conservé son pressoir à olives (d'où son nom). Atmosphère raffinée, un menu saisonnier servi par des *camerieri* en robe noire et col blanc.

Carmignano

à 22 km de Firenze

Da Delfina, à Artimino 6 km, via della Chiesa, tél. (055) 871 8175 – fermé lundi soir, mardi, août et du 1er au 15 janvier. Mamma Delfina veille à tout – ainsi tout vient de la propriété familiale (légumes, œufs, volailles), ou est fait maison, notamment les inoubliables *pappardelle*.

San Casciano in Val di Pesa

à 18 km de Firenze

La Biscondola, à Mercatale tél. (055) 821 381 – fermé lundi, mardi midi, novembre – 40/50 000 L

La Tenda Rossa, à Cerbaia à 6 km, tél. (055) 826 132 – fermé mercredi, jeudi midi, du 5 au 28 août – 75 000 L. Gestion familiale de ce petit restaurant qui sert une cuisine savoureuse préparée avec des produits d'une grande fraîcheur. Réservation.

Certaldo

à 56 km de Firenze

Osteria del Vicario, via Rivellino 3, tél. (0571) 668 228. Une halte agréable, si vous visitez le village

ancien de Certaldo.

Monterriggioni

à 15 km de Siena

Il Pozzo, piazza Roma 2, tél. (0577) 304 127 – fermé dimanche soir, lundi, janvier, fin juillet jusqu'au 15 août – 40/50 000 L. Très bonne table, grande carte des vins. Cuisine gastronomique régionale.

San Piero a Sieve

à 21 km de Siena

Villa Ebe, borgo San Lorenzo, tél. (0551) 845 7507 – fermé lundi – 40 000 L. Le village et la campagne méritent déjà le détour mais les pâtes fraîches de la signora Ebe rendent l'étape incontournable.

Castellina in Chianti

à 26 km de Siena

Antica Trattoria La Torre, tél. (0577) 740 236 – fermé vendredi, du 1er au 15 septembre – 30/45 000 L. On perpétue la tradition familiale, cuisine à base de produits locaux.

Gaiole in Chianti

à 28 km de Siena

Badia, à Coltibuono à 5 km, tél. (0577) 749 424 – fermé lundi, du 1er novembre au 15 décembre –

45 000 L. Ici c'est la tradition des Bénédictins qui occupaient le monastère que l'on perpétue, humanistes mais aussi fins gourmets. Une étape fort agréable.

Colle Val d'Elsa

à 25 km de Siena

Arnolfo, piazza Santa Caterina 2, tél. (0577) 920 549 – fermé mardi, du 1er au 10 août, du 10 janvier au 10 février – 60/85 000 L. Sur le chemin de San Gimignano et de Volterra, c'est une bonne étape : tradition et innovation sont les fils conducteurs du jeune chef qui dirige la cuisine.

Abbaye de Monteoliveto Asciano

à 37 km de Siena

La Torre, dans les jardins de l'abbaye, taverne très agréable pour attendre l'ouverture de l'abbaye qui ferme à l'heure du déjeuner ; on installe des tables sous la treille dès les beaux jours, sandwichs, menus 25/50 000 L - fermé mardi.
Osteria della Pievina, stratale 438, Lauretana. Une étape de choix lorsque vous ferez l'indispensable excursion de la route des crêtes qui rejoint Asciano à Siena. Restaurant d'atmosphère, bonne cuisine, bonne cave.

Montefollonico

à 60 km de Siena

La Chiusa, via Madonnina, tél. (0577) 669 668 – fermé le mardi, sauf d'août à septembre, du 5 janvier au 19 mars et du 5 novembre au 5

décembre – 80/120 000 L. Délicieuse cuisine dans un endroit de charme.

Montepulciano

à 66 km de Siena

Ristorante rustico Pulcino, strada per Chianciano, tél. (0578) 716 905. Ici on cuisine avec les produits de la propriété et de la région : truffe blanche, polenta, grillades, tout ceci arrosé des meilleurs vins.

Pienza

à 52 km de Siena

Dal Falco, piazza Dante Alighieri 7, tél. (0465) 74 85 51 – fermé vendredi, du 10 au 20 juillet et du 10 au 30 novembre. 25/35 000 L. Spécialités maison, atmosphère familliale – **Il Prato**, piazza Dante Alighieri 25, tél. (0465) 74 86 01 – fermé mercredi, du 1er au 20 juillet. Ambiance accueillante et cuisine régionale.

San Gimignano

à 38 km de Siena

Le Terrazze, piazza della Cisterna, tél. (0577) 575 152 – fermé mardi, mercredi midi – 40 000 L. Spécialités toscanes, belle vue sur le val d'Elsa - **Dorando'**, vicolo dell' oro, 2 – fermé le lundi. Tout près du Duomo, très bonne cuisine, atmosphère élégante et intime – 50 000 L – **La Griglia**, tél. 940005 – fermé jeudi. Vue sur la campagne.

Arezzo

Buca di San Francesco, via San Francesco, tél. (0575) 23 271 – fermé lundi soir, mardi, juillet – 55 000 L. Cuisine délicieuse, décor renaissance qui crée beaucoup d'atmosphère – **Al Principe**, à Giovi 7 km, tél. 362 046 – fermé lundi, du 20 juillet au 20 août 50 000 L. Vieille trattoria conservatrice de la tradition.

Cortona

à 28 km d'Arezzo

La Loggetta, piazza Pescheria 3 – fermé lundi, janvier – 35 000 L – **Il Falconiere**, à S. M. a Bolena 3 km – fermé mercredi - 60 000 L.

Lucignano

à 27 km d'Arezzo

Osteria da Toto, piazza Tribunale 6, tél. (0575) 836 988 – fermé le mardi, novembre, février. Un superbe village, une halte agréable.

Lucca

Buca di Sant' Antonio, via della Cervia 1, tél. (0583) 55 881 – fermé dimanche soir, lundi, juillet – 50 000 L. Intérieur intime et chaleureux, une des meilleures tables de la région – **Antico Caffe' delle Mura**, piazzale Vittorio Emanuele 2, tél. (0583) 47 962 – fermé mardi, 20 jours en janvier, 10 jours en août – 40 000 L. Vieux café où l'on sert une généreuse cuisine régionale - **Da Giulio in Pelleria**, via delle Conce 45, tél. (0583) 55 948 – fermé dimanche, lundi, du 1er au 15 août et Noël – 25 000 L. Cuisine très parfumée, authentique cuisine locale familiale – **Solferino**, à San Macario in Piano à 6 km, tél. (0583) 59 118 – fermé mercredi, mardi soir, deux semaines en août et une à Noël **Vipore**, à Pieve Santo Stefano à 9 km, tél. (0583) 39 4107 – fermé lundi, mardi soir. Ferme du XVIIIe transformée en un adorable restaurant avec vue sur la plaine de Lucca – 60 000 L.

Pugnano San Giulano Terme

Le Arcate, tél. (050) 850 105 – fermé lundi, août - Cuisine traditionnelle – **Sergio** le célèbre restaurant de Pise a installé une antenne à la Villa di Corliano, à Rigoli San Giuliano Terme.

Pisa

Al Ristoro dei Vecchi Macelli, via Volturno 49, tél. (050) 20 424 – fermé mercredi, dimanche midi, du 10 au 20 août – 60 000 L. Cuisine personnalisée – **Sergio**, lungarno Pacinotti 1, tél. (050) 58 0580 – fermé dimanche, lundi midi, janvier –

70/95 000 L. Cuisine de marché inventive, desserts délicieux, la meilleure adresse de Pise – **Emilio**, via Roma 26, tél. (050) 562 131 – fermé vendredi – 25/45 000 L. Entre l'Arno et la Tour, une bonne adresse pour le déjeuner : grand buffet d'*antipasti* – **Da Bruno**, via Bianchi 12, tél. (050) 560 818 – fermé lundi soir, mardi, du 5 au 18 août. 25/60 000 L. Cuisine traditionnelle dans un cadre chaleureux - **Lo Schiaccianoci**, via Vespucci 104, tél 21024 – Cuisine locale personnalisée.

Volterra

à 60 km de Pisa

Da Beppino, via delle Prigioni 15, tél. (0588) 86 051 – fermé mercredi, 10/20 janvier. Trattoria traditionnelle dans le centre historique – 30 000 L **Etruria**, piazza dei Priori 8, tél. (0588) 86 064 fermé jeudi, novembre, 45 000 L. Le restaurant se trouve dans un ancien palais sur la superbe place de Volterra.

Livorno

La Barcarola, viale Carducci 63, tél. (0586) 402 367 – fermé dimanche et août – 40/60 000 L. Dans un palais 1900, les meilleures spécialités de Livourne : *caciucco*, la soupe de poisson, et le loup à la livournaise – **Gennarrino**, via Santa Fortunata 11, tél (0586) 888 093 - fermé mercredi, février - 45 000 L. Un bon classique, mieux vaut réserver – **Il Fanale**, Scali Novi Lena 15, tél. (0586) 881 346 – fermé le mardi – 50 000 L. Réservation souhaitée.

Isola d'Elba

Publius, à Poggio (Marciana), tél. (0565) 99 208, fermé la deuxième quinzaine d'octobre jusqu'à Pâques – 35/70 000 L. Le restaurant le plus réputé de l'île avec une belle vue sur la mer – **Rendez-vous da Marcello**, à Marciana Marina, piazza della Vittoria 1, tél. (0565) 95 251 – fermé mercerdi, du 10 janvier au 10 février. 45 000 L.

TRENTINO HAUT ADIGE

Trento

Chiesa, via Marchetti 9, tél. (0461) 238 766 – fermé mercredi soir, dimanche, du 10 au 25 août – 60/80 000 L. Les spécialités diffèrent selon les saisons : pendant la saison des pommes, tous les plats sont cuisinés avec ces fruits – au printemps beaucoup de légumes primeurs, en été poisson du lac, raffiné, élégant – **Orso Grigio**, via degli Orti 19, tél. (0461) 984 400 – fermé dimanche du 1er au 15 janvier. Cuisine raffinée d'inspiration trentino-française. Un joli jardin en été – **Hostaria del Buonconsiglio**, via Suffragio 23, tél. (0461) 986 619 – ouvert seulement le soir sauf le dimanche – 30 000 L. Rustique et chaleureux – **Birreria Forst**, via Oss Mazzurana 38, tél. (0461) 235 590 – fermé lundi – 30 000 L. Conseillé pour le déjeuner, que l'on prend au bar ou dans l'arrière-salle – **Le Bollicine**, via dei Ventuno 1, tél. (0461) 983 161 – fermé dimanche, août – 35 000 L. Sur la route du Château de Buon Consiglio, restaurant et taverne - A CIVEZZANO, 6 km de Trento, **Maso Cantanghel**, via Madonnina 33, tél. (0461) 858 714 – fermé dimanche, Pâques, août 35 000 L. Belle ferme ancienne très bien restaurée, un peu en dehors de la ville. Cuisine et service soignés.

C A F F E ' — B A R S

Caffe' Campregher, via Mazzini. Délicieux cocktails à base de *spumante*, vin pétillant du pays.

Calavino

à 19 km de Trento
Castel Toblino, tél. (0461) 44 036. Dans un merveilleux paysage de lac et de montagne, sur le lac de Garde, on a transformé une salle de ce

romantique château en restaurant. Charme assuré.

Riva del Garda

à 28 km de Trento
Vecchia Riva, via Bastione 3, tél. (0464) 555 061 – fermé mardi b.s. – 50 000 L. Restaurant raffiné, service et cuisine soignés – **Bastione** via Bastione 19/A, tél (0464) 552 652 - fermé mercredi, 4 novembre au 11 décembre – 30 000 L. Cuisine trentina typique dans une atmosphère chaude et accueillante, réservation souhaitable.

Madonna di Campiglio

Prima o Poi, Pozze 8, tél. (0465) 57 175 – fermé le mercredi et en juin. A quelques km du centre de la ville, sur la route de Pinzolo, n'hésitez pas à entrer dans cette petite maison en bois où la famille Recagni vous attend pour vous faire goûter une généreuse cuisine de montagne – **Rifugio Malghette,** Pradalago, tél. (0465) 41 144 – fermé du 20 septembre à Noël, de mai au 10 juin – 30 000 L. Un sympathique et chaleureux chalet situé dans le parc naturel dell' Andamello-Brenta. La meilleure saison pour apprécier ici la forêt est début juillet quand les rhododendrons fleurissent – le risotto aux champignons et aux myrtilles, les pâtes maison sont toujours un régal.

Bolzano

Da Abramo, piazza Gries 16, tél. (0471) 280 141 – fermé dimanche et août – 45/65 000 L. Restaurant élégant – **Chez Frederic**, via Armando Diaz 12, tél. (0471) 271 011 – 35 000 L. Agréable surtout en été lorsqu'on peut prendre les repas dans la cour ombragée. Cuisine d'inspiration française – **Castel Mareccio**, via Claudia de' Medici 12, tél. (0471) 979 439. Elégamment rustique ce château entouré de vignes.

SPECIALITES LOCALES

Antica Salumeria Salsamenteria Guiliano Masé, via Goethe 15 production maison de *speck tirolese, salumi di selvaggina* et autres spécialités.

Bressanone

Fink, Portici Minoni 4, tél. (0472) 83 48 83 – fermé mercredi, du 1er au 15 juillet. Cuisine typiquement montagnarde dans un ancien palais situé sous les arcades médiévales du centre de Bressanone – **Oste Scuro**, vicolo Duomo 3, tél. (0472) 353 43 – fermé dimanche soir, lundi, du 10 janvier au 5 février – 40 000 L. Décor baroque de la salle à manger, une belle terrasse pour les repas d'été – cuisine du Sud-Tyrol.

Fie allo Scilliar

Tschafon, Fié di Sopra 57, tél. (0471) 72 5024 – ouvert le soir seule-

ment, fermé le lundi, du 9 au 22 janvier, du 1er au 14 novembre. Si vous êtes nostalgique de la cuisine française, Thérèse Bidart vous accueillera avec plaisir. Entre octobre et avril, extraordinaire buffet de poissons.

Merano

Andrea, via Galilei 44, tél. (0473) 237 400 – fermé lundi, du 4 au 25 février – 45/85 000 L. Sa réputation a traversé les Dolomites, élégant, réservation indispensable – **Flora**, via Portici 75, tél. (0473) 231 484 – fermé dimanche, lundi midi, du 15 janvier au 28 février – 55/85 000 L. Cuisines tyrolienne et italienne sophistiquées – **Villa Mozart**, via San Marco 26, tél. (0473) 30 630 – 115/130 000 L – fermé janvier, février, ouvert seulement le soir sur réservation. L'imprécision des réser-

vations nous ont amené à supprimer cette adresse de nos hôtels, mais si vous pouvez allez y dîner, cela vaut la peine de voir cette très belle maison décorée de meubles d'Hoffmann. Cuisine du Tyrol modernisée. Elégant et raffiné – **Terlaner Weinstube**, via Portici 231, tél. (0473) 235 571 – fermé mercredi. Typique, cuisine régionale. Réservation.

SPÉCIALITES LOCALES

Casa del Miele Schenk, via casa di Risparmio 25. Du miel bien sûr, de la gelée royale mais aussi tout un assortiment de bougies artisanales.

Santa Gertrude
Val D'ultimo

à 28 km de Merano

Genziana, via Fontana Bianca 116, tél. (0473) 79 133 – fermé le vendredi, et du 1er novembre au 26 décembre – 50 000 L. Un des meilleurs, mais certainement un des plus hauts restaurants italiens (2 000 m).

Villabassa

Friedlerhof, via Dante 40, tél. (0474) 75 003 – fermé mardi, juin – 40 000 L. A 23 km de Brunico, agréable restaurant avec repas et décor tyroliens.

Ortisei

Ramoser, via Purger 8, tél. (0471) 796 460 – fermé jeudi – 40 000 L. Chaud et accueillant, vous goûterez ici une authentique cuisine régionale. Une des bonnes adresses du Val Gardena – **Janon**, via Rezia 6, tél. (0471) 796 412 – fermé mardi, novembre – 30 000 L. Cuisine typiquement tyrolienne, bons desserts.

V E N E T I E

VENEZIA

autour de San Marco

RESTAURANTS:

Harry's Bar, calle Vallaresco 1323, tél. (041) 528 577 – fermé lundi, du 4 janvier au 15 février – 110 000 L. Le *Bellini*, le *carpaccio* et le *risotto* sont les spécialités de la maison connues

dans le monde entier. La table la plus recherchée est celle près du bar.

Réservation impérative.

Trattoria alla Colomba, Piscina-Frezzeria 1665, San Marco, tél (041) 522 11 75 – 70 000 L. Décorée de toiles d'artistes contemporains, cette trattoria est une des plus courues de Venise, excellente cuisine – **Antico Martini**, en face l'opéra, tél. (041) 522 41 21 – fermé mardi, mercredi midi – 75 000 L, délicieux – **Taverna La Fenice**, campiello della Fenice 1936, tél. (041) 522 38 56 – fermé dimanche, janvier. Elégant, raffiné, romantique à souhait, le dîner idéal après une représentation à la Fenice – **Al Teatro,** Campo San Fantin 1917, tél. (041) 523 72 14 – fermé lundi – 40 000 L. Devant la Fenice, les murs de cette pizzeria-bureau de tabac s'enorgueillissent des nombreuses dédicaces d'artistes venus se restaurer après leur prestation – **La Caravella**, via XXII Marzo, tél (041) 520 71 31 – fermé mercredi en hiver - 75 000 L **Vini da Arturo,** calle degli Assassini 3656, tél. (041) 528 69 74. Sept tables prises d'assaut, autant dire qu'il faut réserver si l'on veut avoir une chance de goûter l'excellente viande de la maison – **Da Raffaele**, San Marco 2347 (fondamenta della Ostreghe), tél. (041) 523 23 17. Grande salle à manger décorée d'une importante collection d'armes anciennes, feu de cheminée en hiver. En été, on installe les tables le long d'un petit canal sur le passage des gondoles.

CAFFE' ET BACARI

Florian, piazza San Marco 56 – fermé mercredi. Depuis 1720, on

connaît son intérieur somptueux, sa grande terrasse côté ombre de la place Saint-Marc. A 5 heures on vient y prendre le chocolat ; à l'apéritif, le *Bellini* en été, le *Tintoretto* en hiver –

Quadri, piazza San Marco. Du côté opposé, côté soleil – aussi très élégant – **Caffe' Lavena**, piazza San Marco 134. Malgré ses 200 ans d'âge, le Lavena surmonte toujours la préférence donnée à ses deux illustres voisins – **Caffe' Paolin**, campo San Stefano, 2692 San Marco. Grande terrasse ensoleillée sur le campo où l'on peut déguster les meilleures glaces de la ville ou un *spritz* à l'apéritif (*Prosecco* et *bitter*) - **Vino Vino**, Ponte delle Veste 2007A, à quelques pas du théâtre de la Fenice, petit bar populaire où les gondoliers et les musiciens de la Fenice vont faire la pause. Bonne sélection de vins italiens que l'on peut déguster avec une assiette de *pasta e fagioli* – **Enoteco Volto,** calle Cavalli, 4081 San Marco 4081 – tél. (041) 522 89 45. Bar à vin idéal pour le déjeuner. Délicieux petits sandwichs au pain de seigle accompagnés d'un *ombre* – mais aussi bons *Brunello, Barolo, Barbaresco* – grand choix de bières – **Al Bacareto**, San Samuele 3447, animé, savoureux.

autour du Rialto, Cannaregio, San Polo

RESTAURANTS

Trattoria Madonna, calle de la Madonna 594, tél. (041) 522 38 24 – 40 000 L. Une des plus typiques de Venise, mais où il est difficile de se trouver une place **Al Graspo de Ua**, calle de Bombaseri 5094, tél. (041) 522 36 47 – fermé lundi, mardi, du 25 juillet au 10 août – 70 000 L. A la réputation méritée d'être un des meilleurs restaurants de poisson. Décor pittoresque - **Vini da Gigio**, près de Ca' d'Oro, tél. (041) 528 51 40 - fermé lundi - 45 000 L

DERRIÈRE LE PONT DU RIALTO CANNA-REGIO – S. POLO : **Ai Mercanti,** Pescheria Rialto, tél (041) 524 02 82, fermé dimanche - 60 000 L – **Alla Madonna**, Rialto, tél. (041) 522 38 24 – fermé mercredi - 50 000 L – **Osteria da Fiore**, calle del Scaleter, tél. (041) 72 13 08, fermé dimanche, lundi, Noël, août – Poissons - Réservation – **Da Ignazio**, calle del Saoneri tél. (041) 523 48 52 - fermé samedi - 60 000 L – **Caffè Orientale,** Rio Marin, calle del Caffettier, tél. (041) 71 98 04 – fermé dimanche soir, lundi – 60 000 L.

BACARI

Do Mori, calle dei Do Mori, près du pont du Rialto. La halte indispensable dans ce quartier; attention, ferme à 13 h pour le déjeuner – **Do Spad**e, calle Le do Spade, prolonge la rue des do Mori, on sert au comptoir – **Osteria Al Million** S. Giovanni Crisostomo, 5841 – fermé le mercredi. Un des plus vieux baccari de Venise. *Soave* ou *Prosecco*, pour les blancs ; *Valpolicella* ou *Bardolino* pour les rouges arroseront vos *molecche* (crabes mous) ou vos *cichetti* – **Ca d'Oro** ou alla Vedova, calle del Pistor, derrière Ca' d'Oro bar typique

autour de Dorsoduro
Accademia

RESTAURANTS

Locanda Montin, fondamenta di Borgo 1147, tél. (041) 522 71 51 –

fermé mardi soir, mercredi – 30 000 L. Tout près de la Fondation Guggenheim, cuisine traditionnelle. En été les tables sont installées sous la tonnelle dans la grande cour – **Ai Gondolieri,** Dorsoduro 366 – San Vio, tél. (041) 528 63 96 – fermé mardi – 50 000 L – **Agli Alboretti,** Dorsoduro, Accademia, tél. (041) 523 00 58 – ouvert le soir seulement, fermé mercredi – 60 000 L.

CAFFE' ET BACARI

Linea d'ombra, Zattere 19, grande terrasse près de la Salute, piano-bar le soir – **Il Caffé**, campo S. Margherita 2963, tout petit bar, décor et perco 1900 – **Cucciolo**, Zattere 782, large terrasse au soleil et très bon café – **De Maravegie**, calle de la Toletta 1185, près du musée de l'Accademia, bons petits déjeuners avec fruits pressés.

entre riva degli Schiavonni et giardini

RESTAURANTS

Corte Sconta, calle del Pestrin 3886, tél. (041) 522 70 24 – fermé dimanche, lundi – 60 000 L. Une clientèle d'intellectuels et d'artistes, un côté faussement rustique, une cuisine franchement bonne, la meilleure adresse de Venise reste toujours confidentielle tant elle est difficile à trouver – **Al Cavo**, campiello della Pescaria 3968, tél. (041) 522 38 12 – fermé mercredi, jeudi, janvier, août – 50 000 L. Une des adresses préférées des Vénitiens – **Hostaria da Franz**, fondamenta San Isepo 754, tél. (041) 522 0861 – fermé mardi h. s., janvier 50/60 000 L. Spécialités de poissons et de crustacés. L'été, des tables sont dressées le long du canal. (Réservation , vaporetto n° 18, station Giardini).

la Giudecca

LA GIUDECCA : **Harry's Dolci**, fondamenta San Biagio, tél. (041) 522 48 44 – fermé lundi, du 10 novembre au 10 mars – 70 000 L. Le quartier d'été des Vénitiens très chics – **L'Altanella**. Lorsqu'on se promène le long du canal sur la Giudecca, on aperçoit la petite terrasse enfouie sous la vigne vierge de l'Altanella. Cuisine familiale vénitienne.

SHOPPING DE CHARME

Stefano Zanin, cadres sculptés dorés à la feuille d'or – **Renato Andreatta**, cadres de miroirs ou de tableaux, masques – **Mondonovo**, ponte dei Pugni, 3063 - Dorsoduro. Giano Lavato réalise de superbes masques, travaille aussi pour le théâtre.

A la **Legatoria Piazzesi** S. Maria del Giglio 2511 vous trouverez les papiers marbrés et papiers imprimés à la main selon la tradition de la "carta varese", autres productions artisanales de Venise, reliures à l'ancienne, beaux objets de décoration.

Antichita` V. Troïs, Campo S. Maurizio pour les superbes tissus de Fortuny fabriqués à la Giudecca – **Rubelli,** palais Cornerspinelli, Campo S. Gallo, damas, soies et brocards – **Delphos, et Venetia Studium**, campo S. Fantin, 1997, copies modernes de robes, sacs, écharpes en soie plissée de Fortuny dans un grand éventail de couleurs, mais aussi réédition des lampes créées par Fortuny – Chez **Mazzaron,** des dentelles faites à la main dont le célèbre "point de Venise" – **Jesurum,** Ponte della Canonica S. Marco, dans une ancienne église du XIIe siècle propose du linge de maison et des dentelles anciennes – La **Pantofola** calle della Mandola - S. Marco 3718 chaussures en velours que portaient jadis les gondoliers.

Pauly, piazza S. Marco, très belle verrerie d'art – **L'Isola**, campo S.-Moise, production de verres et de carafes de Carlo Moretti – **Rigattieri,** calle de la Mandola, distribue les verriers les plus célèbres : Seguso, Barovier et Toso, Venini... Archimede Seguso, piazza San Marco, le doyen des maîtres verriers **Industie Veneziane**, près de la station S. Marco ou **Battiston**, calle Vallaresco 1320 vous y trouverez les célèbres carafes du Harrys Bar.

Codognato, calle del Ascension, derrière S. Marc ; bijoux anciens Artdéco, Cartier, Fabergé, Tiffany - **Nardi**, piazza S. Marco, un des grands joailliers et sa superbe série des Othellos, qui sont tous des pièces uniques – **M. Antiquités,** bijoux de Monica Zecchi, robes et capes en velours de soie de Mirella Spinella.

Enoteca Al Volto, calle Cavalli 4081, vins du Veneto – **Pasticceria Dal Col**, San Marco 1035, toutes les douceurs vénitiennes traditionnelles.

Murano

Ai Frati, tél (041) 736 694 – fermé jeudi, février. La plus ancienne osteria de Murano qui sert toujours un menu typiquement vénitien. Terrasse sur le grand canal de Murano.

Torcello

Ponte del Diavolo, tél. (041) 730 401 fermé jeudi, de mars au 15 novembre 40/60 000 L. Spécialités de la mer. en été on déjeune dans un joli jardin **Locanda Cipriani**, tél (041) 735433 fermé mardi, du 10 au 20 mars – 70 000 L. Simplicité, qualité, selon la tradition Cipriani.

Burano

Osteria ai Pescatori, tél. (041) 730 650 – fermé lundi, janvier – 50 000 L. Se vante de deux siècles d'activité et de fidélité à une authentique cuisine *buranella*. Jolie salle à manger et un petit jardin pour les beaux jours – **Al Gato Nero-da Ruggero**, tél. (041) 730 120 – fermé lundi, du 8 au 30 janier., 20 octobre au 20 noembre. – 50 000 L. Typique

Verona

Arche, via delle Arche Scaligere 6, tél. (045) 800 7415 – fermé dimanche, lundi midi, janvier – 80 000 L. Face aux célèbres mausolées de Della Scala, cette ancienne taverne est un délicieux restaurant raffiné – **Il Desco**, via Dietro San Sebastiano 7, tél. (045) 595 358 – fermé dimanche, Noël ; Pâques, juin – 70 000 L. Dans le centre historique de Vérone – nouvelle cuisine à l'italienne, très belle cave – **12 Apostoli**, vicolo Corticella San Marco 3, tél. (049) 596 999 – fermé dimanche soir, lundi, du 2 au 8 janvier, fin juin – 85 000 L. L'incontournable adresse à Vérone – **Nuovo Marconi**, via Fogge 4, tél.(045) 591 910 – fermé dimanche, juillet - 70 000 L. Restaurant élégant qui sert une cuisine italienne raffinée, accueil sympathique – **Re Teodorico**, piazzale Castel San Pietro, tél. (045) 49 990 – 55 000 L. Belle vue sur Vérone et l'Adige – **Torcoloti**, via Zambelli 24 , tél. (045) 800 6777 - fermé dimanche, lundi soir 50 000 L. Atmosphère élégante et raffinée –

Quo Vadis, via Leoni 13 - 25 000 L. Dans le prolongement de la via Cappello (où se trouve la maison de Giulietta), un ancien garage transformé en une grande pizzeria.

C A F F E ' – B A R S

Caffe' Dante, piazza dei Signori. Atmosphère chaleureuse dans ce beau café qui donne sur la superbe place entourée par les palais et la Loggia del Consiglio. On y mange aussi très bien. A ne pas manquer.

Padova

Antico Brolo, Vicolo Cigolo 14, tél. (049) 664 555 – fermé dimanche, et du 1er au 20 août – 70/100 000 L. Cuisine de marché toujours fraîche. En été dîner aux chandelles dans le jardin – **El Toula'**, via Belle Parti 11,tél. (049) 8751822 – fermé dimanche, lundi soir, et août – 65/80 000 L. On n'est jamais déçu dans un Toula, toujours élégant, conventionnel – **Il Michelangelo**, corso Milano 22, tél. (049) 65 60 88 – fermé samedi midi,lundi, fin août – 45 000 L. Réservation.

C A F F E ' – B A R S

Caffe' Pedrocchi, piazzetta Pedrocchi. Ouvert en 1831 par Antonio Pedrocchi, ce fut le plus élé-

gant café d'Europe – ses salons vert, blanc, rouge, sont ceux du drapeau italien. Visite incontournable.

Dolo

à 19 km de Padoue
Locanda alla Posta, tél. (041) 410 740 – fermé lundi – 55 000 L. Restaurant de poisson.

Vicenza

Scudo di Francia, Contrà Piancoli 4, tél. (0444) 323322 – fermé dimanche soir, lundi, août – 40 000 L. Dans un palais vénitien, près de la piazza Signori, spécialités de la mer – **Cinzia e Valerio**, piazzetta Porto Padova 65, tél. (0444) 505 213 – fermé lundi, janvier et août – 70 000 L. Restaurant de poisson – **Gran Caffe' Garibaldi**, piazza dei Signori 5, tél. (0444) 544 147 – fermé mardi soir, mercredi, novembre – 35 000 L. On peut soit prendre un verre et un petit sandwich sur une des tables en marbre de la grande et belle salle du rez-de-chaussée, soit aller au restaurant du premier étage qui sert une cuisine italienne traditionnelle.

Treviso

Le Beccherie, piazza Ancillotto 10, tél. (0422) 56 601 – fermé jeudi soir, vendredi midi, fin juillet. Un des plus vieux et des plus prestigieux restaurants de la ville qui s'applique à faire revivre la grande tradition culinaire régionale – **Al Bersagliere**, via Barberia 21, tél. (0422) 541 988 – fermé dimanche, samedi midi, janvier, début janvier. et début août. Bonne cuisine trévisane, réservez – **El Toula' da Alfredo**, via Collalto 26, tél. (0422) 540 275 – fermé dimanche soir, lundi, août. C'est ici la maison-mère de la célèbre chaîne de restaurants Toula'.

Miane

Da Gigetto, via A. de Gasperi 4, tél. (0438) 960020 – 20 000 L. Un excellent restaurant dans un cadre rustique mais de bon aloi. Cuisine italienne fine, originale, inspirée de la nouvelle cuisine mais sans en avoir les défauts. Cave exceptionnelle, accueil épatant.

Belluno

Al Borgo, via Anconetta 8, tél. (0437) 926 755 – fermé lundi soir, mardi, juin – 35 000 L. A la frontière de la Vénétie et du Haut Adige, situé dans une belle villa vénitienne, Al Borgo est un lieu privilégié qui associe culture et cuisine.

Mel, 14 km de Belluno **Antica Locanda al Cappello,** piazza Papa Luciani, tél. (0437) 753 651 – fermé mardi soir, mercredi, 2 semaines en juillet – 30 000 L. Ancien relais de poste, comme en témoigne toujours la vieille enseigne sur ce palais XVIIᵉ. On sert toujours une cuisine à base d'anciennes recettes.

Cortina d' Ampezzo

Bellavista-Meloncino, à Gillardon, tél. (0436) 861 043 – fermé le mardi, juin, novembre – 50 000 L. A partir du centre de Cortina, suivre la direction Falzarego. Un petit restaurant très apprécié des habitués de la station – **El Toulà**, Ronco 123, tél. (0435) 3339 – fermé le lundi, ouvert du 20 décembre au 12 avril et du 20 juillet à fin août – 90 000 L. Le restaurant élégant de Cortina – **Baita Fraina**, Fraina, tél. (0436) 3634 – fermé lundi, octobre, novembre, mai, juin – 40 000 L. Atmosphère chaleureuse d'un chalet de montagne isolé dans un bois. Cuisine familiale, ambiance conviviale – **Da Beppe Sello,** via Ronco 67 – tél. (0436) 3236 - 40/50 000 L. On aime la cuisine généreuse de ce petit chalethôtel de troisième catégorie qui sert dans une jolie salle à manger de style tyrolien, ou en terrasse en été – **Da Leone e Anna**, via Alverà 112, tél. (0436) 2768 – 50/60 000 L. Spécialités sardes – **Il Meloncino al Lago**, lago Ghedina, tél. (0436) 860 376, fermé mardi, juillet, novembre. Dans un très beau cadre naturel, chalet rustique et élégant.

C A F F E ' — B A R S

Bar del Posta, Hotel de la Poste, piazza Roma. Ambiance feutrée dans ce petit bar qu'affectionnait Hemingway. Le *Dolomite* est le cocktail de la maison.

Udine

Alla Vedova, via Tavagnacco 8, tél. (0432) 470 291 – fermé dimanche soir, lundi et août – 45 000 L. Ambiance sympathique, cuisine savoureuse.

Trieste

Harry's Grill, Hotel Duchi d'Aosta, piazza dell' Unita d'Italia, tél. (040) 62 081 – 90 000 L. Le bar de l'hôtel est le rendez-vous des hommes d'affaires de la ville. Le restaurant est lui aussi très apprécié pour ses spécialités de la mer – **Ai Fiori**, piazza Hortis 7, tél. (040) 300 633 – fermé dimanche, lundi et du 15 juin au 15 juillet – 40 000 L. Un élégant restaurant de poisson – **Suban**, via Comici 2, tél. (040) 54 368 – fermé lundi, mardi et 20 jours en août – 60 000 L. En 1865 quand le restaurant fut créé, c'était une auberge de campagne. La ville l'a rattrapé mais l'intérieur est resté le même – goûtez le délicieux risotto aux herbes – en été service sous une agréable pergola – **Elefante Bianco**, riva Tre Novembre 3, tél. (040) 365 784 – fermé samedi midi, dimanche – 35/75 000 L. Vous devrez réserver si vous voulez avoir une chance de trouver une table – **Al Granzo**, piazza Venezia 7, tél. (040) 306 788 – fermé mercredi – 50 000 L. Un des restaurants vedettes de poisson et de fruits de mer de Trieste. Essayez d'avoir une table en face du très pittoresque marché aux poissons – **Al Bragozzo**, riva Nazario Sauro 22, tél. (040) 303 001 – fermé dimanche, lundi du 25 juin au 10 juillet. Un des meilleurs et des plus populaires restaurants du port.

CAFFE' – BARS

Caffe' degli Specchi, piazza dell'Unita de' Italia. Sur la plus grande place de Trieste, point de départ de votre visite de la ville. Prenez un verre le soir et assistez au coucher du soleil sur la mer – **Caffe' San Marco** Ouvert en 1904 sous l'Empire austro-hongrois, la récente restauration a

voulu retrouver l'atmosphère de café littéraire où se retrouvaient alors Umberto Saba, Italo Svevo et plus récemment des écrivains contemporains comme Claudio Magris et Giorgio Voghera. A l'occasion de cette réouverture, le San Marco s'est jumelé avec l'Hungaria de Budapest et le Florian de Venise, deux autres cafés qui comptèrent dans la vie culturelle du centre de l'Europe – **Para Uno**, via Cesare Battisti 13. Pour un merveilleux cappuccino.

INDEX

F

LES GUIDES
DE
CHARME RIVAGES

Guide des auberges
et hôtels de charme
en France.
Disponible également
en version anglaise
et en version allemande.

Guide des maisons
d'hôtcs de charme
en France.
Disponible également
en version anglaise
et en version allemande.

Guide des auberges
et hôtels de charme
en Italie.
Disponible en édition
allemande et anglaise.

Guide des hôtels
de charme D'Espagne
Disponible également
en édition allemande.

Guide des hôtels
de charme Portugal.
Disponible également
en édition allemande.

Guide
des villages
de Charme
en France.

Guide
Provence
de Charme